Mathias Stuhr
Mythos New Economy

In Erinnerung an Prof. Dr. Gerburg Treusch-Dieter (1939-2006)

Für Katharina, Emilia und Felipa

Mathias Stuhr lebt seit 1998 in Berlin und arbeitet publizistisch wie wissenschaftlich an zwei großen Themenkomplexen: dem modernen Konsumismus sowie der Zukunft der Arbeitsgesellschaft.

Mathias Stuhr
Mythos New Economy
Die Arbeit an der Geschichte der Informationsgesellschaft

[transcript]

Die vorliegende Arbeit wurde 2009 von der Fakultät für Sozialwissenschaften und Philosophie der Universität Leipzig als Dissertation mit dem Titel »Mythos New Economy – die Arbeit an der Geschichte der Informationsgesellschaft« angenommen.

Bibliografische Information der Deutschen Nationalbibliothek
Die Deutsche Nationalbibliothek verzeichnet diese Publikation in der Deutschen Nationalbibliografie; detaillierte bibliografische Daten sind im Internet über http://dnb.d-nb.de abrufbar.

© 2010 transcript Verlag, Bielefeld

Die Verwertung der Texte und Bilder ist ohne Zustimmung des Verlages urheberrechtswidrig und strafbar. Das gilt auch für Vervielfältigungen, Übersetzungen, Mikroverfilmungen und für die Verarbeitung mit elektronischen Systemen.

Umschlaggestaltung: Kordula Röckenhaus, Bielefeld
Korrektorat: Stefanie Hanneken, Bielefeld
Satz: Mathias Stuhr
Druck: Majuskel Medienproduktion GmbH, Wetzlar
ISBN 978-3-8376-1430-5

Gedruckt auf alterungsbeständigem Papier mit chlorfrei gebleichtem Zellstoff.

Besuchen Sie uns im Internet: *http://www.transcript-verlag.de*

Bitte fordern Sie unser Gesamtverzeichnis und andere Broschüren an unter: *info@transcript-verlag.de*

INHALT

Vorwort 7

Einleitung 11
1. Fragestellung 11
2. Was ist die *New Economy*? 23

A) Methodik 29
1. Mythologie 32
2. Die New Economy als *Alltagsmythos* 38
3. Die New Economy als *politischer Mythos* 41
4. Die New Economy als bildlose Narration 47

I) GESCHICHTE

B) Vorgeschichte: von der industriellen zur informationellen Revolution 55
1. Von der Industrie- zur Informationsgesellschaft 59
2. Die *immaterielle* Arbeit des Symbolanalytikers 68
3. Die Entstehung der New Economy 73
4. Vorläufer der New Economy 90

C) Die Geschichte der New Economy in Deutschland 99
1. Das Start-up 104
   1.1 Das erste deutsche Start-up: der Fall *Alando* 107
2. Unternehmenskultur 110
   2.1 Der Aufstieg der deutschen New Economy: der Fall *Pixelpark* 112
3. Finanzierungen 116
4. Die Medien und die New Economy: der Hype 1999 und 2000 121
   4.1 Multimediale Allianz: der Fall *AOL/Time Warner* 126

5. Die Krise der New Economy: der Niedergang 2000-2003	130
5.1 Kriminelle Energien: der Fall *EM.TV*	137
6. Es wird Geld verdient: die Konsolidierungsphase 2003-2005	141
7. Web 2.0: der Wiederaufstieg einer *neuen* New Economy 2006-2007	144
7.1 Strategische Allianz: der Fall *Google/You Tube*	146

II) MYTHOS

D) Die mythischen Erzählungen der New Economy	**159**
1. Neue Orte? Fabriklofts und Gentrification	161
2. Neue Unternehmer? Der Gründer	171
3. Neue Gemeinschaft? Die Produktionsfamilie	184
4. Neue Jugendkultur? Reformation und Revolution	192
5. Neue Freiheit? Flache Hierarchien	202
6. Neue Freizeit? Der Afterworkclub	211
7. Neue Sprache? Late-Mover-Advantage	220
E) Die Quellen der Bedeutungsmacht New Economy	**231**
1. Autonomie	235
2. Hightech	241
3. Geschwindigkeit	252
4. Wachstum	259
5. Flexibilität	270
6. Netzwerk	277
F) Zusammenfassung: Wie ist die New Economy heute zu lesen?	**285**
1. Neue Ökonomie – als *ver-rückte* Internet- und Börsenwirtschaft	291
2. Neue Kultur – als Popkultur	297
3. Neuer Markt – als Marktideologie	300
4. Neues Subjekt – als Subjektivierungsregime	304
Schlussbemerkung	**309**
Literatur- und Quellenangaben	**315**

Vorwort

Wie kommt man dazu, am Ende der 2000er Jahre über die New Economy zu schreiben, über die schon so ferne *Internet-Wirtschaft*, die am Beginn dieser Dekade für solche Hysterie und rasante ökonomische wie mediale Auf- und Abstiege gesorgt hatte?

»Remember the New Economy? It was one of the wonders of the world. Computers had unleashed a productivity miracle, recessions were relics of a transcended past, ideas had replaced things as the motors of economic life[…].«[1]

Die *neue* Wirtschaft mit ihren *Start-ups*, jungenhaften *Gründern* und dem verbrannten *Risikokapital* ruft auch in Deutschland Erinnerungen wach, die viel mit Arbeit, aber noch mehr mit *Partys* zu tun haben, ein Bild, das nie fehlen darf. Die technische und kommunikative *Revolution* des Internets hatte nicht nur für den Aufstieg kleinerer Hinterhoffirmen und ihrer Aktien gesorgt, sondern auch für Fantasien in Bezug auf Entgrenzungen, ökonomischen wie kulturellen.

Von Juni 2000 bis März 2001 habe ich in einem Berliner Start-up gearbeitet, genauer bei einem Online-Portal im Stadtteil Friedrichshain. Ich war dort wie viele Andere eher zufällig gelandet und ich konnte in dieser kurzen Zeit glücklicherweise alle Phasen miterleben, die die deutsche New Economy insgesamt durchlaufen sollte. Diese Erfahrungen brachte ich zusammen mit einem damaligen Arbeitskollegen, Alexander Meschnig, zu Papier. Wir waren uns schnell einig, dass diese kurze Ära zumindest in unserer Generation etwas völlig Einzigartiges darstellte,

---

1   In: Henwood, Doug, »The New Economy and after«, siehe unter: http://www.leftbusinessobserver.com/NewEcon.html.

eine Zäsur im Verhältnis von Wirtschaft und Kultur. Unser 2001 dazu erschienenes Sachbuch[2] war eher populär-kulturwissenschaftlich angelegt und versuchte den Diskursen um Flexibilität und Autonomie nachzugehen, ohne gleichzeitig zu unterschlagen, dass die New Economy tatsächlich eine ungewöhnlich starke Enthusiasmierung auslöste. Die Buchpräsentation fand am 19. September 2001 statt, acht Tage nach den Anschlägen islamistischer Terroristen auf das World Trade Center und das Pentagon. Die öffentliche Meinung, in der New Economy Hochzeit 1999 und 2000 noch von Optimismus und Fortschrittsglaube geprägt, war endgültig gekippt und wurde in den nächsten Jahren ganz entscheidend vom Kampf gegen den *Internationalen Terrorismus* geprägt. Mitte der 2000er Jahre veränderte sich das Bild wieder, die wichtigsten Börsen der westlichen Industrieländer, Russlands und Asiens legten wieder zu und mit dem so genannten *Web 2.0* schien so etwas wie eine *neue* New Economy zu entstehen. Auch hier gab es wieder kleine Start-ups wie *MySpace, YouTube* und *StudiVZ*, aber auch Online-Giganten wie die Suchmaschine *Google*, die die Wirtschaftsseiten füllten und für steigende Aktienkurse sorgten. Trotz durchaus vergleichbarer ökonomischer Daten – *Google* ist heute (vor *Microsoft* und weit vor *Amazon, AOL, Yahoo* und *Ebay*) die wertvollste Marke der Welt und eines der wertvollsten Unternehmen – ist das Web 2.0 aber keine Neuauflage der *größten Party der Welt*[3]. Im Web 2.0 wurde und wird vieles von dem beherzigt, was 1999 und 2000 nicht umgesetzt wurde. Die ständige Anrufung einer ökonomischen Vernunft im Bereich der Informations- und Kommunikationstechnologien (ITK) ist auch ein Erbe der New Economy, ebenso wie die Skepsis gegenüber der Aktienkultur und Finanzwirtschaft, ein Misstrauen, das Ende 2008 und 2009 in offene Ablehnung umschlug.

Nach einer Phase stetig steigender Aktienkurse und eines weltweiten Wirtschaftsbooms, der auch in Deutschland die Erwerbslosigkeit von 2005 bis 2008 um zwei Millionen Arbeitslose senkte, befindet sich seit Herbst 2008 ein Großteil der Weltwirtschaft in einer größeren Krise, ausgelöst durch die US-amerikanische Immobilien- und Finanzkrise der Jahre 2007/2008. In solch einem ökonomischen und politischen Umfeld scheint kein Raum zu sein für Erinnerungen an ökonomische Verrücktheiten, wie es die New Economy war. Auch liegt der Gedanke nahe, dass zurzeit eine Kultur, nicht nur eine Finanzkultur, untergeht oder zumindest infrage gestellt wird, die mit der New Economy erst begonnen

---

2 Siehe: Meschnig, Alexander u. Stuhr, Mathias, 2001, *www.revolution.de – Die Kultur der New Economy*, Hamburg.

3 Siehe: Schmitz-Normann, Rüdiger, »Die größte Party der Welt«, in: *McK Wissen 04*, S. 34-39.

hatte, eine Kultur der Maßlosigkeit, der Spekulation, eine Zuspitzung des Neoliberalismus, die heute selbst die Mehrheit der Wirtschaftseliten bedauert. Heute bräche etwas zusammen, das mit der New Economy Ende der 1990er Jahre voller Optimismus begonnen hatte, bzw. erlebten wir einen ähnlichen zyklischen Zusammenbruch. Aber ist die aktuelle Wirtschaftskrise wirklich mit dem Niedergang der New Economy zu vergleichen, also wirklich *Same shit, different decade?*[4] Ich teile diese Einschätzung nicht. Für mich war die New Economy eine Zäsur innerhalb eines längeren Zeitraumes, der uns einerseits eine stark globalisierte Finanz- und Aktienwirtschaft und andererseits die *Informationsgesellschaft* brachte, und wenn nur als neue Ideologie. Beide Entwicklungen sind untrennbar miteinander verbunden und die eine Voraussetzung für die andere. Die New Economy, die für beide Transformationen von zentraler Bedeutung ist, war nicht nur eine Zuspitzung des flexiblen Kapitalismus, sondern vor allem eine Entgrenzung, eine, die begeistern und befrieden sollte. 2009 und sicher auch 2010 ist dagegen wieder harte Arbeit an und in der Krise gefragt. Mit dem Zusammenbruch des US-amerikanischen Investmentbankensektors ist auch eine ganze Wirtschaftsphilosophie abgestürzt. Warum dann der Bezug zu einer Zeit, die heute unendlich lange her zu sein scheint?

Diese Arbeit ist mehr als eine wissenschaftliche Fortführung meiner damaligen journalistischen Arbeit. Es geht mir weniger darum, die *Kultur* der New Economy zu beschreiben, sondern warum dieses kurze ökonomische Phänomen der Jahrhundertwende für unsere aktuelle Situation und darüber hinaus eine Relevanz hat. Die New Economy, wie wir sie heute wahrnehmen, ist zu einem *Mythos* geworden, einer großen komplexen Erzählung, die die Aufgabe hat, einen gesellschaftlichen Konsens in Bezug auf die Transformation unserer Arbeitsgesellschaft zu erzeugen. Einen Konsens, der die zahlreichen Veränderungen der Arbeit, der Arbeitsorganisation, des Arbeitsumfeldes wie der arbeitenden Individuen, nicht nur akzeptiert, sondern gutheißt. Sollte es gelingen diesem Anliegen gerecht zu werden und die Leser dieser Arbeit zu wachen *Lesern* des Mythos New Economy zu machen, dann hätte diese Arbeit ihr Ziel, mein Ziel, erreicht.

Berlin, im Januar 2010   Mathias Stuhr

---

4   N.N., »Das Dollarmausoleum«, in: *Der Spiegel*, Nr. 41/2008.

EINLEITUNG

1. Fragestellung

Diese Arbeit handelt von der Geschichte der New Economy. Einerseits von der *geschichtlichen Grundlage*[1] im Sinne des französischen Philosophen und Semiotikers Roland Barthes, von der Historie eines herausragenden technologischen und wirtschaftlichen Phänomens der Jahrtausendwende und andererseits von der Erzählung der New Economy, die zum Mythos wurde. Es geht um die vielen kleinen Geschicht(ch)en rund um die Gründer, VCs, Start-ups und Börsengänge, aber vor allem um die eine große Narration der Informationsgesellschaft, den Gründungsmythos des Internetzeitalters namens New Economy.

Trotz oder gerade wegen des dramatischen Absturzes der New Economy ab Ende 2000 hat sie auch heute eine paradigmatische Relevanz, um die Transformation der Arbeitsgesellschaft beschreiben zu können. Ohne dass ihr Name fallen muss, tauchen Bestandteile, diskursive Muster, ob als Diskursformationen oder nur einzelne Diskursfragmente[2], als rhetorische Figuren, als wehmütige Erinnerung oder abschreckendes Beispiel in völlig unterschiedlichen ökonomischen, technologischen,

---

1 In: Barthes, Roland, 1964 (OA 1957), *Mythen des Alltags*, Frankfurt a.M., S. 86.
2 Ein Diskursfragment ist ein *Aussageereignis, in dem Diskurse mehr oder weniger umfassend aktualisiert werden [...].*, während die Diskursformation *einen abgrenzbaren Zusammenhang von Diskurs(en), Akteuren, Praktiken und Dispositiven [...]* bezeichnet. Ich werde mich im Folgenden, sollte es um Diskurse und ihre Bestandteile gehen, auf die Grundbegriffe der wissenssoziologischen Diskursanalyse von Reiner Keller beziehen. In: Ders., 2005, *Wissenssoziologische Diskursanalyse*, Wiesbaden, S. 228ff.

kulturellen und sozialen Zusammenhängen auf. Die große Erzählung der New Economy, die ich als Mythos New Economy benenne[3], bezeichnet ein Amalgam teilweise völlig heterogener Diskurse, die alle zu einer einzigen Geschichte verschmolzen wurden und werden. Die Bestandteile dieses Amalgams können nicht mehr getrennt, aber sichtbar gemacht werden. Die herausragende Bedeutung des Phänomens der New Economy besteht nicht darin, dass sie in den Jahren 1999 und 2000 für steigende Aktienkurse und eine hysterische Medienöffentlichkeit sorgte, sondern darin, dass sie aktuell Diskurse *bearbeitet*. Sie transportiert als Mythos New Economy ganz bestimmte Bedeutungen und erfüllt damit ganz bestimmte Funktionen.

Als Ganzes hat die New Economy, die für mich bereits nach nicht einmal zehn Jahren die Form eines Mythos angenommen hat, die Funktion, die Attraktivität des modernen, flexiblen kapitalistischen Systems, das wir zurzeit (auch) *Informationsgesellschaft* nennen, zu erhöhen und damit die Akzeptanz desselben. Die New Economy war und ist ein Versprechen, besser arbeiten (und leben) zu können. Besser meint in diesem Zusammenhang nicht unbedingt leichter und sicher nicht besser bezahlt, aber angenehmer, weniger entfremdet, kreativer, gemeinschaftlicher und flexibler. Sie hat für einen, wenn nicht den zentralen, öffentlichen wie wissenschaftlichen Metadiskurs der 1990er und 2000er Jahre, den der Flexibilität, eine herausragende Bedeutung. Die Internetwirtschaft war nicht nur ein Beispiel dafür, dass man mit einem Höchstmaß an zeitlicher, räumlicher und mentaler Flexibilität arbeiten und leben konnte, man konnte es sogar mit Spaß. Die New Economy war und ist ein Abringen einer Zustimmung zu einer Veränderung der Arbeitswelt, wie auch die explizite Aufforderung flexibel zu werden, flexibel zu sein und flexibel zu bleiben.

Die ökonomischen Probleme, die der Mythos New Economy auch bedeutet, fallen daher nicht so entscheidend ins Gewicht, denn die Erzählung der New Economy ist in erster Linie keine des wirtschaftlichen Erfolges, sondern eine von Spaß und Gemeinschaft, von Unternehmertum und Autonomie.

---

3   In der Arbeit des französischen Soziökonomen Jean Gadrey, *New Economy, New Myth*, der in der Neuen Ökonomie ebenfalls einen aus Diskursen zusammengefügen Mythos erkennt, heißt es: *The new economy is a discourse or, to be more precise, a set of discourses to which actors in the United States have been contributing since December 1996 and which spread a little later to Europe. [...] Who is contributing to these discourses, and who is diffusing them? What are the major themes? Are these ideas coherent?* In: Ders., 2003, *New Economy, New Myth*, New York, S. 5.

Das methodische Werkzeug, um dieses Amalgam aus öffentlichen, alltäglichen und wissenschaftlichen Diskursen, eigenen Metadiskursen, zentralen Ideologien, mythischen Erzählungen, wie auch den Realitäten der New Economy, analysieren zu können, wird für mich der Begriff des Mythos sein. Dieses Werkzeug wurde gewählt, um das Spannungsverhältnis zwischen der *Geschichte* der New Economy, ihren vor allem ökonomischen und technischen *Wirklichkeiten* und dem *Mythos*, den kulturellen, sozialen und psychischen *Bedeutungen*, offen zu legen. Die Erzählung vom Aufstieg und Niedergang der Internet-Wirtschaft New Economy, die den *narrativen Kern*[4] des Mythos bildet, beschreibt keinesfalls eine natürliche Entwicklung, sondern war und ist eine Konstruktion verschiedener, teilweise disparater ökonomischer, technischer, sozialer und kultureller Diskurse. Zu der Amalgamisierung konnte es kommen, weil sich die Wirtschaftsform New Economy in den Jahren 1999 und 2000 zeitweise entgrenzte.

Der Mythenbegriff, den ich in einer Mythologie anschließend entwickeln werde, wird zwei zentrale Lesarten der (erfolgreichen) Arbeit des Mythos miteinander verbinden. Im Sinne von Roland Barthes, für den der Mythos erst einmal eine *Aussage* ist, eine *Weise des Bedeutens*[5] steht hinter der Verwendung des Mythos immer eine Ideologie. Es gibt eine unterstellte Absicht des Mythopoeten, der gleichzeitig Geschichtenerzähler wie auch Dichter ist (dazu später mehr), nämlich die, die tatsächlichen Verhältnisse zu verformen, zu deformieren. Der Mythos ist eine Metasprache, [...] *die abgerichtet ist, die Dinge zu besingen, nicht aber sie zu bewegen.*[6] So ist der Mythos in seiner ersten Lesart nach Barthes ein ideologischer Schleier, keine Lüge, aber eine entleerte und gereinigte Form.

Nach meinem Verständnis ist der Mythos der New Economy aber noch mehr. Er ist des Weiteren eine strahlende, positive und sinnstiftende Erzählung von den Verheißungen der postindustriellen Gesellschaft, die Daniel Bell schon Anfang der 1970er Jahre skizzierte[7] und die Manuel Castells Ende der 1990er Jahre mit ganz eigenen Absichten

---

4 In: Blumenberg, Hans, 1979, *Arbeit am Mythos*, Frankfurt a.M., S. 40.
5 In: Barthes, Roland, a.a.O., S. 85.
6 Ebenda, S. 132.
7 Es ist beeindruckend zu sehen, wie richtig Bell mit seinen Prognosen lag, die er vor über 30 Jahren traf. An dieser Stelle wird es darum gehen, den gesellschaftlichen und kulturellen Veränderungen nachzuspüren, die Bell nur erahnen konnte, zu einer Zeit als es noch kein Internet in der heutigen Form, keinen Mobilfunk und erst die ersten Computer gab. Siehe: Bell, Daniel, 1975, *Die nachindustrielle Gesellschaft*, Frankfurt a.M./New York.

als *informationelle Gesellschaft*[8] bezeichnete. Dieser Gemeinschaft schaffende und konstituierende Aspekt wird mithilfe des *politischen Mythos*, der zweiten Lesart, einer politikwissenschaftlichen Verwendung des Mythenbegriffes, herausgearbeitet.

Sollte es so etwas wie ein stilistisches Vorbild in dem Bereich der soziologischen Erzählung, besser wäre es wohl von Anregung zu sprechen, für meine Arbeit geben, so ist es ein Werk: *Die Angestellten* von Siegfried Kracauer[9]. Ohne dass sich die Untersuchung mit diesem Klassiker der dokumentarischen Literatur der Weimarer Zeit stilistisch vergleichen ließe, so gibt es aber mindestens zwei inhaltliche Gemeinsamkeiten. Erstens ist auch Kracauer mit einer Vielzahl von Ansätzen und Methoden auf seinen Untersuchungsgegenstand, die Kultur der Angestellten in den 1920er Jahren der Weimarer Republik, losgegangen. Der Autor und Journalist Kracauer analysierte die Presse seiner Zeit, sichtete Fachpublikationen und Bücher, führte Interviews und begab sich ins Feld, an die Orte der Angestelltenkultur, in Verbände, Betriebe, aber auch in Klubs, Kneipen und Theater. So wurden Szenen, Gespräche, Beobachtungen, Dokumente und kritische Kommentare montiert und das Essay zur Monografie der Angestelltenkultur. Mit dieser Arbeit ist zwar keine umfassende Beschreibung einer *Mitarbeiterkultur* der New Economy entstanden, durch die Verwendung persönlicher Erfahrungen, von Interviews, Gesprächen, Einträgen in Internetforen und Beobachtungen und der Analyse der wissenschaftlichen und publizistischen Diskurse entsteht aber hoffentlich ein komplexes Bild der New Economy.

Die zweite Parallele bezieht sich auf den Untersuchungsgegenstand selbst. Wie bei Kracauer wird auch hier ein besonderes sozioökonomisches Phänomen in Berlin untersucht, was es zwar heute wie damals auch in anderen Großstädten zu beobachten gab, welches in der deut-

---

8 Castells unterscheidet nicht ohne Grund zwischen den Begriffen der *Informationsgesellschaft* und der *informationellen Gesellschaft*. Während der erste Begriff analog zur *Industriegesellschaft* nur die zentrale ökonomische wie technologische Bedeutung der ITK-Unternehmen betont, so hat sich in der *informationellen* Gesellschaft alles verändert, bzw. verändert sich auch die Kultur. Es besteht *[...] eine enge Beziehung zwischen den sozialen Prozessen, in denen Symbole geschaffen und manipuliert werden – der Kultur einer Gesellschaft – und der Fähigkeit, Güter und Dienstleistungen zu produzieren und zu verteilen – den Produktivkräften. Zum ersten Mal in der Geschichte ist der menschliche Verstand eine unmittelbare Produktivkraft und nicht nur ein entscheidendes Element im Produktionssystem.* In: Castells, Manuel, 2001, *Der Aufstieg der Netzwerkgesellschaft*, Bd.1, Opladen, S. 34.

9 Siehe: Kracauer, Siegfried, 1971 (OA 1929), *Die Angestellten*, Frankfurt a.M.

schen Hauptstadt und Kulturmetropole Berlin aber besonders entwickelt war. Kracauer suchte diese Stadt bewusst aus;

»[...] weil Berlin zum Unterschied von allen anderen deutschen Städten und Landschaften der Ort ist, an dem sich die Lage der Angestelltenschaft am extremsten darstellt. Nur von ihren Extremen her kann die Wirklichkeit erschlossen werden.«[10]

Vergleichbares gilt für die New Economy. Sicher war sie ökonomisch in anderen deutschen Städten wie Hamburg, München oder Frankfurt ähnlich oder besser entwickelt, aber in Berlin war die Situation extremer. Nirgendwo gab es eine solch ausgeprägte Kultur der Internet-Wirtschaft, so viele kleinere und mittlere Start-ups und so viele Afterworkclubs, die *Party* der deutschen New Economy wurde in Berlin geschmissen.

Kracauer interessierte sich ganz bewusst für das gesamte großstädtische Leben der Angestellten, für ihre rationalisierte Arbeitswelt, das urbane Milieu wie für die massenmediale Öffentlichkeit. Ein besonderes Augenmerk legte er auf die inszenierte Zerstreuungskultur der Berliner Angestellten und das Zusammenwirken von sozialökonomischen und kulturellen Prozessen bei der Modellierung des Angestelltendaseins und -bewusstseins. Damit stellt die Untersuchung Kracauers, die in ihrer Zeit auf große Resonanz nicht nur in wissenschaftlichen und journalistischen Kreisen stieß, eine interessante Anregung für diese Arbeit dar.

Außerdem scheint sich mit der New Economy ein Kreis zu schließen, der bei Kracauer erst geöffnet wurde. Während Kracauer eindrucksvoll die Entstehung einer neuen Schicht, die der Angestellten, beschreibt, die eingeklemmt zwischen Arbeiterschaft und Bürgertum eine eigene Kultur entwickelte, zu der erstmals eine klare Trennung zwischen Arbeit und Freizeit gehörte, so wird diese mit der New Economy wieder abgebaut. Während es bei der Entwicklung der Angestelltenkultur darum ging neue Grenzen zu errichten, um sich selbst zu verorten, so versuchte die New Economy die eigene Attraktivität durch eine große Durchlässigkeit zu erhöhen. War das Versprechen der Angestelltenkultur der 1920er – später der 1950er und 1960er Jahre – eines, das auf Sicherheit und Wohlstand fußte, so versprach die New Economy Spaß, Gemeinschaft und Selbstbestimmung. Es wird hier nicht darum gehen, ob dieses Versprechen eingelöst wurde oder wird, sondern darum, zu beschreiben, wie, von wem und warum die entsprechenden Diskurse bearbeitet wurden und werden. Die New Economy wird für die aktuelle Situation lesbar gemacht.

---

10 Ebenda, S. 7.

Der Analyseansatz des Mythos ist in dieser Publikation nicht gewählt worden, um der New Economy ein Denkmal zu setzen oder sie wissenschaftlich zu verklären. Mitnichten. Ihre Definition als Mythos soll, wie später detailliert ausgeführt wird, eine andere Sicht auf die Welt, in diesem Fall die ökonomische, ermöglichen. Der Ansatz wurde gewählt, um den zahlreichen sozial- und wirtschaftswissenschaftlichen Analyseebenen der Arbeitsgesellschaft und des arbeitenden Individuums eine weitere Methode an die Seite zu stellen, die einen Blick auf dieses Phänomen erlaubt, der bisher zu kurz kam. Der Zugang über den Mythos erlaubt es, verschiedene Ansätze der Sozial- und Kulturwissenschaften miteinander zu verbinden, um ein umfangreiches wie komplexes Bild der Internet-Wirtschaft zeichnen zu können. Im Zentrum der Analyse stehen die Funktionen und Strukturen des Bedeutungsträgers, der Bedeutungsmacht New Economy. Die *ökonomische* Seite der New Economy ist zwar beeindruckend und eingehend beschrieben, sie war aber wie später gezeigt wird, selbst in ihrer extremen Übertreibung letztendlich nichts Neues, davon abgesehen, dass die jüngste Entwicklung der Finanzkrise ab Herbst 2008 diesen Aspekt zusätzlich relativiert. Auch die klassische Arbeits- und Industrie-[11] wie auch die Wirtschafts- oder Organisationssoziologie[12], die sich meist auf die Makro-Ebene (Arbeits- und Produktionstechnologien, staatliche Rahmenbedingungen, Marktwirtschaft, Rolle von Unternehmen und Verbänden) und Meso-Ebene (Betriebe und Institutionen) und seltener auf die Mikro-Ebene, der sozialen Beziehungen der arbeitenden Menschen untereinander und zur Arbeit, beziehen, können nicht das herausstellen, was die New Economy etwa von anderen Branchen der ITK-Welt (etwa der der Computer- oder Mobilfunkunternehmen) unterscheidet. Auch Beschreibungen und Analysen der technologischen Innovationen und ihrer Bedeutung für gesellschaftliche Veränderungen, etwa des Internets, wie sie die Technik-[13] und Mediensoziologie[14], aber auch die Kommunikationswis-

---

11 Siehe etwa: Minssen, Heiner, 2006, *Arbeits- und Industriesoziologie*, Frankfurt a.M.
12 Siehe etwa: Rese, Alexandra, 2004, *Organisationsverständnis von Unternehmensgründern: Eine organisationssoziologische Untersuchung zur Herausbildung der Organisationsstruktur im Multimediabereich*, Wiesbaden. Oder allgemeiner: Preisendörfer, Peter, 2008, *Organisationssoziologie*, Wiesbaden.
13 Siehe etwa: Rammert, Werner, 2007, *Technik – Handeln – Wissen. Zu einer pragmatischen Technik- und Sozialtheorie*, Wiesbaden.
14 Siehe etwa: Imhof, Kurt, 2004, *Mediengesellschaft: Strukturen, Merkmale, Entwicklungsdynamiken*, Wiesbaden.

senschaft¹⁵ oder die Sozial- und Wirtschaftsgeschichte¹⁶ betreiben, können den sozialen und kulturellen *Bedeutungen* der New Economy nicht gerecht werden, bzw. nicht ausreichend die *Arbeit* des Mythos beschreiben.¹⁷ Der Mythos New Economy beschreibt die (Be-)Deutungsmacht der Internet-Wirtschaft, die keinesfalls mit den Aktienkursen verfallen ist. Die mehr oder weniger klassischen Ansätze der Sozial- oder Wirtschaftswissenschaften widmen sich in Bezug auf die New Economy letztendlich immer einem scheinbar zweckrationalen¹⁸ ökonomischen Phänomen und erfassen nicht den weitaus umfassenderen Deutungsanspruch eines Wirtschaftsbereiches, der im Sinne Foucaults als eine *Gouvernementalität*, als eine regierende, also (be-)herrschende Instanz zur Zurichtung der Psyche und der Mentalität, verstanden werden kann. Nur ein Blick, der umfassender ist und auch kulturelle, soziale und politische Bedeutungsfelder mit einschließt, die von der New Economy über ihre Verfasstheit als Mythos bearbeitet werden, kann ihr gerecht werden. Diese andere, mehr kulturwissenschaftliche Sicht schließt eine Auseinandersetzung mit der Struktur des Mythos ein. Für den französischen Ethnologen und Strukturalisten Claude Lévi-Strauss geht es bei der Analyse des Mythos nicht um die Narration selbst, den Inhalt, sondern um die Struktur der Denkprozesse, die im Mythos enthalten sind und die von ihm hervorgebracht werden:

»Die Wahrheit des Mythos liegt nicht in einem bevorzugten Inhalt. Sie besteht in inhaltslosen logischen Beziehungen oder genauer gesagt solchen Beziehungen, deren invariante Eigenschaften ihren operatorischen Wert erschöpfen, da

---

15 Siehe etwa: Schelske, Andreas, 2006, *Soziologie vernetzter Medien: Grundlagen computervermittelter Vergesellschaftung*, München.
16 Siehe etwa: Schulz, Günther (Hg.), 2004, *Sozial- und Wirtschaftsgeschichte: Arbeitsgebiete- Probleme- Perspektiven: 100 Jahre Vierteljahrschrift für Sozial- und Wirtschaftsgeschichte*, Stuttgart.
17 Der deutsche Philosoph Hans Blumenberg, der ein zentrales Werk zum Mythenbegriff (*Die Arbeit am Mythos*, 1979, Frankfurt a.M.) geschrieben hat, unterscheidet zwischen der Arbeit *am* und der Arbeit *des* Mythos. Erstere soll den Objektcharakter des Mythos betonen, an dessen Etablierung und Weitergabe unterschiedliche Mythenproduzenten mitwirken, Zweitere die Eigenarten der Wirkungsweise des Mythos als Subjekt. Beides gehört für Blumenberg untrennbar zusammen: *Die Arbeit des Mythos muss man schon im Rücken haben, um der Arbeit am Mythos nachzugehen […]*. In: Ders., *Die Arbeit am Mythos*, S. 294.
18 Der Arbeitssoziologe Norbert Huchler setzt sich in seiner Diplomarbeit mit den *Rationalitätsmythen* der New Economy auseinander. Siehe: Ders., 2002, *Rationalitätsmythen der New Economy – Eine neo-institutionalistische Rekonstruktion des Internet-Hypes am Typus des New Economy Unternehmens*, Ludwig-Maximilians-Universität zu München.

sich vergleichbare Beziehungen zwischen den Elementen einer großen Anzahl verschiedener Inhalte herstellen können.«[19]

Lévi-Strauss geht es um die den Mythen zugrunde liegenden Strukturen und Logiken, der Mythos verbindet die begriffliche mit der bildhaften Ebene und stellt den Inhalt dar, wie er ihn auch verbirgt, eine Sicht, die bei Barthes ebenso erkennbar sein wird. So interessiert sich Lévi-Strauss für das allgemeine Gesetz, das jedem einzelnen Mythos zugrunde liegt. Die italienische Philologin Serena Grazzini dazu:

»Der Mythenerzähler (wie der Märchenerzähler) ist nicht der Erfinder der Geschichte, sondern fungiert als Träger einer von ihm unabhängigen Tradition, die sich durch ihn wie selbständig fortsetzt. Der Mythos verweist also auf das Überindividuelle; die Ähnlichkeiten der mythologischen Geschichten verweisen auf Gesetzmäßigkeiten, die den Geschichten vorausgesetzt sein müssen.«[20]

Die Gründer, Journalisten und Investoren, die damals auf unterschiedlichste Art und Weise dafür sorgten, die Geschichten der New Economy zu verbreiten, die Diskurse meist wissentlich bearbeiteten, waren und sind auch heute keine Mythenproduzenten. Die Medien- und Geschäftseliten waren und sind meist nicht Mythopoeten, sondern *nur* Erzähler einer Geschichte, die sie sich nicht ausgedacht haben, die ihnen aber sehr gefällt. Jeder Erzähler fügte der Geschichte aber seine ganz persönliche Note hinzu, mal wurde mehr der eine, mal mehr der andere Aspekt betont, letztendlich blieb aber jeder nur Mittler. Der Mythos *braucht* die Erzähler ebenso wie diese den Mythos, um ihre *Botschaft* loswerden zu können.

Und diese Botschaft war Ende der 1990er Jahre schon vorhanden. Was fehlte war die Form, eine geeignete Form, um diese Botschaft transportieren zu können. Der Mythos New Economy als große Erzählung der Informationsgesellschaft ist diese Form, es hätte aber theoretisch auch ein anderer Mythos sein können. Der Mythos New Economy beantwortet oder gibt es zumindest vor, viele der Fragen, die die Transformation der Arbeitsgesellschaft aufgeworfen hat. Es ist unerheblich, danach zu fragen, welchen Inhaltes der Mythos ist, sondern es ist wichtig zu analysieren, welche Bedeutungen, Botschaften und Antworten dieser Mythos transportieren soll und wie er diese ins öffentliche Be-

---

19 In: Levi-Strauss, Claude, 1971, *Mythologica I. Das Rohe und das Gekochte*, Frankfurt a.M., S. 310.
20 In: Grazzini, Seena, 1999, *Der strukturalistische Zirkel: Theorien über Mythos und Märchen bei Propp, Lévi-Strauss, Meletinskij*, Wiesbaden, S. 88.

wusstsein trägt. Der Mythos New Economy ist eine Antwort auf die Frage, wie die Zukunft der Arbeitsgesellschaft aussehen kann und warum es attraktiv ist, sich dieser Zukunft zu stellen.

Der Mythos der New Economy arbeitet an zwei Fronten und er wird an zwei Fronten bearbeitet. Einerseits bearbeitet er gesellschaftliche, ob private, öffentliche oder wissenschaftliche Diskurse, auch solche die weit über ökonomische oder technologische Fragen hinausgehen, und andererseits bearbeitet er die Subjektivität der arbeitenden Menschen. Dem ersten Aspekt, der Arbeit *am* Mythos, widmet sich Kapitel D, in dem die mythischen Erzählungen der New Economy dargestellt werden, die zentrale Diskurse innerhalb der deutschen (Arbeits-)Gesellschaft bearbeiteten und damit gleichzeitig den Mythos New Economy in Deutschland. Der zweite Aspekt wird in Kapitel E (und auch F) behandelt, in dem die ideologischen Quellen der Bedeutungsmacht New Economy, vermittelt über zentrale Begriffe, offen gelegt werden sollen. Die erste und zweite Front können nur in der Theorie getrennt gedacht werden, denn die Arbeit am Subjekt findet zu einem großen Teil über die gesellschaftlichen Diskurse statt, wie auch über Selbsttechnologien der Steuerung und Motivation.

Der Fokus auf die Arbeit an den Diskursen und den (arbeitenden) Subjekten führt uns zur subjektorientierten Arbeits- und Industriesoziologie wie sie in Deutschland etwa mit dem Chemnitzer Arbeitssoziologen G. Günter Voß verbunden wird, der nicht in erster Linie die Makro-, Meso- oder Mikro-Ebene im Blick hat, sondern das arbeitende Subjekt.

»Die [...] eingenommene arbeits- und industriesoziologische Perspektive setzt nun dezidiert einen [...] *subjektorientierten* [Herv. i. Org. M.S.] Schwerpunkt und richtet ihren Blick auf die Betroffenen, auf ihr konkretes Handeln und Denken (auch mit Blick auf die Betroffenen) auf ihr konkretes Handeln und Denken (auch mit Blick auf die Sphären ihres Lebens außerhalb des Erwerbsbereichs und auf ihre individuelle Subjektivität) anstatt allein, wie im Fach dominant, auf Arbeit, Betrieb und Ökonomie. [...]
Genauer gesagt geht es um eine *Verbindung* der Frage nach den Arbeitenden mit den verschiedenen Ebenen *objektiver Strukturen* und *Bedingungen des Arbeitens* (vom Arbeitsprozess bis zur Gesellschaft und ihrer Geschichte), um das Thema ihrer konstitutiven Wechselwirkung oder ihrer wechselseitigen Konstitution.«[21]

Voß nimmt eine Perspektive ein, bei der ihn u.a. interessiert, wie die Strukturen der Arbeit und des Betriebes das Handeln und Denken des

---

21 In: Huchler, Norbert, Voß, Günter G. u. Weihrich, Margit, 2007, *Soziale Mechanismen im Betrieb*, München/Mering, S. 21.

Arbeitenden in seinem Arbeiten beeinflussen. Diese höchst relevante und interessante Frage wird in diesem Buch nur eine untergeordnete Rolle spielen. Die realen Bedingungen der Arbeit etwa in einem Internet-Start-up werden zwar kurz skizziert (etwa im Kapitel C), aber diese haben nur einen geringen Anteil an der Entstehung eines Mythos, der bestimmte Aussagen darüber trifft, wie gearbeitet werden kann. Die tatsächliche Arbeitsrealität in den Start-ups, die auch empirisch erfasst wurde, hat nur sehr wenig mit den mythischen Aussagen etwa über die *Produktionsfamilie* (siehe Kapitel D) zu tun. Der Mythos der New Economy ist ein Produkt, keine Erfindung, der Mythopoeten, der Geschichtenerzähler aus den Redaktionen, der Gründer und auch der Mitarbeiter, aber keine empirisch, sondern nur durch Diskursanalyse indirekt belegbare *Entgrenzung*. Sicher lassen sich Entgrenzungen auf der Ebene der Arbeitsrealität (in Raum und Zeit) messen und belegen, diese bilden auch ein Fundament dieser Untersuchung. Der Idealtypus des *Arbeitskraftunternehmers* von Voß und Ponkratz, da als Instrument zur Beschreibung der Wirklichkeit im Hier und Jetzt der Selbstorganisation verhaftet, kann aber nicht die subjektverändernden, diskursiven Faktoren beschreiben, die von der Narration über ein Phänomen der Wirtschafts- und Arbeitswelt ausgehen. In der Analyse der Gründe für die Inflation der innerbetrieblichen Flexibilisierungsbemühungen folge ich Voß et al.:

»›Entgrenzung‹ von Arbeit und Betrieb ist, so wollen wir zeigen, eine Strategie, mit der erreicht werden soll, dass bisher nicht (oder nur latent, unsystematisch und/oder wenig tiefgehend) genutzte Mechanismen *der sozialen Steuerung von Arbeitsvorgängen* [Herv.i. Org. M.S.] intensiver betrieblich eingesetzt werden können – zumindest jedoch geht es darum, solche Mechanismen mehr als bisher auszuprobieren und Möglichkeiten und Grenzen einer erweiterten Arbeits- und Betriebssteuerung auszuloten.«[22]

Die Etablierung eines besonderen *New Economy Geistes* hatte die Funktion durch die Veränderung der Steuerungsmechanismen (u.a. von der Fremd- zur Selbststeuerung) die vorhandene Arbeitskraft anders und intensiver zu nutzen, bzw. vor allem die *immateriellen* Fähigkeiten zu aktivieren (mehr dazu im Kapitel B).

In diesem Buch steht aber nicht der Mitarbeiter, hier der New Economy, als autonomes, handelndes Subjekt im Vordergrund, sondern die große Erzählung, die dazu dient, ein Versprechen über die Zukunft des Informationszeitalters abzugeben und die Subjektivität des arbeitenden Menschen zu verändern. Eine makrosoziologische Sicht wird diesem

---

22 Ebenda, S. 15.

Phänomen ebenfalls nicht hinreichend gerecht, sondern kann nur Entwicklungslinien des modernen, flexiblen Kapitalismus nachzeichnen.

Der Blick auf das (arbeitende) Subjekt bleibt aber entscheidend und es ist nicht ausschließlich die Sicht auf die New Economy, sondern auch auf die Menschen, die in der heutigen ITK-Welt arbeiten und noch darüber hinaus auf alle, die *immaterielle* Arbeit leisten (siehe Kapitel B). Der Soziologe Ulrich Bröckling skizziert das *unternehmerische Selbst*, das keine empirisch beobachtbare Entität beschreibt,

»[...] sondern die Weise, in der Individuen als Personen adressiert werden, und zugleich die Richtung, in der sie verändert werden und sich verändern sollen. Es handelt sich um eine Realfiktion im Sinne von Hutter und Teubner: ein höchst wirkmächtiges Als-ob, das einen Prozess kontinuierlicher Modifikation in Gang setzt und in Gang hält, bewegt von dem Wunsch, kommunikativ anschlussfähig zu bleiben, und getrieben von der Angst, ohne diese Anpassungsleistung aus der sich über Marktmechanismen assoziierenden gesellschaftlichen Ordnung herauszufallen. Ein Subjekt im Gerundivum – nicht vorfindbar, sondern hervorzubringend.«[23]

Das *Als-ob* des *unternehmerischen Selbst* beschreibt das arbeitende Individuum, das in und mit der New Economy angerufen wurde und wieder angerufen wird. Dieser Aspekt ist für diese Arbeit ganz zentral. Der Mythos der New Economy stellt ein Subjektivierungsregime, ein Bündel aus Selbst- und Fremdführungstechnologien, dar, welches darauf abzielt ein *unternehmerisches Selbst* anzurufen, indem zentrale Bedeutungen über das Arbeiten und die Arbeit durch öffentliche Diskurse verbreitet werden. Diese Anrufung des selbstverantwortlich Handelnden geschieht von Außen wie Innen, es ist eine bestimmte Art und Weise der Adressierung:

»In der Figur des unternehmerischen Selbst verdichten sich sowohl normatives Menschenbild wie eine Vielzahl gegenwärtiger Selbst- und Sozialtechnologien, deren gemeinsamen Fluchtpunkt die Ausrichtung der gesamten Lebensführung am Verhaltensmodell der Entrepreneurship bildet. [...]
Ein unternehmerisches Selbst ist man nicht, man soll es werden. Und man kann es nur werden, weil man immer schon als solches angesprochen ist.«[24]

Der Mitarbeiter der New Economy und noch weitaus stärker der Mitarbeiter eines heute tätigen ITK-Unternehmens ist sicher auch ein *Arbeitskraftunternehmer,* aber beide Modelle, das Gedankengebilde wie die

---

23 In: Bröckling (2007), S. 46f.
24 Ebenda.

empirische Realität, verraten mir zu wenig über die soziale und kulturelle Funktion der gesamten Wirtschaftseinheit, nicht nur der darin arbeitenden Menschen. Die New Economy wird an dieser Stelle nicht als ökonomisch-technologisches Phänomen analysiert, sondern als eine soziokulturelle Bedeutungsmacht, die als Ganzes, ausgestattet mit einem Namen, einer Bezeichnung, dazu in der Lage ist, unterschiedliche Diskurse zu bündeln, wie diese auch zu verändern.

So entsteht mithilfe eines umfassenden Mythenbegriffes eine kultursoziologische Arbeit und keine wirtschafts- oder arbeitssoziologische. Die für mich entscheidenden kulturellen und sozialen Veränderungen, die durch die New Economy verursacht wurden, etwa in der Subjektivität der Arbeitenden und in der Kultur des Arbeitens, lassen sich nicht in den Milliarden verbrannten US-Dollars und DM, nicht in fallenden Aktienkursen und auch nicht in geleisteten Arbeitsstunden messen. Die New Economy war sicher eine *neue Wirtschaft*, aber auch eine Neue (Pop-)Kultur, eine neue Ideologie des Marktes wie auch der Versuch ein neues (Arbeits-)Subjekt zu schaffen.

Diese Arbeit möchte den Beweis führen, dass die New Economy heute als Mythos gelesen werden kann, der einerseits als Bedeutungsträger und ideologischer Schein wirkt, hinter dem die tatsächliche (sofern dieses überhaupt gesagt werden kann) ökonomische Realität zurücktritt und langsam verblasst, sowie andererseits eine Gemeinschaft bildende und aktivierende Erzählung beschreibt, die der Transformation der Arbeitsgesellschaft wie auch der Veränderung des modernen, flexiblen Kapitalismus ein Versprechen liefert. Der Mythos der New Economy ermöglicht es, zentrale Begriffe des (Arbeits-)Lebens neu zu definieren und in öffentlichen Diskursen zu etablieren. So bedeutet die New Economy nicht nur eine ökonomische Übertreibung als Börsen- und Internet-Wirtschaft, die für kurze Zeit zu einer *ver-rückten* Ökonomie wurde, einer, die die Grenzen der Wirtschaft(lichkeit) zumindest scheinbar übertrat. Sie ist des Weiteren eine bestimmte Form von Kulturökonomie, eine, die das Spannungsverhältnis von Kultur und Wirtschaft in Bezug auf ökonomische Kriterien wie Effizienz und Gewinn transzendiert und als selbst ausgerufene Revolution der Gründer auch eine Popkultur der Ökonomie ist. Die New Economy bedeutet auch eine neue Ideologie des Marktes, die mit dem Anspruch antritt, demokratischer als die Gesellschaft zu sein. Darüber hinaus dient sie als Subjektivierungsregime des flexiblen Mitarbeiters, der Arbeit immer auch mit Spaß und Gemeinschaft in Verbindung bringt, eine nicht erst durch die New Economy formulierte Anforderung und Anrufung, die längst auch in Wirtschaftsbereichen außerhalb der ITK-Welt zu finden ist. Alle diese Bedeutungen, diese Aussagen trifft der Mythos mit Absicht, mit einer ganz bestimmten Intention. Es gibt zahlreiche ökonomische, kulturelle und politische Interessen der unterschiedlichen Mythopoeten und Mythenerzähler, heute an einem Mythos New Economy zu *arbeiten*. Er trifft diese Aussagen nicht isoliert oder exklusiv, sondern bündelt unterschiedliche Diskurse zu einer einzigen Erzählung. Einer Erzählung, die auch die Funktion hat, komplexe Sachverhalte der Technologie, der Ökonomie und des Sozialen für die Alltagswelt erfahrbar und verstehbar zu machen. Die New Economy ist ein Transformationsriemen der Informationsgesellschaft, sie übersetzt, indem sie verkürzt, vereinfacht und verzerrt. Diese Transformationsdeformationen, die jede Übersetzung kennzeichnen, möchte ich sichtbar machen.

2. Was ist die *New Economy*?

Bevor wir uns ausführlich mit dem Phänomen der New Economy befassen werden, welches die Ökonomie und Kultur gleichermaßen berührte und veränderte, werde ich diesen für viele unklaren Begriff definieren. Es ist kein Zufall, dass dieser Begriff oft missverständlich und nicht einheitlich verwendet wird[25], haben wir es doch mit verschiedenen Abstraktionsebenen zu tun, die durch unterschiedliche ökonomische, mediale und kulturelle Kontexte entstanden sind. Es gibt mindestens drei Ebenen, auf denen uns der Begriff New Economy auch heute noch begegnet, auch wenn grundsätzlich konstatiert werden muss, dass er im Vergleich zu damals nur noch selten in öffentlichen Diskursen erscheint, und dann meist als Rückgriff auf den Hype der Jahrhundertwende oder im Zusammenhang mit einer postulierten *neuen* Entwicklungsstufe des Internets rund um das Web 2.0.[26] Die nachfolgende Lesart der New Economy als Mythos, als ideologische Deformation wie auch sinnstif-

---

25 *Obwohl die New Economy zurzeit in einer Vielfalt wissenschaftlicher und populärwissenschaftlicher Literatur analysiert wird, herrschen gegenwärtig offenbar noch keine gesicherten Erkenntnisse über den spezifischen Inhalt, der den Begriff der New Economy füllen soll.* In: Pauschert, Dirk, 2005, *New Economy? Die New Economy als neue Form der Industriewirtschaft!*, Hamburg, S. 11.
26 So bezeichnete Bernd M. Michael, Chef der *Grey Global Group*, einer der größten Werbekonzerne der Welt, das Web 2.0 *[...] als das zweitteuerste Missverständnis nach der New Economy, mit dem sich die Branche jemals beschäftigt habe – Second Life etwa sei eine absolute Minderheitenveranstaltung und für etliche Markenartikler ein Verlustgeschäft.* In: *Heise online*, 20.06.2007, siehe unter: http://www.heise.de/newsticker/Grey-Global-Web-2-0-teuerstes-Missverstaendnis-seit-New-Economy--/meldung/91430.

tende Erzählung, stellt keine weitere Ebene dar, sondern ist als eigener Analysezugang zu verstehen.

Die erste und weiteste Ebene, die *informationelle* Ebene der Wertschöpfung, beschreibt den Begriff der New Economy, wie er in den USA Mitte der 1990er Jahre aufkam und anfangs nicht nur, wie später in Europa, eine neue Generation von Internetfirmen beschrieb, sondern die Hoffnung auf eine grundsätzliche, epochale Veränderung der (US-amerikanischen) Wirtschaft, sogar der Wertschöpfung an sich. Ob diese Einschätzung richtig war und ob das Jobwunder und der Aufstieg der US-Wirtschaft in den 1990er Jahren allein durch die New Economy verursacht wurden, werde ich später noch erörtern. Die Begeisterung über das Internet und dessen vermeintlichen technischen, ökonomischen und kulturellen Möglichkeiten löste eine Euphorie aus, die es in der weltweiten Ökonomie seit den Goldenen 1920er Jahren der *Grand Prosperity* [27] und der industriellen Revolution nicht mehr gegeben hatte; selbst diese erschien einigen nicht mehr als die richtige Messlatte:

»I can say ›New Economy‹ with capital letters and without hesitation: Today's economy is in the throes of another epochal transformation, this time catalyzed by a 10-million-fold decrease in the cost of copying or storing or manipulating or transmitting or sharing or publishing coded information. The reality is that a change in the nature of how we develop the fundamental essence of economic ›know how‹ – code – that is already 1000 times greater than that which took mankind from Agrarian to Industrial simply has to lead to deep change.«[28]

So sah es Steve Gibson, Executive Director des *Bionomics Institute*, Ende 1997. Er nahm Bezug auf eine Diskussion um immerwährenden wirtschaftlichen Fortschritt, die das Magazin *Wired* im Juli 1997 ausgelöst hatte. Unter dem Titel *the long boom – A History of the Future, 1980 – 2020*[29] hatten die Redakteure Peter Schwartz und Peter Leyden das Szenario eines langfristigen Aufwärtstrends entworfen, der mindestens 25 Jahre andauern sollte. Heute wissen wir, dass aus 25 nur fünf, sechs Jahre wurden, aber für die Hintergründe des Phänomens, das kurze Zeit später nach Europa kam, ist es wichtig, sich vor Augen zu führen, dass es zu dieser Zeit in den USA eine sehr große Begeisterung in Bezug auf die ökonomische und technologische Zukunft gab. Die

---

27 In der es ebenfalls die Fantasie eines immerwährenden Wirtschaftswachstums gab, einer *Eternal Prosperity*.
28 In: »Long Boom or Slow Bust«, The Feed Dialogue on the New Economy. *FEED Magazin*, Dezember 1997.
29 Siehe: Leyden, Peter u. Schwartz, Peter »the long boom – A History of the Future, 1980 – 2020«, in: *Wired*, Juli 1997.

Fantasie bezog sich nicht nur auf die Möglichkeit eines andauernden ökonomischen Wachstums, sondern auf ein neues Versprechen des Kapitalismus, der in den 1970ern (Ölkrise) und 1980ern (Massenarbeitslosigkeit) in eine Krise geraten war, eine Krise der Ökonomie wie der Legitimation. Nun sollte durch eine neue, nicht materielle Form der Wertschöpfung eine »neue« Wirtschaft entstehen. Eine, die der US-amerikanische Soziologe Manuel Castells *Informationsgesellschaft* nennt, da Informationen physische Güter als Ursprung der Wertschöpfung immer mehr ablösten und sich daraus ein neues, ökonomisches Paradigma ergebe:

»The first characteristic of the new paradigm is that information is its raw material. [...] It is informational because the productivity and competitiveness of units or agents in the economy fundamentally depend [...] on information.«[30]

Dieses neue Paradigma, häufig als *New Growth* bezeichnet (mehr zum Wachstumsbegriff im Kapitel E), beschreibt sowohl eine wirtschaftliche Revolution als auch ein neues wirtschaftswissenschaftliches Paradigma. Während sich ersteres darauf bezieht, dass die US-amerikanische Wirtschaft in den 1990er Jahren herausragend gewachsen sein soll, so bezieht sich der zweite Anspruch auf eine neue Qualität des Wachstums, die sich von der bisherigen des Industriegesellschaft fundamental unterscheiden soll. Der Wirtschaftsnobelpreisträger Paul Krugman behauptete 1997:

»The New Economy doctrine, sometimes called the New Economy Paradigm, may be summarized as the view that [...] information technology have led to a surge in the productivity of U-S workers. This, in turn, has produced a sharp increase in the rate of growth the U.S. economy can achieve without running up against capacity limits. [...] This increase in the potential growth rate in turn is supposed why the United States has managed to drive unemployment to a 25 year-low without inflation.«[31]

Wie wir noch ausführlich sehen werden, lassen sich beide Ansprüche des New Economy Paradigmas, das geradezu einer *perpetual motion machine*[32] gleichen sollte, nicht halten. Eine wirtschaftliche Revolution fand nicht statt und ein neues wirtschaftswissenschaftliches Paradigma

---

30 In: Castells, Manuel, 2001, *The Rise of the Network Society*, Malden, S. 61.
31 Zitiert in: Pauschert, a.a.O., S. 14.
32 In: Kindleberger, Charles P. u. Aliber, Robert Z., 2005, *Manias, Panics and Crashes A History of Financial Crises*, Hampshire/New York, S. 139.

war und ist nicht in Sicht. Der Volkswirt Dirk Pauschert äußert sich dazu eindeutig:

»Aus Sicht der beiden, in dieser Arbeit verwendeten Paradigmen ist das Postulat eines neuen wirtschaftswissenschaftlichen Paradigmas abzulehnen. [...] Auf wirtschaftswissenschaftlicher Ebene ist alles das alte.«[33]

Der Begriff der New Economy wird in diesem ersteren Sinne mit der gesamten Informationsgesellschaft gleichgesetzt, auch wenn die Unternehmen der Informations- und Kommunikationstechnologien (ITK) hier eine Schlüsselstellung vor anderen *informationellen* Branchen wie etwa der Finanz- oder Medienwelt einnehmen.

Die zweite und mittlere Ebene der New Economy, die ITK-Ebene, beschreibt die neuen (und alten) Branchen, die als zentral und führend in der vernetzten Informationsökonomie gelten. In erster Linie also die Unternehmen der Informationstechnologie, im weitesten Sinne alle Computer-, Internet-, Software- und alle mit ihnen verbundenen Dienstleistungsunternehmen. Die IT-Welt wird von der ebenfalls dynamisch wachsenden und ökonomisch sogar bedeutsameren der Telekommunikation[34] oft nicht mehr getrennt. In der englischsprachigen Welt ist das

---

33 Ebenda, S. 289.
34 Bezogen auf die ökonomischen Grunddaten wie Umsatz oder Gewinn spielen die großen, etablierten Unternehmen der Telekommunikation eine weitaus größere Rolle als die neuen (und alten) der Informationstechnologien, wobei eine Trennung zwischen beiden Bereichen historisch noch nachzuvollziehen ist, technologisch aber nicht (siehe die Einleitung des Kapitels B), vergegenwärtigt man sich etwa die Entwicklung von *Apple*, dem Computerunternehmen, das seine Zukunft im Bereich der mobilen Kommunikation (iPhone, iPod) sieht und 2007 folgerichtig den Zusatz *Computers* aus seinem Namen strich. Das umsatzstärkste Unternehmen der ITK-Welt war 2007 der US-amerikanische Telekommunikationskonzern *AT&T* mit knapp 119 Mrd. US-US-Dollar auf Platz 29 (laut Liste der 500 größten Unternehmen der Welt des Fortune Magazine (Fortune 500), siehe unter: http://money.cnn.com/magazines/fortune/fortune500/2008/) und das britische Mobilfunkunternehmen *Vodafone* auf Platz 16, bezogen auf den Gewinn. Beim Börsenwert ergibt sich (ganz im Sinne der New Economy) ein anderes Bild, hier ist der Software-Konzern *Microsoft* mit fast 244 Mrd. US-Dollar Marktkapitalisierung, das viert-wertvollste Unternehmen der Welt, das wertvollste der Telekommunikation, *China Mobile*, folgt auf Platz 9. *Google* als größtes *echtes* New Economy-Unternehmen mit 77 Mrd. US-US-Dollar, folgt auf Platz 64, sein Umsatz (16,5 Mrd. US-US-Dollar) ist zehnmal kleiner als der von *AT&T* und 23-mal kleiner als der vom umsatzstärksten Unternehmen der Welt, dem Einzelhändler *Wal-Mart* mit fast 379 Mrd. US-US-Dollar (Liste der Marktkapitalisierung der 500 größten Unternehmen der Welt (FT 500) 2007 der Financial Times, siehe unter: http://www.ft.com/).

Kürzel *ICT* (*Information and Communications Technology*) noch weitaus geläufiger als das in Deutschland immer noch selten verwendete *ITK* oder *IT+K*. Außerdem nicht zu vergessen ist die Biotechnologie, als Biotech zu Zeiten der New Economy in aller Munde. Auf dieser mittleren Ebene schließt der Begriff der New Economy nicht nur die Start-ups und großen Internet-Aufsteiger der 1990er Jahre wie *Google, Amazon, AOL, Ebay* oder *Yahoo* mit ein, sondern auch die IT-Größen der 1970er und 1980er Jahre wie *Apple, Microsoft, Oracle, Compaq, Dell, Cisco* oder auch *SAP*, die die technologischen Grundlagen für spätere Entwicklungen lieferten. Die Biotechnologie bildet eine Ausnahme, denn hier kann nur eingeschränkt von informationeller Produktion gesprochen werden. Die jungen Biotech-Unternehmen verkörpern aber ebenso wie Firmen der Nanotechnologie eine besonders moderne Industrie, der im 21. Jahrhundert eine strategische Bedeutung zugeschrieben wird. In dieser mittleren Definition von New Economy fehlen die informationellen Branchen der klassischen Medienproduktion (TV, Radio, Print) und der Finanzwelt, auch wenn am Beispiel von Medienunternehmen wie etwa dem Spiegel-Verlag, der über ein traditionsreiches Print-Magazin (*Der Spiegel*) sowie über ein erfolgreiches Online-Portal (*Spiegel online*) verfügt, leicht zu erkennen ist, dass diese Trennung äußerst willkürlich ist.

Die dritte und engere Ebene, die Start-up-Ebene, ist die, die am stärksten Assoziationen hervorruft, wenn der Begriff New Economy fällt. Sie umfasst die kleineren und mittleren Internet-Start-ups, die so genannten *Dotcoms*. Diese Unternehmen bildeten 1999 und 2000 den Kern des Medienhypes um das Internet und die explodierenden Aktienkurse. Unternehmen wie *Pixelpark, Intershop, EM.TV, Freenet, GMX* und *Web.de* waren hierzulande die bekanntesten, international waren es, wie schon erwähnt, *Amazon, Ebay, AOL* und *Yahoo*. Auch diese Grenzziehung ist willkürlich, *Intershop* war und ist ein Softwareunternehmen und *EM.TV*, im Jahre 2000 im Blickpunkt des Interesses, ist ein schon 1989 gegründeter Filmrechtehändler, der mit dem Internet nicht viel zu tun hatte, ebenso wie deren Chef Thomas Haffa nichts mit den jungen Gründern kleinerer Start-ups. Außerdem waren auch materiell produzierende Biotech-Unternehmen wie *Quiagen* mit dabei; die Zugehörigkeit zur New Economy wurde eher über die Medienaufmerksamkeit und die Finanzierung definiert und nicht über das Businessmodell. Manuel Castells gebraucht den Begriff New Economy nur sehr selten und sieht sie neben der Finanzwelt als Teil einer *Neuen Wirtschaftsform*[35]. Er teilt die Internet-Branche, die sowohl die zweite als auch vor allem die dritte

---

35 Siehe: Castells, a.a.O, S. 160ff.

hier skizzierte Ebene betrifft, in vier Schichten ein, die in Kapitel B beschrieben werden.

Trotz sicher immer noch bestehender Unschärfen ist es wichtig, sich diese grobe Definition vor Augen zu halten, wenn anschließend von der New Economy gesprochen wird. An dieser Stelle geht es darum, zu verdeutlichen, dass die Prinzipien des Arbeitens (und Lebens), die vor allem in der engeren Ebene der Start-ups 1999 und 2000 erprobt wurden, schrittweise zu Anforderungen an alle ITK-Unternehmen und »informationellen« Branchen geworden sind und immer noch werden sowie darüber hinaus für alle Formen von Arbeit, bei der überwiegend oder anteilig *immaterielle* Arbeit geleistet wird. Dass viele kleine Start-ups, die die Krise 2000 und 2001 überstanden und sich weiter entwickelt haben, wie etwa *Freenet* oder *Jamba*, heute ein Teil der ITK-Welt sind, ist selbstverständlich. Am Ende des Kapitels C wird es noch kurz um die neuen Internet-Firmen rund um das Schlagwort Web 2.0 gehen. Ohne vorzugreifen kann konstatiert werden, dass es sehr wohl große Parallelen, aber auch Unterschiede, zur alten New Economy gibt, sodass nicht von einer simplen Wiederauflage gesprochen werden kann, sehr wohl aber von einer Art *neuen* New Economy.

A) METHODIK

Meine zentrale methodische Analysekategorie, eine die unterschiedliche Ansätze der Sozial- und Kulturwissenschaften in sich vereint, wird der Begriff des Mythos sein. Warum, werde ich nachfolgend ausführlich darlegen.[1] Das strukturalistische Mythenmodell von Roland Barthes, den *Alltagsmythos*, werde ich mit dem *politischen Mythos* kombinieren, einem eigenständigen Ansatz, wie er in den Geschichts-, Politik- und Sozialwissenschaften seit Mitte der 1990er Jahre verwendet wird. Der von mir verwendete Mythenbegriff wird mir dabei hilfreich sein, den (scheinbar) irrationalen Implikationen der New Economy auf die Spur zu kommen, ihrer kulturellen Seite, die ein ganzes Bündel unterschiedlicher Aussagen, Aufforderungen und Anweisungen zu einer einzigen Geschichte verschmolzen hat. Diese große, geschlossene Narration soll theoretisch wieder in ihre Bestandteile, die historischen Ereignisse (Kapitel B und C), die mythischen Erzählungen (Kapitel D) und die sie prägenden zentralen Diskurse (Kapitel E) zerlegt und diese offen gelegt werden.

Für diese Publikation waren die Cultural Studies, ein interdisziplinärer Ansatz der Kultur-und Sozialwissenschaften, als *Analyseform der*

---

1 Vielleicht kann diese Arbeit etwas den Ansprüchen von Jean Gadrey gerecht werden, der eine Untersuchung zum Mythos der New Economy vermisst: *However, this coherence is limited and has to be partially reconstructed, rather in the manner of anthropologists analysing the structure of myths. And no, there is no scholarly theory of this new mythical age: the only academic studies that might help to underpin these idealised representations of the new order are, by virtue of their scholary objectivity, potentially critical of these normative discourses.* In: Gadrey, Jean a.a.O., S. 5.

Popkultur[2] sehr anregend. Vor allem wenn es darum geht, die New Economy als eine ökonomisierte Form von *Pop-Kultur* lesbar zu machen, die (erfolgreich) versuchte (und es weiter tut) wirtschaftliche und technische Themen zu popularisieren. Außer dem Popcharakter des Untersuchungsgegenstandes spricht auch noch die Biografie des Autors für diese Herangehensweise. Ich bin sicher kein *scholarship boy* im Sinne der Birminghamer Schule um Stuart Hall[3], aber sicher eine Art *Fan with special skills*[4], ein zeitweiliger Insider, der seine journalistischen Kenntnisse und Erfahrungen als ehemaliger Mitarbeiter in der New Economy sozialwissenschaftlich auf- und ausarbeiten möchte.

So führt dieses Vorgehen im Ergebnis zu einer kultursoziologischen Studie, zu einer interdisziplinär angelegten Bricolage, einer *Bastelei* im Sinne Lévi-Strauss', die einer Ökonomie, ihrer Bedeutung und Repräsentationsmacht hoffentlich näher kommt, als die meisten der vorliegenden Arbeiten, die sie entweder auf ihre (extremen) ökonomischen Daten, oder ihre (ökonomische und technologische) Bedeutung für die Transformation der Arbeitswelt reduzieren.

Die New Economy bündelte und bündelt als Mythos unterschiedliche ökonomische, politische, kulturelle und soziale Diskurse zu einer einzigen mythischen Erzählung. Meiner Meinung nach ist es daher zwingend notwendig, sich dem Mythos New Economy von verschiedenen Seiten und in unterschiedlicher Tiefe zu nähern. Im Sinne des Strukturalismus kann es nicht darum gehen, die »Wahrheit« über die New Economy herauszufinden. Diese gibt es nicht und kann es nicht geben. Was mir gelingen soll, ist über die Geschichte(n) dieser ganz besonderen Ökonomie, die als Mythos New Economy präsent ist, zu beschreiben, was sie heute bedeuten soll und will und wie wir den Mythos heute lesen können.

---

2   In: Lindner, Rolf, 2000, *Die Stunde der cultural studies*, Wien, S. 59.
3   Siehe zu der Geschichte der cultural studies und ihren Anfängen im Center for Contemporary Cultural Studies (CCCS) in Birmingham den Abschnitt »Cultural Hybrids from Border Country«, Ebenda, S. 15-47.
4   So bezeichnen die beiden Kulturwissenschaftler Simon Frith und Jon Savage den *[...] neuen sich mit Popkultur befassenden und durchsetzenden Intellektuellen und Kulturwissenschaftler. [...] Dieser selbstreflexive Meta-Fan versteht es, aus seinem Erfahrungswissen (›Szenewissen‹) kombiniert mit einer angesagten Theorie (›Poststrukturalismus‹) akademisches Kapital zu schlagen*, Ebenda, S. 58. Dieses leicht ironische Zitat von Lindner spielt auf das Hauptproblem der cultural studies an. Insider oder gar *Meta-Fan* zu sein kann nicht nur bedeuten Experte zu sein, sondern auch befangen, distanzlos und selbst Teil des Problems. Diese Gefahr, ein Problem jeder Sozialwissenschaft, thematisieren die Cultural Studies aber von Beginn an.

Diese Hauptarbeit wird im zweiten Abschnitt, den Kapiteln D und E, geleistet und im Kapitel F anschließend zusammengefasst, indem vier zentrale Lesarten der New Economy proklamiert werden. Wie wird die Mythenanalyse nun konkret umgesetzt? In beiden Kapiteln wird es darum gehen, die Bedeutung(en) und Funktion(en) der mythischen Erzählungen und zentralen Begrifflichkeiten herauszuarbeiten. Nachdem für jede Narration und jeden Begriff der Ort, die Mythopoeten bzw. Mythenerzähler, im Verständnis der Diskursanalyse die Akteure, bestimmt und der narrative Kern der Erzählung umrissen ist, wird es in erster Linie darum gehen, die Bedeutung dieser Erzählung zu erfassen. Dabei muss selbstverständlich zwischen den Absichten, den Intentionen der Akteure, etwa der Gründer, Medien oder Investoren und dem was beim Rezipienten, dem Publikum, angekommen und verarbeitet wurde, unterschieden werden. Der interessante Punkt der Mythenrezeption, der bei Barthes nur eine untergeordnete Rolle spielt, wird notwendigerweise auf Spekulationen angewiesen sein. Zwischen der visuellen oder akustischen Aufnahme des Mythos und seiner Bedeutungen, meist vermittelt durch Medien, die die Absichten der Erzähler ebenfalls schon verändert haben, und dem konkreten Handeln bleibt ebenfalls eine analytische Lücke. Diese muss es geben, denn der Mythos verkörpert eine eigene Form von Wahrheit. Eine, die das Verhältnis von Wissenschaft und Nicht-Wissenschaft transzendiert.[5]

Die Mythenanalyse wird mithilfe der beiden Ansätze, die hier zu einem Werkzeug verbunden werden, die Widersprüche darlegen, die zwischen der Intention der Mythopoeten, etwa des Gründers, und der medial vermittelten Bedeutungsmacht des Mythos entstanden sind, etwa durch die Analyse entsprechender Quellen (z.B. Literatur, Magazine, Online-Foren, Interviews). Die Arbeit am Mythos, die vor allem in den mythischen Erzählungen der New Economy in Kapitel D sichtbar wird, kann im Sinne einer Diskursanalyse, etwa zentraler Diskursfragmente, ungleich besser belegt werden als die Arbeit des Mythos im Kapitel E, in dem die Quellen der Bedeutungsmacht beschrieben werden.

Im Sinne von Lévi-Strauss werden in beiden Kapiteln die dem Mythos und seinen zahlreichen, mythischen Erzählungen zugrunde liegenden Strukturen herausgearbeitet. Die Erzählung über den Gründer sagt z.B. etwas über die Rolle des Unternehmers in Deutschland, des deutschen Mittelstandes und ihres Verhältnisses zur New Economy aus. Für

---

5 Lévi-Strauss sieht den Mythos als Mittler zwischen dem Gelehrten und Laien. Er erweist sich als *[...] einziges Mittel der Kommunikation zwischen Naturwissenschaftlern und Nicht-Naturwissenschaftlern*. In: Lévi-Strauss, Claude, 1996 (OA 1991), *Die Luchsgeschichte. Zwillingsmythologie in der Neuen Welt*, München, S. 11.

die hier beteiligten Geschichtenerzähler war die New Economy, bzw. der Gründer, nur ein Mittel zum Zweck. Für das, was *eigentlich* erzählt werden sollte (und soll), wäre auch eine andere Geschichte geeignet gewesen, aber vermeintlich keine solch spannende und spektakuläre. Diesem *Eigentlichen* wird in Kapitel E und dann auch in F nachgegangen. Wenn die New Economy eine Bedeutungsmacht war und ist, die zentrale Diskurse des Arbeits- und Wirtschaftslebens *bearbeitet* und wenn die den Mythos verbreitenden Akteure, die Diskurskoalitionen eingegangen sind, nur Mittler sind, dann bleibt die Frage nach dem Geschichtenerfinder bzw. den tiefer liegenden ideologischen Strukturen. Die zentralen, diskursiv wirksamen Begriffe der New Economy waren und sind auch solche des Informationszeitalters, für das die Neue Wirtschaft ein neues Versprechen war (und ist). Während an den Börsen zur Zeit der New Economy das Vertrauen in die Internet-Wirtschaft und in die Zukunft der Informationstechnologien gehandelt wurde, so wurde mit der New Economy als ökonomischem Phänomen des Unternehmertums und der Mitarbeiterkultur das Vertrauen in die Zukunft der Arbeitsgesellschaft gehandelt. Während ein Großteil des Vertrauens in die Wertpapiere ab 2001 verloren ging und die letzten Reste ab Herbst 2008 zerstört wurden, so ist von dem Vertrauen in die Zukunft des Arbeitens etwas geblieben. Auch diesen Rest beschreibt der Mythos New Economy.

1. Mythologie

Der Ansatz der Mythenanalyse mag für die New Economy nicht als zwingend erscheinen, zu kurzlebig und inkonsistent erscheint dieses Phänomen, das in seiner extremen Zuspitzung auch erst sieben, acht Jahre hinter uns liegt und das als Web 2.0 in einer konsolidierten, nüchternen (und erfolgreichen) Version vor allem 2006 und 2007 für Schlagzeilen sorgte. Diese Einwände wären berechtigt, würde ich den Mythos New Economy nur als Erinnerung an eine abgeschlossene Zeit verstehen. Die Überzeugung, die dynamische Internet-Wirtschaft der Jahrhundertwende als Mythos auffassen, lesen zu wollen, beruht auf der Schwierigkeit, dem Charakter, den Eigenarten und dem Wesen der New Economy gerecht werden zu können. Soweit ich sie ausschließlich auf ihre (beeindruckenden) Daten reduziere, wie es ein Großteil der Wirtschaftsliteratur und -presse 1999 bis 2001 tat, etwa auf die rasant steigenden und fallenden Aktienkurse, so komme ich schnell zu dem Schluss, dass es sich um eine ökonomische Überhitzung handelte, die, gepaart mit der intensiven Medienbegleitung, viel (Aktien-)Kapital schuf und noch mehr vernichtete. In dieser nüchternen Analyse steckt schon der Verweis auf nichtökonomische Implikationen – beinhaltet der Begriff der Börsenfantasie doch schon die Anerkennung, dass sich das Börsengeschehen gerade nicht primär an wirtschaftlichen Fundamentaldaten (Umsatz, Gewinn, Aktienkurs, Rendite, Eigenkapitalquote etc.) orientiert, sondern dass an der Börse Erwartungen und Hoffnungen gehandelt werden. Eine Sichtweise, die sich verständlicherweise mit Zunahme der ökonomischen Verluste durchsetze und ihren Niederschlag in enttäuschten Kommentaren und Büchern fand. Aber auch die Einbeziehung des Bereiches, der im weitesten Sinne Börsenpsychologie genannt werden kann, hätte nicht weit genug getragen, denn dieses wäre darauf hinausgelaufen, die New Economy als Projektionsfläche für Umsatz- und Gewinnerwartungen des Informationszeitalters zu beschreiben. Dieses war sie auch ohne Frage. Aber nur auch. Diese Publikation versucht wenn nicht alle, so doch zumindest viele zentrale Lesarten der New Economy zu bündeln. Alle unterschiedlichen analytischen Herangehensweisen und Charakterisierungen haben nur die Aufgabe, ein möglichst komplexes Bild dieses Phänomens nachzuzeichnen. Die Klammer, um diese zusammen zu bringen, ist für mich der Mythos. Die Arbeit mit dem Begriff des Mythos geht aber weitaus weiter, als nur eine Reihe nichtökonomischer Faktoren aus dem Bereich der Kultur oder des Sozialen zu erfassen. Diese Publikation versucht sich daran, eine per se unwissenschaftliche Kategorie, die des Mythos, für die Wissenschaft zu erschließen. Dieser Versuch sollte allein deswegen schon unternommen werden, weil er es möglich macht, den Teil des Seins zu erfassen, den wir unterschlagen, wenn wir versuchen *Realität* allein analytisch-wissenschaftlich zu erfassen. Die New Economy, und nicht nur sie, wurde und wird eben auch sinnlich, intellektuell und emotional erfahren und verarbeitet. Mit der Reduktion auf technologische und ökonomische Parameter berauben wir dieses Phänomen nicht nur eines Teils seiner *Wirklichkeit*, wie wir es immer tun, wenn wir rational und vernunftgeleitet vorgehen, sondern wir betrügen uns um einen entscheidenden Erkenntnisgewinn. Der polnische Philosoph Leszek Kolakowski:

»Die metaphysischen Fragen und Überzeugungen sind technologisch unfruchtbar, stellen somit weder einen Teil der analytischen Bemühung noch einen Bestandteil der Wissenschaft dar. Als Organ der Kultur sind sie eine Verlängerung ihres mythischen Stammes. Sie betreffen den absoluten Ursprung der Erfahrungswelt; sie betreffen die Qualitäten des Seins als einer Ganzheit (im Unterschied zum Objekt); sie betreffen die Notwendigkeit der Ereignisse. Sie intendieren, die Relativität der Erfahrungswelt zu offenbaren, und versuchen die unbedingte Realität zu enthüllen, dank derer die bedingte Realität sinnvoll wird.«[6]

Im Sinne Kolakowskis werde ich mithilfe des Mythenbegriffes auch der *Erfahrung* New Economy nachspüren und nicht nur einem ökonomisch-technologischem Phänomen. Dieses Vorgehen ist meines Erachtens nicht nur bei der New Economy von Nöten, sondern bei jedem Ereignis, das dazu in der Lage ist, Öffentlichkeit zu mobilisieren. Die häufige Betonung des scheinbar unerklärlichen, irrationalen Verhaltens im Zusammenhang mit der New Economy war nur ein überzeugender Beleg dafür, dass hier ein Mythos entstand. Dessen Auftauchen und Erfolg ist rational nicht zwingend erklärbar, er ist aber damit nicht automatisch irrational, sonder nur nichtrational. Der Mythos New Economy entstand, weil dieses ursprünglich technologisch und ökonomisch bedingte Ereignis dazu in der Lage war, Antworten zu geben, Versprechungen zu machen und Sehnsüchte zu projizieren.

Der Mythos New Economy bündelt darüber hinaus unterschiedliche, sich teilweise widersprechende Erzählungen und Aussagen zu einer einzigen, neuen Geschichte. Diese Erzählung hat im Kern die Funktion, die Aufgabe, einen gesellschaftlichen Konsens zu erzeugen, Kontingenzen, Widersprüchlichkeiten und Ungerechtigkeiten nicht nur zu akzeptieren, sondern gutzuheißen. Möglich wird dieses durch eine ganze Reihe von mythischen Aussagen, die alle eigene diskursive Felder bearbeiten. So trifft der Mythos New Economy, der ständig eine Verbindung zur vermeintlich guten, verrückten oder haltlosen alten Zeit herstellt und damit eine Brücke schlägt, nicht nur Aussagen, die sich eng auf das Feld der Wirtschaft oder Arbeit beziehen. Er bearbeitet auch Diskurse, die mit Konsum, Lifestyle, Freizeitgestaltung oder selbst mit der Kindererziehung zu tun haben, etwa wenn ein Veranstalter in der Tradition der Afterworkclubs Disko-Nachmittage für Kinder anbietet. Auch hier ist der Einfluss des Mythos New Economy aufzuspüren, ohne dass einer der Beteiligten an diesen Begriff oder die Zeit der New Economy denken würde.

Zum Ende der 2000er Jahre ist schon so viel Zeit vergangen, dass ein Prozess der Historisierung eingesetzt hat; über die New Economy wird in der Öffentlichkeit[7] wie in den Unternehmen wie über eine Al-

---

6 In: Kolakowski, Leszek, 1984 (OA 1972), *Die Gegenwärtigkeit des Mythos, München,* S. 13.

7 Im Juni 2004 war in der Zeit unter der Überschrift »New Economy, zweiter Versuch« vom Börsengang des Suchmaschinenbetreibers *Google* zu lesen. Der Autor versuchte in Bezugnahme auf die New Economy die Bedeutung dieses Schrittes zu relativieren und meinte, dass *Google* (und

bernheit aus Jugendzeiten gesprochen. Für die noch komplexere Erzählung des Informationszeitalters hat die New Economy eben genau diese Funktion. Sie war eine Art Pubertät unserer Epoche, wie jede Adoleszenz mit Übertreibung, Entgrenzung und Infantilität verbunden. Nun scheint die Internet-Wirtschaft mit dem Web 2.0 aber endlich erwachsen zu sein und somit überlegter, pragmatischer und erfolgreicher.

Nähern wir uns nun langsam dem heute inflationär verwendeten Begriff des Mythos, der von seiner Beliebtheit nichts verloren, sondern anscheinend sogar neue gewonnen hat:

»Mythen erfreuen sich immer noch ›ungebrochener Konjunktur‹. Das ›postmoderne Klima‹ erweist sich als ›mythophil‹. Dabei ist der ›Mythos‹ zunächst ein Allerweltswort öffentlicher Kommunikation – nicht nur – in den westlichen Ländern, bis hin zu den täglichen politischen und kulturellen Debatten (wo der Begriff überwiegend negativ besetzt ist, im Sinne von ›bloßem‹ Mythos, ›Illusion‹, täuschender bzw. erfundener ›Legende‹ ›Ideologie‹ usw.). Der inflationäre Gebrauch von ›Mythos‹ in Fernsehen, Rundfunk und Presse schließt daneben eine positive Verwendung ein, bei der man – nach dem Muster ›Mythos Romy Schneider‹ besonders das ›Legendäre‹ oder ›Kultige‹ auf einen medienwirksamen Nenner zu bringen versucht.«[8]

Bevor ich einen eigenen Mythenbegriff entwickeln werde, muss ganz eindeutig zwischen der alltäglichen Verwendung des Begriffes Mythos und der wissenschaftlichen unterschieden werden, auch wenn ich mir darüber bewusst bin, dass es eine klare Trennung nur in der Theorie geben kann. Es ist aber wichtig, sich die Unterscheidung vor Augen zu halten, um mit dem Begriff vernünftig arbeiten zu können, denn dem wissenschaftlichen Mythenbegriff haftet nichts mythisches oder gar mystisches an.

Im Alltagsgebrauch wird der Mythenbegriff heute vor allem in zweierlei Sinne verwendet, als Lüge und/oder als Legende. Etwas Mysteriöses und Schillerndes umgibt beide Zuschreibungen, die auch zusammenfallen können und dieses heute auch meist tun.[9] In der populären Mas-

---

seine Aktien) das Beste schon hinter sich hätten, eine, wie wir heute wissen, eklatante Fehleinschätzung. Siehe unter: http://www.zeit.de/2004/25/Google.
8 In: Barner, Wilfried, Detken, Anke u. Wesche, Jörg (Hg.), 2003, *Texte zur modernen Mythentheorie*, Stuttgart, S. 8.
9 In Berlin war im Frühsommer 2008 eine große Ausstellung zur antiken Stadt Babylon zu sehen. Der Untertitel *Mythos und Wahrheit* stand ganz in der abendländischen Tradition, die den Mythos dem Logos entgegensetzt. Gleichzeitig wird aber der legendäre mythische Ort in Erinnerung gerufen, dessen Namen fast jeder kennt, historische Fakten über diesen aber kaum jemand.

senkultur, etwa dem Sport, vergeht kein Tag, ohne dass anlässlich eines Stadionneubaus an den *Mythos Bökelberg*[10] erinnert wird, oder daran, dass *Der Mythos lebt* (die Geschichte des FC Schalke 04)[11], an den *Mythos St. Pauli*[12] sowieso, oder im *Spiegel* wird anlässlich der Fußball-Europameisterschaft 2008 auf den *Gründungsmythos Sommermärchen* (ein Bezug auf die Fußball-WM 2006 in Deutschland) eingegangen.[13] Mythen werden, da sie unterstellte Lügen sind, besonders gern zerstört, etwa wenn vom *Mythos RAF*[14] die Rede ist, der durch einen aufwendig produzierten und beworbenen Spielfilm[15] sicher nicht nur zerstört wurde. Mit dem *Wunder von Bern* besteht etwa in (West-)Deutschland ein sehr beliebter und wirkmächtiger Gründungsmythos, der Politik, Geschichte und Sport vereint, und der den (Wieder-)Aufstieg der jungen Bundesrepublik nach dem Krieg beschreibt bzw. beschreiben soll. Dass besonders der Sport über ein scheinbar unerschöpfliches Reservoir an Mythen verfügt, verwundert nicht, vereinen die populären Massensportarten wie Fußball, Handball, Formel 1 und Tennis doch sehr bekannte und eingeführte Charaktere mit einer langen und ereignisreichen Geschichte. Außerdem eignen sich sportliche Ereignisse deswegen hervorragend zur nationalen Mythenbildung, weil sie nicht nur leicht mit identitätsstiftenden Attributen wie Erfolg, Leistung, Stolz, Kraft etc. zu besetzen sind, sondern dazu noch als unpolitisch gelten. Das war etwa für die Bundesrepublik der Nachkriegszeit äußerst wichtig, aber auch für die DDR, die einen Großteil ihres internationalen Ansehens über ihre Erfolge im Spitzensport erlangte.

Eine Frage, die es zu beantworten gilt, bevor ich die beiden Mythenbegriffe vorstellen werde, wäre, ob und inwieweit sich diese befruchten. Warum habe ich genau diese ausgewählt, gibt es doch eine kaum überschaubare Zahl von unterschiedlichen Ansätzen, die sich des Mythos-Begriffes bedienen. Ich habe diese beiden moderneren Mythenbegriffe ausgewählt, weil sie sich einerseits von völlig unterschiedlichen Seiten dem Mythos nähern und sich trotzdem oder gerade deswegen hervorragend ergänzen. Während sich der strukturalistische Mythenbegriff von Roland Barthes, der *Alltagsmythos*, eher auf die Bedeutung, die Aussage

---

10 So hieß das traditionsreiche Fußballstadion von Borussia Mönchengladbach (Einweihung 1919, Abriss 2006). In: Herbstkatalog 2008, *Verlag die Werkstatt*, Göttingen, S. 14.
11 Ebenda, S. 17.
12 Ebenda, S. 12.
13 In: *Der Spiegel*, 12.06.2008.
14 In: *Der Spiegel*, Titelbild, 08.09.2008.
15 Im September 2008 lief der Spielfilm *Der Baader-Meinhof-Komplex* nach dem gleichnamigen Buch des ehemaligen Spiegel-Chefredakteurs Stefan Aust in den deutschen Kinos an.

fokussiert, auf das was die mythische Aussage uns, den Adressaten, bedeuten will und die ihr zugrunde liegende (ideologische) Struktur, so steht beim politikwissenschaftlichen Mythenbegriff, dem *politischen Mythos*, die soziale und politische Funktion der Gemeinschaftsbildung im Vordergrund. Barthes würde sich beim Alltagsmythos New Economy dafür interessieren, auf welcher *geschichtlichen Grundlage*, die hier vor allem technologische und ökonomische Daten und Ereignisse umfasst, der Mythos entstehen konnte, der eine bestimmte Form von Arbeit, von Ökonomie, aber auch von Konsum, Freizeitgestaltung u.a. bedeutet. Ein Mythos, der vielleicht nicht mehr viel mit dem zu tun hat, was einst in der Gründungsphase der Internet-Wirtschaft Ende der 1990er Jahre entstand. Barthes möchte dem Mythos den Schleier der Alltagsbedeutungen entreißen, die naturalisierten Aussagen entschlüsseln und durchschauen. Der Mythos hat für ihn eine zentrale Funktion:

»[...] er verwandelt Geschichte in Natur.«[16]

Der politikwissenschaftliche Mythenbegriff ist, wie wir gleich sehen werden, weitaus konkreter. Er benennt die Aufgaben und Funktionen des Mythos, etwa des Gründungsmythos eines Volkes oder einer Nation. Er soll, vor allem anderen, Gemeinschaft und Identität erzeugen und Sinn stiften. Der Pragmatismus in der Anwendung des Begriffes mag auch dem akademischen Umfeld geschuldet sein, die Geschichts- und Sozialwissenschaften bedienen sich des politischen Mythos anders als es die Philosophie tut. So wird in diesem Sinne darüber nachgedacht, welche Funktionen der (politische) Mythos New Economy erfüllen soll. Stiftet er Sinn und erzeugt er Identität für die Menschen des beginnenden 21. Jahrhunderts, die sich bewusst darüber sind, dass sie sich in einer Epoche des Übergangs und des Umbruchs befinden? Der politologische Mythenbegriff fragt auch nach der tatsächlichen Wirkung des Mythos, danach ob er erfolgreich ist, d.h. Gemeinschaft mobilisieren kann. Die entscheidende Frage bleibt aber die nach der Funktion und der Aufgabe, den Intentionen der Mythopoeten. Wie wirkt der Mythos und warum soll er so wirken? Der Alltagsmythos dagegen trifft eine Aussage, um eine gesellschaftliche Wahrheit zu entpolitisieren und zu verschleiern. Barthes' Mythos fragt nach der Bedeutung, zumindest der Absicht, der von ihm getroffenen Aussage und welche (wahre) Aussage, bzw. welche Aussagen der Vergangenheit naturalisiert worden sind. Über die

---

16 Barthes, Roland, a.a.O., S. 113. Und diese *Natur* beschreibt etwas *Natürliches* oder zumindest natürlich erscheinendes und hat keinerlei biologische Implikationen, sondern kulturelle, im Sinne der Natur als etwas gewachsenem und eben nicht konstruierten.

Wirkungen der mythischen Aussage werden keine Vermutungen angenommen, sie entziehen sich seiner Meinung nach unserer Betrachtung. So ist der Alltagsmythos mit seinem Versuch der Entschlüsselung des scheinbar Natürlichen, hinter dem sich Kultur und Ideologie verbergen, sicher der politischere[17] Begriff im Vergleich zu dem des *politischen Mythos*.

2. Die New Economy als *Alltagsmythos*

Dem französischen Philosophen und Semiotiker Roland Barthes (1915 – 1980) geht es bei der Untersuchung der Mythen des Alltags darum, hinter die ideologische und strategische Verwendung von scheinbar alltäglichen Begriffen zu kommen. Er versteht seine semiologische Analyse als Ideologiekritik, als eine Form von Aufklärung, die versucht die Produktion und Funktionsweise von Stereotypen zu analysieren. In seinem 1957 erschienenen Werk *Mythologies* (1964 dt. *Mythen des Alltags*[18]) sammelte er seine zwischen 1954 und 1956 gesammelten Artikel, die in der Zeitschrift *Lettres Nouvelles* unter der Rubrik *Petites mythologies du mois* (dt. *kleine Mythen des Monats*) erschienen waren. In diesen Artikeln ging es um Mythen des (französischen) Alltags, die Barthes in ihrem lügenhaften Charakter entlarven wollte und die nach seiner Meinung ihren Anteil an dem Code haben, der es dem Bürgertum erlaubt, seine Ideologie zu verbreiten. Mythen sind für ihn der Ausdruck gesellschaftlicher Herrschaftsverhältnisse und dem *Mythologen* gelingt es im Idealfall, diese Mythen zu durchschauen und zu entschleiern. So vervollständigt Barthes seine Definition: *Der Mythos ist eine Aussage* später in: *Der Mythos ist eine entpolitisierte Aussage*[19], und weiter:

»Die Semiologie hat uns gelehrt, dass der Mythos beauftragt ist, historische Intention als Natur zu gründen, Zufall als Ewigkeit. Dieses Vorgehen ist genau das der bürgerlichen Ideologie. Wenn unsere Gesellschaft objektiv der privilegierte Bereich für mythische Bedeutung ist, so deshalb, weil der Mythos for-

---

17 Unter *Politik* wird hier das verstanden, was in der klassischen angloamerikanischen Dreiteilung, von *policy* (Inhalt der Politik), *politics* (Politik als Handeln und Prozess) und *polity* (politische Grundordnung) unter *politics* verstanden wird, also den politischen Willensbildungs- und Interessenvermittlungsprozess, der sich nicht nur auf das Feld der Parteipolitik beschränkt, sondern allgemein das Streben nach Macht und Einfluss beschreibt. Siehe auch: Klein, Martina u. Schubert, Klaus, 2006, *Das Politiklexikon*, Bonn.
18 Siehe: Barthes, Roland, a.a.O.
19 Ebenda, S. 131.

mal das am besten geeignete Instrument der ideologischen Umkehrung ist, durch die sie definiert wird. Auf allen Ebenen der menschlichen Kommunikation bewirkt der Mythos die Verkehrung der *Antinatur* [Herv. i. Org. M.S.] in *Pseudonatur*.«[20]

So leugnet der Mythos die Dinge nicht, er benennt sie, aber er reinigt sie dabei und macht sie unschuldig. Auch bei der New Economy tritt dieser Aspekt hervor. Diese Zeit wird nicht zufällig häufig als die *unschuldige* Zeit einer neuen Phase des Informationszeitalters, genauer des Beginns des Internetzeitalters gesehen, so wie die Anfänge von *Apple* und *Microsoft* in den 1970er Jahren die unschuldige Zeit des Computerzeitalters bedeuten sollen.

Abbildung 1[21]

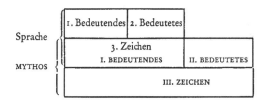

Auf der Basis der Semiologie, der Wissenschaft von den Zeichen, entwickelt Barthes ein strukturalistisches Modell des Mythos. Der Mythos ist nach Barthes ein semiologisches System, ganz genau ein *sekundäres semiologisches System.*[22] Sein Modell stellt er in einem Schema (Abbildung 1) dar, in dem er das Verhältnis vom ersten semiologischen System, der Sprache (denkbar sind aber auch andere gleichgestellte Darstellungsweisen), die er Objektsprache nennt, zum sekundären System, dem Mythos, beschreibt, das auf dem ersten System aufsetzt, es benutzt. Letztendlich geht es um eine Bedeutungsverschiebung, eine Veränderung, die entsteht, wenn der Betrachter, Seher oder Hörer, von der Objekt- zur Metasprache wechselt. Das Modell bedient sich größtenteils der Begriffe de Saussures[23], auf denen Barthes ausbaut. Er erklärt die Terminologie:

---

20 Ebenda, S. 130.
21 Ebenda, S. 93.
22 Ebenda, S. 92.
23 Der Schweizer Sprachwissenschaftler Ferdinand de Saussure gilt als einer der Begründer der modernen Linguistik, des Strukturalismus und der Semiotik. Siehe: Ders., 1967 (OA 1916), *Grundfragen der allgemeinen Sprachwissenschaft*, Berlin.

»Man weiß jetzt, dass das Bedeutende im Mythos von zwei Gesichtspunkten aus ins Auge gefasst werden kann: als Endterminus des linguistischen oder als Ausgangspunkt des mythischen Systems. Man braucht hier also zwei Namen. Im Bereich der Sprache, das heißt als Endterminus des primären Systems, nenne ich das Bedeutende *Sinn* [Herv. i. Org. M.S.]. [...] Im Bereich des Mythos nenne ich es *Form*. Für das Bedeutete ist keine Doppeldeutigkeit möglich, wir lassen ihm den Namen *Begriff*. Der dritte Terminus ist die Korrelation der beiden ersten: innerhalb des Systems der Sprache ist es das Zeichen; doch kann dieses Wort nicht ohne Doppeldeutigkeit aufgenommen werden, da im Mythos (und darin liegt seine wichtigste Eigentümlichkeit) das Bedeutende schon aus Zeichen der Sprache gebildet ist. Ich nenne den dritten Terminus des Mythos die *Bedeutung*. Das Wort ist hier um so mehr berechtigt, als der Mythos effektiv eine zweifache Funktion hat: er bezeichnet und zeigt an, er gibt zu verstehen und schreibt vor.«[24]

Dieses Modell verlangt ebenso wie die Verwendung der Terminologie etwas Übung, die sich aber lohnt. Setze ich *Bedeutung* einige Male kursiv, so um die Verwendung im Sinne Barthes und nicht in der alltäglichen zu betonen, die sie fast mit Wichtigkeit gleichsetzt. Wie Barthes im letzten Satz schreibt, geht es aber nicht nur um die Funktion als Bedeutungsträger, sondern auch um die als Vermittler von Bedeutung. Durch diese Vermittlung wird die Bedeutung verändert, bzw. der Sinn der Objektsprache wird mit der Bedeutung der Metasprache deformiert. Die Deformierung kennzeichnet nach Barthes den gesamten Mythos:

»Der Mythos verbirgt nichts und stellt nichts zur Schau. Er deformiert. Der Mythos ist weder eine Lüge noch ein Geständnis. Er ist eine Abwandlung. Vor die Alternative gestellt [...] findet der Mythos einen dritten Ausweg. Unter der Bedrohung zu verschwinden, wenn er der einen oder anderen der ersten beiden Einstellungen nachgibt, zieht er sich durch einen Kompromiß aus der Affäre, er ist selbst dieser Kompromiß: mit dem Auftrag, einen intentionalen Begriff ›durchzubringen‹, trifft der Mythos in der Sprache doch nur auf Verrat, denn diese Sprache löscht den Begriff aus, wenn sie ihn verbirgt, und demaskiert ihn, wenn sie ihn ausspricht. Die Entwicklung eines sekundären semiologischen Systems macht es dem Mythos möglich, dem Dilemma zu entgehen. Vor der Alternative, den Begriff zu entschleiern oder zu liquidieren, findet der Mythos einen Ausweg darin, ihn ›natürlich‹ zu machen.«[25]

Der Aspekt der ideologischen Mythenverwendung ist der Hauptgrund, warum ich mich an die Definition von Barthes halte. Der auf die New Economy angewendete Mythos-Begriff ist zwar ein funktionalistischer,

---

24 In: Barthes, Roland, a.a.O., S. 96.
25 Ebenda, S. 112f.

der fundierend, legitimierend und weltmodellierend wirken soll, aber in erster Linie ist er im Sinne Barthes' eine Metasprache,

»[...] die abgerichtet ist, die Dinge zu besingen, nicht aber sie zu bewegen.«[26]

In dem Alltagsmythos New Economy, der auch ein Gründungsmythos ist, sind die Gründungserzählungen des Silicon Valley ebenso enthalten, wie die Geschichten über die jungen Start-up-Gründer, die Afterworkclubs sowie die über Autonomie und den Spaß am Arbeitsplatz. Der Mythos New Economy ist somit eine Art Metadiskursbündel, das weitaus komplexer ist als etwa der Mythos *Maria Callas* oder der Mythos *Wimbledon*, deren Bedeutungen nur teilweise ihre angestammten Bereiche (Musik, Sport) verlassen und sicher noch *mentalitätsspezifische Leitbilde«* waren und sind (etwa *die Callas* als Diva der Kunst und des Jet-Sets in den 1950er und 1960er Jahren), aber weitaus weniger kollektives Handeln prägen.

Der Mythos New Economy ist trotz seines geringen Alters ohne Frage schon ein politischer Mythos. Er ist aber vor allem ein in die Zukunft gerichteter Alltagsmythos, der im Sinne der Mythopoeten die gewaltigen Veränderungen im ökonomischen und sozialen Gefüge der postindustriellen Gesellschaften naturalisieren und entpolitisieren soll. So dient Barthes' Modell dazu, die einzelnen mythischen Aussagen zu analysieren, d.h. ganz konkret werden die Aussagen, die vor allem über massenmedial aufbereitete Diskurse Verbreitung finden, beschrieben, ihre Absicht offen gelegt und ggf. Spekulationen darüber angestellt, ob sich die Intention der Mythopoeten auch erfüllt hat. Ein Aspekt, der bei Barthes aber keine entscheidende Rolle spielt. Es wird hier nicht möglich sein, zu beweisen, ob die Mythopoeten erfolgreich waren oder sind. Es kann aber etwas über ihre Intention gesagt werden und ob diese in den Diskursen noch sichtbar ist. Inwieweit sich die Zuseher und Zuhörer tatsächlich von den Aussagen und Bedeutungen der mythischen Aussagen leiten ließen oder nicht, ist nicht Thema dieser Publikation.

3. Die New Economy als *politischer Mythos*

In der Wissenschaft erlebt der Mythos bzw. die Verwendung des Mythenbegriffes seit Mitte der 1990er Jahre eine (Wieder-)Entdeckung. In der neueren Politik- und Geschichtswissenschaft wurde der *politische Mythos*, genauer muss vom politikwissenschaftlichen oder politologi-

---

26 Ebenda, S. 132.

schen Mythenbegriff gesprochen werden, als Analysekategorie entwickelt, um gerade die Aspekte von Geschichte untersuchen und beschreiben zu können, die sich einer vermeintlich rein rationalen, auf wissenschaftlicher Erkenntnis beruhenden Analyse (scheinbar) entziehen. Hier wird der Mythos inzwischen als eine Variante historischen Bewusstseins, einer *Sicht auf Welt* u.a. anerkannt. Der Berliner Politologe Jens Hacke betont, dass der Soziologe und Philosoph Arnold Gehlen dem Mythos schon in den 1950er Jahren eine eigene Form von Rationalität zuschrieb:

»Arnold Gehlen hat das fehlende geschichtliche Bewusstsein zum wichtigsten Wesensmerkmal des Mythos erklärt, während er ihm durchaus eine eigene Rationalität zuerkannte, da überwiegend explanatorische Mythen eine Legitimierungs- und Stützfunktion besäßen, um den sich entleerenden – auf Narration verzichtenden – Ritus zu erklären. ›Der Mythos ist selber Logos, und was ihn tötet, ist nicht die steigende Rationalität, sondern das entstehende historische Bewusstsein.‹ (Urmensch und Spätkultur: 250).«[27]

Der politische Mythos soll meist eine noch größere Geschichte, die Geburt einer Nation, eines Volkes, allgemeiner einer Gemeinschaft schaffenden Mission, begründen, legitimieren und ihre Widersprüchlichkeiten einebnen. Für den Mythos *Amselfeld*[28] beispielsweise, der für die serbische Nation bis heute eine ganz zentrale Bedeutung hat, spielt es keine Rolle, ob diese Schlacht tatsächlich so stattgefunden hat wie sie heute erzählt wird, sondern nur, dass sie erzählt wird und dass sie bestimmte Aspekte der Heroisierung und Glorifizierung über die Zeit transportiert und es heutigen Bürgern Serbiens und allen, die sich der serbischen Nation zugehörig fühlen, erlaubt, Identität zu bilden und Sinn zu erfahren.

Für den Berliner Politologen Herfried Münkler sind politische Mythen vor allem anderen Narrationen, die Gemeinschaft schaffen.

---

27 In: Hacke, Jens, »Politische Mythen – Gegenwärtige Vergangenheiten«, in: *Die Gazette*, Nummer 8, Dezember 2005, siehe unter: http://www.gazette.de/ Archiv2/Gazette8/hacke.html.
28 Am 15. Juni 1389 (nach julianischem Kalender, am 28. Juni nach gregorianischem) unterlagen die serbischen Truppen des Fürsten Lazar Hrebeljanovi unterstützt von einer kleineren Armee Bosniens, in der Gegend der heutigen Stadt Priština den Osmanen, die von Murad I. angeführt wurden. Beide Heerführer starben. Diese Niederlage wurde im Laufe der Jahrhunderte zum Symbol des heroischen Widerstandes der Serben gegen die Türken, bzw. allgemeiner der Christen gegen die Muslime. Das Amselfeld (serb. *Bojna Kosovu*) liegt im Kosovo, der ehemaligen serbischen Provinz, die sich im Februar 2008 gegen den erklärten Willen Serbiens für unabhängig erklärte.

»Politische Mythen versichern der Gemeinschaft, der sie gelten, dass das, was geschehen ist, geschehen musste, dass die Ereignisse nicht zufällig, sondern notwendig vonstatten gingen und dass sie mehr waren und sind als bloße Ereignisse, sondern ihnen eine heilsgeschichtliche Dimension eigen ist.«[29]

Mythen sind nach Münkler dazu in der Lage, Identität zu erzeugen, Loyalitäten zu konzentrieren, Komplexität zu reduzieren und Kontingenz zu eliminieren.

»Indem sie Vergangenheit und Zukunft verbinden, erheben sie die Gegenwart über sich selbst. Sie stiften Sinn, und sie schaffen so Identität im Sinne von Zugehörigkeitsempfindungen zu einem politischen Verband.«[30]

Raina Zimmering[31] untersuchte Mitte der 1990er Jahre gemeinsam mit Münkler die politischen Mythen der DDR,[32] denen sie eine besondere Bedeutung für die Schreibung einer eigenen, nationalen DDR-Geschichte zugestehen. Politische Mythen sind für Zimmering:

»Narrationen, also Geschichten, die von den Ursprüngen, dem Sinn und der geschichtlichen Mission politischer Gemeinschaften handeln, um Orientierungen und Handlungsoptionen zu ermöglichen.
[...]
Medien politischer Legitimation und Integration für Gruppen von Menschen, seien es Parteien, Nationen oder Staaten. Gleichzeitig fungieren Mythen als Prozessoren der Herstellung kollektiver Handlungsmacht.«[33]

Zimmering entwickelt ihren Mythenbegriff in der Tradition von Ernst Cassirer und Hans Blumenberg, denen es u.a. zu verdanken ist, dass der Begriff des Mythos nach dem 2. Weltkrieg wieder entdeckt und positiv besetzt wurde. Dass der Begriff des Mythos diskreditiert war, führt sie nicht nur auf den Missbrauch etwa durch den Nationalsozialismus zurück, sondern in der Folge auch auf die negative Verwendung durch Vertreter des linken politischen Spektrums, die den Mythos zum Kampfbegriff erklärten. Roland Barthes' Arbeiten zum Mythos sieht sie sehr

---

29 In: Münkler, Herfried, »Politische Mythen und nationale Identität. Vorüberlegungen zu einer Theorie politischer Mythen«, in: Frindte, Wolfgang u. Pätzolt, Harald (Hg.), 1994, *Mythen der Deutschen. Deutsche Befindlichkeiten zwischen Geschichten und Geschichte*, Opladen, S. 21-27, hier S. 22.
30 Ebenda, S. 23.
31 Siehe: Zimmering: Raina, 2000, *Mythen in der Politik der DDR*, Opladen.
32 Siehe: Münkler, Herfried u. Zimmering, Raina, »Politische Mythen der DDR«, in: *Humboldt Spektrum*, Heft 3/96, S. 36-42.
33 In: Zimmering, a.a.O., S. 13.

kritisch, da er ihrer Meinung nach frühere positive Ansätze, etwa des Schriftstellers George Sorel in den 1920er Jahren[34], ignoriert, der dem Mythos eine wichtige Funktion für die Mobilisierung zum revolutionären Kampf zuschrieb:

> »Roland Barthes hingegen ordnete Mythos einer ›Sicht auf Welt‹ zu, die die Wirklichkeit verzerrt und der Erkenntnis gegenübersteht. Aus semiologischer Sicht konstatiert er, dass der Mythos in der Phase des Übergangs vom primären zum sekundären semiologischen System als Störung in Erscheinung tritt und echte Erkenntnis verhindert. Es kommt zur sekundären Deformation von ursprünglich klaren und eindeutigen Bedeutungen, d.h. zu Bedeutungsverschiebungen. Barthes sieht die Bourgeoisie als den Träger des Mythos an, die an der Verschleierung der Realität ein existentielles Interesse hätte. [...] Diese Theorie hat ganz erheblich in der westlichen Wissenschaft dazu beigetragen, dass der politische Mythos an den Rand des Untersuchungswerten geraten ist.«[35]

Diese Einschätzung Zimmerings teile ich nicht. Während sie die Theorie Barthes' sicher richtig charakterisiert und niemand abstreiten mag, dass ein solch vermeintlich linker Duktus gegen *die Bourgeoisie* heute zumindest als sprachlich überholt erscheint, so unterschätzt sie die theoretische Leistung Barthes. Gerade im Zusammenhang mit der (Wieder-) Entdeckung des Mythos als eigener Realitätsform erhält die Theorie ihre Funktion als Korrektiv. Der Grundaussage der Deformation und Bedeutungsverschiebung ist kaum zu widersprechen. Das neu entwickelte Analyseinstrument des politischen Mythos, will es sich nicht den Vorwurf des Positivismus aussetzen, muss diese Problematik, die auf den alten Gegensatz von Logos und Mythos zurückgeht, mitdenken. Wird heute konstatiert, das der Mythos, neben der wissenschaftlichen Erkenntnis, ein gleichberechtigter Zugang zur Welt ist, wenn auch auf unterschiedlichen Abstraktionsebenen beheimatet, so darf nicht unterschlagen werden, dass er nicht nur die Funktion hat, Gemeinschaft zu fördern und Sinn und Identität zu stiften, sondern dass er, indem er Geschichte in Natur, in etwas Natürliches, verwandelt, auch immer Teile der Geschichte, der historischen Wahrheit, unterschlägt, verändert und interpretiert. Ob diese Transformation nun als Deformation bezeichnet wird, ist Geschmackssache. Dass es Mythopoeten gibt und dass diese gewisse Intentionen haben, ist nicht zu bezweifeln. So gibt es keinen theoretischen Widerspruch zwischen dem strukturalistischen und ideologiekritischen Ansatz eines Roland Barthes und dem politischen My-

---

34 Siehe: Sorel, Georges, 1981 (OA 1928), *Über die Gewalt*, Frankfurt a.M.
35 In: Zimmering, a.a.O., S. 19.

thenbegriff etwa von Raina Zimmering, die sich vor allem auf philosophische und kulturwissenschaftliche Ansätze bezieht.

Wie lässt sich nun der politikwissenschaftliche Mythenbegriff sinnvoll auf die New Economy anwenden und mit dem des Alltagsmythos verbinden? Die New Economy ist ein *politischer Mythos*, da er als ein zentraler Gründungsmythos des Internetzeitalters einige der Funktionen erfüllt, wie es etwa der Gründungsmythos *Wirtschaftswunder* für die Geschichte (West-)Deutschlands tut. Sicher ist der (politische) Mythos New Economy nicht in gleichem Maße dazu in der Lage, Identität und Gemeinschaft zu stiften wie der Mythos des wirtschaftlichen Aufstiegs der jungen Bundesrepublik nach dem 2.Weltkrieg. Für die *Gründer* etwa und auch Teile der Medien, Investoren und Mitarbeiter schuf der Mythos New Economy aber sicher eine Gemeinschaft und er war und ist dazu in der Lage, die Komplexität des Informationszeitalters zumindest für einen Teilbereich zu reduzieren und Orientierung zu bieten. Die New Economy hat die Funktion als eine klare und eindeutige Erzählung eine positive Beziehung zum technologischen Wandel und dem damit verbundenen gesellschaftlichen Wandel herzustellen und damit ihren Adressaten Einverständnis abzuringen. Ein politischer Mythos hat immer die Hauptaufgabe, ein positives Verhältnis zu seinem Gegenstand herzustellen. Jedes Volk, jede Nation und jede Gemeinschaft soll im Sinne des jeweiligen Mythos ein positives Selbstbild entwickeln können, selbst wenn der Ursprungsmythos auf einer militärischen Niederlage fußt, wie etwa der *Amselfeldmythos*. Aus Sicht des Mythos ist eine Niederlage ebenso gut als Ursprungsnarration geeignet wie ein Sieg, da immer der heroische Kampf, das Sich-Wehren (gegen einen vermeintlich übermächtigen, aber ehrlosen Feind) betont wird. Eine Niederlage wird zur Tabula rasa von der aus Gutes erwächst. Auch die Niederlage der Deutschen 1945 und der Neubeginn (von der *Stunde Null* und der *Befreiung* zum *Wiederaufbau*) wurde postum zu etwas Positivem mythisiert.

Ein zentraler Begriff bei Münkler und Zimmering charakterisiert den gesamten Mythos New Economy. Der Mythos bietet eine Handlungsoption an. Eine ökonomische, die vielleicht ins Verderben führen kann, und eine des Arbeitens in Gemeinschaft und mit Spaß. Der Mythos New Economy *bedeutet* eine Arbeit an der Grenze. Nicht nur die Grenze zwischen Arbeit und Freizeit kann fallen, auch die zwischen Wirtschaft und Kultur, vielleicht auch die zwischen Gesellschaft und Privatem.

So ergänzt der politische Mythos als Äquivalent zum Alltagsmythos diesen hervorragend. Während der Mythos im Verständnis Barthes' daran arbeitet den ursprünglichen Sinn zu entleeren, so füllt die Narration im Sinne des *politischen Mythos* die Form mit eine Reihe von Bedeutungen. Der Ursprungsmythos braucht Geschichten – eine Fülle von positiven Geschichten – die mich dem Gegenstand näher bringen sollen. So taucht an dieser Stelle der einzige Widerspruch beider Ansätze auf: die Frage nach der Kontingenz. Während der Alltagsmythos Akzeptanz für seine kontingenten Inhalte erreichen möchte, so will der politische Mythos diese Uneindeutigkeiten eliminieren, denn die Gründungsgeschichte soll klar und strahlend sein und möglichst eindeutig. Dieser Widerspruch lässt sich mit Blumenberg lösen, der dem Mythos beides zuschrieb: einen starren narrativen Kern und ein wandlungsfähiges Äußeres. So bleibt der narrative Kern der New Economy, der einer Internet-Wirtschaft mit rasch steigenden und fallenden Aktienkursen, erhalten und bildet auch den Kern des Mythos im Verständnis der Politikwissenschaft. Um diesen Nukleus herum haben sich eine Vielzahl unterschiedlicher Diskurse angelagert und tun dieses weiter. Diese mythischen Aussagen sind oft kontingent, fügen der großen Erzählung, dem Gründungsmythos aber keinen Schaden zu. Im Gegenteil, im Sinne Münklers besteht eine Fähigkeit des Mythos darin, über Kontingenzen hinweggehen zu können:

»Indem sie [die mythischen Erzählungen M.S.] den Kontingenzverdacht wegerzählen, gelingt ihnen zumeist auch eine Reduktion von politischer Komplexität: Die Vielfalt politischer Entscheidungsmöglichkeiten, die Fülle von Optionen wird verringert, indem sie auf die mythische Erzählung bezogen wird. Plötzlich ist klar und fraglos, was zu tun ist.«[36]

So liefert uns der Mythos New Economy, im Verständnis der Semiologie wie der Politikwissenschaft, eine Bezugsgröße, eine gesellschaftliche Folie dafür, wie in Zukunft gearbeitet werden kann. Der vergleichsweise kleine und enge Mythos *Maria Callas* trifft Aussagen darüber, wie künstlerisch gearbeitet, gesungen und vor allem wie stilvoll gelebt werden kann, der Mythos *New Deal*, wie eine Volkswirtschaft organisiert werden kann.

Der Mythos New Economy *bedeutet* eine mögliche Antwort auf die Frage: Wie wird heute und in der nahen Zukunft des Informationszeitalters gearbeitet (und (nicht) gewirtschaftet)? Ein Beispiel liegt vor!

---

36 In: Münkler (1994), S. 23.

4. Die New Economy als bildlose Narration

Ein Mythos wird nicht nur über Narrationen weitergegeben, die erzählt, gelesen oder gehört werden können. Ein Mythos kann auch als Zeichen, als Logo, existieren, als Ikone, die für eine mythische Aussage steht. In einer Welt des Konsums, in der es vor allem um visuelle Reize geht, ist diese Form zur häufigsten geworden, Tausende von Logos kämpfen täglich um unsere Aufmerksamkeit. Als eine dritte Kategorie der Kommunikation des Mythos, neben der Narration und der Ikone, ist noch die rein sinnliche Erfahrung zu beachten, etwa eine Berührung der Haut, ein Geräusch oder Geruch. Auch diese steht wie die anderen Formen selten allein. Zu dem Mythos *Maria Callas* gehören ganz bestimmte Bilder, genauer gesagt Schwarz-Weiß-Fotos und vor allem der Klang ihrer Stimme, die zusammen als Mythos wirken. Obwohl es keine Hierarchie der Formen gibt, so können mehrere Quantitäten unterschieden werden. Es gibt Mythen, gerade der Marken- und Konsumwelt, die fast ausschließlich über ihre Ikonografie *funktionieren*. Das Markenlogo von *Nike* oder *Adidas* trifft Aussagen über Sportlichkeit und Modernität, die zwar auch schriftlich niedergeschrieben sind, etwa in Werbetexten, der Mythos bedarf dieser aber nicht. Im Sinne Barthes kann gesagt werden, der *Sinn* des *Zeichens* der Objektsprache ist bekannt genug, um als mythische *Form Bedeutung* tragen zu können. Andere Mythen wiederum kennen kaum Ikonen, kaum Bilder, oder diese sind nicht von zentraler Bedeutung. Zu dem Antifaschismus-Mythos der DDR existieren zwar verschiedene Bilder, etwa ein Ernst-Thälmann Porträt oder Wandgemälde an zentralen Gebäuden, sie illustrieren und verweisen aber eher auf den Mythos als das sie selbst der Mythos sind. Anders beim *Kniefall von Warschau*, dem historischen Besuch des damaligen deutschen Bundeskanzlers Willy Brandt am 7. Dezember 1970 am Denkmal für die Opfer des Warschauer Ghettos. Dieses Bild gilt als eine der Ikonen des 20. Jahrhunderts nicht nur der politischen Welt. Dieses Foto bedeutet so eindringlich die Anerkennung der Schuld Deutschlands für die Verbrechen der Nationalsozialisten, dass es schon selbst ein Mythos ist. Hier steht das Bild, die Geste Brandts, für die *Präsenz* (Barthes) der bundesdeutschen Vergangenheitsbewältigung und Sinn und Form des Bildes sind untrennbar miteinander verschmolzen. Das Bild ist kein bloßes Symbol für etwas, auch kein Alibi, für einen unterstellten Betrug etwa. Nein, das Foto bedeutet auch heute noch dass, was der Mythopoet erreichen wollte als er das Foto schoss und es veröffentlicht wurde.

Die New Economy ist ein ganz anderer Mythos und vor allem einer, der über vergleichsweise wenig ikonografische Qualität verfügt. Das liegt einerseits daran, dass er ein ganzes Bündel von mythischen Aussagen und Metadiskursen darstellt, es also schwer ist, ein Bild zu finden, ein Bedeutendes, dass so viel unterschiedliches Bedeutetes bedeuten kann und andererseits ist das zentrale Objekt, der narrative Kern, immaterieller Natur. Allein die Tatsache, dass es bis heute keine allgemein akzeptierte Ikone für das Internet gibt, verrät viel. In der Not, das weltweite Datennetz adäquat abbilden zu können, wird weiter auf ikonografische Hilfskonstruktionen zurückgegriffen, etwa das @-Zeichen oder das Schriftzeichen *www*. Alle können das Internet aber nicht so bedeuten wie die Abbildung eines Fernsehers das Fernsehen, oder eines Buches das Lesen.

Alle ikonografischen Darstellungen der New Economy kranken an diesem Problem. Auch andere entscheidende Produktionsfaktoren konnten nur schlecht visualisiert werden und deswegen sieht man bis heute Menschen vor Computern und Bildschirmen sitzen, wenn es um die Zukunft der Arbeit geht, oder aufgeregte Broker, wenn Finanzmärkte dargestellt werden sollen. Welch ikonografisches Paradies ist dagegen die Landwirtschaft oder die Stahlproduktion?

Das Problem ist dadurch entstanden, dass die physische Produktion von der immateriellen abgelöst wird. Diese Form der *Produktion* findet größtenteils im Kopf statt. Sehen können wir nur die schriftliche und bildnerische Umsetzung. Interessanterweise konnte sich aufgrund dieser (bildhaften) Not lange Zeit ein akustisches Zeichen (die Tonfolge, wenn sich jemand über ein Analog-Modem ins Internet einwählt) als Zeichen für das Internet halten. Aufgrund des technischen Fortschritts, die Verdrängung analoger Modems durch digitale Breitbandanschlüsse (etwa DSL), verschwand es aber wieder.

So analysiere ich in diesem Buch nicht zufällig die Narrationen des Mythos New Economy. Im Kapitel D werde ich mich intensiv mit zentralen, mythischen Erzählungen, vor allem der deutschen New Economy, auseinandersetzen und im Kapitel E mit zentralen Begriffen des Informationszeitalters, die alle das kommunikative, aber vor allem das kulturelle Gedächtnis nicht nur der deutschen Öffentlichkeit bearbeiten. Aber auch für alle diese Geschichten und Geschichtchen rund um die New Economy habe ich Schwierigkeiten, Bilder, Ikonen zu finden.

Die Ikone der New Economy, zumal der deutschen, existiert nicht. Es gibt eine lange Reihe von Begriffen, Eigennamen und Ausdrücken, die fast jeder reflexhaft aufsagen kann, wie Start-up, Gründer, Risiko-Kapital, Börsencrash, *Pixelpark*, *Neuer Markt*, T-Aktie, Afterworkclub, flache Hierarchien, Thomas Haffa oder Contentmanager. Bilder gibt es vergleichsweise wenige. Auch für die aufgezählten Begriffe werde ich schwer Bilder finden, handelte es sich nicht um Personen. Nicht zufällig wurden immer wieder die Köpfe der Herren Neef, Schambach oder Haffa gezeigt, obwohl ihre bildhafte Präsenz nicht durch ihre ökonomische Bedeutung zu rechtfertigen war, wie etwa bei der Inszenierung deutscher Unternehmer nach dem 2. Weltkrieg, als Patriarchen wie Max Grundig, Josef Neckermann oder in den 1930er Jahren die Brüder Dassler, große Unternehmen aufbauten. Unterhalb der Gesichter der jungen Gründer waren auffallend häufig T-Shirts zu sehen, so ist es kein Zufall, dass heute ein Versand entsprechende T-Shirts unter der Kategorie Start-up-T-Shirt vertreibt. Bedenkt man, dass die Start-ups mit dem Anspruch antraten die Welt zu verändern, schließlich hatten sie mit dem Internet die *größte Erfindung aller Zeiten* im Gepäck, so nimmt sich der ikonografische Ertrag dieser turbulenten Zeit seltsam dünn aus. So werden T-Shirt-tragende Gründer und Mitarbeiter und jubelnde und gestresste Aktienhändler wohl zu den wenigen bildhaften Hinterlassenschaften der New Economy zählen (und zweites sicher nicht exklusiv auf die New Economy bezogen). Für die Bilder von besorgten Aktienhändlern waren 2008 und 2009 sicher noch bessere Jahrgänge als 2000 oder 2001!

Das Vorhandensein ikonografischer Darstellungen sagt grundsätzlich nichts über die Qualität des Mythos aus, nichts über sein Beharrungsvermögen. Im kommunikativen wie kulturellen Gedächtnis können sowohl Narrationen wie auch Bilder gespeichert wie auch gelöscht werden. Es gibt zwar auch heute noch die Vorstellung, dass Mythen grundsätzlich bilderlos zu sein hätten (Mythos heißt auf Griechisch *Wort,* aber auch *Erzählung),* was auf philosophische wie religiöse Traditionen zurückzuführen ist. Man denke etwa an das Bilderverbot, dass im Christentum bis ins 16. Jahrhundert galt (als eines der Zehn Gebote: *Du sollst Dir kein Gottesbild machen)* und welches es im Islam und Judentum immer noch gibt. Eine Ikonophobie ist in der modernen westlichen Welt zwar nicht mehr vorzufinden, aber auch viele der großen Nationalepen und nationalen Gründungsmythen verfügen über keine oder nur wenige ikonografische Zeugnisse, wie etwa die *Dolchstoßlegende*[37]. Aber auch ein mächtiger Nationalepos wie der Amselfeld-Mythos ver-

---

37 Die 1918 von der Obersten Heeresleitung (OHL) initiierte Verschwörungstheorie und Geschichtsfälschung besagt, dass die Deutsche Armee den ersten Weltkrieg nur verloren hatte, weil ihr die Zivilbevölkerung, es waren die oppositionellen Sozialisten und Sozialdemokraten gemeint, in den Rücken gefallen war. Diese Legende wurde von allen Nationalkonservativen und rechtsextremen Kräften aufgegriffen und diente auch später den Nationalsozialisten als Rechtfertigung für ihren Umgang mit dem politischen Gegner. Da es keinen realen Dolchstoß gab, so gibt es auch keine dokumentarischen Zeugnisse, und auch nur wenige bildnerische Darstellungen.

fügt über vergleichsweise wenig Bilder. Andere Mythen sind ohne Bilder (oder Töne) nicht denkbar. Was wäre das *Wunder von Bern* ohne die (Radio-)Reportage von Herbert Zimmermann und auch ohne die (bewegten) Bilder der Weltmeistermannschaft von 1954 wäre dieser Mythos nicht denkbar.

Was sich unabhängig von Beschaffenheit und Umfang der ikonografischen Darstellungen festhalten lässt ist, dass das Fehlen der Bilder die Arbeit *am* Mythos leichter macht. Da es kaum unhintergehbare Grundlagen des Mythos New Economy gibt, die über Bilder vermittelt sind, bleibt mehr Raum für eigene Interpretationen, Intentionen und Variationen. Der narrative Kern des Mythos New Economy ist im Verhältnis zu dem ihn umgebenden Körper, der Vielzahl mythischer Aussagen, eher klein; und die Bestandteile dieses Kerns (v.a. *Internet, extreme Aktienkurse, Medien-Hysterie, Gründer, Start-ups, Risikokapital*) sind so überschaubar, wie bildhaft wenig bis gar nicht bekannt. Für den Gründer, genauer den Start-up-Gründer, mag es Bilder geben – mit und ohne T-Shirt –; für das Unternehmensmodell Start-up ebenso. Für die anderen Bestandteile gibt es aber nur bildhafte Hilfskonstruktionen, wie etwa für das Internet oder den Aktienhandel (hektisch umherlaufende, meist telefonierende oder schreiende, hemdsärmelige Männer im Börsengebäude). Die entscheidenden Veränderungen in der Transformation der Arbeit und der Subjektivität der Arbeitenden lassen sich nicht visualisieren, der Mythos New Economy hat (fast) keine Bilder.

I) GESCHICHTE

In den nachfolgenden beiden Kapiteln wird es darum gehen, die *geschichtliche Grundlage* der New Economy zu verorten, auf der und aus der ein Mythos entstehen konnte. Nach Roland Barthes kann potenziell alles zum Mythos werden, der Inhalt ist letztendlich egal:

»Der Mythos wird nicht durch das Objekt seiner Botschaft definiert, sondern durch die Art und Weise, wie er diese ausspricht. Es gibt formale Grenzen des Mythos, aber keine inhaltlichen.«[1]

Es kann zwar alles zum Mythos werden, aber nicht alles wird zum Mythos und manches nur für einen Augenblick. Der Mythos lebt, auch wenn es oft anders erscheint, nicht unendlich und ist immer daran gebunden, von Menschen erdacht, verfasst und weitergegeben zu werden:

»[…] man kann sich sehr alte Mythen denken, aber es gibt keine ewigen; denn nur die menschliche Geschichte läßt das Wirkliche in den Stand der Aussage übergehen, und sie allein bestimmt über Leben und Tod der mythischen Sprache. Ob weit zurückliegend oder nicht, die Mythologie kann nur eine *geschichtliche* [Herv. i. Org. M.S.] Grundlage haben, denn der Mythos ist eine von der Geschichte gewählte Aussage; aus der ›Natur‹ der Dinge vermöchte er nicht hervorzugehen.«[2]

Der Begriff der Geschichte hat bei Barthes die doppelte Bedeutung, die er auch im alltäglichen Sprachgebrauch hat. Einerseits verweist er auf eine historische *Wirklichkeit*, etwas in der Vergangenheit geschehenes, auf dass sich der Mythos bezieht und andererseits geht es um eine Erzählung in Form einer Geschichte, die ggf. von Generation zu Generation weitergegeben wird. Dieses kann nicht nur mittels verbaler Mittel oder von Texten geschehen, alle denkbaren audiovisuellen, grafischen

---

1   In: Barthes, Roland, a.a.O., S. 85.
2   Ebenda, S. 86.

oder sonstigen Formen semiotischer Darstellungen können Wirklichkeit oder den Mythos als manipulierte Botschaft der Wirklichkeit konstruieren.

Im ersten Kapitel des ersten Hauptabschnitts geht es darum, einige der grundlegenden Veränderungen im Transformationsprozess der Arbeitsgesellschaft kurz zu beschreiben. Der Mythos New Economy konnte nur entstehen, weil der Umbruch von der Industrie- zur Informationsgesellschaft ein epochaler ist bzw. dieser auch als epochal bedeutet wird. Der Mythos New Economy ist, wie der Mythos (deutsches) *Wirtschaftswunder* oder des *Fordismus*, einer, der an der Nahtstelle von ökonomischen und sozialen Veränderungen entstanden ist. Wie der Mythos *Fordismus* die Ära der industriellen Massenproduktion bedeutet, so steht die New Economy für den Übergang zur informationellen Arbeitsgesellschaft, von der aber niemand genau weiß, wie sie einmal aussehen wird. Viel Raum für einen Mythos, der die Botschaft über zukünftiges Wirtschaften und Arbeiten trägt.

B) Vorgeschichte: von der industriellen zur informationellen Revolution

Bei der zeitgemäßen Bezeichnung der westlichen Gesellschaften besteht über die genaue Benennung, ob *Wissensgesellschaft* oder *Informationsgesellschaft*, zwar eine scheinbare Unklarheit[1], über den Status Quo zu Beginn des 21. Jahrhunderts scheinen sich aber zumindest die sich transformierenden westlichen Industrieländer einig zu sein. Die Industriegesellschaft des 19. und 20. Jahrhunderts, mit der Betonung auf industriell arbeitsteiliger Massenproduktion, ist ein Auslaufmodell, eine andere Form der Wertschöpfung, ein anderes Produktionsprinzip tritt auf den Plan: die Informationsgesellschaft. Der US-amerikanische Soziologe Manuel Castells, der zum Aufkommen des Informationszeitalters eine umfangreiche Analyse[2] liefert, differenziert weiter. Er macht einen Unterschied zwischen dem Begriff der *Informationsgesellschaft*, der ähnlich wie der der *Industriegesellschaft* zu verwenden ist und erst einmal

---

1 Der Arbeitssoziologe Heiner Minssen sieht keine klare Definition mehr und darin selbst ein Indiz für die Veränderung der Gesellschaft: *So einfach ist die Lage heute nicht mehr, denn eine wesentliche Bedingung ist nicht mehr erfüllt: Gesellschaft ist kaum noch allein über industrielle Produktion und Industriearbeit zu erklären. Zunehmend wird in Zweifel gezogen, ob moderne Gesellschaften überhaupt noch als Industriegesellschaft begrifflich angemessen zu erfassen sind; mittlerweile gibt es eine Vielzahl von konkurrierenden begrifflichen Angeboten, seien es nun die Risikogesellschaft, die Wissensgesellschaft, die Organisationsgesellschaft, die Erlebnisgesellschaft oder gleich die funktional differenzierte Gesellschaft (vgl. die Zusammenstellungen bei Schimank/Volkmann 2000; Kneer u.a. 2001).* In: Minssen, Heiner, 2006, *Arbeits- und Industriesoziologie*, Frankfurt a.M., S. 15f.
2 Siehe: Castells, Manuel, a.a.O.

nur eine zentrale Rolle der Information betont, und dem der *informationellen* Gesellschaft, die, vergleichbar mit der Bezeichnung *industrielle* Gesellschaft, betont, dass eine:

»[...] spezifische(n) Form sozialer Organisation, in der die Schaffung, die Verarbeitung und die Weitergabe von Information unter den neuen technologischen Bedingungen dieser historischen Periode zu grundlegenden Quellen von Produktivität und Macht werden.«[3]

Castells präferiert diese Definition, weil sie weitaus umfassender ist und auch betont, dass parallel zum Begriff der industriellen Gesellschaft nicht nur von einer technischen und ökonomischen Transformation der Gesellschaft gesprochen werden kann, sondern sich auch unser soziales, kulturelles und politisches Gefüge verändert. Kurz, unsere gesamte Gesellschaft wird zu einer informationellen, wie sie vorher eine industrielle war und es in Teilen auch immer noch ist. Wir haben es mit einer idealtypischen Annahme zu tun; genau wie auch heute noch ein größerer Teil der weltweiten Volkswirtschaften landwirtschaftlich geprägt ist und keinesfalls alle zu Industriegesellschaften oder gar industriellen Gesellschaften geworden sind, so werden auch die *westlichen Industrieländer* für absehbare Zeit Industrie-, bzw. industrielle Gesellschaften bleiben. Sie sind aber zur gleichen Zeit auch schon Informationsgesellschaften. Eine wichtige Frage wird zukünftig sein, inwieweit sie auch zu informationellen Gesellschaften, für die ich in dieser Publikation einige Male synonym auch *postindustriell*[4] verwende, werden, d.h. wie stark sich deren Prinzipien in der gesamten Arbeitswelt und auch darüber hinaus durchsetzen.

Eine begriffliche Definition der *Informationsgesellschaft* fällt weitaus leichter als eine der *Information* selbst. Castells nähert sich ihr an, indem er sich an die klassische Beschreibung des US-amerikanischen

---

3   Ebenda, S. 22.
4   Begriffe wie *postindustriell* oder *postfordistisch* liefern, ähnlich wie *postmodern*, erst einmal nur einen Rückbezug und geben wenig Auskunft über ihren aktuellen Inhalt. Ich werde trotzdem einige Male den neutraleren Begriff *postindustriell* verwenden, den Daniel Bell Mitte der 1970er Jahre prägte (siehe hierzu sein immer noch grundlegendes Werk *Die nachindustrielle Gesellschaft*, 1975, Frankfurt a.M./New York.), weil er einen weiteren Rahmen vorgibt und nicht so einseitig spezifiziert wie *informationell*. Die postindustrielle Gesellschaft des 21. Jahrhunderts ist dabei, zumindest in den so genannten hochentwickelten westlichen Ländern, eine *informationelle* zu werden, wie sie zur gleichen Zeit auch dabei ist eine *mediale, dienstleistungsorientierte* und *funktional differenzierte* zu werden.

Soziologen Daniel Bell hält, der schon Mitte der 1970er Jahre bestimmte, was für ihn »Wissen« ist. Jenes sei eine

»[...] Sammlung in sich geordneter Aussagen über Fakten und Ideen, die ein vernünftiges Urteil oder ein experimentelles Ergebnis zum Ausdruck bringen und Anderen durch irgendein Kommunikationsmedium in systematischer Form übermittelt werden. Damit grenze ich den Begriff von dem der Neuigkeiten oder Nachrichten und dem der Unterhaltung ab.«[5]

Information ist in diesem Sinne nichts weiter als die Kommunikation von Wissen. Trotzdem werde ich im Folgenden nicht von Wissensgesellschaft sprechen, auch nicht von einer informationellen Wissensgesellschaft. Die nüchternere und neutralere Bezeichnung informationelle oder postindustrielle Gesellschaft ist weniger ideologisch als der Begriff der Wissensgesellschaft, den der Soziologe Uwe Bittlingmayer aufgrund seiner neoliberalen und einseitigen Implikationen für hochgradig problematisch hält.[6] Manuel Castells schlägt vor, sich an die nüchterne, klassische Definition des Kommunikationswissenschaftlers Marc Porat[7] zu halten, der unter Informationen *Daten, die organisiert und kommuniziert sind* versteht.[8] Die Annahme, dass nun Daten, sprachlich, akustisch, visuell oder digital übertragbar, die physische Ware im Zentrum der Produktion verdrängt haben oder im Begriff sind, es zu tun, ist leicht zu treffen. Die Auswirkungen der informationellen Revolution auf unsere Arbeitsgesellschaft zu beschreiben, fällt weitaus schwerer.

Bevor wir uns eines konkreten Beispiels für die Veränderung unserer Arbeitsgesellschaft von einer industriellen weg zu einer postindustriellen, einer informationellen, annehmen, der New Economy der Jahrhundertwende, müssen wir uns erst kurz darüber verständigen, was wir unter Industriegesellschaft eigentlich verstehen und wann die Entwicklung zu einer Informationsgesellschaft in etwa einsetzte. Dieser Begriff wurde, wie auch die mit ihm verwandten *Informationszeitalter, Informationstechnologien, Informatisierung* und *Informationsautobahnen*, in den 1960er Jahren in Japan und den USA erst in einem volkswirtschaftlichen Kontext geprägt und setzte sich nach Diskussionen in den Medien- und Sozialwissenschaften erst in den 1980er Jahren richtig durch.[9] Wie häufig bei gesellschaftlichen Transformationsprozes-

---

5   In: Bell, Daniel, a.a.O., S. 17.
6   Siehe: Bittlingmayer, Uwe H., 2005, *Wissensgesellschaft als Wille und Vorstellung*, Konstanz.
7   Siehe: Porat, Marc, 1976, *The Information Society*, Stanford.
8   In: Castells, Manuel (2001), S. 22.
9   Siehe: Machlup, Fritz, 1962, *The Production and Distribution of Knowledge in the US*, Princeton. 1963 veröffentlichte der japanische Anthropo-

sen zu beobachten, tauchte das Neue schon auf, ohne dass das alte zwangsläufig gleich davon berührt wurde. Zu dem Zeitpunkt, als die westlichen Industrieländer wohl ihren Höhepunkt an ökonomischen Wohlstand erreicht hatten und die Produktionsgesellschaft industrieller Ausformung erstmals Überschüsse produzierte, wurden in den 1960er und 1970er Jahren die Grundlagen für die technologische Revolution gelegt, die unter den bekanntesten Schlüsseltechnologien des Personal Computers, des Internets und der Mobilkommunikation inzwischen fast jeden Haushalt erreicht haben. Die Industriegesellschaft der Massenproduktion physischer Güter und Waren wie Stahl oder Autos geriet erst später in die Krise und die neuen Technologien waren nicht die Ursache, sondern die Begleiter einer neuen technischen und ökonomischen Ordnung.

Wie stellt sich die Arbeitsgesellschaft zu Beginn des 21. Jahrhunderts dar, die wir in Teilen als postindustriell oder informationell bezeichnen können? Um uns im abschließenden dritten Punkt intensiv mit der Entwicklung der New Economy auseinandersetzen zu können, soll in den ersten beiden Punkten kurz beschrieben werden, wie sich dieser Wandel von der Industrie- zur Informationsgesellschaft vollzog und wie die *immaterielle* Arbeit in der Informationsgesellschaft zu beschreiben ist.

Der Prozess der Transformation der Arbeitsgesellschaft hat erst begonnen. Wie schon erwähnt, ist nicht einmal die Entwicklung zur Industriegesellschaft in allen westlichen Ländern abgeschlossen und es gibt viele Länder Afrikas, Lateinamerikas oder Asiens, die sich noch mitten in der Entwicklung von der Agrar- zur Industriegesellschaft befinden, aber trotzdem schon über eine informationelle Infrastruktur mit Internetanschlüssen und Mobilfunk-Sendestationen verfügen. Alle diese Prozesse finden parallel und mit unterschiedlichen Geschwindigkeiten nebeneinander statt, eine klare Grenze gibt es nicht. So wird im nachfolgenden immer von den so genannten hoch entwickelten westlichen Industrieländern die Rede sein, zu denen außer den Ländern der Euro-

---

loge und Biologe Tadao Umesao den einflussreichen Artikel »Joho sangyo ron« (»Über die Informationsindustrie«, in: *Hoso Asahi*, Januar 1963, S. 4-17), in dem er das klassische Modell der drei Sektoren (Landwirtschaft, Produktion, Dienstleistung) in landwirtschaftliche, materielle und spirituelle Industrien aufteilt. Der japanische Soziologe Kohyuma prägt später den Begriff der »Joho Shakai« der Informationsgesellschaft, die für ihn eine Gesellschaft ist, *[...] die aus der Industriegesellschaft entsteht, aber durch eine Informationsrevolution und die zentrale Bedeutung der Informationsverarbeitung gekennzeichnet ist.* In: Hensel, Matthias, 1990, *Die Informationsgesellschaft: Neuere Ansätze zur Analyse eines Schlagwortes*, München, S. 48.

päischen Union (für die Beitrittsländer Ost- und Südosteuropas nur eingeschränkt) noch die USA, Kanada, Australien, Neuseeland, Japan und Südkorea zu zählen sind.[10]

Im ersten Punkt des Kapitels wird beschrieben, unter welchen technologischen und sozialen Rahmenbedingungen die Transformation von der industriellen zur informationellen Gesellschaft stattfand und stattfindet und im zweiten Punkt kurz skizziert, wie sich die (Erwerbs-)Arbeit hin zu einer *immateriellen* Arbeit verändert hat. Im dritten Abschnitt werden die Entwicklungslinien beschrieben, die dazu führten, dass die New Economy in dieser besonderen Form überhaupt entstehen konnte. Wie die Aktienkurse überdeutlich veranschaulichten, lag einer der Hauptgründe für den sagenhaften Aufstieg der New Economy nicht in der Technologie selbst, nicht im Internet, der Software, dem Computer oder anderen Informationstechnologien. Um aus dem Internet auch E-Commerce werden zu lassen, mussten politische Rahmenbedingungen geschaffen werden und Kapital vorhanden sein, um die kostspieligen Entwicklungen der New Economy überhaupt finanzieren zu können. Außerdem geht es am Ende des dritten Kapitels noch um die historischen und modernen Vorläufer der New Economy, die verdeutlichen, dass es ökonomische Irrationalitäten größeren Ausmaßes auch schon in früheren Jahrzehnten und Jahrhunderten gab.

1. Von der Industrie- zur Informationsgesellschaft

Was bedingt eigentlich was? Hat es im 20. Jahrhundert bestimmte gesellschaftliche Entwicklungen gegeben, die technische nach sich zogen, oder determinierten neue Technologien bestimmte gesellschaftliche Veränderungsprozesse? Eine solche Frage lässt sich nicht abschließend beantworten, die Interdependenz gesellschaftlicher und technischer Entwicklungen steht aber außer Frage und kann genau beschrieben werden. Trotz des heute viel diskutierten Rückzuges des Staates aus seiner gesellschaftlichen Verantwortung, spielt er auch im späten 20. Jahrhundert

---

10 Der Ausdruck *Schwellenländer*, der häufig für Brasilien, China oder Indien benutzt wird, ist sehr unscharf. Diese drei inzwischen wirtschaftlich sehr starken Länder haben Regionen, die hochindustriell sind, einen stark wachsenden Dienstleistungssektor und eine boomende Telekommunikationsindustrie, alles Merkmale eines westlichen Industrielandes. Was diese drei von westlichen Staaten trennt, ist vor allem ein sehr großer Agrarsektor und eine Armut unter größeren Bevölkerungsschichten. In der Definition von *westlich* stecken darüber hinaus nicht nur ökonomische und soziale Implikationen, sondern auch kulturelle und politische.

immer noch die zentrale Rolle für die Schaffung von Rahmenbedingungen, die für technische Entwicklungen notwendig sind oder er be- oder verhindert sie sogar. Castells:

»Es bleibt für ein Verständnis der Beziehung zwischen Technologie und Gesellschaft festzuhalten, dass die Rolle des Staates ein entscheidender Faktor im gesamten Prozess ist, sei es, dass er ihn aufhält, ihn entfesselt oder die technologische Innovation anführt. Denn der Staat organisiert die sozialen und kulturellen Kräfte, die in einem bestimmten Raum und zu einer bestimmten Zeit vorherrschen und gibt ihnen Form.«[11]

Umgekehrt können die technologischen Entwicklungen den Staat, die Gesellschaft und das gesamte Wirtschaftssystem verändern, so wie die informationelle Revolution des späten 20. Jahrhunderts das gesamte kapitalistische System verändert hat, nachdem die sozialistischen Staaten Osteuropas in den 1980ern endgültig daran gescheitert waren, mit den Industrien Westeuropas und der USA mitzuhalten. So ist die unterschiedliche Ausprägung, das unterschiedliche Niveau der technologischen Entwicklung in verschiedenen westlichen Ländern auch durch unterschiedliche staatliche Interventionen zu erklären. Die Entwicklung des modernen Staates hat in den USA, Deutschland, Frankreich oder Japan eine unterschiedliche Geschichte und damit auch eine andere Bedeutung und Ausformung, auch und gerade in Bezug auf seine Möglichkeiten und den Willen, auf die marktwirtschaftlichen und technischen Entwicklungen des Landes Einfluss nehmen zu wollen. Zu dieser aktiven oder eben nicht aktiven Rolle des Staates, technische Entwicklungen politisch und ökonomisch zu unterstützen, kommt noch eine Reihe ebenso wichtiger Faktoren, die eine Aussage darüber zulassen, warum sich in welchem Land, zu welcher Zeit, welche Technologie besonders gut entwickelte oder auch nicht. Diese Faktoren können in der Realität meist nicht klar einem Bereich wie der Politik oder der Ökonomie zugeschrieben werden. Meist werden mehrere Ebenen gesellschaftlicher Realität berührt. Neben dem Staat, der in den *freien* westlichen Ländern immer nur begrenzte Möglichkeiten hat, gesellschaftliche Prozesse anzustoßen oder gar zu steuern, ist die Gesellschaft selbst, sind die Bürger eines Landes und ihre sozialen und institutionellen Verbindungen zu beurteilen. Ist es ein Land mit großer technischer Tradition und Kompetenz, wie technologiebegeistert sind die Bürger und welchen Stellenwert haben technische Innovation und ökonomischer Erfolg? Neben politischen und sozialen Rahmenbedingungen sind ökonomische Faktoren entscheidend. Wie reich ist ein Land oder eine Region, gibt es eine fun-

---

11 In: Castells, Manuel, a.a.O., S. 13.

ktionierende Volkswirtschaft und wie viel Geld fließt in technologische Entwicklungen? Gibt es schon eine ökonomisch unabhängige Anzahl von Wissenschaftlern oder muss sich jeder allein engagieren? Wie steht die Wirtschaft des Landes, der Region zu der Technik und wird sie investieren? Ein immer wichtiger werdender Faktor, der von sich beanspruchen kann mindestens ebenso stark unser Zeitalter zu prägen bzw. selbst ein ebenso wichtiger Teil der Informationsgesellschaft zu sein wie der Computer und das Internet, sind die Medien, genauer gesagt die Kommunikations-Massenmedien, die nicht ohne Grund häufig als vierte Macht im Staate bezeichnet werden. Die Bereitschaft der Politik, der Wirtschaft und auch der Bürger hängt in einem immer stärker werdendem Maße davon ab, inwieweit die Medien, also vor allem die großen Fernsehstationen, die großen Tageszeitungen und Magazine, aber auch die Radiosender und Internetportale, dazu bereit sind, die neuen Technologien zu unterstützen und *Stimmung* zu verbreiten, am besten gute. Nur durch die umfangreiche Berichterstattung, die *Informationen*, ob objektiv oder nicht, über die Möglichkeiten der neuen Mobilkommunikation, ist es zu erklären, dass z.B. Mobiltelefone solch ein Verkaufsschlager wurden und zum modernen Leben wie selbstverständlich dazugehören. Im Folgenden wird kurz auf zentrale Entwicklungen in Technik und Wissenschaft und danach auf die Veränderungen in der Sozialstruktur als Folge der Transformation der Industriegesellschaft zur postindustriellen Arbeitsgesellschaft eingegangen. Die besonderen technischen, politischen und ökonomischen Entwicklungen und Rahmenbedingungen, die speziell den Aufstieg der New Economy möglich machten, werden unter Punkt 3 ausführlich behandelt.

Technik und Wissenschaft

Was die Dampfmaschine und der mechanische Webstuhl, die *Spinning Jenny*, für die erste Phase der industriellen Revolution Ende des 18. Jahrhunderts und die Entwicklung der Elektrizität, die Erfindung des Verbrennungsmotors und des Telefons für die zweite Phase ab Mitte des 19. Jahrhunderts waren, sind der Computer und das Internet für die Revolution in der Informationstechnologie. Auch hier lässt sich zwischen einer ersten Phase, der Erfindung und Verbreitung der Mikroelektronik und des Computers von den 1940er bis 1980er Jahren, unterscheiden und der Durchsetzung des Internets in den 1990er Jahren, währenddessen Vorgeschichte bis in die 1950er Jahre zurückreicht.

Dass die Staaten, in denen die industrielle Entwicklung des Landes am weitesten fortgeschritten war, auch die sind, in denen sich die informationelle Revolution als erstes ausbreitete, ist kein Zufall. Die *alte*

Technik war die Voraussetzung für die neue. Während das Zentrum der ersten Phase der industriellen Revolution von 1770 bis 1840 in Großbritannien lag, verschob es sich Ende des 19. Jahrhunderts ins Deutsche Reich und später in die USA. Es soll hier noch einmal betont werden, dass die technischen Erfindungen niemals singulär losgelöst von dem sozialen und ökonomischen Umfeld betrachtet werden dürfen, auch wenn dieses durch den Mythos um geniale Erfinder in ihren Werkstätten, Büros und später in Garagen so erscheint. Es darf nie vergessen werden, dass eine technologische Innovation kein isoliertes Ereignis ist. Dazu Castells:

»Sie ist Ausdruck eines gegebenen Wissensstandes, einer bestimmten institutionellen und industriellen Umwelt, einer gewissen Verfügbarkeit von Fertigkeiten, ein technologisches Problem zu definieren und zu lösen, einer ökonomischen Mentalität, solche Anwendungen gewinnbringend einzusetzen, und eines Netzwerkes von Produzenten und Nutzern, die ihre Erfahrungen kumulativ miteinander austauschen können und dabei durch Benutzung und Veränderung lernen: Eliten lernen durch Veränderung, indem sie die Anwendung einer Technologie modifizieren, während die meisten Leute durch das Anwenden lernen und so innerhalb der Beschränkungen einer gegebenen Anwendung verbleiben.«[12]

Heute würde man von *Innovationsmilieus* sprechen, derer es bedarf, damit aus guten Erfindungen erfolgreiche werden. Ein solch günstiges Milieu bestand im Großbritannien schon ab Mitte des 18. Jahrhunderts.[13] 1775 wurde von James Watt die erste Dampfmaschine entwickelt, deren Erfindung für den Technologiehistoriker R.J. Forbes die *zentrale Tatsache der industriellen Revolution ist*.[14] Diese Großerfindung zog viele kleinere nach sich und läutete das Maschinenzeitalter ein, als das manche das 18. und 19. Jahrhundert bezeichnen. Die Dampfmaschine war die grundlegende Voraussetzung für die Einführung weiterer Primärantriebe, ohne Dampfmaschine etwa keine Dampflokomotive. Mit Hilfe von Wasserturbinen revolutionierte sich auch die britische Stahlproduk-

---

12 In: Castells, Manuel, a.a.O., S. 39.
13 England hatte damals viele Vorteile gegenüber kontinentalen Mächten wie Frankreich oder Preußen, die es der aufstrebenden Industrie und den Unternehmern ermöglichte, sich rasch zu verbreiten. Es gab keine Zünfte, das Territorium war relativ einheitlich, England verfügte über eine starke Seemacht und es gab schon um 1750 blühende Industriezweige wie den Schiffbau, die Eisenverhüttung und vor allem die Baumwollherstellung. Siehe hierzu: Walter, Rolf, 2003, *Wirtschaftsgeschichte – Vom Merkantilismus bis zur Gegenwart*, Köln. Die Daten zu zentralen Erfindungen in diesem Kapitel, siehe: Castells, Manuel, a.a.O., S. 37ff.
14 Ebenda, S. 41.

tion, die in kurzer Zeit zur weltweit größten wurde. Um die nordenglischen Städte Liverpool und Manchester entstanden Industriereviere (Midlands), in denen wie später auch im Westen Deutschlands (Ruhrgebiet) Kohle abgebaut wurde, die zur Energieproduktion notwendig war.

Ein sehr anschauliches Beispiel für die Verbindungen und Bedingungen technischer Erfindungen, die für soziale und kulturelle Umwälzungen sorgten, war der Eisenbahnbau. Für diesen wurden große Mengen Kohle und Stahl benötigt, die wiederum auf den neuen Eisenbahngleisen billiger und schneller über große Entfernung transportiert werden konnten. Ohne Dampfmaschine keine Dampfeisenbahn, ohne Eisenbahn kein Kohle- und Eisenerztransport und ohne Kohle und Eisen keine Eisenbahn und Gleise. Aber nicht nur Güter konnten plötzlich über viele Kilometer transportiert werden, sondern auch Personen, Teilfabrikate und Konsumgüter. So wurde eine technische Entwicklung zum Motor gesellschaftlicher und wirtschaftlicher Entwicklung. 1825 kommt es zur Einweihung der ersten englischen Eisenbahnlinie von Stockton nach Darlington und 1830 von Liverpool nach Manchester. Kurze Zeit später folgen auf dem Kontinent die Strecken Nürnberg-Fürth (1835) und Berlin-Potsdam (1838). Schon 1830 war die erste regelmäßige Linie in Nordamerika zwischen Baltimore und Ellicott's Mills in Betrieb genommen worden.

Großbritannien steigt als Vorreiter der industriellen Revolution Anfang des 19. Jahrhunderts zur führenden Weltmacht auf und kontrolliert über seine Kolonien und verbündeten Länder die halbe Welt. London ist die Hauptstadt des *British Empire*, welches noch bis ins 20. Jahrhundert bestehen bleibt. Während seine politische Bedeutung zum Ende des 19. Jahrhunderts eher noch zunimmt, verlagert sich das Zentrum wissenschaftlicher, vor allem naturwissenschaftlicher, Forschung ins Deutsche Reich und im späten 19. Jahrhundert auch in die USA. Berlin, New York und Boston sind nun die Pflanzstätten der Innovation. Mit der zweiten Phase der industriellen Revolution ab Mitte des 19. Jahrhunderts, steigt das Deutsche Reich, erst 1871 gegründet, zur wirtschaftlichen und später auch politischen Großmacht Europas auf. Mit der Entwicklung der Elektrizität tritt die industrielle Revolution in eine neue Phase. Nun ist eine Reihe von wichtigen Erfindungen möglich, die noch heute die industrielle Produktion und unser Leben prägen. Der Elektromotor und die Glühbirne ermöglichen die Fabrikproduktion, auch bei Dunkelheit kann nun gearbeitet werden. Noch weit vor der Jahrhundertwende folgt ein Meilenstein der individuellen Mobilität, 1876 wird vom deutschen Ingenieur Nikolaus Otto der Viertakt-Verbrennungsmotor erfunden und ermöglicht einen Antrieb der ersten Automobile, die Gottlieb Daimler und Karl Benz konstruiert haben und die 1885 erstmals auf deutschen Straßen zu sehen sind. Nach dem elektrischen Telegrafen, der sich Mitte des 19. Jahrhunderts durchgesetzt hat, folgt 1876 die Erfindung des Telefons durch Alexander Graham Bell. Dazu kommen noch zahlreiche Innovationen im Bereich der Chemie und Stahlproduktion. Die westliche Welt, genauer gesagt der angelsächsische Raum und das Deutsche Reich, verändern sich in 200 Jahren grundlegend. Andere Teile Europas und der Welt folgen diesen Veränderungen nur sehr schleppend oder gar nicht. Im kontinentalen Europa können nur die spanischen Regionen Baskenland und Katalonien mit der industriellen Umwälzung Schritt halten und sogar heute noch ist der Grad der Industrialisierung in Deutschland und Großbritannien am höchsten. Während das Zentrum dieser Phase in Europa liegt – erst auf den Britischen Inseln und später im Deutschen Reich – so gibt es für die informationelle Revolution nur ein Zentrum; die USA. Während auch schon viele der bedeutenden Erfindungen der späten Phase der Industrialisierung Ende der 19. und Anfang des 20. Jahrhunderts aus den USA kommen, wie das Telefon und die Glühbirne, so verlagert sich das Innovationszentrum der Welt ganz in die USA und dort von der Ostküste, von Boston und New York, an die Westküste nach Kalifornien, genauer in das so genannte *Silicon Valley*. Dort werden in den 1940er bis 1970er Jahren die beiden wichtigsten Erfindungen des Informationszeitalters gemacht, die des Computers und des Internets. So wie es 100 Jahre zuvor im Deutschen Reich ein besonders gutes *Innovationsklima* aus Forschern, Investoren und politischer Unterstützung gab, so wird nun das Gebiet um San Francisco zum neuen Mekka technologischer Forschung und Produktion. Dass ebenso wie im Berlin des späten 19. Jahrhunderts auch im Silicon Valley das Militär zum entscheidenden Auftraggeber wird ist kein Zufall.[15] Die nötigen Erfindungen, die finanziert werden weil sie einen technologischen und militärischen Vorsprung vor dem ideologischen Feind (hier v.a. der Sowjetunion) und eine Aussicht auf Gewinne ver-

---

15 Die Bedeutung einer vom Militär initiierten Technologie- und Industriepolitik kann gar nicht überbetont werden. Während sich die Bedeutung des Militärs im Allgemeinen, aber auch im Zusammenspiel mit der Wirtschaft und Politik, in Deutschland nach dem 2. Weltkrieg radikal verändert hat, so ist die Verflechtung in den USA weiter sehr bedeutsam und nimmt seit den 1980er Jahren sogar wieder zu. Erwähnt sei beispielsweise der Plan zur Errichtung eines Raketenabwehrsystems im Weltraum, das schon unter US-Präsident Ronald Reagan (*Star Wars*) diskutiert wurde und heute in anderer Form etabliert werden soll. Siehe zur neuen Weltraumdoktrin der USA, der *National Space Policy* (*NSP*): Sauser, Brittany, »Angst vor einem ›Krieg der Sterne‹«, in: *Heise online*, 07.11.2006, unter: http://www.heise.de/tr/artikel/80588.

sprechen, können später in der Gesellschaft Fuß fassen und verändern sie im Laufe der Jahrzehnte.

Änderung der Sozialstruktur

Die Transformation von der industriellen zur informationellen Gesellschaft setzte frühestens mit der Entwicklung moderner Datenübertragungstechnologien, wie etwa dem Internetvorläufer ARPANET in den 1950er Jahren und dynamisch ab den 1960er und 1970er Jahren ein, erreichte in den 1990er und 2000er Jahren einen Höhepunkt und ist noch längst nicht abgeschlossen. Westliche Industrieländer bilden weltweit nicht die Mehrheit und auch diese werden ihr Attribut industriell noch länger tragen. Definierte man den Begriff *informationelle* Gesellschaft ganz eng und beschriebe damit das Verschwinden der Industrien und einen kompletten Siegeszug der Informations- und Kommunikationstechniken, so wird es nie reine Informationsgesellschaften geben, wie es auch nie reine Dienstleistungsgesellschaften geben wird. Eine statische Vorstellung einer homogenen Gesellschaftsentwicklung, bei der ein Primat von einem anderen abgelöst wird und damit verschwindet ist falsch, mehrere Entwicklungen verlaufen parallel. Was sich aber grundsätzlich verändert ist das Prinzip des Wirtschaftens und damit auch des Arbeitens. Der US-amerikanische Literaturwissenschaftler Michael Hardt und der italienische Philosoph Antonio Negri beschreiben den, der aktuellen Transformation vorangegangenen, Paradigmenwechsel vom Agrar- zum Industriezeitalter:

»Als die Landwirtschaft im Sinne der Industrie modernisiert wurde, verwandelte sich der bäuerliche Hof zunehmend in eine Fabrik mit allen Aspekten industrieller Produktion, wie Fabrikdisziplin, Lohnverhältnis etc. Die Landwirtschaft wurde zur Industrie modernisiert. Allgemeiner gesprochen: Die Gesellschaft wurde selbst allmählich bis zur Transformation zwischenmenschlicher Beziehungen und sogar zur Umwandlung menschlicher Natur industrialisiert. Aus der Gesellschaft wurde eine Fabrik.«[16]

Um in diesem Bild zu bleiben und es auf den aktuellen Wandel zu übertragen: Aus unserer heutigen Gesellschaft wird ein Netzwerk, der Mensch wird *informatisiert*. So verschwinden die Industrien in den westlichen Länder auch nicht, sie werden nur transformiert und viele der Beschäftigten entweder entlassen oder als Dienstleister ihrer Arbeits-

---

16 In: Hardt, Michael u. Negri, Antonio, 2002, *Empire – Die neue Weltordnung*, Frankfurt a.M., S. 295f.

kraft oder *Arbeitskraftunternehmer*[17] in ihrer eigenen Firma tätig. Wie die Landwirtschaft sich schrittweise *industrialisiert*, so *informatisiert* sich auch die Industrieproduktion, in der immer mehr nichtproduzierende Tätigkeiten dominieren.

Die Arbeitssoziologen Christiane Bender und Hans Graßl betonen, dass der Prozess der Transformation aber auch umgekehrt verläuft. Nicht nur werden der erste und vor allem der zweite Sektor informatisiert, sondern die Dienstleistungstätigkeiten, die unmittelbar mit der Güterproduktion zu tun haben, *industrialisiert*:

»Die klassischen Theorien übersehen jedoch einen wesentlichen Aspekt des realen Tertiärisierungsprozesses. In der Güterproduktion selbst wird der Produktionsprozess durch Dienstleistungsfaktoren wie Forschung und Entwicklung, Planung, Verwaltung, Management, Beratung etc. dominiert. Diese Transformation der Tätigkeitsstruktur in der materiellen Reproduktion der Technostrukturen moderner Gesellschaften hat die Bedeutung des güterproduzierenden Wirtschaftssektors nicht schwinden lassen und die Dienstleistungstätigkeiten den ›Gesetzen‹ der Industrie unterworfen.«[18]

Ungleichzeitigkeiten und gegenseitige Durchdringungen sind keine Ausnahmen der Transformation der Arbeitsgesellschaft, sie kennzeichnen sie. Die Entwicklung der Informationstechnologien Computer und Internet setzte zu der Zeit ein – von den 1950er bis 1980er Jahren – in der sich die westlichen Industriegesellschaften auf dem Höhepunkt der Beschäftigung befanden. Es macht einen Großteil der Probleme moderner Industriegesellschaften aus, dass sie mit immer weniger Arbeitskräften eine immer höhere Produktivität erzielen. Die Krise der Industriegesellschaften ist so vor allem eine der Beschäftigung bzw. des Verschwindens der bezahlten Beschäftigung. Die Massenarbeitslosigkeit, die seit den 1980er Jahren fast kontinuierlich gewachsen ist, ist (zumindest in den westeuropäischen Ländern) zu *dem* gesellschaftlichen Problem geworden.

Der Begriff der Informationsgesellschaft soll die zentrale Bedeutung der Information und des Wissens, ob in Form von bereitgestellten Daten oder über Medien übertragene, betonen. Der Prozess, den Castells mit *informationeller* Gesellschaft beschreibt, geht aber viel weiter, viel tiefer. Die Wertschöpfung und Produktivität der Gesellschaft wird nicht

---

17 Siehe:. Pongratz, H.J. u.Voß, G.G, 1998, *Der Arbeitskraftunternehmer – Eine neue Grundform der Ware Arbeitskraft*, in: Kölner Zeitschrift für Soziologie und Sozialpsychologie 50 (1).
18 In: Bender, Christiane u. Graßl, Hans, 2004, *Arbeiten und Leben in der Dienstleistungsgesellschaft*, Konstanz, S. 31.

mehr vornehmlich durch industrielle Arbeitsprozesse gewonnen, sondern durch Austausch und Weitergabe von Informationen. Der Charakter von Arbeit verändert sich, die Produktion von Gütern mittels Maschinen wird durch die Produktion von Wissen und Bereitstellung von Dienstleistungen ersetzt oder auch ergänzt.

Das Schlagwort, um die Transformation der Industriegesellschaft zu beschreiben, war vor dem der Informationsgesellschaft, welches erst seit Mitte der 1980er Jahre häufig in der Öffentlichkeit verwendet wird, das der *Dienstleistungsgesellschaft,* von der wir schon seit den 1970er Jahren sprechen und die der französische Soziologie und Ökonom Jean Fourastié[19] schon Ende der 1940er Jahre skizziert hatte. Die Veränderung von der industriellen und landwirtschaftlichen Produktion zum so genannten Dritten Sektor der Dienstleistung markierte nicht nur einen ökonomischen Bedeutungsverlust der Landwirtschaft und -zuwachs des Dienstleistungssektors, sondern vor allem eine Veränderung der Sozial- und Berufsstruktur. In der Bundesrepublik Deutschland arbeiteten im Krisenjahr 2009[20] nur noch 2,1 Prozent der Beschäftigten im so genannten primären Sektor (Land- u. Forstwirtschaft, Fischerei), 24,9 Prozent im sekundären (Industrie, produzierendes Gewerbe) und 73 Prozent im tertiären Sektor von Handel, Verkehr und Dienstleistungen wobei dieser Bereich zu 72,6 Prozent an der Wertschöpfung beteiligt war und der primäre Sektor nur zu weniger als einem Prozent. In Deutschland ist der sekundäre Sektor, der 2009 am stärksten von der Wirtschaftskrise betroffen war und nur zu 26,5 Prozent (2008 waren es noch 29,8 Prozent) des Inlandsproduktes beitrug, damit immer noch etwas stärker und der tertiäre etwas schwächer ausgeprägt als in den anderen westlichen Industrienationen. Der primäre Sektor hat nur noch in Großbritannien eine geringere Bedeutung.

Während in den 1990er Jahren in der industriellen und landwirtschaftlichen Produktion Millionen von Arbeitsplätzen verloren gingen, entstanden im Dienstleistungsbereich neue, aber ohne den Verlust völlig auszugleichen (zumindest in Deutschland und Westeuropa). Für Castells ist die Veränderung der Berufsstruktur in den letzten Jahrzehnten eine Folge der Transformation der Arbeitsgesellschaft:

»Bei jedem historischen Übergangsprozess gehört die Transformation der Beschäftigung und der Berufsstruktur zu den unmittelbarsten Ausdrucksformen des Systemwandels. So sehen die Theorien des Post-Industrialismus und des

---

19 Siehe: Fourastié, Jean, 1954 (OA 1949), *Die große Hoffnung des zwanzigsten Jahrhunderts,* Köln.
20 Quelle: *Statistisches Bundesamt,* Volkswirtschaftliche Gesamtrechnungen und Arbeitsmarkt, Stand: Januar 2010.

Informationalismus den deutlichsten empirischen Beleg für den Kurswechsel der Geschichte in der Entstehung einer neuen Sozialstruktur, die durch die Verlagerung von der Güterproduktion auf Dienstleistungen charakterisiert ist, durch die Zunahme von Manager und Expertenberufen, durch das Verschwinden von Arbeitsplätzen in Landwirtschaft und Fertigung und in den fortgeschrittensten Gesellschaften durch den zunehmenden Informationsgehalt der Arbeit.«[21]

Die Sozialstruktur der deutschen (aber dieses gilt fast genauso für alle westlichen Industrienationen) Arbeitsgesellschaft hat sich verändert, verändert sich und wird sich weiter verändern. Während der Prozess der Industrialisierung vieler Bereiche, etwa der landwirtschaftlichen Produktion, noch lange nicht abgeschlossen ist, so *informatisiert* sich ein Großteil des ersten, zweiten und vor allem des dritten Sektors, der der eigentliche Träger dieses Prozesses ist.

Unabhängig davon, wie dieser Prozess ablaufen wird und wie schnell, steht die Arbeitsgesellschaft am Beginn des 21. Jahrhunderts vor gewaltigen Herausforderungen und mindestens zwei gewaltigen Problembereichen. Die Massenarbeitslosigkeit, die zum gravierendsten Problem vieler westlichen Industriestaaten geworden ist und die Globalisierung der Arbeitsmärkte, die von den Arbeitnehmern eine neue räumliche und intellektuelle Beweglichkeit verlangt.

2. Die *immaterielle* Arbeit des Symbolanalytikers

Es gibt keinen anderen Begriff, keine andere Ideologie, die unsere (post-)moderne Gesellschaft so prägt und die so von allen relevanten gesellschaftlichen und politischen Gruppen und Institutionen verehrt wird, wie die der Arbeit. Ob Kommunisten, Sozialisten, Faschisten, Nationalsozialisten, Kapitalisten und Liberale, Christ-, Sozial- und sonstige Demokraten, alle sahen und sehen die Arbeit im Zentrum der Gesellschaft, der menschlichen Natur und propagieren sie dementsprechend. Die oft zitierte Ermahnung von Paulus an die (faulen) Thessaloniker erscheint immer noch als aktuell, denke man etwa an Diskussionen um die so genannten *Hartzgesetze* während der Kanzlerschaft Gerhard Schröders: *Denn schon als wir das letzte Mal bei euch waren, schärften wir euch ein. Wer nicht arbeiten will, soll auch nicht essen.* (Zweiter Thessaloniker-Brief, 3, 10) Die Glorifizierung der Arbeit als Schlüssel zur Teilhabe

---

21 In: Castells, Manuel, a.a.O., S. 230.

an letztendlich allen gesellschaftlichen Sphären und zum individuellen Glück hat mit der Krise der Arbeitsgesellschaft nicht abgenommen.

Die Beantwortung der Frage, ob Arbeit am Anfang des 21. Jahrhunderts etwas anderes bedeutet, als in den Jahrzehnten zuvor, bzw. ob sie etwas anderes beschreibt, soll dazu dienen einen aktuellen Begriff von Arbeit, unter der erst einmal Erwerbsarbeit verstanden wird, herauszuarbeiten, der dann für die nachfolgenden Kapitel fruchtbar sein kann. Und es wird nur ein Begriff von Arbeit, genauer von *immaterieller* Arbeit sein, denn die Totalisierung des Begriffs verlangt nach einer Separation. Möchte ich mich dem Arbeitsbegriff nähern, so wäre erst von *der* klassischen Definition von Karl Marx auszugehen. Er sieht Arbeit als

»[…] einen Prozeß zwischen Mensch und Natur, worin der Mensch seinen Stoffwechsel mit der Natur durch seine eigne Tat vermittelt, regelt und kontrolliert. Er tritt dem Naturstoff selbst als Naturmacht gegenüber. Die seiner Leiblichkeit angehörigen Naturkräfte, Arme und Beine, Kopf und Hand, setzt er in Bewegung, um sich den Naturstoff in einer für sein eignes Leben brauchbaren Form anzueignen. Indem er durch diese Bewegung auf die Natur außer ihm wirkt und sie verändert, verändert er zugleich seine eigne Natur.«[22]

Eine allgemeingültige aktuelle Definition von Arbeit gibt es zwar nicht, aber bestimmte unverrückbare Aspekte, Werner Conze im *Historischen Lexikon zur politisch-sozialen Sprache in Deutschland*:

»Neben die ursprünglich vorwaltende passive Bedeutung ›Mühe, Qual, Last‹ im manuellen Sich-Plagen trat schon früh, spätestens im Hochmittelalter häufig verwendet, die aktive Bedeutung einer bejahten und gesuchten Anstrengung um eines Zieles willen, die nicht allein Handarbeit sein musste, bis schließlich auch das gefertigte Objekt menschlicher Tätigkeit, sein Werk ›Arbeit‹ genannt werden konnte. War oder wurde ›Arbeit‹ also äquivok, so stand ›Arbeit‹ andererseits in der Mitte eines Wortfeldes, das differenzierende Bezeichnungen von ›Werk‹ bis ›sich mühen‹ bis ›werken‹, ›schaffen‹ bereitstellte.«[23]

Unabhängig davon, ob Arbeit heute noch mit Qualen verbunden ist oder nicht, so ist im Transformationsprozess des postindustriellen Zeitalters zu beobachten, dass die physische, materielle Produktion immer mehr

---

22 In: Marx, Karl, 1972 (OA 1867), *Das Kapital – Kritik der politischen Ökonomie*, Band I, Berlin, S. 192.
23 In: Brunner, Otto u.a. (Hg.), 1972, *Geschichtliche Grundbegriffe. Historisches Lexikon zur politisch-sozialen Sprache in Deutschland.* Stuttgart, S. 154.

von einer immateriellen *Produktion* abgelöst wird, bzw. diese Form der Arbeit immer mehr zunimmt.

Der *immaterielle* bzw. *informationelle*[24] Mitarbeiter stellt in den hoch entwickelten westlichen Gesellschaften schon heute die Mehrheit. Und dieser ist nicht nur im dritten Sektor zu finden, sondern auch im ersten und zweiten Sektor gefragt. Auch der Landwirt, der ggf. Agrarökonomie studiert hat – niemand würde mehr Bauer zu ihm sagen – muss ein hohes Maß an Wissen einbringen. Das Wissen darüber, welchen Antrag er bei der EU zu stellen hat, welcher Dünger der umweltverträglichste ist und wie er seine Landmaschinen finanziert. All diese abstrakten Tätigkeiten nehmen heute genauso viel Zeit (oder mehr) ein wie die körperliche Arbeit auf dem Feld oder im Stall.

So ist Anfang des 21. Jahrhunderts, im Zeitalter des *Semiokapitalismus*[25], des Zeichen-Kapitalismus, die Bearbeitung von Zeichen, ob von Worten oder (Werbe-)Symbolen, zur prototypischen Tätigkeit geworden. Waren in der Blüte der industriellen Massenproduktion von den 1920er bis 1980er Jahren etwa Automechaniker und Fließbandarbeiter Berufe, die besonders typisch für ihre Zeit waren, so ist nach dem zwischenzeitlichen Aufstieg des schon partiell *informationell* arbeitenden (Büro-)Angestellten in den großen Produktions- und Handelsunternehmen, im Postindustrialismus der Redakteur, der Grafik-Designer, Computerspezialist oder der Werbemanager zum vorherrschenden Berufsmodell geworden. Alle produzieren nicht im Sinne einer Güterproduktion, sondern interpretieren, ordnen und versenden Daten und Informationen, stellen *intellektuelle* Produkte her. Sie vollbringen das, was der italienische Philosoph und *Operaist*[26] Maurizio Lazzarato unter *immaterieller Arbeit* versteht:

»Der Begriff verweist auf zwei unterschiedliche Aspekte und Ebenen: Insofern er sich auf die ›informationelle Seite‹ der Ware bezieht, spielt er direkt auf die Veränderungen an, denen Arbeit in den großen Unternehmen sowohl im ›Pro-

---

24 Die Begriffe *immateriell* und *informationell* werden oft synonym verwendet, was nicht immer grundsätzlich falsch ist, aber dem erstgenannten nicht ganz gerecht wird, der den Begriff der Informationalität noch mit einschließt und um den Aspekt einer *kulturellen Seite* erweitert, wie das Zitat von Lazzarato nachfolgend zeigen wird.

25 Siehe: Berardi, Franco Bifo, »Panische Lösung – Kriegsökonomie im Semiokapitalismus«, in: *Jungle World*, Nov. 2001.

26 Der Operaismus (von *operaio* italienisch für Arbeiter) ist eine in den 1960er Jahren in Norditalien entstandene neomarxistische Strömung und soziale Bewegung, die die Subjektivität der Arbeiter als geschichtliches Moment in das Zentrum ihrer Überlegungen und Aktionen stellt. Siehe etwa: Wright, Steve, 2005, *Den Himmel stürmen. Eine Theoriegeschichte des Operaismus*, Berlin.

duktions‹- als auch im ›Dienstleistungs‹- Sektor unterworfen ist, wo die unmittelbaren Produktionsaufgaben immer mehr an Fähigkeiten verlangen, mit Informationen umzugehen und eine horizontale und vertikale Kommunikation einzubeziehen. Was andererseits die ›kulturelle Seite‹ der Ware angeht, so spielt unser Begriff auf eine Reihe von Tätigkeiten, die in der Regel nicht als Arbeit wiedererkannt werden, also mit anderen Worten Tätigkeiten, die im Bereich kultureller und künstlerischer Normen operieren, die auf Moden, Geschmack und Konsumgewohnheiten Einfluß nehmen oder die, strategisch gesprochen, die öffentliche Meinung bearbeiten.«[27]

Was bedeutet es nun wenn der Arbeitsprozess sich immaterialisiert? Lazzarato beschreibt den *speziellen Charakter immaterieller Arbeit*:

»Das ›Rohmaterial‹ der immateriellen Arbeit ist Subjektivität und das ›ideologische Milieu‹, in dem diese Subjektivität existiert und sich reproduziert. Die Produktivität von Subjektivität hört auf, in erster Linie ein Instrument sozialer Kontrolle zu sein, Marktsubjekte für Tauschverhältnisse hervorzubringen; sie wird unmittelbar produktiv, zielt unter den Bedingungen des Postfordismus auf die Konstruktion konsumierend-kommunizierender Subjekte, die selbst ›aktiv‹ sind. Immaterielle Produzentinnen und Produzenten – eben jene, die in der Werbung, der Mode, im Marketing, beim Fernsehen, als Programmierer etc. arbeiten – sorgen dafür, dass eine Nachfrage befriedigt wird, und zur gleichen Zeit schaffen sie diese Nachfrage. Die Tatsache, dass immaterielle Arbeit Subjektivität und (ökonomischen) Wert zur gleichen Zeit produziert, zeigt, wie die kapitalistische Produktionsweise unser Leben durchdrungen und hergebrachte Unterscheidungen – Ökonomie, Macht, Wissen – niedergerissen hat.«[28]

Lazzaratos neomarxistische Definition beschreibt den Doppelcharakter immaterieller Arbeit. Die Produzenten, die Arbeiter, befriedigen eine Nachfrage, die sie erst schaffen, indem sie *Subjektivität produzieren*, d.h. konkret z.B. einen journalistischen Artikel der selbst eine Meinung zu einem Sachverhalt hat oder zumindest ein Verhältnis zum beschriebenen Thema. In der klassischen Fabrikproduktion ist dieses Verhältnis noch getrennt. Der Arbeiter, der einen Kühlschrank zusammenbaut, ist von der Nachfrage getrennt und es gibt keine *kulturelle Seite* der Kühlschrankproduktion, die er beeinflusst.

---

27 Lazzarato, Maurizio, »Immaterielle Arbeit. Gesellschaftliche Tätigkeit unter den Bedingungen des Fordismus«, in: Negri, Antonio, Lazzarato, Maurizio u. Virno, Paolo, 1998, *Umherschweifende Produzenten. Immaterielle Arbeit und Subversion*, Berlin, S.39-52, hier 39f.
28 Ebenda, S. 57f.

Der immaterielle Arbeiter ist nicht nur auch ein kultureller, intellektueller oder auch kreativer, er ist ebenso ein *Symbolanalytiker*[29], wie der US-amerikanische Ökonom Robert Reich diese Klasse noch allgemeiner und abstrakter zusammenfasst. Für Reich ist der Symbolanalytiker die aufstrebende der drei Hauptkategorien zur Beschreibung der Wettbewerbssituationen, der er Anfang der 1990er Jahre Dreiviertel der amerikanischen Arbeitnehmer ausgesetzt sah. Die anderen beiden Kategorien sind *routinemäßige Produktionsdienste,* die die so genannten Blue-Collar-Arbeiter großer Industriebetriebe leisten, und die *kundenbezogenen Dienste,* die Dienstleistenden, die ebenfalls routinemäßige, stereotype Tätigkeiten, aber am Kunden, erbringen. Zu den *symbolanalytischen Diensten* zählt Reich:

»[...] die Problemlösungs-, identifizierungs- und strategischen Vermittlungstätigkeiten vieler Leute, die sich Forschungswissenschaftler, Design-, Software- und Bauingenieure, Biotechnologen, Toningenieure, PR-Manager, Investment-Banker, Anwälte, Baulanderschließer nennen; auch ein paar kreative Bilanzbuchhalter befinden sich darunter. Des weiteren gehört ein Großteil der Tätigkeiten dazu, die von Management-, Finanz-, Steuer-, Energie-, Landwirtschafts-, Rüstungs- und Architekturberatern, Spezialisten auf den Gebieten Information von Führungskräften und betriebliche Entwicklung, von strategischen Planern, Personalvermittlern und Kostenanalytikern ausgeübt werden. Ferner: Werbemanager und Marketing-Strategen, Chefgrafiker, Architekten, Kameraleute, Cutter, Produktionsdesigner, Verleger, Schriftsteller und Lektoren, Journalisten und Redakteure, Musiker, Fernseh- und Filmproduzenten und sogar Universitätsprofessoren.«[30]

Diese sehr heterogene Zusammenstellung erscheint erst einmal als sehr willkürlich. Im Gegensatz zur *kreativen Klasse* (siehe Kapitel D) eines Richard Florida macht sie aber Sinn. Es geht Reich nicht darum, eine neue, (Standort-)Marketing geeignete Klasse auszurufen, sondern neue, funktionelle Kategorien zu entwerfen, um das klassische Drei-Sektoren-Modell ergänzen können, welches die Berufe und Tätigkeitsfelder im Blick hat. Bei Reichs Modell geht es nicht darum, wer welche Arbeiten ausführt, sondern wie gearbeitet wird. Reich:

»Symbol-Analytiker lösen, identifizieren und vermitteln Probleme, indem sie Symbole manipulieren. Sie reduzieren die Wirklichkeit auf abstrakte Bilder, die sie umarrangieren, mit denen sie jonglieren und experimentieren, die sie an

---

29 Siehe: Reich, Robert, 1993, *Die neue Weltwirtschaft. Das Ende der nationalen Ökonomien,* Frankfurt a.M., S. 189ff.
30 Ebenda, S. 198f.

andere Spezialisten weiterreichen und die sie schließlich zurück in die Wirklichkeit verwandeln können.«[31]

Diese Definition führt u.a. zu dem Problem, dass schwer feststellbar ist, wo eine immaterielle Arbeit anfängt und wo sie aufhört. Ist das Mittagessen in der Kantine der Firma eine Pause, Erholung oder schon wieder Vorbereitung? Ist das abendliche Spielen eines Computerspiels für den Programmierer Arbeit oder Freizeit?

Der immaterielle Arbeiter kann (fast) immer arbeiten, die Arbeit immer mit sich herum tragen, weil er sein wichtigstes Arbeitsgerät immer dabei hat: seinen Kopf bzw. seine Vorstellungskraft. Alle Hilfsmittel wie Papier, Bleistift, Handy oder Computer, braucht er nur, um seine Gedanken und Überlegungen festzuhalten und zu archivieren. Die eigentliche Arbeitsleistung, die Informationsbearbeitung, ob von Bildern, Texten oder Daten, geschieht im Kopf. Der Arbeiter des 21. Jahrhunderts ist ein *Kopfarbeiter*, eine Bezeichnung, die Bertolt Brecht schon in den 1930er Jahren verwendete. Der immaterielle Arbeiter ist nicht nur ein intellektueller oder informationeller, sondern auch ein kultureller und sozialer Arbeiter. Die Trennung zwischen den Ebenen der Arbeit und der Nichtarbeit wird von vielen Arbeitenden schon längst nicht mehr erkannt. Es ist selbstverständlich geworden, auch am Abend Termine wahrzunehmen und wenn es einen Widerstand (von einem Selbst oder der Familie) gegen diese Entwicklung gibt, dann nur, weil die Nichtbezahlung dieser späten Arbeit als ungerecht empfunden wird.

Zusammenfassend lässt sich sagen, dass sich die immaterielle Arbeit der heutigen Zeit, die Arbeit des Symbolanalytikers, ob als kreativ, intellektuell oder kulturell bezeichnet, einerseits durch einen Doppelcharakter kennzeichnet, denn sie befriedigt eine Nachfrage (nach immateriellen Gütern), die sie erst geschaffen hat, und andererseits durch eine Totalisierung, d.h. eine räumliche und zeitliche Ausdehnung und Entgrenzung der Arbeit. Es ist schwer zu bestimmen, welche Tätigkeiten letztendlich auch zur Verlängerung oder Vorbereitung der bezahlten Erwerbsarbeit dienen.

3. Die Entstehung der New Economy

Der Begriff der *Geschichte* ist in dieser Publikation bewusst gewählt worden, weil seine Doppeldeutigkeit der New Economy gerecht wird. Erst einmal spielt er auf die *Story* an, die Geschichten und Geschicht-

---

31 Ebenda, S. 199.

chen über die Start-ups, ehrgeizigen Gründer, erwartungsfrohen Investoren, desillusionierten Mitarbeiter und sensationsfrohen Medien. Die Story ist aber auch ein Begriff der Finanzwelt: will ein Unternehmen Aufmerksamkeit erregen und Investorengelder akquirieren, braucht es eine gute Story, eine die interessant ist und die überzeugt. Im so genannten *Elevator-Pitch* muss der Gründer dem potenziellen Investor in einer dreiminütigen Fahrstuhlfahrt erklären können, warum dieser gerade in sein Unternehmen investieren soll. Es braucht eine kurze und gute Geschichte, eine die *sexy* ist, also Geld und Ruhm erwarten lässt.

Die zweite Bedeutung von Geschichte ist die der Historie. Es macht gerade die Besonderheit dieses kurzen Wirtschaftswunders aus, dass die New Economy mit diesem irrationalen Hype um die Jahrhundertwende, heute wie ein Ereignis aus fernen Tagen erscheint. Deshalb erscheint es nicht als abwegig, schon jetzt die Geschichte eines Phänomens zu erzählen, dass nicht einmal zehn Jahre zurück liegt. So leuchten dann auch die Augen der ehemaligen Gründer und Investoren, wenn sie von der alten, dieser *verrückten* Zeit erzählen, selbst wenn die Betonung der Fehler nicht fehlt. Die immer wiederholte Einsicht, aus diesen Fehlern gelernt zu haben und heute alles anders und besser zu machen, leistet der Historisierung der New Economy ebenso Vorschub, wie die strikte Weigerung einiger Internetfirmen, sich heute Start-up zu nennen oder auch nur von der New Economy zu sprechen, geschweige denn sich zu ihr zu bekennen, ein Umstand, der schon während der Krise zu beobachten war. So war zwischenzeitlich zwar immer wieder von einer *neuen* New Economy die Rede und die Euphorie um das Web 2.0 lädt zu einem Vergleich ein, aber das sind nur Ausnahmen, das große Bedürfnis, sich von den Jugendsünden der Internet-Wirtschaft abzugrenzen, ist leicht zu erkennen.

Die Realität der deutschen (und amerikanischen) IT-Wirtschaft sieht anders aus. Die New Economy ist mitnichten Geschichte und ihre Unternehmenskultur, wenn auch der Übertreibungen entledigt, hat sich etabliert. Eine bestimmte leistungs- und auf Unterhaltung fixierte Disposition zur Arbeit, eine bestimmte Form von Subjektivität, ist zu einer allgemeinen geworden, eine, die die Grenzen der IT-Welt längst überschritten hat. Bevor aber im nachfolgenden Kapitel die Geschichte der New Economy in Deutschland betrachtet werden kann, des Hypes, des Niedergangs, der anschließenden Konsolidierung bis zum Wiederaufstieg unter dem Schlagwort Web 2.0, sollen hier kurz die US-amerikanischen Wurzeln beschrieben werden, wie auch wichtige Weichenstellungen in der Politik und Wirtschaft der USA und Deutschlands.

Technische Entwicklungen

Nahezu alle Erfindungen der informationellen Revolution, seien es der (Personal-)Computer, die erste Computersoftware oder das Internet, kommen aus dem Silicon Valley nahe San Francisco, und auch deren Vorläufertechnologien auf dem Gebiet der Mikroelektronik kamen zumeist von dort. Die Mikroelektronik stellt so etwas wie eine Verbindung der industriellen Welt der Elektronik zur informationellen Welt der Mikrochips her. Hier kann nur der Teil der Geschichte der Mikroelektronik erzählt werden, der wichtig ist, um zu erkennen, wie darauf aufbauend die ersten Computer entstanden, die Dampfmaschinen des Informationszeitalters.[32]

1947 wird in den Bell Laboratories in New Jersey der erste Transistor erfunden, die drei Physiker John Bardeen, Walter H. Brattain und William Shockley erhalten hierfür 1956 den Physik-Nobelpreis. Der Transistor, der auch als Halbleiter oder Chip bezeichnet werden kann (heute besteht ein Chip aus Millionen von Transistoren), ermöglicht die Verarbeitung elektrischer Impulse mit höchster Geschwindigkeit. 1957 erfolgt der entscheidende Schritt in der Mikroelektronik, Jack Kilby, ein Ingenieur von Texas Instruments, entwickelt gemeinsam mit Bob Noyce, dem Gründer der Fairchild Semiconductors im Silicon Valley, den ersten integrierten Schaltkreis, der schon aus Silizium ist, welches seit 1954 verarbeitet wird. Diese Erfindung löst eine technologische Explosion aus. Zwischen 1959 und 1962 fallen die Preise für Halbleiter um 85 Prozent. Die Produktion steigt von 1962 bis 1971 um das Zehnfache und der Preis eines integrierten Schaltkreises fällt von 50 auf 1 US-Dollar. Der entscheidende Schritt des Eindringens der Mikroelektronik in die Maschinen kommt 1971, als der *Intel*-Ingenieur Ted Hoff den Mikroprozessor erfindet – den Computer auf dem Chip, mit dem die Datenverarbeitung überall installiert werden kann. In den folgenden Jahren setzt ein technologisches Rennen ein, immer mehr Schaltkreise gehen auf einen Chip. Die Leistungsfähigkeit der Chips wird durch drei Parameter bewertet: Integrationsfähigkeit, Speicherkapazität und Geschwindigkeit. Die Integrationsfähigkeit misst sich nach der kleinsten Breite der Linien auf dem Chip. (1 Mikron = 1Millionstel Meter). 1971 hat der erste Prozessor Linien von 6,5 Mikron, 1987 1 Mikron und 1999 0,25 Mikron. Während also 1971 2.300 Transistoren auf einen Chip von der Größe eines Reißnagels passen, sind es 1993 35 Millionen Transisto-

---

32 Die technischen und historischen Daten in diesem Abschnitt sind fast alle dem Kapitel »Die informationstechnologische Revolution« entnommen. In: Castells, Manuel, a.a.O., S. 31ff.

ren und 2008 waren es schon 2 Milliarden.[33] Die Speicherkapazität beträgt 1971 1.024 Byte (= 1 Kilobyte (KB)), 1987 1.024.000 Byte (= 1 Megabyte (MB), liegt 1999 bei 256.000.000 Byte (256 MB) und Ende der 2000er Jahre sind 1-Gigabyte-Chips auf dem Markt (1.000.000.000 Byte). Die Geschwindigkeit der Mikroprozessoren nimmt von 1972 bis Mitte der 1990er Jahre um das 550fache zu. So sind inzwischen so leistungsfähige und preiswerte Chips entstanden, dass diese in nahezu jedem elektrischen Gerät oder Maschine zu finden sind. Ob im DVD-Spieler, Geschirrspüler oder im Auto, die Einsatzmöglichkeiten der Chips scheinen noch lange nicht ausgereizt zu sein.

Parallel dazu verläuft die Entwicklung des Computers. Wie schon bei der Entwicklung des Mikroprozessors und später des Internets steht in erster Linie nicht die private oder kommerzielle Nutzung im Vordergrund, sondern die militärische. Ein Großteil des amerikanischen Forschungsbudgets geht nach dem 2. Weltkrieg in Vorhaben mit militärischer Ausrichtung. Ende der 1950er Jahre stehen die USA unter dem Sputnik-Schock, die Sowjetunion hatte im Oktober 1957 den ersten Flugkörper ins All geschossen und die US-Regierung investiert als Reaktion Milliarden US-Dollar in Forschung und Entwicklung. Im Auftrag der US-Armee wurde schon 1946 der erste moderne Computervorläufer gebaut, auch wenn der *ENIAC* (*Electronic Numerical Integrator and Calculator*), der an der *University of Pennsylvania* entwickelt wurde, eine primitive Maschine riesigen Ausmaßes ist. Die erste kommerzielle Version des gleichen Entwicklungsteams folgte 1951 mit dem UNIVAC-1. 1958 steigt *IBM* nach anfänglichem Zögern ins Computergeschäft ein und beherrscht dieses schon 1964 mit seinem 360/370-Großrechner. Das bereits beschriebene Aufkommen des Mikroprozessors 1971 führt zu einer *Revolution innerhalb der Revolution*[34], da es nun möglich ist, einen Computer auf einem Chip unterzubringen. 1975 baut Ed Roberts, ein Ingenieur, der in Albuquerque eine Firma namens *MITS* gegründet hatte, den ersten Mikrocomputer: den Altair. Dieser ist die Grundlage für die Konstruktion des Apple I der beiden jungen Schulabbrecher Steve Wozniak und Steve Jobs, die 1976 *Apple Computers* gegründet hatten. Ihre Geschichte gehört zu den Gründungsmythen des Silicon Valleys und des gesamten Informationszeitalters. Das Nachfolgemodell, der Apple II, der nur ein Jahr später, 1977, auf den Markt kommt, ist der erste im Handel erhältliche Mikrocomputer, 1981 zieht *IBM* mit seinem *Personal Computer* (*PC*) nach. Der Apple Mac-

---

33 In: Computerworld, 06.02.2008, siehe unter: http://www.computerworld.ch/aktuell/news/43798/index.html.
34 Ebenda, S. 46.

intosh, der 1984 auf den Markt kommt, ist ein Meilenstein auf dem Weg zum benutzerfreundlichen Computer. Aber was sind Computer ohne die passende Software? Zwei junge Harvard-Abbrecher, Bill Gates und Paul Allen, hatten 1976 die Programmiersprache BASIC an den Altair angepasst und kurz darauf ihre eigene Firma, *Microsoft*, gegründet, das heute mit Abstand größte Softwareunternehmen der Welt. Kurze Zeit später machen die beiden das Geschäft ihres Lebens, als sie die erste Betriebssoftware (MS-DOS) für den PC von *IBM* entwickeln.

Die Verflechtung des amerikanischen Militärs mit der Wissenschaft ist bei der nächsten und wohl wichtigsten Erfindung des Informationszeitalters noch augenscheinlicher. Die Idee des Internets selbst, eines dezentralen Kommunikationsnetzwerkes, entstammt militärstrategischen Überlegungen. Nach dem erwähnten Sputnik-Schock und der Angst vor einer militärischen Konfrontation mit der Sowjetunion mit Beginn des Kalten Krieges entsteht die Idee, ein Netzwerk zu entwickeln, das nicht durch einen einzigen Militärschlag, etwa eine Atombombe, ausgeschaltet werden kann. Ende der 1950er Jahre ruft das US-Verteidigungsministerium die *ARPA* (*Advanced Research Projects Agency*) ins Leben. Es soll möglich gemacht werden, Datenpakete zu verschicken, die selbst ihre Routen durch das Netzwerk finden und an jeder Stelle zu sinnvollen Botschaften zusammengesetzt werden können. Das neue Netzwerk geht am 1. September 1969 als ARPANET online. Die ersten vier Knotenpunkte sind die Universitäten von Los Angeles, Santa Barbara, Utah und das *Stanford Research Institute*. Die Wissenschaftler beginnen, das neue Netzwerk auch für ihre Zwecke zu nutzen. 1983 kommt es zu einer Trennung des ARPANET, das nun vor allem wissenschaftlichen Zwecken dient und dem MILNET für das Militär. Am 28. Februar 1990 wird das ARPANET abgeschaltet, danach dient das NSFNET, welches von der *National Science Foundation* (*NSF*) betrieben wird, als Rückgrat des Internets. Das Internet in seiner heutigen Form gibt es erst seit 1990, als das *www* (*World Wide Web*) entwickelt wurde, und zwar in der Schweiz. Eine Forschergruppe am Genfer *CERN* (*Centre Européen pour Recherche Nucléaire*) unter Führung von Tim Berners-Lee und Robert Cailliau entwickelt das Format für Hypertext-Dokumente, das sie Hypertext Markup Language (HTML) nennen, und geben damit dem weltweiten Netzwerk eine völlig andere Richtung. Die Europäer stehen nicht in der Tradition des ARPANET, sondern wollen es möglichst leicht und demokratisch nutzbar machen. Neben HTML und dem Hypertext Transfer Protocol (http) entwickeln sie auch die Standardadresse Uniform Resource Locator (URL), also alle Bausteine des heutigen Internets. Was dem Internet jetzt noch fehlt sind Bilder. Ein junger Angestellter des *National Center for Supercomputing Applications* (*NCSA*) an der *Uni-*

versität Illinois, Marc Andreesen, entwickelt den ersten Browser für das Internet, Mosaic. 1994 bringt er mit seiner Firma *Netscape* den Netscape Navigator heraus, der schnell zum Standard aller Internet-Browser wird und für Jahre der am häufigsten verwendete ist, bis *Microsoft* Ende der 1990er Jahre seinen Explorer zum Standard seiner Software-Pakete macht. So sind Mitte der 1990er Jahre alle Erfindungen und Entwicklungen gemacht, mit denen sich das Internet in den folgenden Jahren rasch verbreitet und zu dem selbstverständlichen Informations- und Kommunikationsmedium wird, als das wir es heute kennen. Seine Bedeutung als Medium zur Datenübertragung von Ton- und vor allem Bilddateien steigert sich mit der Leistungsfähigkeit der festen und drahtlosen Breitband-Internetzugänge. Dauerte es noch vor wenigen Jahren viele Minuten, um kurze Filmsequenzen herauf- oder herunter zu laden, so geschieht dieses nun in Sekunden. Das so genannte Web 2.0 entstand vor allem, weil es Anfang/Mitte der 2000er Jahre einen technischen Entwicklungssprung gab.

Politische Rahmenbedingungen

Technologische Entwicklungen, egal welcher Art, können nie isoliert von den politischen Rahmenbedingungen betrachtet werden, die ein Staat, eine Stadt oder Region vorgibt. So gibt es einerseits makropolitische Vorgaben, also bestimmte staatliche Innovations- und Förderprogramme, über die Geld in Forschung und Innovation investiert wird, und auf der Ebene der Regionalpolitik lokale Verwaltungen, Wirtschaftsverbände, Handwerkszünfte u.ä., die Forscher und Unternehmer unterstützen. Die Unterstützung ist meist finanzieller Natur, aber Gesetze, die die Entwicklung von bestimmten Technologien erleichtern, wirken mindestens ebenso als Innovationsmotor. Ein aktuelles Beispiel ist etwa die Biotechnologie bzw. Gentechnik, bei der deutsche Forscher und Universitäten sich im internationalen Vergleich als benachteiligt ansehen, weil die deutschen Gesetze in Bezug auf die Stammzellenforschung aus ihrer Sicht restriktiver sind, als z.B. in den USA oder Großbritannien.

Welche politischen Rahmenbedingungen leiteten nun den Siegeszug der Informationstechnologien ein, bzw. förderten ein günstiges Innovationsklima? Da ein Großteil der wichtigen Entwicklungen aus den USA gekommen ist, sollten wir uns kurz der Politik der US-amerikanischen Regierung zuwenden. Ein Kennzeichen amerikanischer Politik ist seit vielen Jahren ihre sehr enge Verzahnung mit der Wirtschaft, die auch in den USA sehr umstritten ist, da oft nicht ersichtlich ist, wann eine politische Entscheidung nicht von wirtschaftlichen Interessen beeinflusst ist, bzw. ob Unternehmen nicht selbst auf politische Entscheidungen Einfluss nehmen. Im weiten Feld zwischen Ministerien und Ausschüssen bewegen sich in Washington Tausende von Lobbyisten aller denkbaren Verbände, so genannte *Thinktanks* großer Organisationen und Unternehmen vertreten eigene Interessen.

Im Gegensatz zu den 1950er und 1960er Jahren, als die US-Regierung über ihren Militärhaushalt massiv Geld in die Entwicklung neuer Technologien der Mikroelektronik und Datenkommunikation investierte, zu denen der Computer und mit dem ARPANET der Vorläufer des Internets gehörte, sieht die amerikanische Technologiepolitik ihre Hauptaufgabe heute darin, schnelle und unbürokratische Gesetze zu erlassen. Das Kapital kommt meist aus der Privatwirtschaft, staatliche Investitionen nehmen in den USA einen weitaus kleineren Teil ein, auch wenn es etwa unter US-Präsident Ronald Reagan (1980-1988) umfangreiche staatliche Investitionsprogramme (etwa in das raketengestützte Abwehrsystem im All, *Star Wars*) gab, meist über das Verteidigungsministerium. Wenn der Staat heute Geld investiert, dann eher meist indirekt in Form von Steuererleichterungen, Abschreibungsmöglichkeiten u.ä.

1992 treten die US-Demokraten mit ihrem Präsidentschaftskandidaten Bill Clinton und Vize-Präsidentschaftskandidat Al Gore gegen Präsident George Bush an, den Vater des späteren US-Präsidenten George W. Bush. Anfang der 1990er Jahre befinden sich einige Größen der amerikanischen IT-Branche wie *IBM* und *Digital Equipment* in einer schweren Krise und die US-Wirtschaft ist insgesamt noch durch die »japanische Herausforderung« der 1980er Jahre gebeutelt. Clinton und Gore setzen bewusst auf das Thema der Erneuerung der nationalen Kommunikationsstruktur. Al Gore fordert den *Information-Superhighway*, den Nicholas Negroponte, für viele ein Guru des digitalen Zeitalters, beschrieben hatte und setzt sich vehement für das Internet ein, was er auch schon als Kongressabgeordneter in den 1970er Jahren getan hatte.[35] Ein Zitat des Vizepräsidenten Gore, der 2000 nur äußerst knapp George W. Bush im Präsidentschaftswahlkampf unterliegt, verdeutlicht,

---

35 Robert Kahn und Vint Cerf, Miterfinder des Internets, stellten in einem offenen Brief Gores große Unterstützung klar: *When the Internet was still in the early stages of its deployment, Congressman Gore provided intellectual leadership by helping create the vision of the potential benefits of high speed computing and communication.* Als Erfinder des Internets kann Al Gore, wie oft behauptet, nicht bezeichnet werden, aber er hat es tatkräftig unterstützt wie kein anderer bekannter amerikanischer Politiker. Für diese Verdienste wurde er 2005 mit dem *Lifetime Achievement Webby Award* ausgezeichnet. Siehe unter: http://netzweltspiegel.blogspot.com/2005/09/viel-zitierte-legende.html.

welche Bedeutung dem Internet und dem Fortschritt in der Informationstechnik damals zugeschrieben wurde:

»Wir befinden uns auf der Schwelle zu einer Revolution, die einen ebenso radikalen Wandel mit sich bringen wird, wie dies die industrielle Revolution gemacht hat. Bald werden elektronische Netzwerke es den Menschen ermöglichen, die Grenzen von Raum und Zeit zu überwinden und zu ihrem Vorteil die globalen Märkte und Handelschancen benutzen, die heute noch nicht einmal vorstellbar sind und die eine neue Welt wirtschaftlicher Möglichkeiten und ökonomischen Fortschritts eröffnen.«[36]

Die Demokraten fordern die massive Förderung der neuen Kommunikationstechnik, lange bevor deutsche Politiker *Schulen ans Netz* anschließen wollen. Die Entscheidung, die neue Technologie finanziell wie politisch zu fördern, erweist sich als kluger Schachzug. Es ist die Generation neuer Internetfirmen wie *AOL, Yahoo* und *Amazon*, die im Verbund mit anderen Technologie- und Biotechnikunternehmen für einen beachtlichen Wirtschafts- und Börsenaufschwung sorgen und der neuen Regierung acht erfolgreiche Jahre bescheren werden. Die Regierung Clinton/Gore hatte ein Erfolgsthema gefunden, dass ihr nicht nur wirtschaftlichen Erfolg bescherte (es war später von den *Clintonomics*[37] die Rede), sondern es ihnen auch ermöglichte, moderne Themen wie Jugend, Technologie und Fortschritt zu besetzen. Obwohl ihre Präsidentschaft von den staatlichen und privaten Investitionen der vergangenen Jahrzehnte in Forschung und Entwicklung profitierte, so beließ sie es nicht bei politischer Unterstützung[38], sondern steigerte die Ausgaben des Staates noch.[39] Der entscheidende politische Schritt, für viele sogar die Geburts-

---

36 Siehe unter: http://www.heise.de/bin/issue/r4/dl-artikel2.cgi.
37 Bill Clinton sagte im Zusammenhang mit der New Economy, die er während seiner Regierungszeit ausführlich bewarb (so etwa bei einem Gipfeltreffen (sozial-)demokratischer Regierungschefs im November 1999 in Florenz): *We are only at the beginning of a period that will go down in history as a golden age.* In: Gadrey, Jean a.a.O., S. 6.
38 Am 2. Juli 1997 präsentierten Präsident Clinton und Vize Al Gore ein Rahmenprogramm für den globalen elektronischen Markt. Siehe unter: http://www.heise.de/bin/issue/r4/dl-artikel2.cgi?artikelnr=1239
39 Zwischen 1992 und 2000 stiegen die öffentlichen Forschungsausgaben der US-Regierung für Mathematik- und Computerwissenschaften, sowie artverwandte Wirtschaftszweige von ca. 1,4 Mrd. auf 2,1 Mrd. US-Dollar, während die amerikanische IT-Wirtschaft ihre Ausgaben für Forschung und Entwicklung für Informationstechnik zwischen 1992 und 1998 von ca. 25 Mrd. auf 45 Mrd. US-Dollar steigerte. Quelle: *AAAS-Report* (*American Association for the Advancement of Sience*) 06/00 und Digital Economy 2000 (US- Department of Commerce, Economics and Statistics Administration)

stunde der modernen Telekommunikationswelt und damit auch der New Economy, ist aber das Gesetz zur Deregulierung des Telekommunikationsmarktes, der *Telecommunications-Act* vom Februar 1996, der die langjährigen Beschränkungen des Mediensitzes aufhebt und prompt eine Lawine von Übernahmen auslöst. Als wichtigster Teil eines, aus einer ganzen Reihe von Gesetzesänderungen und Deregulierungen bestehenden, Paketes wird das seit 1970 bestehende Verbot, gleichzeitig Netzbetreiber und Fernsehanbieter zu sein, das so genannte *cross-ownerships*, aufgehoben. In den folgenden Jahren werden Kabel- und Telefonsysteme im großen Stil zusammengeführt und neue Allianzen zwischen Fernsehanstalten und Content-Anbietern gebildet. Die spektakulärsten Fälle sind die Übernahme von *ABC* durch *Disney* 1996 und die Fusion von *TBS* (*Turner Broadcasting Systems*) inkl. *CNN*, mit *Time Warner*, ebenfalls 1996, die vier Jahre später wiederum mit *AOL* fusionieren werden (siehe im Kapitel C). In den Augen der Befürworter des Gesetzes ist es ein Meilenstein auf dem Rückzug der Politik aus der Wirtschaft, in den Augen der Kritiker wie etwa von Thomas Frank u.a. Herausgeber von *The Baffler*, ist die Verabschiedung des *Telecommunications-Act*:

»[…] eine jener Manifestationen von Gier, gesetzgeberischer Verworfenheit und offensichtlichem Eigeninteresse, die die amerikanische Kultur sonst so gern spöttisch aufdeckt. Für Mark Twain etwa wäre dieses Gesetz ein gefundenes Fressen gewesen. Aber die einzige Kritik die laut wurde, galt nicht etwa der gigantisch gewachsenen Macht der Sender oder Telefongesellschaften, ganz im Gegenteil: Man warf dem Kongress vor, er sei mit der Deregulierung nicht weit genug gegangen. Die Regierung habe kein Recht, irgendeinen Einfluss auf die Märkte zu nehmen.«[40]

So wurde aus dem ehemaligen Telefonmonopolisten *AT&T*, der ähnlich der *Deutschen Telekom* bzw. *Bundespost* aufgeteilt wurde, inzwischen der größte Telekommunikationskonzern der Welt (*AT&T*) und größte Mobilfunkanbieter der USA (*AT&T Wireless*).

Im Gegensatz zu vielen europäischen Politikern erkennt Clinton, Gore sowieso, früh die revolutionäre Bedeutung des Internets, und die Möglichkeit sich im neuen Supermedium sonnen zu können. Nach Europa und Deutschland kommen das Internet und die Fantasien des E-Commerce mit etwa zweijähriger Verzögerung. Der damalige Bundeskanzler Helmut Kohl wird Mitte der 1990er Jahre für seine Wortschöpfung von der *Datenautobahn* noch verlacht, der SPD-Bundes-

---

40 In: Frank, Thomas, 2001, *Das falsche Versprechen der New Economy*, Frankfurt a.M., S. 8.

kanzler Gerhard Schröder hingegen erkennt dieses wichtige Thema und fordert auf der *Cebit 2000*: *Alle müssen ins Internet.* Ähnlich wie in den USA ist es auch eine eher linke Regierung, die auf den technologischen Wandel setzt und mit einer Reihe von wirtschafts- und technologiefreundlichen Gesetzen die Entwicklung fördert. Ein ganz entscheidender Schritt ist der Fall des letzten Telekommunikationsmonopols der erst seit 1994 privatisierten *Deutschen Telekom* (ehemals Teil der *Deutschen Bundespost*) am 1. Januar 1998, noch zu Zeiten der CDU/CSU und FDP-Regierung. Der Fall des Monopols erlaubt einen Wettbewerb, der es Privat- und Geschäftskunden ermöglicht, preiswert zu surfen. Für die jungen Firmen der aufstrebenden New Economy eine elementare Frage.

Neben konkreten rechtlichen Verbesserungen betreffend technischer Infrastruktur oder Personaleinstellung ist die Politik sowohl in den USA als auch in Deutschland als gesellschaftlicher *Stimmungsmacher*, der die öffentliche Meinung positiv beeinflusst, wichtig. Obwohl es auf beiden Seiten des Atlantiks bis heute zum guten Ton der Informationsunternehmen gehört, sich über die Politik bzw. die Regierung aufzuregen, hatten und haben sie eigentlich keinen Grund dazu. Die New Economy trifft in Deutschland von Anfang an auf ein sehr großes Wohlwollen und erhält massive politische Unterstützung. Mit dem neuen Bundeskanzler Gerhard Schröder (SPD), der im Herbst 1998 mit einer rot-grünen Koalition an die Macht gekommen ist, haben sie mehr als Glück. Schröder entdeckt früh das politische und mediale Potenzial der New Economy und mit ihr endlich das perfekte Thema, um in der Medienöffentlichkeit mit Begriffen wie Jugend, Modernität und Aufbruch zu punkten. Der Bundeskanzler setzt sich so stark für die neuen Unternehmen und die verheißungsvolle Technik ein, dass er sich selbst schon als *Internet-Kanzler* sieht. Auf der anderen Seite gibt es zwar starke Vorbehalte gegenüber der Politik im Allgemeinen, eigentlich gegen alles, was mit Bürokratie zu tun hat, aber der autoritäre Basta-Kanzler gefällt ihnen. Der dankt ihnen die Möglichkeit, sich im Licht der technischen Revolution sonnen zu dürfen. Auf der Computermesse CeBit im Februar 2000, auf dem Höhepunkt der New Economy Euphorie in Deutschland, stellt er seine Greencard-Initiative vor. Diese soll eine zeitlich begrenzte Zuwanderung ausländischer IT-Experten ermöglichen, schnell und unbürokratisch. Schon vier Monate später wird sie Gesetz und die Replik des damaligen CDU-Landesvorsitzenden (heute Ministerpräsident von NRW) Jürgen Rüttgers (*Kinder statt Inder*), kommt etwas kleinkariert und provinziell daher. Mit der Greencard kann sich der Bundeskanzler als weltoffener Staatsmann präsentieren, der der Wirtschaft hilft. Sein Coup zündet doppelt, da es nach einer Reihe von rechtsradikalen Gewalttaten gerade eine gesellschaftliche Diskussion um Rechtsradikalismus und Ausländerfeindlichkeit gibt. So können sich plötzlich sogar Wirtschaftsverbände als Multikulturalisten darstellen. Im Frühjahr 2000 unterstützt der damalige *BDI*-Präsident (*Bund der deutschen Industrie*) Hans-Olaf Henkel die Initiative des Kanzlers: *Wir brauchen eine offenere Gesellschaft für Eliten aus dem Ausland und können nicht länger immer nur unsere guten Leute exportieren.*[41] Der Bundeskanzler hört gar nicht mehr auf, die jungen Leute zu unterstützen, die ihm so gefallen weil sie anpacken statt zu jammern. *Starten – nicht warten* ist der Titel des Kongresses, auf dem er im Herbst 2000 das 10-Punkte-Programm der Regierung zur *Zukunftsfähigkeit* des Landes vorstellt. Die Beherrschung des Internets müsse *Teil der Allgemeinbildung* werden und jeder einen *Internetführerschein* machen. Außerdem werden Initiativen wie *Schulen ans Netz*[42] und *D21*[43] ins Leben gerufen, die deutsche Schüler und das ganze Land fit für die Herausforderungen des 21. Jahrhunderts machen sollen.

An der Politik bzw. der Öffentlichkeitsarbeit der Politik soll es nicht liegen, dass die New Economy Ende 2000/Anfang 2001 in die Krise gerät. Aber auch darauf reagiert der Kanzler so flexibel wie es sich die Start-up-Gründer immer gewünscht haben. Auf der Hannover-Messe 2001 gibt es plötzlich nur noch eine *Next-Economy*[44], die eine Verbindung von alter und neuer Wirtschaft sein soll. Zum *Tag der Arbyte* am 1. Mai 2001 wünscht sich die Bundesregierung in einer Anzeigenkampagne ganz einfach: *New Economy wächst mit Old Economy zusammen und wird zur Jobmaschine.*

Ökonomische Voraussetzungen

Gab es neben technischen Innovationen und den politischen Rahmenbedingungen auch wirtschaftliche Entwicklungen, die den Aufstieg der Informationsgesellschaft förderten? Diese Frage kann nur mit einem doppelten Ja beantwortet werden. Wird bis heute die New Economy als *Internet-Wirtschaft* bezeichnet, so würde *Börsen-Wirtschaft* sie genauso treffend beschreiben, denn die Entwicklung der Aktienkurse der US-

---

41 Siehe: Heise online, 20.03.2000, unter: http://www.heise-online.de.
42 Siehe unter: http://www.schulen-ans-netz.de.
43 Siehe unter: http://www.initiatived21.de.
44 Nach dem Niedergang der New Economy konnte die deutsche Industrie ihre Bedeutung unterstreichen: *Ohne unsere hochmodernen Maschinen können die Produkte der New Economy gar nicht hergestellt werden‹, sagt Alexander Batschari vom VDMA. Weil beide Branchen miteinander verschmelzen, sprechen die Hersteller lieber von der* Next Economy [Herv. i. Org. M.S.]. *Denn, so Batschari, ›wir verbinden das Neue mit dem Bewährten‹.* Zitiert in: Meschnig/Stuhr (2001), S. 254.

amerikanischen IT-Unternehmen während der 1990er Jahre ist der einzige Aspekt, der es rechtfertigt, von einer ökonomischen Revolution durch die New Economy zu sprechen. Alle volkswirtschaftlichen Aspekte der unter dem Begriff *New Growth* geführten Diskussion, rechtfertigen eine solche Annahme nicht. Der Ökonom Dirk Pauschert beantwortet die Frage nach einem neuen Paradigma eindeutig:

»Als Ergebnis […] wurde festgehalten, dass der Anspruch einer New Economy als neues Paradigma basierend auf neuen nomologischen Gesetzen und quantifizierend-analytischen Methoden *keinesfalls* [Herv. i. Org. M.S.] eingelöst werden konnte. Die New Economy […] existiert nicht als ein eigenständiges, von der neoklassischen Modellbildung klar abgrenzbares wissenschaftliches Paradigma.«[45]

Die Entwicklung der US-amerikanischen Volkswirtschaft war in den 1990er Jahren, bezogen auf das Wachstum des BIP und der Arbeitsproduktivität, leicht überdurchschnittlich und in der zweiten Hälfte der Dekade zwar überdurchschnittlich, aber keinesfalls herausragend. Die Inflation entwickelte sich sehr gut und der Rückgang der Arbeitslosigkeit ebenfalls. Wirklich herausragend war nur das Wachstum der US-amerikanischen IT-Branche selbst, ihr Wachstum und ihre Produktivität, aber vor allem ihr Einfluss auf die Finanz- und Börsenwelt. Hier liegt der Schlüssel für die Ausrufung einer Revolution.

Die Annahme, dass erst die New Economy die Börsenkurse amerikanischer IT-Unternehmen anfeuerte, ist falsch. Umgekehrt war es so, dass erst ein genereller Anstieg der Aktienkurse Anfang der 1990er Jahre es möglich gemacht hatte, dass auch Privatanleger ihr Geld in Aktien aufstrebender Start-ups investierten. Auch die These, der Aufschwung der US-amerikanischen Wirtschaft der Boomjahre unter Präsident Bill Clinton (1993-2001), mit stärkerem Wirtschafts- und Produktivitätswachstum bei einer sinkenden Arbeitslosigkeit und Inflation, hänge direkt mit der New Economy zusammen, lässt sich empirisch nicht stützen. Schon die Grundannahme, die US-amerikanische Wirtschaft sei in dieser Dekade besonders stark gewachsen, stimmt nicht, misst man sie an ihrer eigenen Entwicklung. Von 1990 bis 1999 wuchs das Bruttoinlandsprodukt (BIP, englisch *GDP* (*Gross Domestic Product*)) der USA jährlich um durchschnittlich 3,1 Prozent und lag damit genau im Durchschnitt der Jahre von 1971 bis 2006.[46] In den Jahren der New Economy von 1996 bis 2000 wuchs das US-BIP um jährlich 4,1

---

45 In: Pauschert, Dirk, a.a.O., S. 284.
46 Die Zahlen zum US-BIP siehe: *OECD Factbook 2008: Economic, Environmental and Social Statistics*.

Prozent, in den vorangegangenen 1980er Jahren lag es bei jährlich drei Prozent. In den durch die Ölkrise gebeutelten 1970er Jahren lag es bei 3,6 Prozent und in den 1950er und 1960er Jahren sogar deutlich darüber. Es ließe sich somit sogar leicht die Gegenthese aufstellen, dass mit dem Aufkommen der Informationstechnologien ab Mitte der 1970er Jahre das US-amerikanische BIP kontinuierlich schrumpft und die New Economy nur eine kurze Ausnahme war. Auch bei der Produktivität wird nicht überdurchschnittlich zugelegt, vergleicht man sie mit den goldenen 1950er und 1960er Jahren. Während die Produktivität, als maßgeblich gilt die Arbeitsproduktivität, zwischen 1971 und 2006 im Durchschnitt um 1,66 Prozent jährlich gestiegen ist, so steigert sich die Produktivität auf dem Höhepunkt des Clinton-Booms von 1996 bis 2000 nur um 2,14 Prozent, in den gesamten 1990er Jahren liegt sie nur bei durchschnittlich 1,58 Prozent.[47] In den 1980er Jahren hatte sie bei 1,28 Prozent gelegen und in den 1970er Jahren hatte die Arbeitsproduktivität pro Jahr um 1,77 Prozent zugelegt und von 2000 bis 2006 sogar um 2,16 Prozent. Die New Economy stellt in diesem Rahmen also keine besondere Ausnahme dar und nicht vergessen sollte man in diesem Zusammenhang, dass die USA in den vergangenen vier Jahrzehnten weitaus geringer zulegten als etwa Japan und Deutschland.[48] Schaut man sich den Beitrag der Informationstechnik zum realen Wirtschaftswachstum der USA an, der von 1995 bis 1999 nach Schätzungen zwischen 30 und 40 Prozent betrug[49], dann lässt sich aber zumindest die These aufstellen, dass das, zwar nicht herausragende aber im Vergleich zu Deutschland (1,6 Prozent zwischen 1992-2000) und der EU (2,0) immer noch beachtliche Wirtschaftswachstum schon den IT-Unternehmen zu verdanken ist, zu denen auch die kleinen Start-ups gehören. Für den Umsatz und den Produktivitätsschub sorgen vor allem die großen etablierten IT-Riesen (*IBM*, *Apple*, *HP*, *Dell*, *Microsoft*, *Cisco*) und die neuen, großen New Economy-Firmen wie *AOL*, *Yahoo* und *Ebay*. Während sich die Produktivität in der amerikanischen Wirtschaft in den 1990er Jahren nicht einmal im durchschnittlichen Maße steigert, und nur ab Mitte des Jahrzehnts leicht überdurchschnittlich zulegt, so gibt es innerhalb der computerherstellenden Industrie tatsächlich einen fulminanten Produktivi-

---

47 Die Zahlen zur US-Arbeitsproduktivität siehe: *OECD Factbook 2008: Economic, Environmental and Social Statistics.*
48 Japan legte von 1971 bis 2006 im Durchschnitt pro Jahr um 3,0 Prozent an Arbeitsproduktivität zu, Deutschland, von 1971 bis 1990 nur als Westdeutschland erfasst, um 2,6 Prozent. Quelle: *OECD Factbook 2008: Economic, Environmental and Social Statistics.*
49 Quelle: *Digital Economy 2000.*

tätssprung.⁵⁰ Zwischen 1987 und 1998 verzehnfacht sie sich, durchschnittlich steigt die Produktivität pro Jahr um 25 Prozent.⁵¹ Die Euphorie in der amerikanischen Wirtschaft ist auch deswegen so groß, weil es vor dem New Economy-Boom Anfang der 1990er Jahre eine wirtschaftliche Schwächephase gegeben hatte, 1991 sogar ein Rezessionsjahr, und nun die technologische und ökonomische Vormachtstellung der USA im strategisch so wichtigen IT-Bereich gesichert und ausgebaut werden kann, nachdem die Führung in der Unterhaltungselektronik an Japan abgegeben worden war und Europa den Markt der Mobiltelekommunikation zunehmend beherrscht.

Das Wirtschaftsthema im Zusammenhang mit der New Economy, auf dass in Deutschland immer besonders stark Bezug genommen wurde, ist das so genannte Job-Wunder der Clinton-Ära. Zwischen 1991 und 2000 steigert sich die Zahl der Beschäftigten von 118 Millionen um 17,2 auf 135,2 Millionen, während es in der EU gerade mal eine Million mehr Beschäftigte gibt (von 151,6 auf 152,6 Millionen).⁵² Die beeindruckende Zahl lässt sich nicht allein mit dem Vorwurf relativieren, dass das in der Mehrzahl schlecht bezahlte Jobs im Dienstleistungsbereich seien. Zwar liegt auch die Zunahme an Arbeitsplätzen eher unter dem Niveau der vorangegangenen Jahrzehnte, aber die Abnahme an Arbeitsplätzen hatte sich verringert. Im Zusammenhang mit der Zunahme der Beschäftigung, besonders im Dienstleistungsbereich, ist auch der eigentliche Grund für den Boom der 1990er Jahre zu finden: der private Konsum. Schon seit der Nachkriegszeit spielt er für die US-Wirtschaft eine grundsätzlich größere Rolle als etwa für die deutsche. In den USA trägt der Konsum zwischen 1991 und 2000 zu durchschnittlich 67,6 Prozent der gesamtwirtschaftlichen Nachfrage bei, während es in Deutschland nur 57,2 Prozent sind. Von einem hohen Niveau ausgehend steigert sich der private Konsum von 1992 bis 2000 um jährlich 3,7 Prozent, auf dem Höhepunkt der New Economy 1998 und 1999 sind es um die fünf Prozent, während der private Verbrauch in Deutschland von 1992 bis 2000 nur um durchschnittlich 1,7 Prozent anstieg. Die Amerikaner haben nicht so viel Geld zur Verfügung, weil die Reallöhne gestiegen sind – in den unteren Lohngruppen sind sie in den 1990er Jahren sogar ge-

---

50 Die oft diskutierte und umstrittene These, ob die New Economy entscheidend zum Wirtschaftswachstum und der Produktivität der USA in den späten 1990 Jahren beigetragen hat und welchen Beitrag die ITK überhaupt für die USA haben, wird unter Punkt E.4. behandelt.
51 In: Huffschmid, Jörg, »New Economy in den USA – Technologieschub oder Boom der Finanzmärkte?«, in: *Blätter für deutsche und internationale Politik*, Nr. 10/2000.
52 Ebenda.

fallen – sondern weil es (von den Banken) viel billiges Geld gibt. Die amerikanischen Haushalte sparen noch weniger als in den vergangenen Jahren und verschulden sich. Das ist möglich, weil die Zentralbank eine Politik der reichlichen Kreditversorgung betreibt.[53] Über das geliehene Geld hinaus ist die Entwicklung der amerikanischen Finanzmärkte für den Konsumboom verantwortlich. Die Aktien amerikanischer Unternehmen, nicht nur der IT- und Kommunikationsunternehmen, steigen in den 1990er Jahren rasant, im Laufe des Jahrzehnts steigt der *Dow Jones* von fast 2.700 auf rund 11.000 Punkte.[54] Der Boom der Finanzmärkte löste Ende der 1990er Jahre einen des Konsums aus, der wiederum einen der Beschäftigung. Die New Economy trägt ihren ökonomischen Teil zu diesem Erfolg bei, entscheidend ist sie aber für die Euphorie und die Umgestaltung der Unternehmen in Bezug auf die Verwendung von Informations- und Telekommunikationstechnologie. Neben den meist schlecht bezahlten Dienstleistungsjobs entstehen Hunderttausende sehr gut bezahlter Tätigkeiten in den modernen IT- und Telekommunikationsbranchen. Zum Ende des Jahrzehnts erreicht die Zahl der mit dem Internet verbundenen Arbeitsplätze 2,3 Millionen.[55] Etwas weiter gefasst beträgt der Anteil der IT-Worker in 23 IT-verwandten Berufen schon 1998 5,3 Millionen Erwerbstätige.[56]

---

53 Die Geldpolitik des billigen Geldes, die in den 1990er Jahren von der US-amerikanischen Federal Reserve Bank betrieben wurde, und die dazu führte, dass Banken auch Bürgern ohne ausreichende Bonität Kredite (*Subprime*-Kredite) gewährten, rächte sich ab 2007 in der Immobilienkrise, in den USA *Subprime-Krise* genannt. Diese Krise, die sich ab Herbst 2008 zu einer globalen Finanz- und Wirtschaftskrise auswuchs, manche sprechen sogar von einer zweiten Weltwirtschaftskrise, ist, was die ökonomischen Verluste, besonders auf Seiten der Banken betrifft, als weitaus gravierender einzuschätzen als die Krise der New Economy. Der IWF schätzte im April 2009 dass weltweit über 4 Billionen US-Dollar Verlust entstanden sein könnten. Siehe in: *Spiegel online*, 21.04.2009, unter: http://www.spiegel.de/wirtschaft/0,1518,620285,00.html.
54 Im November 2007 liegt er bei seinem Allzeithoch kurz über 14.000 Punkten und stürzt in Folge der Finanzkrise im März 2009 auf 6.547 Punkte. Im Januar 2010 liegt er wieder deutlich über 10.000 Punkten und damit auf dem Niveau der New Economy-Zeit. Siehe unter: http://www.handelsblatt.com/boerse-maerkte/Dow-Jones-Index.
55 In: Castells, Manuel, a.a.O., S. 161.
56 Quelle: *Bureau of Labor Statistics*. Der IT-Brancheninformationsdienst *InformationWeek* kommt im April 2006 auf 3,47 Millionen in der IT beschäftigte US-Amerikaner, genauso viele, wie es auf dem Höhepunkt der New Economy, in Bezug auf die Beschäftigung, im dritten Quartal 2001, waren. Siehe unter: http://it-republik.de/business-technology/news/USA-Beschaeftigung-in-der-IT-Branche-auf-Rekordhoch-028124.html.

Das waren Ende der 1990er Jahre aber auch nur knapp vier Prozent der US-amerikanischen Beschäftigten. Castells sieht die IT-Wirtschaft als die zentral wichtige Branche der USA. Als einer der renommiertesten und bekanntesten Apologeten der informationellen Gesellschaft sieht er das strategische ökonomische Potenzial der New Economy, das weit über die IT oder ITK hinausgeht. Oft wurde von der *Killer-Application* Internet gesprochen oder – wissenschaftlicher – von der *general purpose technology* Internet, die weit über ihre technischen Grenzen hinaus für ökonomische (und soziale und kulturelle) Veränderungen sorgt, wie wir noch sehen werden. Die entscheidende wirtschaftliche Explosion der New Economy lässt sich aber, wie gezeigt, nicht durch ein besonderes Wachstum des BIP oder der Arbeitsproduktivität belegen, sondern findet fernab der »Realwirtschaft« statt.

Ohne das Zusammenkommen des neuen Supermediums Internet mit den Finanzfantasien der Aktienmärkte hätte es die New Economy nicht gegeben. Während der Hochphase der New Economy ist es üblich, gute und erfolgreiche Mitarbeiter nicht mit zusätzlichem Gehalt zu belohnen, sondern mit Aktien-Optionen. Die so genannten *Stock-Options* sind Papiere, die zu einem bestimmten Zeitpunkt in Aktien umgewandelt werden können. Bei den kleinen Internet- oder Biotech-Unternehmen sind es Optionen auf Aktien der eigenen Firma, die den Mitarbeitern winken, sollte das Unternehmen einmal an die Börse gehen. Das ist von Anfang an Ziel aller Start-ups. Der Börsengang ist keine Option, sondern unbedingtes Ziel des Wirtschaftens. Über die Börse soll frisches Kapital in das Unternehmen geholt werden. So geraten die jungen Mitarbeiter meist zum ersten Mal in ihrem Leben in den Kontakt mit Begriffen des Börsenlebens und können sich ausrechnen bzw. ausrechnen lassen, was ihre Optionen einmal wert sein würden. Dass die Realisierung bei den meisten Mitarbeitern scheiterte soll hier nicht Thema sein.

Die Börse, die Aktienkultur, war untrennbar mit der New Economy verbunden, noch weitaus stärker, als das bei klassischen Industrieunternehmen der Fall war. Umgekehrt war die New Economy zur Jahrhundertwende die beste Story, die sich die Broker und Bankexperten vorstellen konnten. Hätte es je eines Beispiels für die Irrationalität der Börse bedurft, plötzlich spielten sie alle verrückt, ob Banker, Medien oder Unternehmer. Auch die Privatanleger wollten am vermeintlichen Boom partizipieren. Es entstand ein neues gesellschaftliches Hobby, *Daytraden* war plötzlich angesagt. Ganz normale Bürger, Angestellte oder Hausfrauen orderten plötzlich Aktien über den heimischen Computer, immer in der Hoffnung, zu den Wenigen zu gehören, die mit geschickten Verkäufen zu Millionären wurden, wie es überall zu hören und zu lesen war. Der damalige Chef des deutschen Softwarekonzerns *SAP*, Hasso Plattner, beschrieb es in einem Interview so: *Es war die Vorstellung vom Paradies: Mit wenig Arbeit am Bildschirm ganz viel Geld verdienen.*[57] Bereits kurz nach dem New Economy-Crash 2001 bis 2003, in Zeiten der Konsumzurückhaltung und Investitionsunlust, erschien die Phase der New Economy als wäre sie zwanzig Jahre her und nicht gerade vorbei. Hunderte von Millionen DM wurden damals vonseiten der Banken über eigens gegründete Risikokapitalfirmen oder andere Investoren in aufstrebende Internet- oder Biotech-Unternehmen investiert, die eine große Zukunft, sprich Börsengang, versprachen. Bei der Prüfung der Firmenidee und der Business-Pläne wurde anscheinend nicht mit der gleichen Sorgfalt vorgegangen, wie es bei jedem Handwerksmeister selbstverständlich ist, der sich heute 20.000 Euro von seiner Bank leihen möchte. Die *Venture Capitalists (VCs)*, die Risikokapitalgeber, versorgten junge Unternehmer, die sich selbst Gründer nannten, nur allzu gern mit erstem Kapital (*Seed Capital*). So wurde bei den jungen Firmen anfangs geklotzt, immer mehr in Mitarbeiter und Ausstattung investiert und versucht möglichst schnell, möglichst große Marktanteile zu erreichen.

Nur wer sich diese absolut irrationale und überhitzte Phase vor Augen führt, in der das Geld mit vollen Händen ausgegeben bzw. *aus dem Fenster* geworfen wurde, kann verstehen, was das besondere an der New Economy war. Es war eine Art Goldrausch im Internet, Geld spielte keine Rolle. Dementsprechend war auch der Lebens- und Arbeitsstil der Unternehmer wie Mitarbeiter geprägt. Dieser hatte mit protestantischer Zurückhaltung nichts zu tun, Umsatz ging vor Gewinn, jeder wollte bei der Party dabei sein. Im März 2000 ist die Marktkapitalisierung, also der Aktienwert, des Internetportals *AOL* höher als der von *IBM*. Der Wert der an der *NASDAQ* (der US-amerikanischen Technologie-Börse) gehandelten Aktien macht nun ein Drittel des US-Bruttoinlandsproduktes aus. Der Wert aller in den USA gehandelten Aktien ist dreimal so groß wie das nationale BIP, obwohl die ITK-Unternehmen nur zu einem vergleichsweise geringen Anteil der Wertschöpfung beitragen.[58] Von der Gründung des Neues Marktes (*NEMAX*), des deutschen *NASDAQ*-Pendants, im März 1997 bis zum 10. März 2000 steigt der Index des *NEMAX 50* auf 9665 Punkte, um Ende August 2001 bei unter 1000

---

57 Interview mit Hasso Plattner, »Eine echte Massenpsychose«, in: *Der Spiegel*, 09/2001.
58 In Deutschland trugen ITK-Unternehmen 2008 mit 132,4 Mrd. Euro Marktvolumen zu etwas mehr als fünf Prozent des deutschen BIP bei. In den USA liegen die Werte etwas höher, 2003 waren es 8,1 Prozent. Quellen: *BITKOM, Eito,* Dez. 2008, OECD 2008.

Punkten zu liegen.[59] Mitte 2003 wird der *NEMAX* abgeschafft und durch den Tec*DAX* ersetzt. Ohne das immense Kapital hätten die jungen Internetfirmen nicht so schnell wachsen und auch nicht diese besondere Unternehmenskultur ausprägen können, die hier später untersucht werden soll. Die New Economy, als Teil einer grundsätzlichen Transformation der Industrie- zur Informationsgesellschaft, war nicht nur ein ökonomisches, sondern auch ein kulturelles und soziales Phänomen.

4. Vorläufer der New Economy

An dieser Stelle soll daran erinnert werden, dass die New Economy sicher etwas ganz Besonderes, ohne Frage ein ökonomischer wie kultureller Ausnahmezustand war, aber dass es auch in der Vergangenheit schon vergleichbare Phänomene gegeben hat. Große ökonomische Umbrüche, ob Wirtschaftskrisen, -Wunder, Börsencrashs oder Medienhysterien, haben trotz einer scheinbaren Urplötzlichkeit und Überraschung, trotz einer vermeintlichen Nichterklärbarkeit und Irrationalität immer konkrete soziale, politische und kulturelle Ursachen, Begleitumstände und Auswirkungen. Die Wirtschaft, auch die Börsenwirtschaft, ist ein Teil unserer Gesellschaft und kein autonomes System, auch wenn die Berichte über die ökonomischen Krisen der jüngsten Zeit, wie etwa über die so genannte Asien-Krise 1997/1998, die Eintrübung der Weltwirtschaft nach dem 11. September 2001, über die Krise Argentiniens mit ihrem Höhepunkt Mitte 2002 und über die aktuelle Finanz- und Wirtschaftskrise, die aus der US-amerikanischen Immobilienkrise erwuchs, in der Öffentlichkeit den Eindruck erwecken, die Börsen- und Finanzwirtschaft hätte sich von der realen Volkswirtschaft gelöst, ein häufig verwendeter Ausdruck, der der Finanzwirtschaft eine Form von Irrationalität unterstellt.

Das Besondere der New Economy ist nicht allein in dem Umstand zu finden, dass ein ökonomischer Extremzustand, hier der rasche Anstieg der Aktienkurse kleinerer Internetunternehmen, mit einer Phase technologischer Innovationen, hier der Etablierung des Internets als Massenmedium und der Verbreitung der Mobilkommunikation, zusammentraf. Das ist eher die Regel als die Ausnahme: Große epochale Erfindungen und Techniken ziehen fast immer wirtschaftliche Boomphasen nach sich. Das besondere und einzigartige an der New Economy ist

---

59 In: von Frentz, Clemens, »Neuer Markt – Die Chronik einer Kapitalvernichtung«, in: *Manager-Magazin.de*, 01.06.2003, siehe unter: http://www.manager-magazin.de/geld/artikel/0,2828,186368,00.html.

die Quantität und Qualität der kulturellen Veränderungen und die Resonanz auf den Aufstieg in den Massenmedien, was ganz entscheidend der Tatsache geschuldet ist, dass diese am Ende des 20. Jahrhunderts weiter entwickelt waren, als hundert oder fünfzig Jahre zuvor.

Die New Economy war somit nicht nur eine *ver-rückte* Ökonomie, sondern auch eine *ver-rückte* Kultur. Diesen zweiten Aspekt werde ich in den Kapiteln D und F ausführlich bearbeiten, an dieser Stelle soll es um ökonomische Irrationalitäten gehen, die es auch schon Jahrzehnte und Jahrhunderte vorher gegeben hat. Es werden nun nachfolgend kurz zwei interessante historische Vorläufer, ältere New Economies, vorgestellt und danach einige ökonomische und soziale Entwicklungen des späten 20. Jahrhunderts, die schon einiges von der New Economy, betreffend ihrer Unternehmenskultur und Arbeitsrealität, vorwegnahmen.

Historische New Economies

Viele Kommentatoren, sowohl der Medien als auch der Wirtschaft, feierten die New Economy um die Jahrtausendwende als etwas völlig Einzigartiges und Epochales. Nicht untypisch war etwa die Aussage des Präsidenten der Unternehmensberatung *McKinsey Europe*, Herbert A. Henzler, auf dem Höhepunkt des Hypes: *Nichts bleibt wie es einmal war – so lässt sich das Merkmal der New Economy wohl am besten beschreiben.*[60] Oder aus *Wired*: *A World at least as different [...] as the industrial age from its agricultural predecessor. A world so different its emergence can only be described as a revolution.*[61]

Es gab damals aber auch andere, seltenere, Stimmen wie etwa den zitierten Doug Henwood, der die grundsätzliche wirtschaftliche Transformation durch die New Economy in Abrede stellte. Der Wirtschaftshistoriker Jörg Roesler vertritt die These, dass der New Economy-Boom der Jahrtausendwende in der Tat etwas sehr besonderes war, aber dass es auch vorher schon mindestens zwei vergleichbare ökonomische Phänomene gab, die in der Technologie und Ökonomie auf so dramatische Art zusammenspielten, sodass sehr wohl von zwei alten New Economies gesprochen werden kann.[62]

---

60 In: Späth, Lothar (Hg.), 2001, *Die New Economy Revolution. Neue Werte, neue Unternehmen, neue Politik*, München, S. 196.
61 In: Browning, John u. Reiss, Spencer, »Encyclopedia of the New Economy«, in: *Wired*, Juni 1998.
62 Alle Angaben zu diesen beiden historischen Vorläufern aus: Roesler, Jörg, »Die New Economy – ein Wiederholungsfall?«, in: *UTOPIE kreativ*, Heft 161, März 2004, S. 215-226.

Der erste Fall war die wirtschaftliche Boomphase von Ende der 1850er bis Anfang der 1870er Jahre, die in Deutschland, bzw. dem Deutschen Reich, als Gründerzeit, bzw. die Gründerjahre im öffentlichen Gedächtnis blieb. In dieser sehr turbulenten ökonomischen und politischen Phase war es die Erfindung und Verbreitung der Eisenbahn, wie in der New Economy das Internet, die eine wirtschaftliche Dynamik entfachte. Besonders extrem tobten die Gründerjahre ab 1869 und endeten mit einer Krise, dem so genannten Gründerkrach (oder auch Gründerkrise) 1873, die wegen der Schlüsseltechnologie auch als *Eisenbahnkrisis* Einzug in die Geschichtsbücher fand. Ähnlich wie 120 Jahre später waren auch hier die Aktienkurse (der amerikanischen und europäischen Eisenbahngesellschaften) gestiegen, um dann in einem Börsencrash abzustürzen. Während es bei der New Economy am Ende des 20. Jahrhunderts neben dem Internet noch, als eine weitere Großerfindung, die Mobilkommunikation gab, die zu einem ökonomischen und medialen Ausnahmezustand führen sollte, so gab es in den deutschen Gründerjahren neben der Eisenbahn – die in Großbritannien, der Heimat der Dampfmaschine, dazu geführt hatte, dass sich dort der Personenverkehr in den 1850ern verzehnfachte – auch andere revolutionäre Erfindungen. Das Dampfschiff, eine Weiterentwicklung der Dampfmaschine, erlaubt den schnelleren und sicheren Transport von Gütern und Menschen und der Telegraf verbindet mithilfe des Überseekabels den europäischen mit dem nordamerikanischen Kontinent. Die Analogien beim Zusammenspiel von technologischen Innovationen und ökonomischen Überhitzungen sind vorhanden seit es den modernen Kapitalismus gibt, und sind, wie gesagt, eher die Regel als die Ausnahme. Interessant im Zusammenhang mit der Gründerzeit ist, dass es auch schon auf der Ebene der Alltagskultur bzw. der Auswirkungen der ökonomischen Dynamik auf das Alltagsleben beachtenswerte Parallelen gab. So ist ein umfangreiches Marketing und die Werbung der Wirtschafts- und Aktiengesellschaften und der Wirtschaftspresse kein Phänomen unserer Zeit. Die Absicht, beim Bürger bzw. Leser ein Gefühl der Begehrlichkeit zu erwecken, war auch Mitte/Ende des 19. Jahrhunderts schon sehr ausgeprägt. Die großen deutschen Zeitungen waren voll mit großformatigen Anzeigen der Aktiengesellschaften und Artikeln über die Technologien der Zukunft. Sartorius von Waltershausen schreibt Anfang der 1920er über die Gründerjahre:

»Die herrlichsten Prospekte wurden in der Presse verbreitet. Wer kein Geld hatte zu kaufen, fand es bei den Banken, die, unter Sicherheiten für sich selbst, die Unerfahreneren mitzumachen anspornten. Damals wollten der hohe Adel und die Geheimräte ebenso mühelos verdienen wie der Kutscher und die Dienstmänner, die Bankherren wie die Briefkopisten.«[63]

In diesem Zitat lassen sich noch andere Parallelen erkennen. Die Banken partizipierten an der explodierenden Aktienkultur und auch der *einfache* Mann wollte teilhaben an der Dynamik, auch wenn er ahnte, dass es hier um ein Spiel ging, dessen Regeln er nicht beherrschte und schon gar nicht bestimmte:

»Das Spiel in Eisenbahnaktien ist nicht nur ein Hazardspiel, sondern es ist auch meist ein Spiel mit falschen Karten. Die einen kennen die Karten und spielen meist nur so, dass sie gewinnen (namentlich diejenigen, welche die Kurse selber machen), die anderen kennen die Karten nicht und verlieren fast regelmäßig.«[64]

Wie wir später noch sehen werden, wuchs auch bei der New Economy die kriminelle Energie proportional zum Anstieg der Aktienkurse und dem Umfang der Medienberichterstattung. Das war auch beim zweiten Beispiel für einen historischen Vorläufer der New Economy nicht anders. Dieser ist uns weitaus geläufiger, denn der Börsencrash am Ende der 1920er Jahre, der die Zeit der *Grand Prosperity*, der ersten New Economy des 20. Jahrhunderts, beendete, ist immer noch *der* Inbegriff einer Wirtschaftskrise. Das Fanal, der Zusammenbruch der Aktienkurse an der New Yorker Börse am 24. Oktober 1929, bei uns als *Schwarzer Freitag* bekannt (obwohl es in den USA ein Donnerstag war), wirkt bis heute. Der Beginn der Weltwirtschaftskrise führte in der gesamten westlichen Welt zu ökonomischen Verwerfungen. In Deutschland begünstigte sie in der Zeit der Weimarer Republik den Aufstieg der Nationalsozialisten. So ist der Vergleich mit der New Economy, die zwar für ähnliche Kursverluste sorgte wie der Schwarze Donnerstag (13 Prozent Wertverlust der an der New Yorker Börse gehandelten Aktien) und die nachfolgenden Jahre (83 Prozent Verlust zwischen September 1929 und Januar 1933) unpassend. Zwar wurden in den USA zwischen Frühjahr 2000 und Anfang 2003 etwa 5 Billionen US-Dollar und in Deutschland etwa 600 Milliarden Euro an Aktienkapital vernichtet und der *NEMAX* verlor im gleichen Zeitraum um 95 Prozent an Wert. Das Platzen der New Economy-Aktienblase kann aber nicht mit der Weltwirtschaftskrise, die eine kombinierte Wirtschafts-, Währungs-, Börsen- und Bankenkrise war, verglichen werden. Die New Economy sorgte mit ihrem Niedergang zwar – wie auch der 11. September 2001 – für die Verstär-

---
63 Ebenda, S. 218.
64 Ebenda, S. 220.

kung des weltwirtschaftlichen Abschwungs, von einer Weltwirtschaftskrise kann aber nicht gesprochen werden.

Die New Economy der 1920er Jahre, in der Zeit der großen Prosperität, beruhte maßgeblich auf der Entwicklung des Automobilbaus. Obwohl das Auto eine deutsche Erfindung vom Ende des 19. Jahrhunderts ist, sorgte erst die Massenproduktion in den USA für einen echten Wirtschaftsboom. Dass die Bezeichnung *Fordismus* zu einem Synonym für die moderne Industrialisierung geworden ist, sagt viel über die Bedeutung dieser Schlüsselindustrie aus, die im Zentrum der späten Phase der Industrialisierung Nordamerikas und Westeuropas bis zur Mitte des 20. Jahrhunderts steht. Neben dem Automobilbau waren die Ausbreitung des Flugzeugbaus und -verkehrs und die Verbreitung des Telefons und der Kinoindustrie zentrale Innovationen; die Geburt der modernen Mediengesellschaft fällt in diese Zeit.

So war die mediale Resonanz, die der Aktienboom- und später der Zusammenbruch in den Massenmedien der damaligen Zeit, besonders den Zeitungen und dem Radio aber auch in den Nachrichtensendungen der Kinos, erfuhr, durchaus vergleichbar mit den späten 1990er Jahren. Auch damals war schon eine beachtliche kriminelle Energie zu verzeichnen und verstärkte Aktivitäten der Unternehmen:

»Der Anblick der Lämmer, die sich drängten geschoren zu werden, war für Industrie- und Finanzkapitäne zu verlockend, als dass sie hätten widerstehen können, und die Schaffung und Unterbringung von Wertpapieren wurde ein großes Geschäft. Damals aber wurden neue Effekte fabriziert wie Seife, aus kaum einem anderen Grunde als dass mit ihrer Herstellung und ihrem Verkauf Geld zu verdienen war.«[65]

Die Parallelen dieser beiden ökonomischen Ausnahmezustände des 19. und frühen 20. Jahrhunderts mit der New Economy der Jahrtausendwende sind beeindruckend. Auch damals wurden die wirtschaftlichen Hochphasen nicht einfach nur als gute Zeiten der Prosperität und technischen Innovation gefeiert, sondern von Beginn an als ökonomische Paradigmenwechsel begrüßt. Besonders in den 1920er Jahren dachte man nach Jahren des wirtschaftlichen Aufschwunges, maßgeblich durch den Automobilbau verursacht, es mit einer *Neuen Ökonomie* zu tun zu haben, einer ohne Krisen und Rückschläge. Diese Hoffnung wurde mit der größten Wirtschaftskrise des modernen Kapitalismus zerstört. Der New Economy folgte glücklicherweise nichts Vergleichbares.

---

65 Ebenda, S. 219.

Moderne Vorläufer

Der ökonomische Ausnahmezustand New Economy ist historisch nicht ohne Beispiel, wie aber sieht es mit der Unternehmenskultur der New Economy aus, welche Wegbereiter und Vorläufer hatte sie?

Um sich dieser Frage zu nähern, sollten wir kurz definieren, was die besondere Unternehmenskultur der New Economy ausmacht, ohne dem nachfolgenden Kapitel zu weit vorzugreifen. Charakteristisch für den Selbstanspruch der New Economy waren Entgrenzungen, vor allem auf zwei Ebenen. Einerseits ging es bei dem Prozess der propagierten Ent-hierarchisierung darum, unter dem Schlagwort der *flachen Hierarchien* vertikale Entscheidungsebenen zugunsten von horizontalen Netzwerkstrukturen abzubauen und neben strukturellen Veränderungen auch einen anderen Umgangston, eine andere Firmensprache einzuführen, eine die mehr Raum für Individualität und Kreativität lässt. Ein augenscheinliches Beispiel hierfür war die Abschaffung von starren, zugunsten liberaler Kleiderordnungen, die schon fast auf eine Verpflichtung zum Tragen legerer Kleidung hinauslief. Ein Trend der 1990er Jahre, der in abgemilderter Form sogar in mehr traditionell orientierten Unternehmensformen wie Banken oder Versicherungen zu beobachten war, wo an bestimmten Tagen (*casual friday*) oder Orten auf Anzüge oder Kostüme verzichtet werden konnte. In der Kommunikation mit dem Chef wurde in den Start-ups das Du zum Normalfall erklärt und ein betont lockerer Umgangston gepflegt. Die zweite, viel fundamentalere Entgrenzung war die zwischen Arbeit und Nichtarbeit. Diese Entgrenzung hatte das Ziel, den Mitarbeitern (und weniger den Gründern) das Gefühl zu geben, sich in einer Gemeinschaft gleichgesinnter Individuen zu befinden, die alle einen ähnlichen Anspruch an Arbeit und persönliche Freiheit haben. Der zweite Aspekt dieser Entgrenzung bezieht sich auf die Verfügbarmachung intellektueller, emotionaler und kreativer Ressourcen, die bisher außerhalb des Arbeitsverständnisses lagen. So sollte (und anfangs wollte) der Mitarbeiter durch ein Höchstmaß an persönlicher Freiheit und dem Gefühl, in einer Art Produktionsfamilie aufgehoben zu sein, ein Höchstmaß an persönlicher Leistung einbringen und dieses auch noch gern und freiwillig.

Auch wenn die New Economy 1999 und 2000 manchen Beobachtern, besonders älteren, so erschien, als seien in den Hinterhöfen deutscher Großstädte Raumschiffe aus fremden Galaxien gelandet, so haben die Start-ups und ihre vermeintlich freien, kreativen Individuen Vorläufer, die bis in die 1960er Jahre unserer Welt zurückreichen.

»Hört man junge Start-up-Unternehmer heute über ihre Unternehmenskultur reden, könnte man meinen, sie hätten das Rad neu erfunden, Teamwork, flache Hierarchien und kreative Mitarbeiter – all dies seien die originellen Errungenschaften der neuen Wirtschaft [...] Schmücken sich die neuen Start-ups also mit fremden Federn? Beerben sie mit gewaltigem Wortgeklimper die alte, in Vergessenheit geratene Alternativ-Kultur?«[66]

Führen wir uns vor Augen, dass ein überwiegender Teil der Gründer wie Mitarbeiter zwischen Mitte 20 und Mitte 30 Jahre alt war, so kann davon ausgegangen werden, dass ihre Eltern in der Kriegs- oder Nachkriegszeit geboren worden sind. Diese Generation war es, die im Jahre 2008 publizistisch umfangreich begleitet 40-jähriges Jubiläum feierte, die 68er-Generation. In den 1960er, und noch weitaus stärker in den 1970er Jahren, wurden gesellschaftliche Veränderungen eingefordert, die darauf abzielten, andere Formen von Politik, Wirtschaft, Geschlechterbeziehungen, fast aller sozialen Felder, nicht nur theoretisch zu propagieren, sondern auch konkret zu leben. So ging es emanzipatorisch gesinnten Gruppen u.a. auch darum, ein anderes Arbeiten, eine andere Form von Arbeit zu schaffen, in der ein, vermeintlich im Industrialisierungsprozess eingeengter Arbeiter befreit und zu einem freien Individuum werden sollte. So entstanden infolge der Studentenbewegungen und der *Außerparlamentarischen Opposition* (*APO*) in den 1960er und 1970er Jahren zahlreiche emanzipatorische Frauen-, Friedens, Menschenrechts- und Umweltbewegungen, die zusammengefasst als Alternativbewegungen bezeichnet werden können. Es kam zu Zusammenschlüssen von emanzipatorisch denkenden Menschen, meist jungen Bürgerkindern, die alternativ arbeiten wollten und teilweise eigene Betriebe gründeten. 1978 etwa fand an der *TU Berlin* der so genannte Tunix-Kongress[67] statt, der als Geburtsstunde der deutschen Autonomie- und Alternativbewegung gilt, und u.a. als Geburtshelfer der Parteigründung der *Grünen* und der Berliner *Tageszeitung*, der *taz* fungierte. Alternatives Arbeiten, wie es etwa die *Alternative Ökonomie*[68] anstrebte, sollte gebrauchsorientiert sein und auf kollektiver Selbstverwaltung beruhen.

Trotz eines großen Idealismus und der Absicht, eine Alternative zur vorherrschenden Marktökonomie zu formulieren, ist die Ähnlichkeit von damaligen Pamphleten zur Arbeit mit den Selbstzuschreibungen junger

---

66 Zitiert in: Meschnig/Stuhr (2001), S. 129.
67 Siehe: Bröckers, Mathias, »30 Jahre Tunix-Kongress Gegenmodell Deutschland«, in: *taz.de*, 25.01.2008, siehe unter: http://www.taz.de/1/leben/alltag/artikel/1/gegenmodell-deutschland/.
68 Siehe: Schindowski, Waldemar, 1992, *Alternative Ökonomie. Eine Bibliographie*, Berlin.

New Economy Firmen oder heutiger Unternehmensberatungen frappierend und erklärt zum Teil, warum etwa die Partei *Bündnis 90/Die Grünen* in diesem Punkt relativ wenig Berührungsängste mit der *FDP* hat. Beide vertreten, etwa im Gegensatz zur *SPD* und auch der *Linken* und Teilen der *CSU*, das Ideal eines selbstbestimmten, sich selbst verwirklichenden Individuums, das in diesem Anspruch nicht (etwa vom Staat) gebremst werden möchte.

Es wäre also falsch, diesen Anspruch der New Economy nur als ideologischen Schleier abzulehnen. Mögen die Emanzipationsbewegungen der 1970er Jahre auch andere Ideale und Vorstellungen gehabt haben, so fußt aber die heute vom ökonomischen Mainstream propagierte Form von Arbeit auch auf diesen Träumen. Deutlich wird dies auch, wenn man sich die wichtigste Vorläuferin der New Economy vergegenwärtigt, die so etwas wie ihre Mutter darstellt; die zweite Generation der amerikanischen IT-Branche um *Microsoft* (1975 gegründet), *Intel* (1968), *Cisco* (1984), *Sun Microsystems* (1982) und *Apple* (1976). Während die erste Generation um *IBM* (1924 gegründet), *Hewlett-Packard* (1939) oder *AT&T* (1885) eine Art Großmutter der New Economy ist, die die Firmen umfasst, die die Grundlagen der modernen Informations- und Telekommunikationstechnologien gelegt haben, so nahmen die kalifornischen Firmen (auch das heute in Redmond bei Seattle residierende *Microsoft* wurde dort gegründet), die Ende der 1960er bis Anfang der 1980er gegründet wurden, viel von dem vorweg, was später zur Unternehmenskultur der New Economy wurde. Zum Gründungsmythos von *Microsoft*, und viel stärker noch zu dem von *Apple*, gehört das Bild bebrillter, langhaariger Studenten wie etwa Bill Gates, die als amerikanische 68er ihr Studium schmissen, um es den etablierten Unternehmen (*IBM, HP*) zu zeigen und eine andere Technik, eine demokratischere, zu entwerfen. Ein Motiv, dass etwa Steve Jobs (CEO von *Apple*) immer wieder gern betont.[69] Diese ersten Bilder von *Microsoft* und *Apple*, von jungen Menschen (fast immer Männern), die Pizzapackungen auf ihren Schreibtischen stapelten und sich nicht um ihr Äußeres scherten, haben nachhaltig unsere Bilder von Computer-Nerds, Programmierern und den Anfängen der modernen IT-Welt geprägt. Dieses Bild konnte sich etwa *Microsoft* beim Aufstieg zum größten Softwarekonzern der Welt mit dem reichsten Menschen der Welt an seiner Spitze, nicht ganz erhalten. Es ist in diesem Zusammenhang bemerkenswert, dass beim Konkurrenzkampf mit *Google* um die (damals gescheiterte) Übernahme des

---

69 Siehe zu den emanzipatorischen und liberalen Anfängen der kalifornischen IT-Industrie: Freiberger, Paul u. Swaine, Michael, 1999 (OA 1984), *Fire in the Valley – the making of the personal computer*, New York.

Webportals *Yahoo* Anfang 2008[70] in den Medien betont wurde, dass die sehr hierarchische Firmenstruktur von *Microsoft* wohl doch nicht mit der (viel lockereren) von *Yahoo* zusammenpasse. Während die New Economy sehr viel von ihrer Mutter geerbt hat, so wäre der (jüngere) Vater in der Agenturkultur der 1980er und 1990er Jahre zu finden. Hier wurde bereits die Form eines sehr leistungsbetonten Hedonismus gepflegt (*work hard, party hard*), wie wir ihn später auch in den Start-ups finden. Endlose Meetings und der Gang zum Italiener nach Dienstschluss gehören ebenso zu dieser Hinterlassenschaft wie eine sehr große Dominanz von Fragen des Lifestyles. Nicht zufällig waren einige der wichtigen deutschen New Economy-Unternehmen Werbeagenturen, wie etwa *Scholz and Friends Berlin*.

---

70 Siehe zum Übernahmekampf unter: http://www.tagesspiegel.de/wirtschaft/ Unternehmen-Yahoo-Microsoft-Uebernahme;art129,2474649.

C) DIE GESCHICHTE DER NEW ECONOMY IN DEUTSCHLAND

Der Aufstieg der Netzwerkökonomie New Economy Mitte der 1990er Jahre in den USA und später in der gesamten westlichen Welt der sich transformierenden Industriestaaten liefert die historische Grundlage, das Ereignis, auf dem der Mythos New Economy fußt. Die (Vor-)Geschichte der New Economy ist und bleibt eine (US-)amerikanische, aber sie ist zu einer globalen, zumindest aber einer westlichen geworden. In dieser Publikation geht es vornehmlich um die New Economy, wie sie sich in Deutschland in der Form zumeist deutscher Unternehmen etablierte und wie sie in öffentlichen, massenmedial vermittelten Diskursen auffindbar war. Von einer echten deutschen New Economy würde ich nicht sprechen, aber sehr wohl von einer nationalen Gründer- und Start-up-Szene, einer eigenen Kultur, die aber eng an das amerikanische Vorbild angelehnt war und ist. Die Geschichte der New Economy, die dem Mythos immer Nahrung geben wird und muss, denn der Mythos braucht den Sinn, die Wahrheit der Geschichte, hat ihren Ursprung in den technologischen Fortschritten des Informationszeitalters nach dem 2. Weltkrieg. So wie der Mythos New Economy vor allem einer der ökonomischen, sozialen und kulturellen Sphäre ist, denn er bedeutet eine neue Form des Wirtschaftens und Arbeitens, so ist die Geschichte der New Economy eine, die auf technischen Innovationen und wissenschaftlichen Erkenntnissen beruht. Die Werdung des Mythos beruht ganz entscheidend auf der Fokussierung der New Economy durch die Politik und die Medien, die in der Schlüsseltechnologie Internet eine Möglichkeit erkannten, ihre eigenen Interessen zu verwirklichen. Die Geschichte der New Economy, im Sinne einer linearen Entwicklung, ist auch eine der Manipulation.

Die Begeisterung über das Internet und dessen technischen, ökonomischen und kulturellen Möglichkeiten löste einen medialen und gesellschaftlichen Hype aus, man könnte auch von Hysterie sprechen, den es in der Ökonomie seit der Industriellen Revolution nicht mehr gegeben hatte. Aber nicht alle stimmen in die Euphorie vorbehaltlos mit ein. Doug Henwood, der Herausgeber des *Left Business Oberserver*, entgegnet dem in der Einleitung zitierten Steve Gibson, der die informationelle Revolution für bedeutender als die industrielle hält, im Dezember 1997:

»Is there a new economy? Minus the capital letters, there always is, ever since the birth of capitalism, a system that makes constant innovation the major business of society, somewhere between two and seven centuries ago. But is the New Economy, with the capital letters? To make that claim, you have to believe that the pace of innovation has kicked into a higher gear, and that productivity growth has accelerated markedly. There's no evidence for either claim.«[1]

Im vorangegangenen Punkt haben wir gesehen, dass sich die These von der New Economy, nämlich, dass sie die US-Wirtschaft zog und einen gewaltigen Produktivitätszuwachs entfachte, nicht halten lässt.[2] Unbestritten ist, dass der US-amerikanische IT-Sektor, zu dem die New Economy zum großen Teil gehört, in den 1990er Jahren regelrecht explodierte, hier ist es besonders die computerherstellende Industrie, deren Produktivität sich von 1987 bis 1998 verzehnfachte.

Ob *new* oder *New*, die Neue Wirtschaft beherrschte von Mitte bis Ende der 1990er Jahre nicht nur die Wirtschaftsseiten der amerikanischen Presse, auch die Regierung Clinton/Gore, die seit 1993 im Amt ist, hat endlich ihre Erfolgsgeschichte. Ähnlich wie später auch in Europa ist der New Economy-Boom aber auf wenige Metropolregionen beschränkt. Nicht nur das technologische Mekka der US-Computer- und

---

1   In: Long Boom or Slow Bust. The Feed Dialogue on the New Economy. *FEED Magazin* 12/97.
2   Bereits seit Jahrzehnten wird unter dem Stichwort des Produktivitätsparadoxons über den Beitrag einer Technologie zum gesamtwirtschaftlichen Produktivitätsanstieg diskutiert. Robert M. Solow bemerkte schon 1987 leicht spöttisch *You can see computers everywhere, but in the productivity statistics.* In: Ders., »The Productivity Paradox«, in: *New York Times Book Review*, Nr. 12, Juli 1987. Und für die Zeit der New Economy stellen Erik Brynjolfsson und Lorin Hitt resigniert fest: *However, while these results found little evidence of a relationship between IT and productivity, there is also little evidence that computers are unproductive.* In: Dies., »Beyond Computation: Information Technology, Organizational Transformation and Business Performance«, in: *Journal of Economic Perspectives*, Nr. 4, 2000, S. 234-238.

Chipindustrie liegt in Kalifornien, sondern aus diesem Bundesstaat an der Westküste der USA kommen fast alle der großen und bekannten New Economy-Unternehmen. Mitte der 1990er Jahre werden viele dieser Unternehmen noch nicht als Giganten der Zukunft erkannt, es sind meist kleine Hinterhoffirmen, später werden sie *Start-ups* (auf Deutsch in etwa *etwas starten, aufbrechen*) genannt. Die kleinen Unternehmen unterscheiden sich zwar in vielem von den großen etablierten Software- und Computerkonzernen wie *Microsoft*, *Apple*, *HP* oder *IBM* – und das ist ein wichtiger Teil ihres Selbstverständnisses – untereinander gleichen sich in aber vielfältiger Weise. Es kann vorab gesagt werden, dass es sich bei der spezifischen Unternehmenskultur der New Economy-Firmen um eine sehr homogene handelt. Ab Mitte der 1990er Jahre kristallisiert sich der Begriff der New Economy immer mehr heraus und wird vor allem mit den *Web-Workern* der Internetfirmen (*Dotcoms*) assoziiert, aber auch die Start-ups der Informationsverarbeitung-, Computer-, Software- und Biotechbranche werden zur New Economy gezählt.

Manuel Castells, der nur selten den Begriff New Economy gebraucht, sondern sie neben der Finanzwelt als Teil einer *Neuen Wirtschaftsform* sieht, teilt die Internet-Branche in vier Schichten auf.[3] Die erste Schicht umfasst Unternehmen, die Internet-Infrastruktur anbieten, wie etwa Telekommunikationsfirmen, Internet-Provider und Hersteller von Netzwerkausrüstungen. Hier wäre etwa das 2002 von *Hewlett-Packard* geschluckte Unternehmen *Compaq* zu nennen, auch wenn es bekannter für seine Produktion von Computern ist, oder *Cisco*, der weltweit größte Produzent von Routern. In Deutschland waren zu Zeiten der New Economy besonders die Internet-Provider präsent, zu erwähnen wären etwa *Web.de*, *GMX* oder *Freenet*. Die zweite Schicht bilden Unternehmen, die Anwendungen für die Internet-Infrastruktur entwickeln, wie Software und Dienstleistungen für den Internethandel, den E-Commerce. Hierzu könnten etwa *Oracle*, *Microsoft* oder Netscape gezählt werden, in Deutschland *SAP* und *Intershop*. Die dritte Schicht bilden Unternehmen, die ihr Geld nicht direkt mit Geschäftstransaktionen verdienen, sondern mit Anzeigen, Mitgliedsbeiträgen und Kommissionsgeschäften, wie etwa *Yahoo*, *Ebay* oder heute *Google*. Unternehmen, die auf das Word Wide Web (WWW) gestützte Geschäfte abwickeln, zählt Castells zur vierten Schicht und nennt *Amazon* als bekanntestes Beispiel. Die neuen Firmen, die den Begriff New Economy prägen sollten, finden wir verstärkt in den beiden letztgenannten Schichten. Dieses sind auch die beiden Schichten, in denen deutsche Unternehmen zu Zeiten der New Economy nur sehr schwach vertreten waren. Das Internet-Aukti-

---

3   In: Castells, a.a.O, S. 160ff.

onsportal *Alando* wurde 1999 von *Ebay* geschluckt (siehe nachfolgend). Bis auf nationale Größen ohne internationale Verbreitung wie dem Portal von *T-Online* oder dem im Oktober 2005 gegründeten Community-Portal *StudiVZ*, hat sich am Rückstand Deutschlands in diesem Bereich auch in Zeiten von Web 2.0 nicht viel getan. Das Business-Community-Portal *Xing* (2006 hervorgegangen aus dem 2003 gegründeten *Open BC*) ist das zurzeit einzige deutsche New Economy/Web 2.0-Unternehmen von internationaler Bedeutung. Gemessen an der großen wirtschaftlichen Bedeutung Deutschlands, aber selbst an der mittleren Bedeutung deutscher Unternehmen im ITK-Bereich (*SAP, Fujitsu-Siemens, Telekom, Infineon*), ist die New Economy sicher kein Exportschlager der deutschen Wirtschaft.

Der Ausdruck New Economy wird ab Mitte der 1990er Jahre immer mehr zum Schlagwort, zum Label, das am Anfang vor allem Modernität, Jugend und Aufbruch in der Welt der Technologie und Wirtschaft zum Ausdruck bringen soll. Das sei für das Grundverständnis der New Economy noch einmal betont. Die Aufregung um die neuen Internetfirmen und die teilweise absurden Börsenkurse ist nur durch übersteigerte (und später enttäuschte) Erwartungen zu erklären. Die New Economy wird schnell zur Projektionsfläche aller technologischen und ökonomischen Hoffnungen, die im Zusammenhang mit dem Aufkommen der Killer-Applikation Internet und darüber hinaus mit der Transformation der Industriegesellschaft entstehen. So wie die Aktienkurse der an der Börse gehandelten Unternehmen nie den aktuellen Wert einer Firma widerspiegeln, sondern die Erwartungen der Anleger an die Zukunft, so war die New Economy als Ganzes die Materialisierung (und Immaterialisierung) dieser Hoffnungen und des Zukunftsvertrauens. Der Aktienwert des Internetportals *Yahoo* wird 1999 mit 33,9 Milliarden US-Dollar bewertet und ist damit fast genau so hoch wie der des größten amerikanischen Autoherstellers *General Motors* (*GM*), der zum gleichen Zeitpunkt 34,4 Mrd. US-Dollar Wert ist. Nur arbeiten bei *GM* 600.000 Menschen und der Konzern erwirtschaftet 800 Millionen US-Dollar Gewinn im Quartal, während *Yahoo* mit 673 Mitarbeitern gerade mal 16,7 Mio. US-Dollar Quartalsgewinn macht. Es gibt noch eine ganze Reihe von ähnlich absurden Beispielen, die Übernahme von *Time Warner* durch *AOL* 2000 ist ein anderes (dazu später mehr). Castells sieht hier aber nicht nur Irrationalität walten, sondern fragt sich 2000 auf dem Höhepunkt des Hypes um die New Economy:

»Nur die Illusion einer finanziellen Seifenblase? Es handelt sich in Wirklichkeit um eine komplexere Entwicklung. Zwar waren und sind viele Internet-Aktien abenteuerlich überbewertet und werden periodischen Marktkorrekturen unterworfen, es scheint sich aber doch die Gesamttendenz ihrer Bewertung aus einer rationalen Erwartung über die neuen Quellen des Wirtschaftswachstums abzuleiten.«[4]

Ohne den nächsten Kapiteln zu stark vorgreifen zu wollen lässt sich sagen, dass die Realität 2008 ein sehr differenziertes Bild abgibt. Nach der Krise, die schon Ende 2000 einsetzt, und einer anschließenden Konsolidierungsphase der New Economy, blieben bis heute noch einige große Unternehmen übrig, auch wenn *Yahoo* und *AOL* ihre Spitzenpositionen als begehrte Vorzeigemarken des Internets sicher an *Ebay* und *Google* verloren haben. Was machte die New Economy aber anfangs aus, was machte sie für die Mitarbeiter attraktiv und was waren die Ursachen für diesen außergewöhnlichen ökonomischen und medialen Ausnahmezustand den wir New Economy nennen?

Analog zu den grundsätzlichen Veränderungen in der Unternehmenskultur westlicher Länder als Teil der Transformation von der Industrie- zur Informationsgesellschaft veränderte sich auch die Unternehmenskultur kleinerer Firmen bzw. waren diese Neugründungen in der Lage und willens, modernere Organisationsformen einzuführen. Die augenscheinlichste Änderung ist die Abschaffung oder Einschränkung vertikaler Organisation zugunsten horizontaler, durch die Etablierung der damals oft zitierten flachen Hierarchien. Eine Gruppe von Gründern, meist junge Männer von Mitte zwanzig bis Mitte dreißig, bildet die Führungsebene, auch wenn sie nicht gern als Chefs angesprochen werden wollen. Darunter sind als zweite Ebene alle Mitarbeiter zu finden, ob Systemadministrator, Redakteur oder Backoffice-Managerin. Zwischen diesen beiden Hierarchiestufen gibt es meist eine kleine Gruppe von Mitarbeitern, die für ihre Bereiche (Design, Programmierung, Content) als Ansprechpartner der Gründer dienen, ohne aber formell so etwas wie ein Abteilungsleiter zu sein. Ein kollegialer Umgang der jungen Mitarbeiter wird gepflegt, ein betont legeres Äußeres gezeigt, es gibt keine Dresscodes mehr und kein autoritäres Gehabe. So zumindest die Idealvorstellung. Die kleinen Unternehmen, von denen anfangs kaum eines Gewinne macht (und später auch nur die wenigsten – wenn es ein Später gab), werden ab Mitte der 1990er Jahre, zu einem Zeitpunkt, als die Börsenwelt neue Investitionsfelder sucht und das neue Medium Internet für Fantasien sorgt, üppig finanziert. So üppig, dass sich allein durch die großzügige Finanzierung eine neue Kultur herausbildet, die scheinbar auch mit allen ökonomischen Konventionen bricht. Gewinn sollte nicht mehr so wichtig sein, allein Umsatz und Wachstum zählen:

---

4 Ebenda, S. 162.

»Mit diesem [Kapital M.S.] wurde lange Zeit recht sorglos umgegangen – für die monatliche Geldvernichtung in den Unternehmen wurde die Einheit ›Cash-Burn-Rate‹ (CBR) geprägt. Die CBR konnte anfangs gar nicht hoch genug sein, Marktanteile waren alles, Gewinne nichts. Ganz dem Bezos-Motto ›Get big fast‹ [Jeff Bezos, Gründer von *Amazon*, M.S.] verpflichtet, wurde Kapital, vor allem Wagniskapital, verbrannt.«[5]

Heute erscheint nicht nur Wirtschaftsexperten diese Zeit als kaum glaubhaft und sehr lange her. Wer weiß, wie schwer es heute ist, Startkapital von einer Bank zu bekommen, wird nicht glauben wollen, dass es in einer kurzen Zeit um die Jahrtausendwende möglich war, mit einer Idee an viele Millionen US-Dollar oder DM zu gelangen.

Nähern wir uns nun dem deutschen Unternehmen New Economy. Das Beispiel zweier bekannter Berliner Start-ups verrät etwas über die spezielle Unternehmensform Start-up und ihre besondere Firmenkultur. Einer kleineren Betrachtung der besonderen Finanzierungsformen der New Economy folgen in vier weiteren Unterkapiteln die Entwicklungsphasen der New Economy. Es beginnt mit den Medien und ihrem Beitrag zum Hype der Jahre 1999 und 2000. Anhand des Medienunternehmens *EM.TV* wird darauf folgend der Niedergang der New Economy erörtert. Danach wird es um die Konsolidierungsphase der mittleren 2000er Jahre gehen und später um den Wiederaufstieg einer Netzwirtschaft, die heute unter dem Schlagwort Web 2.0 verhandelt wird. Neben der Frage, ob es sich bei diesem Phänomen um eine neue New Economy handelt, wird es um die Allianz(en) der alten mit der neuen New Economy gehen.

1. Das Start-up

Der Begriff *Start-up* ist im Gegensatz zu dem der New Economy nicht mythologisiert worden, dafür in öffentlichen, meist ökonomischen, Diskursen präsenter, ohne heute aber mit dem gleichen Stolz getragen zu werden wie noch 1999 oder 2000. Der Begriff New Economy wird von inzwischen etablierten Unternehmen wie *Yahoo*, *Amazon* oder *AOL* nicht mehr verwendet, und nicht jede junge und aufstrebende Firma nennt sich gleich Start-up, wie es zu den Hochzeiten der New Economy üblich war, es ist aber auch kein Makel mehr. Ein Start-up zu sein, sich als ein solches zu verstehen, bedeutet heute wie damals, dass wir es mit einem jungen, das heißt gerade erst gegründeten, nicht etablierten Un-

---

5 In: Meschnig/Stuhr (2001), S. 18.

ternehmen zu tun haben, in dem vornehmlich junge Frauen und Männer in einer, sich als modern verstehenden Branche, zusammenarbeiten. Auch heute wird Start-up eher mit der Internet-, Mobilkommunikations- oder Biotech-Branche in Verbindung gebracht und weniger mit Finanzdienstleistern oder Werbeunternehmen. Ein Start-up ist eine Wette auf die Zukunft und alle, die Gründer und Mitarbeiter, glauben an ihr Produkt und seine Zukunft. Die Unterschiede zwischen den damaligen Start-ups der New Economy Ära und heutigen Neugründungen im Rahmen der Web 2.0-Euphorie liegen nicht im Geschäftszweck, nicht im Alter der Unternehmer und Mitarbeiter, sondern vor allem in den Bereichen Unternehmenskultur und Finanzierung, die hier gleich gesondert betrachtet werden. Trotz dieser gravierenden Differenzen, die damals aus einer kleinen Firma für multimediale Dienstleistungen ein Internet-Start-up machten, muss konstatiert werden, dass die Gemeinsamkeiten mit heutigen kleineren Firmen der ITK-Welt überwiegen. Der Begriff Start-up ist heute mehr als Reminiszenz an vergangene Zeiten zu verstehen, als Teil des Mythos New Economy, der trotz aller Probleme attraktiv geblieben ist. So nennen sich einige junge Internet-Unternehmen heute sogar wieder gern Start-up und dokumentieren damit ihre Jugend und ihren Aufbruchsgeist, auch im Web 2.0. Unter *www.deutsche-startups.de*.[6] waren (im Januar 2010) so über 900 Start-ups zu finden, einen regelrechten Start-up-Boom hatte es gerade in der (oder trotz) der Wirtschaftskrise 2009 gegeben.

Die Kultur der Internet-Start-ups ist also keineswegs tot, nur ihrer ökonomischen und kulturellen Entgrenzungen entledigt. Wie sah aber nun ein normales Start-up Ende der 1990er Jahre aus? Was war typisch und was unterschied es signifikant von anderen kleinen Unternehmen, die nicht so viel Aufmerksamkeit auf sich ziehen konnten?

Das Gros der deutschen Start-ups wurde 1998 (wie etwa *Alando* oder *Intershop*) und vor allem 1999 (u.a. *Ciao, Webmiles, 12snap, Dooyoo, Datango, Snacker* und *MyToys*) gegründet. Es gab auch schon in der Vor- und Frühphase der deutschen New Economy, von 1994 bis 1997; Firmengründungen, wie etwa von *Aperto, Web.de, Brokat, GMX, Freenet* und *Quiagen*, aber dieses musste nicht unbedingt bedeuten, dass es diese Unternehmen schon viel länger gab, denn die offizielle Gründung, meist einer GmbH oder gleich als AG, war meist der Abschluss der allerersten Vorbereitungshase (Seed-Phase), in der Gründungskapital (Seed-Capital, die Gründung einer GmbH verlangte damals die Einlage

---

6   Siehe unter: http://www.deutsche-startups.de. Die Webseite *[...] informiert täglich über Neuigkeiten aus der heimischen Internet-Gründerszene.*

von 50.000 DM, heute von 25.000 Euro) akquiriert und der Business-Plan und das Firmenkonzept erstellt werden mussten. Der Aufstieg der deutschen New Economy, die ab Mitte der 1990er entstand, aber erst ab 1999 in den Medien präsent war, kreierte ein Bild vom typischen Startup, mit Kickboardfahrenden Menschen Ende zwanzig, die T-Shirts mit Firmen-Logos trugen. Vor diesen jungen Hinterhoffirmen hatte es schon Unternehmen der Informations- und Kommunikationstechnologie und der Medien- und Werbewelt gegeben, die so etwas wie Vorläufer oder Väter der New Economy in Deutschland waren und später Teil des Hypes wurden, wie etwa der Filmrechtehändler *EM.TV* (1989 gegründet, ging 1997 an der Börse), das Telekommunikationsunternehmen *Mobilcom* (1991 gegründet[7]), oder der Internetprovider *1x1 Internet*, der 1988 gegründet wurde und inzwischen wie *Web.de* und *GMX* zur *United Internet AG* gehört, die aktuell im TecDax gelistet ist.

Mitte der 1990er Jahre schwappten die Nachrichten vom Siegeszug der New Economy von den USA in deutsche Hochschulen und Unternehmen und veranlassten eine ganze Generation junger männlicher Unternehmer, es den Amerikanern nachzutun. Die Form der Rezeption und Imitation der US-amerikanischen Vorbilder ist schon selbst ein Markenzeichen der New Economy, die auf der Ebene der Geschäftsführung und -entwicklung die Zeichen der globalisierten Wirtschaft so verinnerlicht hatte, wie keine Branche zuvor, auch wenn die lokalen und nationalen Ausformungen durchaus kleinere Unterschiede zu den Start-ups in den USA oder Kanada vorwiesen. Insgesamt muss aber gesagt werden, dass die Gemeinsamkeiten von Start-ups in Berlin, Hamburg, aber auch Barcelona, Hongkong, Vancouver, Stockholm, London und Mailand mit denen in New York oder San Francisco sehr groß waren und sind und die New Economy im engeren Sinne der Internet-Start-ups sehr wohl als eine eigene westliche (Wirtschafts-)Kultur angesehen werden kann.

In dem Bereich, der heute als *Corporate Identity* (*CI*) bezeichnet wird, dem Erscheinungsbild der Firma nach Innen und Außen, schaffte es die New Economy so etwas, wie einen eigenen Stil zu kreieren. Alles was mit der bildhaften Oberfläche der Start-ups zu tun hatte, sei es der Name, die Schrift, das Logo oder der (legere) Dresscode; die Uniformität und Ähnlichkeit der kleinen Firmen war frappierend. So wie sich jede Filiale eines Franchise-Unternehmens oder Filialisten wie *McDo-*

---

7 *Mobilcom* war 1997 ein Gründungsmitglied des Neuen Marktes. Im März 2007 fusionierte das Unternehmen mit der 1999 ausgründeten Tochter *Freenet* und firmierte bis Anfang 2009 unter dem Namen *Freenet*, um sich dann nach der Übernahme des Mobilfunkanbieters *Debitel* in *Mobilcom Debitel* umzubenennen. Der Name *Freenet* wird nur noch für das Portal genutzt. In: ZDnet, 13.02.2009, siehe unter: http://www.zdnet.de/news.

nalds, Pizza Hut, Ikea, Rossmann oder *Douglas* ähnelt und der Kunde sich überall gleich zurechtfinden soll, so waren manche Start-ups kaum auseinanderzuhalten und auf Bildern nicht erkennbar, ob es sich um Büroräume in den USA, Deutschland, Kanada, England, Spanien oder Hongkong handelte. Die Namen waren fast alle englisch oder global verständliche Kunstnamen aus englischen und romanischen Versatzstücken. In Deutschland gab es nun Internetseiten von *letsbuyit.com, ciao.com, webmiles.de, 12snap.de, dooyoo.de* oder *freenet.de* und die Unternehmen hießen *Quiagen, Datango, Pixelpark, Intershop* oder *Jamba*. Die Anglifizierung bzw. Globalisierung der Namen und des Auftretens war beabsichtigt. Der Kunde sollte das Gefühl bekommen, es mit einem international orientierten Unternehmen zu tun zu haben. Die Lokalisierung, d.h. die Anpassung an nationale Gegebenheiten, bestand meist nur in der Endung der URL und der Sprache der Webseite.

Auch dem Träger eines Firmen-T-Shirts, in der Anfangszeit absolute Pflicht für Gründer und Mitarbeiter, war nicht anzusehen, in welcher westlichen Metropole er sich gerade aufhielt. Der Dresscode (Turnschuhe, T-Shirts, Jeans), die Verwendung von schicken Tretrollern (Kickboards), Tischfußballgeräten u.ä., schien so einheitlich wie austauschbar zu sein.

1.1 Das erste deutsche Start-up: der Fall *Alando*

Die Uniformität und Austauschbarkeit der Start-ups war deren Markenzeichen. Die Ähnlichkeit der Geschäftsideen, der Namen, der Logos, des Auftretens und der Biografien der Gründer und Mitarbeiter war frappierend. Um sich einmal ein konkretes Bild zu machen zitiere ich hier kurz aus der Geschichte von *Alando*, dass als das erste »echte« deutsche Start-up gilt, weil es das erste war, dass von dem medialen Hype um den Aufstieg der New Economy erfasst wurde. *Alando* kopierte seine Geschäftsidee erst von dem amerikanischen Internet-Auktionsportal *Ebay*, um dann später von eben diesem Unternehmen geschluckt zu werden.

Die folgenden Zitate entstammen dem Tagebuch von Stephan Graf, der im Juni 1999 das erste Jahr der Firmengründung von *Alando* dokumentierte (im lange eingestellten Online-Magazin *MorgenWelt*). Dieser Bericht stammt aus einer Zeit, als die New Economy in Deutschland gerade als das nächste große Ding gefeiert wurde, es noch wenige Unternehmen gab und die Internet-Euphorie noch mit Händen zu greifen war. Es gab auch noch weniger Kapital und Investoren, es war sozusagen die unschuldige Zeit vor dem großen Boom, der erst ab Mitte 1999 so richtig losbrach. Die Sprache ist sehr typisch für die Gründer der Start-ups bzw. für deren Bewunderer.

»November 1998
Was ist ein Unternehmen? Das entsteht, wenn Idee und Unternehmer zusammenkommen, und Ideen hatten die drei Brüder schon, als sie noch durch die Reihenhaussiedlung in Köln-Bayenthal pubertierten. Jetzt aber ist der Zeitpunkt selten günstig: Alle sind mit dem Studium so gut wie fertig, aber noch nicht fest im Job, und Oliver hat mit Max Finger, einem Studienfreund, gewaltige Vorarbeit geleistet: Für ihre Diplomarbeit haben sie 100 erfolgreiche Internet-Startup-Unternehmen in den USA interviewt. Sie sind sicher: In der virtuellen Welt liegt das Geld auf dem Datenhighway herum. Die Diskussionen beginnen: Internet? Ja. Aber was? Marc zieht den Ausdruck einer Website hervor, über die er mit den anderen schon lange sprechen wollte. Die URL heißt www.ebay.com, dort ersteigern Privatleute Sachen von Privatleuten. In Analystenreports lesen die Jungs, daß der Aktienwert von Ebay derzeit auf 20 Milliarden US-Dollar beziffert wird, daß das Unternehmen im Jahr fast 90 Millionen Mark Umsatz einfährt und fast 2,1 Millionen eingetragene Kunden zählt – schlicht die derzeit erfolgreichste Internetfirma der Welt ist. Und schließlich wissen die drei Brüder, was da in Form eines Screenshots vor ihnen liegt: eine verdammt gute Idee.

22. Februar 1999
In Berlin hat Alando.de aus zwei Gründen ein Büro. Erstens ist hier die Hauptstadt. Zweitens müssen so alle umziehen und nicht nur einer. Jetzt sind es noch zehn Tage bis zum Launch der Site, der Countdown rauscht gen Null. Die Jungens arbeiten fast ununterbrochen: zwei oder drei im neu und billig angemieteten Büro in Berlin. Ein anderer ist unterwegs, um Gespräche mit möglichen Kooperationspartnern zu führen. Der nächste weilt am Firmensitz bei Mama in Köln. Wie wildgewordene Aufziehmännchen rotieren sie durch den Tag. »Sense of urgency« nennen sie das, was nur bedeutet, daß man das Bedürfnis nach Pausen unterdrückt. Wenig ißt. Und sein Privatleben vergißt. Manchmal ist das einfach: Oli hat gar keine Freundin. Alexanders Freundin ist Schwedin und lebt in London. Marc wird seine im Herbst heiraten, es besteht also Aussicht, daß sie bei ihm bleibt. Jörgs Freundin sitzt in Köln, Karels in Frankfurt, und beide sagen, gequält lächelnd, daß es nicht so einfach wäre. Max will nicht über sein Privatleben reden.

7. April 1999
Letzte Meldung von Alando.de: Alles läuft prima. Die Zahlen sehen gut aus. Bald geht es auf zur nächsten Finanzierungsrunde, neues Venture-Capital besorgen, immerhin will die Firma im Sommer nächsten Jahres an die Börse. Die Website wird übersichtlicher layoutet, auf immer mehr Sites leuchtet jetzt ein Alando-Banner, auf dem eine junge Frau für den Besuch wirbt – das Casting war wirklich aufregend. Gestern wurde eine Kooperation mit Bayern München abgeschlossen – ein Meisterstück. Ein neues Büro in Berlin ist auch bezogen:

C) Die Geschichte der New Economy in Deutschland

Es sieht aus wie die Kulisse einer klassischen Startup-Geschichte: ein schäbiger Hinterhof in Berlin-Kreuzberg, eine roh verputzte Firmenetage. 220 Quadratmeter ist der Raum groß, »aber wir nutzen ja mit unsern paar Schreibtischen höchstens 100«, haben sie dem Vermieter gesagt und rausgehandelt, daß sie erst dann den vollen Mietpreis zahlen, wenn der ganze Raum mit Alando-Mitarbeitern gefüllt ist. Schließlich müssen immer wieder neue Ziele her.«

Der letzte Eintrag datiert aus dem April 1999, es war der letzte eigenständige Monat für *Alando*. Im Mai 1999 wurden sie, nicht einmal 100 Tage nachdem sie online waren, von *Ebay* übernommen. Ob es eine tragische Entwicklung war, von dem Unternehmen übernommen zu werden, von dem man ein halbes Jahr vorher die Geschäftsidee geklaut hatte, oder eine glückliche, denn die sechs Gründer erhielten ein Aktienpaket von *Ebay* im Gesamtwert von 81 Millionen DM, sei dahingestellt. Am Beispiel *Alando* lässt sich exemplarisch einiges erkennen, was sehr typisch für ein Start-up der damaligen Zeit war, auch wenn *Alando* aufgrund seines, selbst für New Economy-Verhältnisse, sehr kurzen Lebens einige Entwicklungen nicht mehr erlebte. *Alando* wurde zu einem Zeitpunkt übernommen, als die New Economy in Deutschland gerade erst richtig entstand. Fünf der sechs Gründer verließen das Unternehmen, nur Jörg Reinboldt blieb bei *Ebay* und wurde einer der Geschäftsführer von *Ebay Deutschland*. *Alando* erlebte also weder den Niedergang der New Economy mit, der erst ab Herbst 2000 einsetzte, noch die Desillusionierung der Gründer, Mitarbeiter und Investoren. *Ebay* war von Anfang an ein relativ profitables Unternehmen und gehört heute zu den fünf bekanntesten und erfolgreichsten Internet-Unternehmen der Welt.

Die *Alando*-Boys, wie sie einmal genannt wurden, erfüllen das Bild, das spater von Start-up-Gründern in der Öffentlichkeit entstand, mehr als 100-prozentig. Alle sechs lernen sich auf der *WHU Koblenz* kennen, die drei Brüder Alexander, Oliver und Marc Samwer und ihre Studienkollegen Karel Dörner, Max Finger und Jörg Rheinboldt wollen nach ihrem Studium (fünf haben Wirtschaft, einer Jura im Ausland studiert) etwas auf die Beine stellen. Alexander Samwer war vier Jahre in Oxford und Marc studierte Jura in Madrid und Paris. Karel Dörner hatte sein Wirtschaftsstudium mit Auszeichnung bestanden und verdiente mit 25 schon 150.000 DM jährlich bei der Unternehmensberatung *McKinsey*. Jörg Reinboldt hatte bereits eine Multimediaagentur gegründet, aber alle verlassen ihre alten Positionen und bauen etwas auf. Der Gründer-Mythos war bei fast allen deutschen Start-ups der gleiche:

»Gerade die Start-ups, die sich gern als kreative Arbeitsgemeinschaft verrückter Individuen mit ›brüchigen Biografien‹ präsentieren, weisen eine auf-

109

fallende Ähnlichkeit der Gründungsgeschichten auf. Die manchmal despektierlich kommentierte ›Old Boys Connection‹ der Old Economy wird lediglich durch das ›Young Boys Network‹ ersetzt. Nachdem sich an einem BWL-Studiengang einer deutschen Großstadt oder an einer Business-School, z.b. in der Schweiz oder den USA, vier bis sechs Kommilitonen und/oder Freunde zusammengefunden haben, übrigens zu 99 Prozent männlichen Geschlechts, geht es los: Kontakte zu potenziellen Venture-Capital-Firmen und Inkubatoren bestehen früh, die Business Angels sind Freunde der Väter oder gleich diese selbst. Die Firmenidee war bei fast allen deutschen Start-ups eine Kopie oder Modifikation eines US-Vorbilds, die Business-Pläne gab es oft schon als Kopiervorlage, das Geld vom VC.«[8]

Alando erfüllte alles. Ihre *Business-Angels* (im Normalfall beratende Geschäftskontakte und Privatanleger, mit denen man meist vorher geschäftlich zu tun hatte) waren tatsächlich Freunde, Verwandte und Professoren der Sechs. Alles ohne Zinsen und den Druck, Firmenanteile verkaufen zu müssen – freundliches Geld. Einen Inkubator, ein Unternehmen, welches die Gründung begleitet und Kontakt zu Wagniskapitalgebern, den Venture-Capitalists, herstellt, gab es bei ihnen nicht. Den VC suchten sie selber. Der Kapitalgeber heißt *Wellington Finanz* und leiht der jungen Firma über zehn Millionen DM – nur 28 Stunden nach dem ersten Gespräch. *Wellington Finanz* erhält dafür Anteile an *Alando*, die sechs Gründer behalten aber die Mehrheit. Nun ist genug Kapital da, um in Technik und Mitarbeiter zu finanzieren. *Alando* wird im Februar 1999 gegründet, geht am 1. März online und wird im Mai verkauft. Die sechs Gründer wurden zu Millionären. Die erste Erfolgsgeschichte der deutschen New Economy ist geboren.

2. Unternehmenskultur

Zu den Schlagwörtern, die im Zusammenhang mit der New Economy immer wieder auftauchen, gehört neben den *flachen Hierarchien* auch ein besonderer Spirit, ein Geist, der in den Start-ups zu finden gewesen sein soll. Beide Begriffe verweisen auf ein behauptetes besonderes Betriebsklima und eine Unternehmenskultur, die es so nur zur Hochzeit der New Economy gegeben haben soll. In einer kleinen Bilanz, knapp ein Jahr nach dem New Economy-Hype, schreibt *brand eins* im Januar 2001:

---

8 In: Meschnig/Stuhr (2001), S. 46f.

C) Die Geschichte der New Economy in Deutschland

»So war das mal in der neuen Wirtschaft. In den Dot.coms waren alle gut drauf. Es gab keine Hierarchiestufen. Jeder wusste alles, weil alle in einem Raum saßen. Die Arbeitstage waren zwar lang, aber nach dem Lustprinzip organisiert. Jeder machte, was gerade an- oder ihm einfiel. Das fröhliche Chaos einer großen Familie, die noch dazu keine Geldsorgen kennt. Damals drängten Investoren ihr Venture Capital noch jedem auf, der eine halbwegs plausible Idee vorweisen konnte – mit dem klaren Auftrag, es mit vollen Händen auszugeben.«[9]

In dieser kurzen Beschreibung sind fast alle Faktoren erwähnt, die den Alltag eines Start-ups in seiner Selbstzuschreibung bestimmten. Mag es auch so erscheinen, als würden hier nur Platitüden und Klischees aneinandergereiht, so darf nicht vergessen werden, dass eine bestimmte Firmen- und Mitarbeiterkultur von der Firmenleitung ganz bewusst etabliert wurde, oft als Kopie amerikanischer Start-ups. Es sollte bei der kritischen Betrachtung der Unternehmenskultur nie der ökonomische Hintergrund außer Acht gelassen werden. Die besonderen ökonomischen wie kulturellen Übertreibungen wie auch die Pflege einer eigenen Unternehmenskultur waren nur möglich, weil immer genug (fremdes) Kapital vorhanden war, zumindest am Anfang. Das Betriebsklima, ein im Selbstverständnis der New Economy altes, biederes Wort, war das Faustpfand der Start-ups, es war etwas Besonderes, für diese jungen Hinterhoffirmen zu arbeiten. Meschnig/Stuhr beschreiben die Motivation der Mitarbeiter:

»Auch darf nicht vergessen werden, dass es die Aufbruchstimmung der Start-up-Mitarbeiter war, die die Euphorie in den Medien auslöste, nicht nur die Geschäftsmodelle und Börsenphantasien der Gründer. Dass die Unternehmen der New Economy nicht als Sozialprojekte oder Unternehmenslaboratorien geplant waren, war jedem klar, aber auch die Mitarbeiter wollten mehr als Geld verdienen. Die Aktienoptionen schienen ein schöner Anreiz zu sein, mehr aber auch nicht. Die meisten Mitarbeiter hofften tatsächlich auf eine neue Firmenkultur, die mehr ihrem Lebensstil entsprach als ein Acht-Stunden-Job bei einem Großunternehmen.«[10]

Die völlige Entgrenzung von Privat- und Arbeitsleben, die ein Hauptmerkmal der frühen New Economy war, störte die jungen Mitarbeiter (viele Mitglieder der *Generation @*[11] und fast immer ohne Familie und oft Singles) nicht. Im Gegenteil. Die Partystimmung, die am Anfang

---

9   In: Mattauch, Christine, »Klima-Störungen«, in: *brand eins*, Januar 2001.
10 In: Meschnig/Stuhr (2001), S. 83.
11 Siehe etwa: Opaschowski, Horst W., 1999, *Generation @ Die Medienrevolution entläßt ihre Kinder- Leben im Informationszeitalter*, Hamburg.

herrschte, der völlig neue Ton zwischen den Mitarbeitern und gegenüber den Gründern, die scheinbar lockere Arbeitsatmosphäre begeisterte am Anfang. Die Start-ups forcierten ganz bewusst die Etablierung eines besonderen Gemeinschaftsgefühls, eines, das Silke Gronwald wie folgt beschreibt:

>»Offene Türen und lockere Treffpunkte sollen das unkomplizierte Miteinander fördern. Bei der Hamburger Internet-Agentur *SinnerSchrader* [Herv. i. Org. M.S.] beginnen die 140 Mitarbeiter den Arbeitstag gemeinsam bei Brötchen und Nutella am Frühstückstresen im Entree. Eine große Bar bildet beim Frankfurter Filmberater Das Werk den Mittelpunkt der verwinkelten Büroetage. Auf dem Tresen stapeln sich Sandwiches und Brezeln. Eine ›Bardame‹ schenkt gratis Getränke aus.«[12]

Morgens wurde gemeinsam gefrühstückt und abends Bier getrunken und Fernsehen geschaut, für Meschnig/Stuhr verwischen sich die Grenzen zwischen Arbeit und Freizeit(-Vergnügen):

»Während die Gründer versuchen sich als ›Arbeitsmaschinen‹ und ›Macher‹ zu stilisieren, die nur zum Schlafen nach Hause fahren (wenn überhaupt), fängt für viele Mitarbeiter, gerade für die jungen, das Leben in der Firma erst richtig an. Das Unternehmen wird zum neuen Klub, ganztags geöffnet. Es gibt gute Musik, Bier und jede Menge netter Leute. Die Aufgaben, kleine Projekte, Web-Design und Content-Konzeption, werden fast nebenbei gemacht, ein kleiner Plausch hier, eine Zigarette draußen – das soll Arbeit sein?«[13]

Ein Unternehmen, das zum Synonym für die deutsche New Economy, für ein hiesiges Großstadt-Start-up, wie auch für eine besonders Unternehmenskultur wurde, war das Berliner Multimediaunternehmen *Pixelpark*. Sein Schicksal steht symptomatisch für den Aufstieg (und Niedergang) der New Economy in Deutschland.

2.1 Der Aufstieg der deutschen New Economy: der Fall *Pixelpark*

Wer besonders hoch oben ist, der fällt auch tiefer. Diese Binsenweisheit gilt für das Berliner Unternehmen *Pixelpark* fast noch mehr als für den Rest der deutschen New Economy. Dass gerade diese Firma zum Syn-

---

12 In: Gronwald, Silke, »Unternehmer in eigener Sache – Wie man in der New Economy arbeitet«, in: Lotter, Wolf und Sommer, Christiane (Hg.), 2000, *Neue Wirtschaft, Das Kursbuch der New Economy*, Stuttgart/ München, S. 188-195, hier S. 188.
13 Ebenda, S. 84.

onym für die hiesige Internet-Wirtschaft wurde, liegt nicht an deren ökonomischem Gewicht oder dem Grad des Misserfolges, sondern an der Popularität und Medienpräsenz des Gründers Paulus Neef und der prototypischen Geschichte eines Berliner Start-ups. Die Hauptstadt der Politik und Kultur wurde, neben München und Frankfurt, auch zu der, der deutschen New Economy, auch wenn *Pixelpark* nicht in der selbst ernannten *Silicon Street*, der Chausseestraße in Berlin-Mitte, zu finden war, sondern in der so genannten Oberbaum-City zwischen den Stadtteilen Friedrichshain und Kreuzberg.

Offiziell gegründet wird *Pixelpark* 1991 in einem Gartenhaus in Berlin. Bis zum Wechsel in die Oberbaum-City 1998 sitzt die Firma in einem Hinterhof in Moabit, also zu einer Zeit, als nicht einmal der Begriff *Internet* verbreitet ist, geschweige denn, dass sich jemand vorstellen kann, mit dem neuen Medium Geld zu verdienen. Auch alle Formen der Risikokapitalfinanzierung junger Firmen sind, zumindest was Deutschland betrifft, unbekannt. So ist *Pixelpark* schon am Markt etabliert, als dieser Mitte der 1990er Jahre erst entsteht. Seit 1994 gibt es das Internet in seiner heutigen Form als Word Wide Web mit URL, HTML, http und einem Browser, dem Navigator von *Netscape*. Plötzlich will jeder ins Internet und fast alle Firmen wollen dort ihre eigenen Webseiten haben. Von dieser ersten Welle der Interneteuphorie Mitte bis Ende der 1990er Jahre, als in jeder Fernsehsendung plötzlich www-Adressen eingeblendet werden, profitiert *Pixelpark* besonders stark. Man weiß nicht, ob die Anekdote eines ehemaligen Mitarbeiters stimmt: *Du, ich habe da einen Kunden für eine Web-Seite. Der hat aber nur 150.000 Mark. Ich sage dem besser mal ab.*[14] Ähnliche Summen werden aber tatsächlich für Webauftritte gezahlt, die heute in einer weitaus besseren Qualität nur einen Bruchteil davon kosten. *Pixelpark* macht deswegen im Gegensatz zu vielen anderen Start-ups auch nennenswerten Umsatz, im Geschäftsjahr 1998/1999 ca. 28 Millionen Euro und 2000/2001 sogar 81,3 Millionen Euro, dass aber bei einem Verlust von 86 Millionen Euro. Der Hauptanteilseigner, der Gütersloher Medienkonzern *Bertelsmann*, hatte *Pixelpark* seit seiner Beteiligung 1996 finanziell kräftig unterstützt, zog aber 2001 die Reißleine und stößt seine Anteile 2003 endgültig ab.

Dabei hatte alles so erfolgreich begonnen. *Pixelpark* wächst seit dem Einstieg *Bertelsmanns* und der Gründung des Neuen Marktes 1997, die der Hauptgrund für den enormen Kapitalzufluss der New Economy ist, stetig und hat im Boomjahr 2000 knapp 1000 (davon 400 im Ausland) und 2001 sogar knapp 1200 Mitarbeiter. *Pixelpark* ist seit seinem Bör-

---

14 In: »New Economy Erinnerungen 3/3«, 26.10.2005, siehe unter: http://www.guerilla-projektmanagement.de.

sengang im Oktober 1999 ungezügelt gewachsen, die Aktie klettert nach dem Emissionskurs von 15 Euro auf den Höchststand von 185 Euro im März 2000. Auf dem Höhepunkt des Medien- und Aktienhypes, am 20. März 2000, wird *Pixelpark* sogar in den *NEMAX 50* aufgenommen. Dazu schrieb die *Zeit*:

»Neefs Kundenliste liest sich dabei wie ein *Who's who?* [Herv. i. Org. M.S.] der deutschen Wirtschaft: Deutsche Telekom, Allianz AG, Adidas, Lufthansa, Metro, Deutsche Börse AG. Pixelpark kreierte die Online-Ausgabe der neuen Imagekampagne von Siemens, renovierte den Internet-Shop von Conrad Electronics und betreute für die ARD das Online-Forum der Tour de France. Um auf dem aktuellen Stand der Internet-Technik zu bleiben, arbeitet die Agentur unter anderem mit SAP und Intershop zusammen.«[15]

Paulus Neef, der das Unternehmen wie ein kumpeliger Patriarch führt, ist zu diesem Zeitpunkt schon ein Star. Neben Thomas Haffa vielleicht *das* deutsche Gesicht der New Economy und vertritt diese nach innen und außen. Von Herbst 1995 bis Herbst 1999 ist er Präsident des *Deutschen Multimedia Verbandes* (*dmmv*), der Interessenvertretung der deutschen New Economy und ab 2000 Präsident der *Internet Federation of Europe* (*IFE*), dem Pendant auf europäischer Ebene. Er wird 2000 von einem Wirtschaftsmagazin, zusammen mit gestandenen ITK-Größen der Old Economy wie *SAP*-Chef Hasso Plattner und *Ericsson*-Präsident Kurt Hellström, zu Europas zehn wichtigsten E-Business-Managern gezählt.

Von diesem Höhepunkt geht es nur noch bergab. Als ökonomischer Wendepunkt gilt die gescheiterte Fusion mit der weit größeren schwedischen Internetfirma *Cell Network/Matador* im Frühjahr 2000. Schon als die Aktienkurse im Sommer und Herbst 2000 deutlich bröckeln wird immer noch Personal eingestellt, der Internet-Guru Neef gilt als Visionär, sieht sich selbst aber nicht als Betriebswirtschaftler. Die kommen aber ins Unternehmen, *Bertelsmann* versucht zu retten, was zu retten ist. Ende 2002, *Pixelpark* beschäftigt nur noch 230 Mitarbeiter, davon 100 in Deutschland, wird Paulus Neef vom Sanierer und ehemaligen Aufsichtsratchef von *Pixelpark*, Jürgen Richter, abgelöst. Dieser ist schon in der Hochzeit der Dotcom-Blase skeptisch gewesen und sagt damals, die: *New Economy wird nur mit Old Economy Erfolg haben.*[16]

---

15 In: Mattauch, Christine, »Pixelpark: Internet made in Germany«, in: *Die Zeit*, 11/2000.
16 In: *Heise online*, 20.12.2002, siehe unter: http://www.heise.de/ct/hintergrund/meldung/print/33243.

Die ökonomische Talfahrt macht aus Neef einen der gefallenen Engel der New Economy. Seit 2004 führt er ein Medienunternehmen für mobiles Fernsehen, die *Neva Media*. Die Geschichte von *Pixelpark* ist aber nicht nur eine der Wirtschaft. *Pixelpark* gilt auch deswegen als etwas Besonderes, weil die Identifikation der Mitarbeiter, die bei den meisten Start-ups schon vergleichsweise hoch ist, bei dem Berliner Unternehmen besonders stark ausgeprägt ist und der Firma sogar den Ruf einbringt, eine Art Sekte zu sein. Die Mitarbeiter nennen sich selbst stolz Pixel und selbst durch die ökonomische Krise ist die Identifikation nicht vollständig verloren gegangen. Ein ehemaliger Mitarbeiter von *Pixelpark*, Jan Michael Zinnäcker, erinnert sich Ende 2002 in einem Radio-Feature an seine Zeit:

»Was ich bis heute erstaunlich finde, dass es tatsächlich gelungen war, auch bei mir nach einem halben Jahr, was ich mir bis heute nicht erklären kann, ist schon, dass man sich als Pixel schon ganz gut gefühlt hat. Kann ich schon ehrlich so sagen. Das lag aber auch daran, dass es von den einzelnen Leuten sehr unterfüttert war, es gab einfach Leute, wo ich gesagt habe, Mann oh Mann, gute Sachen macht der. Es funktioniert so auf dieser Ebene. Es war nicht so dieses aufoktroyierte Gefühl, das quasi die Firmenleitung, die Gründer sagen, wir sind das Ding und ziehen an einem Strick, das war es nicht [...].«[17]

Ein besonderes Gemeinschaftsgefühl scheint es tatsächlich gegeben zu haben. So möchte ein anderer Ex-Mitarbeiter seine Erfahrungen trotz aller Krisen nicht missen:

»Was bleibt: Wir haben in einer Arbeitswelt gearbeitet, die es so schnell nicht wieder geben wird. Neue Technologien, die eine solche Aufbruchstimmung hervorbringen, gibt es vermutlich nur alle 100 Jahre. Ich habe in 2 Jahren Berlin mehr gelernt als andere Leute in 10 Jahren. Ich habe wunderbare, inspirierende Menschen getroffen. Ich habe allerdings auch gelernt, kritischer hinzuschauen.«[18]

Die Aussagen der beiden Ex-Mitarbeiter von *Pixelpark* sind nicht nur für ihr Unternehmen typisch, sondern entsprechen dem, was nahezu alle ehemaligen Mitarbeiter von Start-ups sagen. Fernab der ökonomischen Probleme, die meist erst Ende 2000 sichtbar wurden, der schlechten Arbeitsorganisation und oft führungsschwacher Gründer, so möchte nie-

---

17 Aus: Meschnig, Alexander u. Stuhr, Mathias, »Quo vadis New Economy? Was blieb vom Hype um die Neue Wirtschaft?«, *NDR Kulturforum*, Radiofeature vom 12.11.2002.
18 In: Guerilla Projektmanagement, a.a.O.

mand die Erfahrungen missen, zu einem besonderen Zeitpunkt der Technologieentwicklung in einem besonderen Arbeitsumfeld gearbeitet zu haben. Fast alle waren sich dessen bewusst und genossen es, mit anderen jungen Menschen an dieser Erfahrung teilnehmen zu können.

3. Finanzierungen

Neben der Unternehmenskultur gibt es einen weiteren Bereich, der die Start-ups der Jahre 1999 und 2000 von heutigen kleinen oder mittleren ITK-Unternehmen unterscheidet. Die Form der Finanzierung, erst über Risiko-Kapital und dann ggf. über Aktienkapital, war ein ökonomisches Markenzeichen der New Economy, die einen direkten Einfluss auf die erwähnte Unternehmenskultur hatte bzw. sie erst zu dieser besonderen machte. Es macht einen sehr großen Unterschied für die Unternehmensführung und die Mitarbeiter, ob relativ viel oder wenig Kapital zur Verfügung steht, und ob es eigenes, hoch verzinstes Bankkapital oder leicht akquiriertes Investorenkapital ist. Der amerikanische Wirtschaftsjournalist Michael Mandel sieht in dem Entstehen eigener Börsensegmente und Indexe, wie der *NASDAQ* in den USA oder dem *Neuen Markt* in Deutschland sowie der Risikokapitalfinanzierung den Schlüssel für den Erfolg der New Economy:

»Das Aufblühen eines systematischen Marktmechanismus, der darauf abzielt, vor allem wirtschaftliche und technologische Innovationen aufzuspüren und zu finanzieren, ist eine der größten Stärken der New Economy [...]. Dieser Mechanismus schließt Risikokapitalfonds mit ein, die Kapital aus privaten Rentenversicherungen und anderen großen Investorengemeinschaften in Unternehmen mit hohem Risikokapital und hohen Gewinnerwartungen schleusen, zudem ein Börsenparkett, das es den jungen Unternehmen leicht macht, auf dem Aktienmarkt Kapital zu finden, ein großes Potential mit Bedacht eingesetztem Risikokapital und eine Vielzahl qualifizierter Mitarbeiter, die mit der Aussicht auf verlockende Bezugsrechte am Aktienkapital des Unternehmens und auf zukünftigen Wohlstand bereit sind, für eines der neue Unternehmen zu arbeiten. Das Ergebnis: die Verfügbarkeit von Risikokapital ermöglicht es, die Anwendung und Anpassung der neu entwickelten Technologien extrem zu beschleunigen.«[19]

---

19 Ebenda, S. 20.

Venture Capital

Absichtlich wird hier der englische Ausdruck für Wagnis- oder Risikokapital verwendet, denn die New Economy etablierte eine anglifizierte Business-Speech, die der in den Werbe- und Marketingagenturen gepflegten Sprache noch neue Aspekte hinzufügte (siehe zur Sprache der New Economy Kapitel D). Das Venture Capital wurde hierzulande, genauso wie in den USA, von großen Wagniskapitalunternehmen (VC-Gesellschaften oder nur Venture Capitalists) erbracht (meist über eigene Risikokapitalfonds), die sich darauf spezialisiert hatten, junge und aufstrebende Unternehmen zu finanzieren, um nach erfolgreichem Börsengang das investierte Kapital zurückzuerhalten – mit einem Gewinn versteht sich. Mandel zur grundsätzlichen Bedeutung des Risikokapitals:

»Die Technologie war zweifelsohne von enormer Bedeutung, doch allein reicht sie nicht aus. Das explosionsartige Wachstum von Unternehmen wie Intel, Apple, Oracle, Cisco, Netscape und Amazon war zu einem großen Teil nur möglich, weil sie alle zu Beginn ihrer Arbeit in den Genuss einer Finanzierung mit Hilfe von Risikokapital kamen. [...] Die allgemein übliche Ansicht, dass die New Economy von Technologie [...] angetrieben wurde, greift zu kurz. Ohne den Zugriff auf die wirtschaftlichen Mittel wäre der Erfolg der Neunziger nicht möglich gewesen.«[20]

Diese Venture Capital-Gesellschaften wie *IVC Venture Capital, 3i* (beide aus Frankfurt), *TFG Capital* (Marl) oder *bmp* aus Berlin waren meist unabhängige Neugründungen, es gab (und gibt) aber auch Beteiligungen und Kooperationen großer Privat- und Landesbanken mit in- oder ausländischen Kapitalfonds (etwa die *Deutsche Venture Capital DVC*, eine Kooperation der *Deutschen Bank* mit US-amerikanischen VC-Fonds). An die Börse gebracht wurden die Start-ups von den großen deutschen Privatbanken wie *Deutsche Bank, Commerzbank, Dresdner Bank* und *HypoVereinsbank*. Die Zusammenarbeit zwischen VC und Start-up läuft meist nach einem relativ ähnlichen Schema ab. Die Risikokapitalgeber gehen bei Unternehmen, die sie finanzieren, von drei Stufen aus. Die erste, die *Early Stage*, wird noch in zwei Phasen unterschieden. Erstens in die frühe Gründungsphase (Seed-Phase), in der es um die Anmietung von Büroräumen, Konzeptentwicklung und erste Personalkosten geht und für die so genanntes Seed-Capital benötigt wird. Das erste Startkapital wird von *Inkubatoren,* wie etwa der *Econa AG* aus Berlin, bereitgestellt, die das Unternehmen in der Gründung beraten und meist nicht mehr als zwischen 500.000 und 1 Million DM investieren.

---

20 Zitiert in: Pauschert, Dirk, a.a.O., S. 19.

Bei Unternehmen, deren Produktentwicklung besonders kapitalintensiv ist, etwa in der Biotechbranche, kann dieser finanzielle »Samen« auch in den höheren Millionenbereich gehen. Laut einer Studie der Unternehmensberatung Bain & Company aus dem Jahre 2000[21] wurde die Seed-Finanzierung aber nur zu zwölf Prozent von Inkubatoren oder VCs gedeckt, 58 Prozent streckten private Investoren oder Business-Angels vor und 30 Prozent investieren die Gründer selbst. Hatte sich das Unternehmen dann gegründet und konzeptionell und räumlich etabliert, so begann der zweite Teil der Early Stage, die eigentliche Start-up-Phase. Dort ergibt sich ein umgekehrtes Bild, VC-Gesellschaften decken zu 88 Prozent den Kapitalbedarf. Eine erste Runde betrug in Deutschland durchschnittlich zwischen sieben und zwölf Millionen DM. Auf dem Höhepunkt der New Economy flossen in Deutschland 3,7 Milliarden Euro an Wagniskapital in junge technologieorientierte Unternehmen, von denen 1,6 Milliarden auf Frühphasen-Finanzierungen (Early-Stage) entfielen. Zum Vergleich waren es 2006 gerade einmal 264,3 Millionen Euro für die Frühphase.[22] In Europa wurden 2000 22 Milliarden Euro in Venture-Capital-Fonds investiert, während es nach einem zwischenzeitlichen Tiefststand 2003 mit neun Milliarden Euro, 2006 schon wieder 17,5 Milliarden Euro waren. Diese VC-Investitionen beziehen sich aber auf alle Branchen und – noch viel wichtiger – auch auf die späteren Phasen. Über 80 Prozent des Wagniskapitals fließt heute in die Expansionsphase von Unternehmenserweiterungen. Frühfinanzierungen gab es 2006 europaweit nur in Höhe von rund sechs Milliarden Euro.[23] Im Mutterland der New Economy, den USA, flossen allein 2000 77 Milliarden US-Dollar an VC-Investitionen in die Internetbranche und internetnahe Geschäftsfelder.[24]

Wird die *Expansion Stage*, die Expansionsphase erreicht, erfolgen ggf. weitere Finanzierungsrunden. Die erste Runde dient dazu, Personal aufzubauen und das Produkt, z.B. eine Internetdienstleistung im E-Commerce-Bereich, zu bewerben und zu vertreiben. Die zweite Finanzierungsrunde, die schon nicht alle Unternehmen erreichen, dient dann dazu, dass Geschäft abzusichern und zu vergrößern, und ggf. in neue Produkte zu investieren. Der VC-Anteil sinkt und der strategischer Investoren und

---

21 [...] *die erste umfassende Analyse der deutschen Internet-Startup-Szene.* In: *Wirtschaftswoche*, 31/2000, S. 72ff.
22 In: *Silicon.de*, 09.05.2007, siehe unter: http://preview.silicon.de/enid/ wirtschaft_und_politik/27028.
23 In: *NZZ online*, 14.06.2007, unter: http://www.nzz.ch/2007/06/14/bm/ articleF9A46.print.html.
24 Siehe unter: http://www.myresearch.de/board.php?company=193&btype = 7&cmd=show.

Partner, wie Konzerne mit E-Commerce-Plänen, nimmt zu. Ohne zu weit vorzugreifen, kann gesagt werden, dass nur sehr wenige der deutschen Start-ups ihr Wagniskapital wieder erwirtschafteten, und viele nicht die Expansion Stage, geschweige denn die *Late Stage*, die Reifephase, die nicht unbedingt über Wagniskapital finanziert wird, erreichten. Der eigentliche wirtschaftliche Verlust ist auch nicht auf Seiten der Investoren (zwischen Januar bis März 2001 verbuchten die deutschen VC-Gesellschaften bei jeder vierten Beteiligung einen Totalverlust), Gründer oder Mitarbeiter zu finden, sondern bei den Aktionären, die 1999 und 2000 Aktien kleinster Unternehmen kauften, weil sie sich von der Euphorie mitreißen ließen. Eine Aktie von *Pixelpark*, die im Frühjahr 2000 185 Euro erreichte, stürzte Ende 2002 auf unter einen Euro und wurde zu *Penny-Stocks*, wie viele der Papiere ehemals hoch gehandelter Start-ups. Die Marktkapitalisierung, also der Aktienwert der im *NEMAX* gelisteten Technologieunternehmen, fiel vom Frühjahr 2000 bis Januar 2003 von über 230 Milliarden auf 21 Milliarden Euro.[25]

IPO

Der Börsengang, der so genannte Initial *Public Offering* (*IPO*), ist für die Start-ups nicht nur eine mögliche Option, er ist von Anfang an Ziel allen Wirtschaftens. Hier liegt ein grundsätzlicher Unterschied zu heutigen Start-ups und anderen kleinen Unternehmen. Die New Economy war eine Börsen-Wirtschaft, ohne die Kursanstiege amerikanischer Unternehmen Mitte der 1990er Jahre hätte es den Boom der dortigen IT-Wirtschaft und damit den der New Economy nicht gegeben. Ohne die Aussicht auf einen späteren Börsengang hätten die VC-Gesellschaften nicht Millionen DM oder US-Dollar in kleinste Firmen investiert, und diese hätten wiederum ohne den IPO am Neuen Markt keine andere Möglichkeit gesehen, in kürzester Zeit an so viel frisches Kapital zu gelangen.

Am 10. März 2000, genau drei Jahre nach der Gründung des Neuen Marktes, erreichte der *NEMAX 50* (der Index der 50 größten Unternehmen des Neues Marktes, der Mitte 1999 geschaffen wurde, im Gegensatz zum *NEMAX* All Share aller Unternehmen) den Rekordwert von 9665,81 Punkten. Der All Share lag bei 8546,19 Punkten, der Börsenwert aller damals gelisteten 229 Unternehmen bei 234,25 Milliarden Euro. Von da an geht es nur noch bergab. Ende November 2000 steht er, nachdem er nur in diesem Monat die Hälfte seines Wertes verloren hatte, bei 3700 Punkten. Im April 2001 fällt der *NEMAX 50* auf unter 1300

---

25 In: Roesler, Dirk, a.a.O., S. 221.

Punkte und am 11. September 2001 auf 662 Punkte. Im September 2002 kündigt die Deutsche Börse das Ende des Neuen Marktes zum Dezember 2003 an, am 24. September 2002 liegt der *NEMAX 50* bei 325,45 Punkten und die Marktkapitalisierung der 264 gelisteten Unternehmen bei 29,36 Milliarden Euro. Der Neue Markt wird dann sechs Monate früher als geplant, am 5. Juni 2003, geschlossen. Am letzten Handelstag, dem 21. März, schließt der *NEMAX 50* mit 351 Punkten, der All Share verabschiedet sich mit 404 Punkten und wird am 24. März 2003 durch den *TecDAX* ersetzt.

Die Aussicht auf den IPO hat neben ökonomischen auch soziale Funktionen, etwa die der Mitarbeitermotivation. Da die Bezahlung in den meisten Start-ups allerhöchstens durchschnittlich ist und viele Gründer wie Mitarbeiter vorher lukrativere Jobs hatten, werden »Aktien-Optionen«, die bei einem IPO in echte Aktien umgewandelt werden sollen, als zusätzliche Entlohnung angeboten. Viele Mitarbeiter lassen sich auf solche Zusatzgehälter ein, die meisten können ihre Optionen aber nie einlösen, auch wenn es einige wenige Gründer gab, die tatsächlich zu Millionären wurden. Die Aktien-Optionen sollen in den Augen der Gründer die Identifikation mit dem Unternehmen und das Engagement fördern, was anfangs auch funktionierte. Als Ende 2000 und spätestens 2001 klar wird, dass die Optionen letztendlich wertlos sind, erweist sich diese Strategie als Bumerang, da die Mitarbeiter nun besser bezahlt werden wollen, was in der damaligen Krise natürlich nicht möglich war. In der Folge kommt es neben zahlreichen Entlassungen auch zu vielen Kündigungen.

Auf der Ebene der Finanzierung gibt es zu heute zwei wichtige Unterschiede im Vergleich zu den Jahren 1998 bis 2000. Die Investoren, ob VCs oder Banken, geben nicht mehr annähernd so leicht und so viel Kapital, die Businesspläne werden ausgiebiger studiert und nur wirklich Erfolg versprechende Unternehmen werden gefördert. Der zweite Unterschied liegt in der Bedeutung des Börsengangs, des IPOs. Dieser ist nur noch eine Möglichkeit der Kapitalaufnahme, aber nicht alleiniger Sinn und Zweck allen wirtschaftlichen Handelns. So gibt es viele kleine und mittlere IT-Unternehmen, die nicht an der Börse gehandelt werden und dieses auch nicht vorhaben. Diese Unterschiede, neben der besonderen Struktur der wirtschaftlichen Begleiter und Berater in der Anfangsphase, den Business-Angels und Inkubatoren, waren aber die, die ein Start-up von einem »normalen« kleineren Unternehmen unterschieden. Somit muss gesagt werden, dass es eine spezifische Finanzierungskultur der New Economy nicht mehr gibt. In der Sprache der Kapitalgeber haben die heute bestehenden Firmen einfach die nächste Stufe erreicht und sind kein Start-ups mehr, sondern etablierte ITK-Firmen. Bei der Fokussierung auf die Internetunternehmen darf nicht vergessen werden, dass von Anfang an auch viele Biotech- und Pharmaunternehmen mit dabei waren, die ähnlich finanziert wurden wie die Internet-Start-ups, aber oft weitaus solider wirtschafteten als diese. Aufgrund ihrer Geschäftsfelder und nicht so PR-orientierten Gründer waren sie in den Medien aber weitaus weniger präsent. Unternehmen wie *BB Biotech* oder *Qiagen* waren im Neuen Markt dabei und sind es heute im *TecDAX*. Bei vielen der Biotechfirmen ging es um Patente und zu entwickelnde Produkte, die oft viel marktreifer und innovativer waren als die Kopien deutscher Internetdienstleister, die dafür aber auch einen weitaus größeren Finanzierungsbedarf hatten.

4. Die Medien und die New Economy: der Hype 1999 und 2000

Es gibt einen weiteren wichtigen Aspekt, der sich im Begriff *Story* andeutet. Nicht nur die Vertreter der Wirtschaft, der Politik und die Unternehmer und die Mitarbeiter selbst liebten die New Economy, zumindest zur Jahrhundertwende, ganz betrunken vor Zuneigung waren auch die Medien, mit denen hier die populären Kommunikations-Massenmedien wie das Fernsehen, das Radio, die großen Tageszeitungen, die Wochen- und Monatsmagazine und das Internet gemeint sind. Die New Economy war ein Geschenk des Himmels, denn sie löste für die Medien gleich ein paar Probleme auf einmal. Hatten zwar Wirtschaftsseiten und -sendungen schon länger ihren festen Platz in deutschen Zeitungen, so stießen die meist sehr sachlichen Wirtschaftsberichte aber selten auf breite Zustimmung. Deren Protagonisten waren meist zu alt, zu steif und die Themen zu langweilig, zu rational. Die New Economy kam Mitte/Ende der 1990er Jahre gleich mit der, für viele Kommentatoren, *Größten Revolution der Menschheitsgeschichte* im Gepäck über den Atlantik – dem Internet. Dort hatte die New Economy dank der führenden Wirtschaftszeitungen und -magazine schon ein, zwei Jahre für Aufsehen gesorgt. Der Start der sehr umfassenden Medieninformation lässt sich laut Jean Gadrey genau bestimmen:

»In the United States, the official launch of the campaign to promote the new economy dates from December 1996. On the front page of the magazine Business Week, a strident headline declaring ›The Trimph of the New Economy‹ announced ›the emergence of a new economy, based on global markets and the electronic revolution‹.«[26]

Auf einmal gab es hier wie dort interessante Themen und junge frische Gesichter. Alle Geschichten um Jugend, Zukunft und Erfolg, die die Magazine nur allzu gern transportieren wollten, konnten nun anhand der neuen Internet-Wirtschaft erzählt werden, die Ökonomie hatte nun endlich ein Thema, das *sexy* war. Der Kommunikationsberater Peter Blechschmidt behauptete noch im Februar 2001:

»Wirtschaft sei zurzeit das Spannendste, was Journalisten ihrem Publikum zu bieten hätten; politische Ideologien und ihre Helden hätten abgedankt.«[27]

Plötzlich schossen nicht nur neue Unternehmen, sondern auch spezielle Wirtschaftsmagazine für die junge Neue Wirtschaft aus dem Boden, wie *Net-Business, Bizz, Business 2.0, e-Business* oder *Netinvestor*. Im weiteren Sinne gehörte auch *brand eins* dazu, das einzige deutsche Magazin, das versucht, Wirtschaft mit Kultur und Zeitgeist zu verbinden und im Gegensatz zu den meisten der reinen Wirtschafts- oder E-Commerce-Magazine auch 2010 noch existiert. Im Mai 2001 zog *brand eins* unter der Überschrift *Hurra, wir leben noch! Drei Jahre Neue Wirtschaft* Bilanz: *Doch es gab ein Problem: den Erfolg*. Schon damals wollten viele der kleinen und größeren Unternehmen nichts mehr von der New Economy wissen und viele der Medien ihre Verantwortung nicht übernehmen. Viele der Zeitschriften und Internetseiten hatten noch zum Kauf bestimmter Aktien aufgerufen, als sich die New Economy schon auf dem freien Fall nach unten befand. Viele der Privatanleger verloren so noch viel Geld, wie auch die meisten der jungen Wirtschaftsmagazine an Auflage. Die Medien trugen eine wesentliche Mitverantwortung für den riesigen Hype um die New Economy und animierten ihre Leser, sich mit diesen Themen zu beschäftigen, und ihr Geld in ihnen unbekannte Unternehmen zu investieren. In einem Dokumentarfilm über den Aufstieg und Fall eines ehemaligen *Neue Markt*-Lieblings, der *Biodata Information Technology AG*, ist der Börsenexperte der ARD, Frank Lehmann (*Börse im Ersten*), konsterniert von der Leichtgläubig- und Ahnungslosigkeit der Privatanleger, die damals jede Aktie ungesehen kaufen wollten; sein Kommentar: *Gier frisst Hirn.*[28]

---

26 In: Gadrey, Jean, a.a.O., S. 7.
27 In: Ders., »Vom Heilsbringer zum Geldvernichter«, in: *Süddeutsche Zeitung*, 26.02.2001.
28 Siehe: *Weltmarktführer – Die Geschichte des Tan Siekmann*, ein Film von Klaus Stern, 2004.

Spätestens ab 2002 gab es diese heißen Geschichten nicht mehr und bei jedem späteren Hype um ein kleineres Biotech-Unternehmen wurde umgehend auf die Verfehlungen der New Economy-Ära hingewiesen. So etwas sollte nicht noch einmal passieren. Und wenn es nach dem Niedergang der New Economy wieder Berichte über neue Start-ups in der Internet-, IT- und Biotechbranche gibt, so ist jedem Artikel, jedem Börsenkommentar bis heute anzumerken, dass niemand mehr die Fehler von damals machen möchte, als jedes noch so kleine Unternehmen angepriesen und zum Kauf von dessen Aktien aufgefordert wurde.

Die kleinen, quirligen Start-ups mit ihren dynamischen Gründern und engagierten Mitarbeitern boten viele Aspekte, die nicht nur den Wirtschaftsteil, sondern auch den Lifestylebereich mit abdeckten, es konnten auch grundsätzliche Geschichten von Erfolg und Spaß erzählt werden. Die New Economy machte nicht nur die Internet-Wirtschaft endlich sichtbar, sondern war immer auch gepaart mit Geschichten, in denen es um den Hedonismus und den Spaß aller Beteiligten ging, die Ökonomie wurde popularisiert. Gerade als Gegenmodell zu den ernsten Anzugträgern der Vorstandsetagen gab es hier greifbare Unternehmer und Mitarbeiter, die zeigten, dass es auch – bzw. gerade mit Spaß und Freude aufwärts gehen kann:

»Die New Economy ist die passende Wirtschaftsform der ›Spaßgesellschaft‹. Endlich konnte über eine Wirtschaft berichtet werden, die nicht nur Spaß und Begeisterung tolerierte, sondern die eine optimistische, leistungsbejahende Fröhlichkeit gleich mit ins Geschäftsmodell integrierte. Im Sinne einer kapitalistischen Totalisierung aller Lebensbereiche konnte ein neues gesellschaftliches Leitbild nur ein ökonomisches sein, welches auch kulturellen Bedürfnissen gerecht wird: Leistung und Spaß.«[29]

Die New Economy war viel mehr als nur die Summe lustiger Hinterhof-Start-ups und überschnappender Jungunternehmer. Sie war für die Medien ein Werkzeug, eine Klammer, um fast alle Themen des ökonomischen und technischen Fortschritts wie Modernität, Technik, Jugend, Erfolg und Innovation in das Zentrum der Öffentlichkeit zu bringen und entsprechende Diskurse anzuregen. Anstecken ließen sich vom Medienhype, der in seiner extremen Phase letztendlich nur ein Jahr währte, von Mitte 1999 bis Mitte 2000, fast alle Zeitungen, Magazine, Portale sowie TV- und Radiostationen. Nicht nur die gerade neu entstehenden Lifestyle- oder Wirtschaftmagazine waren begeistert:

---

29 In: Meschnig/Stuhr (2001), S. 222.

»Die ›Performance‹ der Start-ups und die mediale Fokussierung auf Aufbruch und Spaß passen zusammen wie Schloss und Schlüssel: Das Entscheidende an den Start-ups ist nicht, dass bei ihnen mehr oder besser gearbeitet wird, sondern dass man sie als Verbindung von Professionalität und Enthusiasmus ansah, deren Vertreter auch nicht müde wurden, diese Verbindung zu betonen. Das kam gut an. Selbst die bürgerliche Zeit freute sich im April 2000, kurz nach dem Höhepunkt der Aktienkurse am Neuen Markt unter der Überschrift ›Deutschland – das Ende der Eiszeit‹ über den Aufbruch der New Economy: ›Die Republik, die gerade im Ausland als Inbegriff der Langsamkeit gilt, steckt mitten in einer spannenden Gründerphase‹.«[30]

Der Gründer war eine dieser diskursiv wirkenden Figuren, die nach sehr langer Zeit wieder aus der Versenkung auftauchten – nun aber neu gewendet und positioniert. Der junge Gründer war ein wagemutiger Unternehmer und weltgewandter Manager, kumpelhafter Chef und harter Geschäftsmann, zumindest in der eigenen Vorstellung und im Bild der Medien (mehr zur Figur des Gründers in Kapitel D).

Parallel zur Entwicklung der deutschen New Economy wurden auch in den Medien immer thematische Schwerpunkte (Wagniskapital, Börsengang, Mitarbeitermotivation u.ä.) gesetzt und diese ausführlich beschrieben, bis im Herbst 2000 die Stimmung schlechter wurde und die Geschichten kürzer. Die Medien brauchten aber etwas Zeit, um ihrer Euphorie Einhalt zu gebieten. Selbst Ende 2000 und Anfang 2001 erschienen noch völlig kritikfreie Geschichten, die zum Aktienkauf anregten und die Start-ups immer noch als erfolgreiche und innovative Unternehmen priesen.

Die Uniformität der Start-ups und ihr Bestreben sich auch selbst darzustellen, kam den Medien natürlich entgegen. Die englischen Ausdrücke, die völlig neu waren und die fast niemand verstand (VC, Business-Angel, CEO), gaben den Unternehmen eine Aura von Modernität und Professionalität, auch wenn die Mitarbeiter oft selbst nicht wussten, was ein Contentmanager war.

Wie schon betont, spielte die Finanz-, genauer gesagt die Börsenwelt, eine zentrale Rolle für die New Economy und war mit ihr ebenso untrennbar verbunden wie das Internet. Die Start-ups wurden deswegen so schnell gegründet und versuchten, so rasant Marktanteile zu erobern, um möglichst schnell an die Börse gebracht zu werden. Der IPO war das Ziel. Im Spiegel der Medien, besonders der populären Wirtschaftsmagazine, war dieser Teil sehr interessant. Dass Unternehmen mit wenigen Dutzend Mitarbeitern auf einmal so viel Wert sein sollten wie etablierte Riesenkonzerne leuchtete zwar nicht ein, war aber spektakulär. Die an-

---

30 Ebenda, S. 222f.

dere ökonomische Ebene, die der ganzen Gründungsfinanzierung, war letztendlich nur für die Wirtschaftspresse interessant. Die entsprechenden Fachausdrücke, ob Business-Angel, Venture Capitalist (VC), Inkubator oder Seed Capital, schafften es selten über die Wirtschaftsseiten hinaus. Der *Neue Markt* (*NEMAX*), der Aktienindex, in dem alle New Economy Unternehmen geführt wurden, wurde aber zum allgemein bekannten Begriff und weitaus interessanter als der etablierte Deutsche Aktienindex (*DAX*), der kurzzeitig sogar vom *NEMAX* beflügelt wurde. Im Zuge der Rekordkapitalisierungen der Start-ups wurde das gesamte Thema Aktienkultur enorm verstärkt, von 1999 bis ins Jahr 2001 verging kein Tag, an dem nicht zum Kauf von Aktien aufgefordert wurde.

Eine besondere Medienhysterie gab es um den Börsengang der 1999 gegründeten *Infineon*, der ehemaligen Halbleitersparte von Siemens, der am 13. März 2000 auf dem Höhepunkt der Börsen-Hausse stattfand. Die Aktie war 33-fach überzeichnet und nur jeder sechste Interessent erhielt seine Aktien, es musste gelost werden. Der Börsenstart von *Infineon* war mit einem Emissionsvolumen von 6,1 Milliarden Euro die größte Einführung einer Hightech-Aktie weltweit und die zweitgrößte in Deutschland überhaupt nach der T-Aktie 1996. Bei den Medienberichten über die Einführung der Infineon-Aktie, es darf von Werbung gesprochen werden, musste jeder das Gefühl bekommen, etwas zu verpassen, wenn sie oder er nicht zu den glücklichen Gewinnern der Verlosung gehörte. Die völlig kritik- und distanzlose Berichterstattung wird den Medien bis heute vorgeworfen. Warum die Massenmedien, nicht nur die Wirtschaftspresse, in den, durch sie geprägten und verbreiteten, Diskursen immer wieder die gleichen Begriffe und Schlussfolgerungen ungeprüft übernahmen, hat für den französischen Ökonomen Eric Brousseau simple Gründe, die nicht nur auf die New Economy zutreffen:

»This discourse is that of producers and interest groups. It has become that of governments and of many company heads and media executives who simply parrot it without standing back from things and observing the necessary precautions. Thus most of the forecasts about the development of e-commerce emanate from consultancy companies acting on behalf of the major companies in the sector. And it is on these figures that the arguments presented in government reports are based, for example that published in June 1999 by the American Department of Commerce on ›The Emerging Digital Economy‹.«[31]

Die Massenmedien, und hier vor allem die Wirtschaftsformate des Fernsehens, die entsprechenden Portale im Internet und die wirtschafts- wie konsumfreundlichen Wochen- und Monatsmagazine, waren dafür ver-

---

31 Zitiert in: Gadrey, Jean a.a.O., S. 9.

antwortlich, dass die Beschäftigung mit Aktien ab Mitte der 1990er Jahre zu einem weit über die Wirtschaft hinausstrahlendem Thema wurde. Da Deutschland bis dato ein Land war (und es heute wieder ist), in dem die Aktienkultur im Vergleich zu anderen westlichen Volkswirtschaften, besonders den angelsächsischen, eher unterentwickelt war, freute sich die Old Economy über den Bedeutungszuwachs der Börsengeschichten. Das tägliche Aktienhandeln, das Day-Trading, wurde kurz zum Massensport und eine Zeit lang hatte man das Gefühl, ein Neandertaler zu sein, wenn man sich keine Aktien von *Neue Markt*-Unternehmen kaufte oder sich nicht zumindest dafür interessierte. Die medialen Kaufaufforderungen, die mit dem Börsengang der T-Aktie am 18. November 1996 begonnen hatten (der Geburtsstunde der neueren deutschen Aktienkultur) hatten Wirkung gezeigt. Zwischen 1992 und 2000 stieg die Anzahl der deutschen Aktienbesitzer von 4,0 auf 6,2 Millionen und sank danach kontinuierlich bis zum Ausbruch der weltweiten Finanz- und Wirtschaftskrise auf 3,5 Millionen Ende 2008.[32] Die New Economy war ein wirksames Werkzeug der Medien, um bestimmte ökonomische Themen, Werte und Interessen transportieren zu können. Nach dem Ende der New Economy Ära hatten es viele dieser Themen wieder sehr schwer bzw. verschwanden völlig.

Obwohl es in diesem Kapitel vor allem um die New Economy in Deutschland gehen soll, kann über die Verbindung der klassischen Medien, der Old Economy der Medienwelt, und den neuen Medien nur anhand eines US-amerikanischen, des Paradebeispieles, gesprochen werden.

4.1 Multimediale Allianz: der Fall *AOL/Time Warner*

Am 10. Januar 2000 verkündet der Chef und Gründer des Internetunternehmens *America Online (AOL)*, Steve Case, einer überraschten Öffentlichkeit die Übernahme des Mediengiganten *Time Warner* über einen Aktientausch im Wert von 165 Milliarden US-Dollar. Damit wird nicht nur die größte Firmenfusion aller Zeiten beschlossen, sondern eine neue Ära in der Geschichte der Medienökonomie eröffnet: die Verschmelzung der traditionellen Unterhaltungsindustrie mit dem Medium Internet. Der gemeinsame Börsenwert des neuen Medien- und Kommunikationsgiganten *AOL Time Warner* ist zu diesem Zeitpunkt mit etwa 250

---

[32] In: *DAI (Deutsches Aktieninstitut) Factbook*, Stand März 2009. Der Rückgang hatte schon mit dem Niedergang der New Economy eingesetzt und wird durch die Finanz- und Wirtschaftskrise seit 2009 sicher noch beschleunigt.

Milliarden US-Dollar größer als das Bruttosozialprodukt von Belgien, Schweden oder der Türkei.

Möglich wurde diese Elefantenhochzeit durch die schwindelerregenden Kursanstiege der amerikanischen Internet-Aktien in den 1990er Jahren. Die exorbitanten Steigerungen etablierten ein Zahlungsmittel, das vor einem Jahrzehnt bei Übernahmen noch kaum relevant war: die Aktie. Mit der immer höheren Börsenkapitalisierung von unter realökonomischen Gesichtspunkten vergleichsweise kleinen Unternehmen weitete sich auch deren finanzieller Spielraum aus. Mit der Etablierung des Cyber-Cash in Form der Aktie konnte nun ein David durchaus einen Goliath schlucken.

Seit 1992 stieg der Aktienkurs von *AOL* auf das 800fache an, die Börsenkapitalisierung des Unternehmens betrug Ende 1999 etwa 170 Milliarden US-Dollar – das Doppelte des traditionsreichen Medienkonzerns *Time Warner*. Dass *Time Warner* zu diesem Zeitpunkt einen unvergleichlich höheren Umsatz und Gewinn erzielte, fiel in der Blütephase der aufstrebenden New Economy nicht weiter ins Gewicht. Der Aktienkurs von Unternehmen wie *AOL*, *Ebay* oder *Yahoo* spiegelte viel stärker die, in die Zukunft gerichtete, Erwartung sprudelnder Geldquellen wider, als »harte« wirtschaftliche Daten und Fakten es vermochten. Der Kauf eines Unternehmens wie *AOL* hätte auf dem Höhepunkt der Interneteuphorie astronomische Summen erfordert. Selbst kleine Internetprovider und E-Commerce Anbieter gingen für vollkommen überzogene Preise an eine Offline-Welt, die an die herausragende strategische Bedeutung der Internetfirmen glaubte oder zumindest glauben wollte.

AOL blieb aber die erste und bislang einzige Internet-Firma, die zeigen konnte, dass ihre Aktien nicht nur im Cyberspace, sondern auch in der traditionellen Wirtschaftswelt einen Wert darstellen. Während *Time Warner* etwa 80 Prozent der Erträge des neuen Unternehmens generierte, blieb die Aktienmehrheit mit 55 Prozent bei *AOL*. Es mag heute, acht Jahre nach dem jähen Absturz der einstigen Börsenlieblinge, erstaunen, dass ein so etablierter und erfolgreicher Konzern wie *Time Warner* zum Jahresbeginn 2000 solche Übernahmebedingungen akzeptierte. Aber selbst wenn wir zugestehen, dass dies heute auszuschließen ist, und dass ist es seit dem Aufstieg von *Google* seit Mitte der 2000er Jahre nicht mehr wirklich, so zeigt sich darin doch eine allgemeine Akzeptanz der Rolle des Mediums Internet für die Unterhaltungsindustrie. Die Fusion des damals weltweit größten Internetproviders *AOL* mit dem renommierten Medienunternehmen *Time Warner* bewies vor allem,

»[…] dass die herkömmlichen Medienkonzerne den Anspruch des Internets auf eine strategisch beherrschende Stellung inzwischen anerkennen. Umgekehrt zeigt das Interesse von AOL an Time Warner, dass das Massenmedium Internet in absehbarer Zeit mit dem traditionellen Mediensystem verschmelzen wird. Der Zusammenschluss von AOL und Time Warner wird diesen Integrationsprozess weiter beschleunigen.«[33]

Auf der einen Seite stand 2000 also *Time Warner* mit seinem bekannten Nachrichtensender *CNN*, *Turner Network Television* (*TNT*), den *Warner Brothers*-Filmstudios und daran angeschlossen deren Archive; dem Pay-TV Kanal *Home Box Office* (*HBO*), dem größten Verlagshaus der USA (*Time Inc.*) und einer der führenden Musikfirmen (*Warner Music Group*). Auf der anderen Seite *America Online* mit seinen damals über 20 Millionen Nutzern weltweit (2005 waren es 19,5 Millionen US-Nutzer, 2,8 Millionen weniger als 2004, und sechs Millionen europäische User) und dem, schon vor längerem übernommenen, *Compuserve*-Dienst. Viele Kommentatoren begeisterten sich denn auch über die vermeintlichen Synergieeffekte der Megafusion. *Time Warner* habe damit den Zugang zum Internet gefunden und *AOL* verfüge jetzt über einen etablierten Content-Provider mit Riesenarchiven und einer professionellen Nachrichtenmaschinerie. Tatsächlich sind die großen Internetfirmen wie etwa *Yahoo* oder *T-Online* zunehmend davon abhängig, Content über traditionelle Medienunternehmen zu generieren. Und letztere kämpfen um den Zugang zur virtuellen Welt der Netze und ihren Usern. *Die neue Firma gibt AOL breiten Zugang zu Konsumenten, und sie hievt Time Warner auf eine neue Ebene, was den Zugang von Neuen Medien und Hochgeschwindigkeitskabel anbelangt*, so Jessica Reif Cohen, Analystin beim Investmentbankhaus *Merrill Lynch*.[34]

Der Chef des fusionierten Unternehmens, *AOL*-Boss Steve Case, geriet zu Jahresbeginn 2000 angesichts der neuen Möglichkeiten ins Schwärmen: *Dies ist ein historischer Moment für den Bereich neue Medien*.[35] Durch den Zusammenschluss ergebe sich für *AOL* die einmalige Möglichkeit, seine Vision in die Wirklichkeit umzusetzen: dass Internet für die Menschen so wichtig und selbstverständlich zu machen, wie es bislang schon das Telefon und das Fernsehen sind. Cases Absicht war von Anfang an, das Internet *[...] zu einem Massenmedium auszubauen und in die Alltagsgewohnheiten normaler Verbraucher zu integrieren*.[36]

Die Gefahren einer solchen publizistischen Konzentration von Fernseh- und Radiosendern, Magazinen, Zeitungen und dem größten Inter-

---

33 In: Schiller, Dan, »Die Spinne hockt im Netz«, in: *Le Monde diplomatique,* Februar 2000.
34 Ebenda.
35 Ebenda.
36 Ebenda.

netprovider der Welt sind kaum überschaubar und sehr komplex. Neben einer rein ökonomischen Schieflage droht eine massive Einflussnahme auf die öffentliche Meinung sowie, gerade durch die neuen Möglichkeiten des Internets, die Erschaffung des gläsernen Users, dessen Einkaufsgewohnheiten detailliert festgehalten werden können. Trotz der Probleme bei *AOL Time Warner* (das Unternehmen heißt seit 2003 wieder *Time Warner*), es blieb die Vision eines Medienkonzerns, der alles liefert: Unterhaltung, Nachrichten, Geburtstagswünsche, Jobangebote, Partneranzeigen, Seitensprungadressen, E-Mail und Telefon. Gerald Levin, der Generaldirektor von *AOL-Time Warner*, brachte die Strategie der totalen Durchdringung der Privathaushalte mit den Produkten der Medienindustrie beeindruckend schonungslos auf den Punkt:

»Die Menschen brauchen unsere Produkte, um ihren Alltag in den Griff zu kriegen, und allen, die von ihrer entsetzlichen Langeweile befreit werden wollen, erzählen wir einfach Geschichten.«[37]

Die Fusion des Mediengiganten *Time Warner* mit dem Onlineriesen *AOL* geriet danach nicht in die Krise, weil dieser Traum der totalen Medienversorgung ausgeträumt ist, sondern weil sich die unterschiedliche Größe und der, für *Time Warner* ungerechte, Zusammenschluss rächten und hier zwei völlig unterschiedliche Unternehmenskulturen aufeinander prallten. Mitte 2002 übernahmen die Manager von *Time Warner* wieder die Kontrolle, im September 2003 wurde der Zusatz *AOL* aus dem Unternehmensnamen getilgt und später die europäischen *AOL*-Ableger in Deutschland, Frankreich und Großbritannien verkauft. Eine völlige Trennung hielt der ehemalige *AOL*-Chef Steve Case schon 2003 für möglich. Diese wurde dann im Dezember 2009 auch tatsächlich vollzogen.[38]

Trotz dieses unglücklichen Zusammenschlusses ist es nur eine Frage der Zeit bis *Google*[39], *Yahoo*, *Ebay* o.a. ein großes Unternehmen der Offline-Welt schlucken werden, auch wenn nicht mehr zu solchen Bedingungen wie damals *AOL Time Warner*.

---

37 Interview in: *The New York Times*, 13.01.2001.
38 In: *Heise online*, 09.12.2009, siehe unter: http://www.heise.de/newsticker/meldung/Time-Warner-und-AOL-sind-geschieden881297.html.
39 *Google* erwarb Ende 2005 mit einer Milliarde US-Dollar fünf Prozent der Aktien von *AOL*. In: *manager-magazin.de*, 21.12.2005, siehe unter: http://www.manager-magazin.de/it/artikel/0,2828,391590,00.html.

5. Die Krise der New Economy: der Niedergang 2000-2003

Der Höhepunkt der New Economy kann sehr genau bestimmt werden, auf den Tag genau. Es ist der 10. März 2000, als der Kurs der US-amerikanischen Technologiebörse *NASDAQ* im Handelsverlauf sein Allzeithoch von 5132,52 Punkten[40] erreicht und der *NEMAX 50* bei 9665 Punkten steht. Die Großen Drei der frühen New Economy Zeit, *Amazon*, *AOL* (als Teil von *AOL-Time Warner*) und *Yahoo*, sind zu diesem Zeitpunkt mehr Wert als *IBM*, *General Motors* und *Ford*, drei der weltweit größten Konzerne. Im März 2000 weiß nicht nur jeder Wirtschaftsexperte, dass diese Werte völlig irreal sind und mit dem tatsächlichen Wert der kleinen Unternehmen nichts zu tun haben. Wenn Unternehmen mit 20 Mitarbeitern und einem Umsatz von zehn Millionen US-Dollar plötzlich eine Milliarde wert sind, dann wird hier das Vertrauen in die Zukunft gehandelt. Vertrauen in die Zukunft eines Unternehmens, einer Branche, einer ganzen Epoche. Die Investoren, die Medien und Gründer gerieten so außer sich, weil das Internet wie die Dampfmaschine, wie der erste Computer oder das erste Auto gehandelt wurde. Niemand wollte an der Seite stehen, alle auf den Zug in die (goldene) Zukunft springen. So verwunderte es nicht grundsätzlich, dass die Kurse nach dem Höhepunkt im März fielen. Es gilt in Börsenkreisen als ausgemacht, dass es nach einer Phase der Überhitzung eine der Konsolidierung geben wird. Stattdessen gibt es einen Absturz, ein Desaster auf Raten, dass sehr viel Kapital, ökonomisches wie ideelles, zerstört. Nach seinem Allzeithoch am 10. März verliert der *NASDAQ* von Mitte März bis Mitte April 2000 34 Prozent seines Wertes, allein am 14. April 2000 stürzt der Index um 9,7 Prozent ab. Danach erholt sich der *NASDAQ* von Juni bis September wieder, eine Hoffnung auf eine neue Rally kommt auf, die aber durch einen erneuten Absturz ab Ende September 2000 zunichte gemacht wird. Im Herbst 2000 trübt sich die Stimmung auch außerhalb der Börse deutlich ein und nach mehreren spektakulären Zusammenbrüchen und Entlassungswellen steht der *NEMAX* Anfang 2001 wieder dort, wo er Anfang 1998 gestanden hatte. Ende 2001 sind viele der ehemals hoch gehandelten Aktien nur noch so genannte Penny Stocks, Spielgeldaktien, die ein oder zwei DM wert sind. Die Marktkapitalisierung aller im März 2000 gelisteten 229 Unternehmen im

---

40 Seit der Einführung des Nasdaq Composite am 5. Februar 1971 hatte er damit um fast 5000 Prozent zugenommen. Im Januar 2010 lag er bei ca. 2300 Punkten, nachdem er im November 2008 sogar unter 1300 Punkte gerutscht war. In: *Nasdaq online*, siehe unter: http://quotes.nasdaq.com/aspx/StatisticalMilestones.aspx.

NEMAX All Share fällt von 231 Milliarden Euro auf 29 Milliarden Euro im September 2002 bei 264 gelisteten Unternehmen. In zweieinhalb Jahren sind am Neuen Markt über 200 Milliarden Euro an Aktienwert *verbrannt* worden und insgesamt geht die Marktkapitalisierung der 430 größten börsennotierten deutschen Unternehmen in den Jahren 2001 und 2002 von 890 Milliarden Euro auf 315 Milliarden Euro zurück. Während in Deutschland nach dem Ende der Dotcom-Blase etwa 600 Milliarden Euro vernichtet werden, sind es in den USA über fünf Billionen US-Dollar.[41]

Die ökonomischen Ursachen für den Niedergang sind leicht zu beschreiben. Was viel interessanter ist, ist der Frage nachzugehen, ob nur die Geschäftsmodelle oder auch die Unternehmensmodelle, der Spirit der New Economy, scheiterten und was von der Leistungskultur blieb.

Eigentlich hatten sie es ja alle kommen sehen, spätestens 2001 sind alle schlauer. Den jungen, unerfahrenen Gründern hatte man für nicht ausgereifte Ideen zu schnell zu viel Geld gegeben. Sie hatten sehr viel Geld in Mitarbeiter, Marketing und Technik gesteckt und manche auch in zu große Fabriklofts und Partys. Die Schuldigen waren nach Meinung der Investoren die Gründer, nach Meinung der Gründer die Banken und Investoren und nach Meinung der Medien die Gründer und Investoren. Die Mitarbeiter waren natürlich auch zu naiv gewesen, die Medien zu unkritisch und die normalen Bürger zu gutgläubig. Die Blase der New Economy platzte an der Börse im April 2000, im Selbstverständnis der Branche aber erst im Herbst/Winter 2000/2001:

»Spätestens seit November 2000 häuften sich die Hiobsbotschaften rund um die neue Ökonomie: horrende Umsatzeinbrüche, Unternehmensgewinne, die sich als Verluste entpuppten, ein drastischer Rückgang der Investitionen von potenziellen Kunden in Produkte der Informationstechnologie, volle Lagerkapazitäten, die abgeschrieben werden mussten usw.«[42]

Die ganz eigene Finanzierungsstruktur vieler Start-ups erweist sich nun als Bumerang. Nicht nur dass die Unternehmen auf Pump finanziert waren, das Geld vom VC oder das Seed Capital reichte auch oft nur für ein Jahr. Bei vielen Start-ups lief Ende 2000 die erste oder zweite Finanzierungsrunde aus und die meisten Investoren und Banken waren nicht mehr gewillt, Kapital nachzuschießen, hatten sie doch gesehen, wie viel Geld in kürzester Zeit verbrannt werden konnte. Die Party war vorbei. Nun war auf einmal alles schlecht, was noch vor wenigen Monaten gut geheißen wurde. Gemessen an dem Auftreten der jungen Gründer zu

---

41 In: Roesler, Jörg, a.a.O., S. 221.
42 In: Meschnig/Stuhr (2001), S. 245.

Boom-Zeiten und deren verächtliche Äußerungen über die langsame Old Economy, zeigte die etablierte IT-Zunft in der Krise wenig Häme. Zum Feiern hatte sie auch keinen Grund. Der Niedergang der New Economy verschlechterte allgemein die wirtschaftliche Lage und das zarte Pflänzchen der deutschen Aktienkultur wurde rüde zertreten. Ein Unternehmen, eines der erfolgreichsten deutschen der letzten 20 Jahre, der Softwarekonzern *SAP*, sozusagen die IT-Mutter der deutschen New Economy, konnte sich aber nicht ganz zurückhalten. Im Dezember 2000 schalteten sie eine Anzeigenserie, die die junge Branche und deren Gründer regelrecht verspottete. Auf dem Bild ist ein Unternehmer zu erkennen (am Mantel und Aktenkoffer), der einen kleinen Jungen an die Hand nimmt, der traurig sein Stofftier hinter den Rücken hält. Der Slogan spricht Bände: *Höchste Zeit für eine neue ›New Economy‹ – eine, die endlich Gewinne macht.*

Auf die ökonomische Situation bezogen ist die Frage nicht nur, wie es so schnell bergab gehen konnte, sondern warum es so lange so gut gehen konnte, auch wenn die absolute wirtschaftliche Hochphase der New Economy nicht einmal ein Jahr anhielt. So kam 2001 alles ans Licht, was viele schon geahnt hatten und viele lieber im Dunkeln lassen wollten. Die Geschäftsmodelle eines Großteiles der deutschen Start-ups hatten den Namen kaum verdient, waren ökonomisch nie tragfähig gewesen und hatten auch schon vorher für Spot gesorgt.[43] Am fünften Geburtstag des Neuen Marktes, am 10. März 2002, gab der Chef der *Deutschen Börse AG* Werner G. Seifert zu bedenken:

> »Venture Capitalists haben ›high risk-start-ups‹ an die Märkte gebracht, ohne die Investoren über die damit verbundenen Risiken zu informieren. Dadurch ist ein moralisches Vakuum entstanden, das keine klare Linie zieht zwischen akzeptablem und unakzeptablem Risiko.«[44]

---

43 Die linke Wochenzeitung *Jungle World* erklärte ihren Lesern den Unterschied zwischen Old und New Economy: *Wenn der Hunger kommt, man aber die Wohnung nicht verlassen möchte, dann gibt es in der Regel drei Möglichkeiten. Entweder man hat rechtzeitig eingekauft und braucht nur noch den Backofen anzuheizen und die Pizza auf der mittleren Schiene einschieben. Das dauert etwa zwanzig Minuten und ist hopelessly Old Economy. Oder man greift zum Telefon und ruft Call-a-Pizza an. Das dauert auch zwanzig Minuten und ist immer noch Old Economy. Oder man gibt seine Bestellung bei snacker.de im Internet auf, und snacker.de schickt ein Fax an Call-a-Pizza. Das dauert länger als zwanzig Minuten, ist aber New Economy.* In: Rohloff, Joachim, »Sei kein Slacker, geh zu snacker«, in: *Jungle World*, 31.05.2000.

44 Ders., in: »Neuer Markt Die Chronik einer Kapitalvernichtung«, in: *Manager-Magazin*, 01.06.2003, siehe unter: http://www.manager-magazin.de/geld/artikel/0,2828,186368,00.html.

Stephan Schambach, mit seiner Firma *Intershop* einer der Stars der deutschen New Economy, sagt es im November 2000 etwas einfacher: *Die haben, überspitzt formuliert, beinahe jede Bude an die Börse gebracht.*[45] Anfangs gibt es noch kleine Durchhalteparolen. Gabrielle Fischer, die Chefredakteurin von *brand eins*, dem Magazin, das zu einer Art Sprachrohr der deutschen New Economy geworden war, sagt noch im Mai 2001: *Das neue Denken bewegt uns weiterhin. Und für einen Abgesang auf eine Entwicklung, die so viel verändert hat, gibt es keinen Grund.*[46]

Das sahen viele schon ganz anders. Ab Frühjahr 2001 ist das große Zähneknirschen angesagt und viele verhalten sich nun so, als ob es die New Economy nie gegeben hätte. Den Namen der ehemals vergötterten Wunderökonomie nimmt niemand mehr in den Mund, Start-ups gibt es auch nicht mehr. Auch die Publizistik rund um die New Economy gerät mit ihrem Zugpferd in die Krise. Alle deutschen New Economy-Magazine geraten mit dem Börsenabsturz in eine Krise. Das bis damals erfolgreichste, *Business 2.0*, wird eingestellt. Die gleichnamige US-Mutter verbannt den Ausdruck New Economy sogar aus ihrem Untertitel. Eine kurze Trotzphase begann mit dem Niedergang der New Economy im April, spätestens aber Oktober 2000 bis zum 11. September 2001. Noch Anfang 2001, als viele Start-ups schließen mussten, wurden Durchhalteparolen ausgegeben. Im Vorwort des Messekataloges zur *Internet World 2001* (15. bis 17. Mai 2001) heißt es:

»Jeden Tag werden neue Insolvenzen in der Branche bekannt. Trostlose Aussichten für eine überschätzte Technologie? Sicherlich nicht, das Scheitern einiger Unternehmen der New Economy darf nicht von den tatsächlichen Chancen und wirtschaftlichen Perspektiven des Internets ablenken.«[47]

Selbst mitten in der Krise mochten die Mythopoeten der New Economy nicht von ihrer Sicht abweichen. Sehr anschaulich konnte das beim Zentralorgan der deutschen New Economy, dem Magazin *brand eins*, beobachtet werden, das im Mai 2001 einen Artikel, der sich mit dem Aufstieg und Niedergang der New Economy befasste, wie folgt untertitelte:

»Triumphiert die Old über die New Economy? Ist das Alte besser als das Neue? War der Wandel nur ein Traum? Oder schlägt jetzt die Stunde der Wahrheit? Die New Economy ist tot. Es lebe die neue Wirtschaft.«[48]

---

45 Ders., Interview in: *Süddeutsche Zeitung*, 27.11.2000.
46 In: Meschnig/Stuhr (2001), S. 50.
47 So Michaela Voltenauer, Geschäftsführerin *ComMunic GmbH*, Messekatalog *Internet World 2001*, Mai 2001. Die erste Diskussionsrunde am 15. Mai hieß bezeichnenderweise: »Nie wieder New Economy?«
48 In: *brand eins*, April 2001.

Aus der Sicht der New Economy war dieser Kommentar sehr konsequent. Sollte ihr eigener Begriff auch diskreditiert sein – egal – um den ging es auch nicht. Am Ende des Artikels heißt es unter der Kapitelüberschrift *Der Beat des Wandels:*

»Trauer? Depression? Hoffnungslosigkeit? Kevin Kelly, ›Wired‹-Redakteur und früher Prophet der neuen Ökonomie, wird oft zu Veranstaltungen mit dem Thema ›Das Ende der New Economy‹ gerufen. Die Leute erwarten ein Requiem. Doch es ist anders, weiß Kelly: ›Am Ende sitzen alle da und wissen: Es fängt gerade erst an.‹ Genau. The beat goes on.«[49]

Die Vertreter der New Economy, die Unternehmen und Medien aber auch die Politik, legten eine beachtenswerte Flexibilität an den Tag. Da es in ihrem Verständnis wohl eher ein Image-Problem mit dem Ausdruck New Economy gibt, so wird dieser nun weit von sich gewiesen. Das Hamburger Magazin *brand eins*, dass die New Economy stets begleitete, beharrte nun noch eindringlicher darauf, sowieso immer von Neuer Wirtschaft gesprochen zu haben. Denn, wie es selbst richtig erkannte: *Sich als New Economy-Unternehmen zu beschäftigen fällt bereits unter die Rubrik Eigen-Geschäftsschädigung.*[50] Die jungen Unternehmer lernten schnell. Oliver Sinner, ein während des Hypes häufig porträtierter Gründer (des E-Commerce-Dienstleisters *SinnerSchrader*), hatte, wie im *brand eins*-Interview im April 2001 zitiert, sein Unternehmen nun *immer schon als Old-Economy-Firma* gesehen:

»[...] ›wir sind kein Dot.com, waren wir nie‹, sagt Oliver Sinner ›Dot.com‹ ist für den Agenturchef ein Schimpfwort. Dot.coms, das sind, um im Sprachbild Sinners zu bleiben, Eierlikörtrinker, Schattenparker, Hörnchentunker – ›so Typen eben, die von den Venture-Capital-Firmen alles reingeschoben kriegten – kein Mensch wusste wofür‹.«[51]

Und selbst einer der Unternehmer-Götter der New Economy, Jeff Bezos von *Amazon*, wurde zunehmend gereizter und sagte in einem Spiegel-Interview: *Ich weiß gar nicht, was das bedeuten soll. Jeden, der diesen Begriff benutzt, frage ich, was er mit ›New Economy‹ meint.*[52]

Das Geschäftsmodell New Economy war zu diesem Zeitpunkt bereits gescheitert, im Frühjahr 2003 wird der *Neue Markt* eingestellt und verändert als *TecDAX* weitergeführt. Was passierte aber mit dem Unter-

---

49 Ebenda.
50 In: *brand eins*, April 2001, S. 57.
51 Interview in: *brand eins*, April 2001, S. 39.
52 Zitiert in: Ebenda, S. 57.

nehmensmodell New Economy, mit der besonderen Führungskultur und dem viel beschworenen Geist der New Economy?

Die Mitarbeiter wussten als Erstes, dass es mit den Start-ups ökonomisch nicht funktionieren konnte. Je näher sie am Thema Finanzierung und Business-Pläne beteiligt waren, die Marketing-Strategien gelesen hatten und die Ideen der Gründer vernahmen, desto mehr ahnten sie, dass dieses Modell nicht funktionieren konnte. Anfangs ließen sich auch die eingeweihten und kritischen Mitarbeiter noch mitreißen oder blenden. Sie glaubten zwar nicht an Geschäftsmodelle, die sich rein über Werbebanner-Tausch im Internet finanzieren sollten, aber noch waren die Start-ups finanziert und die Stimmung gut. Die Mitarbeiter, die normalen kreativen Tätigkeiten nachgingen oder programmierten, genossen ihre Freiheiten und hofften, eine neue Arbeitswelt gefunden zu haben. Die Gründer waren trotz des betont lockeren Umgangs meist fremde Menschen geblieben und die Mitarbeiter hofften, dass die Jungunternehmer ihren Job gut machten, wenn sie denn ihren eigenen gut machten. Was den besonderen *Geist* betraf, so reagierte dieser mit etwas Verzögerung auf die Abstürze an den Börsen. Die Stimmung in den deutschen Start-ups kühlte sich bereits im Herbst 2000 ab, richtig kalt wurde es erst Anfang 2001. In der Arbeitsrealität sah es so aus, dass nach und nach viele der kleinen Vergünstigungen und Service-Leistungen, die *Goodies* und *Incentives*, verschwanden oder reduziert wurden. Das morgendliche Frühstück fiel aus oder bestand nur noch aus einem Kaffee, die Masseuse kam gar nicht mehr, das *best girl* auch nicht oder nur noch einmal in der Woche und Kickerturniere wurden nicht mehr initiiert, auch der Umtrunk am Freitagnachmittag fiel plötzlich weg. Diese Einsparungen gab es nicht nur, weil diese Aktivitäten in der Summe so viel Geld kosteten, sondern weil es um Signale an die Mitarbeiter ging. Seht her, die Lage ist ernst, wir können nicht mehr alles finanzieren und wir sollten uns ganz auf die Arbeit konzentrieren. Die Idee für diese Kehrtwende kam meist nicht von den Gründern selbst, sondern von externen Beratern, die von den Investoren geschickt wurden. Ab Mitte 2000 wurden vermehrt seriös gekleidete Herren gesehen, die mit den Gründern in langen Meetings zusammensaßen. Diese Berater, meist Finanz-Controller, sahen die ungewöhnlichen Extrakosten der Start-ups sofort und strichen diese zusammen.

Für die meisten Mitarbeiter sind diese Einschnitte nicht so gravierend, weil sie so sehr an diesen Goodies hängen oder diese wirklich brauchen, sondern weil sie elementare Bestandteile ihrer Firmenkultur sind und aus einer normalen Firma ein Start-up machen. Der nun einsetzende Prozess der ökonomischen Konsolidierung ist für die Mitarbeiter einer der Desillusionierung. Denn es bleibt nicht bei der Einschränkung der netten kleinen Vergünstigungen, sondern auch der Ton der Gründer wird ein anderer. Diese bekommen selbst Druck von den Investoren und geben diesen an die Mitarbeiter weiter. Nun wollen sie sich auch Vorstand nennen, ziehen immer öfter Anzüge an und verbieten plötzlich längere Mittagspausen. Diese Einschränkungen werden von vielen Mitarbeitern mehr oder weniger klaglos hingenommen, einige kündigen aber von sich aus. Kompensiert werden die Einschränkungen nicht. Es gibt nicht mehr Geld und die Unsicherheit des Arbeitsplatzes nimmt zu. Dass Einzige, das viele als Verbesserung bemerken, ist, dass sich im Zuge der Normalisierung auch die Organisation und Effizienz der Arbeit verbessert. Das ist für die allermeisten Mitarbeiter aber nur ein schwacher Trost. Bevor es so richtig losgegangen war, schien sich der Traum vom anderen Arbeiten in Luft aufzulösen. Ganz dem Geist der New Economy verpflichtet ruft aber niemand nach dem Staat oder den Gewerkschaften – das Individuum hat mit der Situation klarzukommen.

Nur wenige der kleineren Start-ups überleben ihre erste oder zweite Finanzierungsrunde, 2001 gibt es die ersten größeren Entlassungsrunden, spätestens dann ist der Spirit weg, die Mitarbeiter sind in einer kleinen, armen Firma angekommen. Da sich 2001 auch die gesamtwirtschaftliche Lage schon etwas eingetrübt hatte, können nicht alle Mitarbeiter einfach ihren Job aufgeben. Viele gehen, wenn möglich, in ihre alten Berufe zurück oder nehmen sich eine Auszeit.

Als hätte es nicht schon genug schlechte Nachrichten gegeben, wird der hedonistische, leistungsbejahende und optimistische Geist der Jahre um die Jahrhundertwende durch die Terroranschläge am 11. September 2001 völlig in Frage gestellt. Die fröhlichen Start-ups passen nun überhaupt nicht mehr in eine (Wirtschafts-)Welt, in der es immer ernster und sachlicher zugeht. Der 11. September ist sicherlich nicht der Todesstoß für die New Economy, die Krise hatte schon 2000 begonnen, aber die wirtschaftlichen und politischen Rahmenbedingungen verschlechtern sich jetzt deutlich.

Wie sieht der Niedergang konkret aus? Das Schicksal des Münchner Filmhändlers *EM.TV* ist so typisch wie ungewöhnlich. Die Firma ist kein richtiges Start-up, sondern mehr ein *Ein-Mann-Unternehmen*, dass auch mit dem Internet wenig zu tun hat. In der Medienberichterstattung der 2000er Jahre wird es durch die Person des Gründers Thomas Haffa zum meistbeachteten (und später auch meistbelächelten) Unternehmen der deutschen New Economy.

5.1 Kriminelle Energien: der Fall *EM.TV*

Warum es gerade die *EM.TV* ist, die zu *der* Geschichte der deutschen New Economy wird, hat mehrere Gründe. Zum einen ist es, wie erwähnt, sicher der damals 48-jährige Partylöwe Thomas Haffa, der durch sein öffentliches Auftreten zum ersten und einzigen Popstar und Promi der New Economy wird. Dass die im Juni 1989 gegründete *Entertainment München, Merchandising, Film und Fernseh GmbH*, kurz *EM.TV*, kein Start-up im klassischen Sinne der späten 1990er Jahre ist und auch geschäftlich fast nichts mit dem Medium Internet zu tun hat, erweist sich für die (Boulevard-)Medien eher als Vorteil. So interessant der Aufstieg der hippen Hinterhoffirmen auch ist, deren Gründer, meist noch junge Männer Ende zwanzig/Anfang dreißig, haben weder die Ausstrahlung noch das Alter, noch führen sie das Leben, dass Thomas Haffa in den Medien zelebriert. Die oft zitierte *Party* schmeißt *EM.TV*. Die neureiche und etwas großkotzige Pose, die Thomas Haffa in den Jahren 1998 bis 2000 an den Tag legt, ist genehm, die Leser der Boulevardzeitungen können sich unter New Economy oder Medienunternehmen nun endlich etwas vorstellen, es muss eine aufregende, glitzernde Welt sein. *EM.TV* wird im Laufe der 1990er Jahre durch Zukäufe von Merchandising- und Vermarktungsrechten groß. 1990 erwirbt sie die Merchandisingrechte von *Nintendo* und dem *Deutschen Sportbund* und beginnt 1991 mit der Vermarktung der *Sesamstraße*; Kindersendungen und -filme bilden den Schwerpunkt der Akquisitionen. Ende 1998 kommt es zum entscheidenden Geschäft, als *EM.TV* für knapp 500 Millionen DM die Kinderfilmbibliothek Junior mit 20.000 halbstündigen Episoden (die später im Gemeinschaftsunternehmen *Junior-TV* auf *Premiere* laufen) vom Münchner Filmhändler Leo Kirch kauft und ihm damit aus einer Finanzklemme hilft.

Am 30. Oktober 1997 geht *EM.TV* an den Neuen Markt, der Ausgabepreis beträgt 0,68 DM pro Aktie und wird bis zum Frühjahr 2000 um über 30.000 Prozent auf über 234 DM steigen.[53] Im Februar 2000 übernimmt *EM.TV* für rund 1,3 Milliarden DM die *Jim Henson Company* (u.a. *Sesamstraße* und *Muppet Show*). Dieser, nach Expertenmeinung völlig überhöhte Preis, gilt später als Anfang vom Ende. Am 10. März 2000 beträgt die Marktkapitalisierung von *EM.TV* 24,8 Milliarden DM; es ist damit, nach der amerikanischen *Broadvision*, das zweitwertvollste Unternehmen am Neuen Markt. Das Aktienkapital wird kräftig inves-

---

53 Alle Geschäftsdaten in diesem Abschnitt aus: *Manager-Magazin*, 06.05.2003, siehe unter: http://www.manager-magazin.de/geld/artikel/0,2828,147003,00.html.

tiert, im gleichen Monat kauft *EM.TV* für 3,3 Milliarden DM 50 Prozent der Vermarktungsrechte der Formel 1. Nun ist Thomas Haffa auf dem Höhepunkt seines Ruhmes, in der *Bild-Zeitung* ist ein Foto abgedruckt, auf dem zu sehen ist, wie er genüsslich triumphierend neben Formel 1-Boss Bernie Ecclestone flaniert.

Das Medien- und das Wirtschaftsunternehmen *EM.TV* unterscheiden sich aber deutlich voneinander. Wie Monate später bekannt wird, hatte Thomas Haffa schon im Februar 2000 200.000 *EM.TV*-Aktien für 40 Millionen DM veräußert, ein klarer Verstoß gegen die Abmachung mit dem Konsortialführer *WestLB*, keine Anteile abzustoßen. Im April 2000 kommt es zu den letzten guten Nachrichten, der Umsatz von *EM.TV* war 1999 von 81 auf 317 Millionen DM gestiegen, der Gewinn hatte sich auf 150 Millionen DM verfünffacht. Im Oktober 2000 sorgt eine nachträgliche Korrektur der Halbjahreszahlen nach unten für Irritationen, der Kurs der Aktie fällt auf 89,20 DM. Trotz der Skepsis bei den Investoren bestätigt Thomas Haffa die Prognose für 2000, der Umsatz solle bei 1,6 Milliarden DM liegen, der Vorsteuergewinn bei 600 Millionen DM. Am 1. Dezember 2000 korrigiert *EM.TV* die Gewinnprognose für 2000 drastisch auf 50 Millionen DM, der Aktienkurs bricht auf unter 39 DM ein. Am 3. Dezember erklärt Konzernvize Florian Haffa, der Bruder von Thomas, seinen Rücktritt. Einen Tag später gibt *EM.TV* einen Verlust im Kerngeschäft bekannt, die Kirchgruppe steigt bei *EM.TV* ein und verpasst dem Unternehmen für einen Anteil an den Formel 1-Rechten eine Finanzspritze in Milliardenhöhe. Am 13. Dezember 2000 nimmt die Staatsanwaltschaft Ermittlungen gegen die Haffa-Brüder auf, am 4. November 2002 beginnt vor dem Münchner Landgericht der Prozess wegen Kursbetruges. Am 8. April 2003 werden die Brüder zu Geldstrafen (Thomas Haffa zu 1,2 Millionen Euro, Florian Haffa zu 240.000 Euro) verurteilt. Thomas Haffa ist nach dem Urteilsspruch *fassungslos; dieses Urteil ist in keinster Weise gerecht.* Ähnlich sehen es Fachleute, die ein deutlich höheres Strafmaß erwartet hatten. Der Rechtsanwalt Klaus Rotter damals: *Das Urteil ist ein Skandal. Spätestens im Sommer 2000 war den angeklagten Brüdern bekannt, dass das Unternehmen EM.TV auf die Insolvenz zusteuert, weil sie die Kaufpreisverpflichtung nicht finanzieren konnten.*[54]

Am 25. Juli 2001 tritt Thomas Haffa zurück, der bisherige *SPIEGELnet* Chef Werner E. Klatten tritt seine Nachfolge an, die er bis August 2008 innehat, danach wechselt er in den Aufsichtsrat. Klatten übernimmt auch 24,8 Prozent der *EM.TV*-Anteile von Thomas Haffa (für die er 100 Millionen Euro erhält). Der ehemalige Vorzeigemanager will sei-

---

54 Ebenda.

nen Fall vom Olymp nicht wahrhaben, auf der Hauptversammlung im August 2001 fehlt er und kreuzt lieber mit seiner 35-Meter-Yacht *Felidan* vor der französischen Küste. Klatten verkauft im Mai 2003 die *Jim Henson Company* für etwa 110 Millionen Euro. Nachdem im Mai 2007 alle anderen Aktivitäten im Unterhaltungsbereich veräußert wurden, nennt sich *EM.TV* Ende Juni in *EM.Sport Media AG* um und konzentriert sich auf seinen Sportgeschäfte rund um seinen Sender *DSF*; der Wert der Aktie steht im Januar 2010 bei knapp über fünf Euro.

Wie schon anfangs erwähnt, ist *EM.TV* mit seinem emporgestiegenen und gefallenen Chef Thomas Haffa nicht prototypisch für ein Internet-Start-up. Kein Dotcom erfuhr eine solche Medienpräsenz und die jungen Gründer inszenierten sich etwas hemdsärmliger. Die Geschichte von *EM.TV* steht für die Absurditäten und den Größenwahn der New Economy. Haffa träumte davon, so groß wie *Disney* zu werden, und wurde zu einem Beweis für die kriminelle Energie, die im Rausch freigesetzt werden kann. Die Grenzen zwischen Manipulation, Betrug und Unwissen waren oft fließend, die Anzahl von Anklagen und Untersuchungen am Ende der New Economy Zeit von 2001 bis 2003 war beträchtlich.

Im Februar 2001 wird das Telekommunikationsunternehmen *Gigabell* wegen Verstoßes gegen die Aktienregeln vom Neuen Markt ausgeschlossen, nachdem es schon am 15. September 2000 als erstes *NEMAX*-Unternehmen Insolvenz angemeldet hatte. Am 2. November 2001 folgt die insolvente *Kabel New Media* aufgrund der neuen Delisting-Regeln, die *Penny-Stocks* ausschließen sollen. Am 20. November 2001 beantragt mit der *Biodata Information Technology* erstmals ein *NEMAX 50* Unternehmen ein Insolvenzverfahren und drei Tage später mit *Brokat Technologies* einer der ehemaligen Stars der New Economy. Anfang April 2002 wird der Firmengründer der *Comroad*, Bodo Schnabel, verhaftet und im November wegen gewerbsmäßigen Betruges, Insiderhandels und Kursbetruges zu sieben Jahren Gefängnis verurteilt, seine Frau Ingrid Schnabel, die im Aufsichtsrat saß, zu zwei Jahren auf Bewährung; ferner werden 20 Millionen Euro aus dem Vermögen der Familie eingezogen. Dieses spektakuläre Urteil ist das härteste im Umfeld der New Economy. Einen Monat vorher, am 21. November 2002, war der Gründer der angeschlagenen *Kinowelt AG*, Michael Kölmel, am Starnberger See wegen Fluchtgefahr verhaftet worden. Im Januar 2003 wird gegen Stefan Domeyer, den Gründer von *Metabox*, Anklage wegen Kursbetrugs erhoben und am 1. April 2003 beginnt vor der Dritten Strafkammer des Landgerichts Augsburg das Verfahren gegen die ehemaligen *Infomatec*-Vorstände Gerhard Harlos und Alexander Häfele, denen Gründungsschwindel, Kapitalanlage- und Kursbetrug sowie illegaler Insiderhandel vorgeworfen wird. Der Schaden für die Anleger wird auf rund 250 Millionen Euro geschätzt. Im Mai 2003 wird ein Manager der *CPU Softwarehouse AG* wegen verbotenen Insiderhandels zu einer Geldstrafe von 8100 Euro verurteilt.

Die New Economy, die in Deutschland 1999 und 2000 so strahlend gestartet war, drohte von 2001 an, als Ganzes in Insolvenz zu gehen. Die Traumfabrik *Neuer Markt* war zur Zockerbörse geworden und erschütterte das Vertrauen der Deutschen in die Aktienkultur und die Wirtschaft als Ganzes. Für die kleinen Unternehmen der New Economy ist der Absturz der Aktienkurse, der schon im Sommer 2000 einsetzte, eine Katastrophe. Als ein weiterer Grund, neben der viel zu leichtfertigen Risikokapitalvergabe, gelten die sehr hohen Zahlungen (50,8 Milliarden Euro) privater Netzbetreiber für die staatlich versteigerten UMTS-Lizenzen im August 2000. Durch die fallenden Kurse verloren die schon an der Börse gehandelten Unternehmen massiv an Wert und bereits geplante IPOs mussten abgesagt werden, Wagniskapital war ab 2001 praktisch nicht mehr zu bekommen. Nachdem Ende 2000 viele Finanzierungsrunden ausliefen, setzt ab 2001 das große Dotcom-Sterben ein, von den am Neuen Markt gehandelten Start-ups gehen im Laufe des Jahres 24 in Insolvenz oder beantragen den Wechsel vom Neuen Markt in den geregelten Handel (wie als erste am 6. Juli 2001 die *Sunburst Merchandising*) oder werden ausgeschlossen. 2001 kommt es nur noch zu elf Neuemissionen, nachdem es 2000 138 neue und 1999 139 neue Unternehmen am Neuen Markt gegeben hatte. Den letzten Börsengang am Neuen Markt gibt es am 26. März 2002 mit dem Hamburger Windenergiespezialisten *Repower Systems*.

Die Insolvenzen und Kursverluste der am Neuen Markt gehandelten Unternehmen sind nur die Spitze des Eisberges, alle VC-finanzierten Start-ups bekommen ab Mitte 2000, spätestens ab Anfang 2001 Probleme. Nach einer Untersuchung des Projekts *e-Startup.org* an der *European Business School*[55], die zwischen Juli 2000 und April 2001 das Schicksal von 676 VC-finanzierten Internet/E-Commerce Unternehmen untersuchte, gingen in dem Zeitraum 52 Unternehmen (7,7 Prozent) in Insolvenz oder schlossen. Hochgerechnet auf die etwa 900 VC-finanzierten deutschen Start-ups scheiterten so in einem Jahr etwa 80 Unternehmen. Aber diese umfassten nur den Mittelbau der New Economy, daneben gab es noch VC-unabhängige Start-ups, die ebenfalls vom Crash betroffen waren, da alle Internet-Firmen plötzlich in Misskredit gerieten und es kaum noch möglich war, *normale* Bankkredite zu erhalten.

---

55 Siehe unter: http://www.glossar.de/glossar/z_dotcom.htm.

Die Zahl von 900 VC-finanzierten Internet-Unternehmen macht deutlich, dass die New Economy im engeren Sinne zwar einen Aktienboom ohne Beispiel auslöste bzw. an ihm teilhatte, aber dass ihre volkswirtschaftliche Bedeutung, die Umsatz- und Mitarbeitergröße betreffend, nicht überschätzt werden sollte. Die an der Börse notierten New Economy-Unternehmen beschäftigten im März 2001 nach Aussage des *Neue Markt*-Chefs Rainer Ries etwa 150.000 Menschen[56], die gesamte deutsche Informations- und Telekommunikationsbranche, die auch Großkonzerne wie *SAP*, *O2* oder die *Deutsche Telekom* mit einschließt, beschäftigte 2000 ca. 794.000 Menschen, Ende 2008 waren es mit 806.000 sogar wieder mehr.[57] Die Informations- und Kommunikationstechnologie (ITK), die alle Waren und Dienstleistungen rund um diese Bereiche einschließt, liefert so trotz der Krise der New Economy einen konstanten Anteil zum Bruttoinlandsprodukt, er fiel von 2000 bis 2007 von 4,3 nur auf 4,2 Prozent; die gesamte heimische ITK-Branche erwirtschaftete 2007 rund 92 Milliarden Euro.[58] Der Niedergang der New Economy verursachte keinen gewaltigen volkswirtschaftlichen Schaden und kostete nicht hunderttausende Jobs. Was nachhaltig zerstört wurde, war das Vertrauen der Privatanleger in die Aktienmärkte, der Wirtschaft in die Risikokapitalgeber und jungen Unternehmensgründer und der Mitarbeiter in eine neue Arbeitswelt. Die New Economy starb zwischen 2001 und 2003 nicht als eine auf moderner Kommunikationstechnologie basierende Wirtschaft, aber sicher als Spielplatz unerfahrener Gründer und Ort der Börsen- und Technologiefantasien.

6. Es wird Geld verdient: die Konsolidierungsphase 2003-2005

Nachdem der *Neue Markt* Mitte 2003 aufgelöst wurde, die letzten Verurteilungen im Zusammenhang mit ehemaligen New Economy-Unternehmen durch die Medien gegangen waren, wird es ruhig. Die Medien, Unternehmen, Investoren und Mitarbeiter lecken ihre Wunden, jeder auf seine Art. Im Niedergang war die einstige Bewunderung in Wut und Verachtung umgeschlagen und schon 2003 und 2004 wurde über die New Economy gesprochen, als sei sie ein Ereignis aus ferner Zeit, ein böser Traum gewesen. Da sich schnell jede Gruppe für sich einig wurde, wer Schuld hatte: nach Meinung der Investoren die unfähigen Gründer,

---

56 Ders., in: *Die Zeit*, 7/2001.
57 Quelle: Statistik der *BITKOM* (*Bundesverband Informationswirtschaft Telekommunikation und neue Medien*), Schätzung, Stand September 2008.
58 Quelle: *Statistisches Bundesamt*, Stand Februar 2008.

nach Meinung der Gründer die Investoren und nach Meinung der Medien alle beide, wurde schon an der nächsten Phase der New Economy gearbeitet, die aber noch niemand Web 2.0 nannte. Denn trotz der Krise der Start-ups und der Vernichtung von Milliarden von Euro an Aktienkapital waren sich alle Gruppen einig, dass es nicht am Medium selbst lag. Die Beliebtheit des Internets wurde durch den New Economy Crash nie ernsthaft berührt, als Kommunikations- und Informationsmedium setzte es sich weiter durch, es wurde nur ein ganz gewöhnliches Medium.

Es mag simpel klingen, aber der Hype um die New Economy kam für die Datenübertragungstechnik Internet einfach ein paar Jahre zu früh. Wie wir später sehen werden, konnten sich die neuen Formen der Kommunikation wie Text-Blogs und vor allem Video- und Audio-Podcasts, nur deswegen ab 2005/2006 so schnell durchsetzen, weil nun andere, weitaus schnellere und auch drahtlose Übertragungsmöglichkeiten (u.a. DSL, WLAN) zur Verfügung standen. Ende der 1990er Jahre ist das Internet technisch einfach noch nicht so weit, problemlos und vor allem schnell größere Audio- und Videodateien zu versenden. So gibt es für die Internet-Start-ups von Anfang an das Problem der technischen und damit gestalterischen Restriktion, denn die tollen Filmchen, Animationen und aufwendigen Webauftritte, die sie programmieren und designen, laufen online nicht richtig, weil es einfach noch nicht genug Breitbandanschlüsse gibt, der Datentransfer über ein Analog-Modem oder ISDN-Anschluss reicht nicht. Erst nach dem Boom setzen sich die weitaus schnelleren DSL-Breitbandanschlüsse durch, Ende 2002 gibt es 3,2 Millionen, 2004 6,8 Millionen, 2006 14,4 Millionen und Mitte 2009 sind es 21,9 Millionen DSL-Anschlüsse, zu denen noch 2,2 Millionen andere Breitbandanschlüsse kommen, fast alle über das TV-Kabel.[59] Das Breitband-Verkehrsvolumen, also die Datenmenge, die über die Breitbandanschlüsse gesendet und empfangen wird (2009 zu 91 Prozent über DSL), steigt von 30 Millionen Gigabyte (GB) Ende 2001 auf 400 Millionen GB 2003, auf über 860 Millionen GB Ende 2006 und auf 3,3 Milliarden GB Ende 2009. Das Internet, obwohl mit ca. 25 Millionen regelmäßigen Usern Ende 2001 schon recht verbreitet, ist einfach noch zu langsam und kann zufriedenstellend nur zur Text- und Bildübertragung genutzt werden. So ist es kein Zufall, sondern einfach nur den Übertragungsleistungen geschuldet, dass der Boom des Web 2.0, ausbricht, als die Versorgung mit schnellen DSL-Anschlüssen Mitte der 2000er langsam größere Bevölkerungsteile erreicht. Schon zur New Economy Zeit

---

59 Alle Daten zur Telekommunikationsnutzung in: *Bundesnetzagentur*, Tätigkeitsbericht 2008/9, Stand Dezember 2009.

waren vor allem Unternehmen erfolgreich, für die die Übertragung größerer Datenmengen nicht geschäftsentscheidend ist, wie etwa für *Ebay*, *Amazon* oder *Google*, die zwar alle von den riesigen Rechnerleistungen ihrer Server abhängig sind, aber nicht größere Datenmengen zum Endkunden transportieren müssen. Es darf bei der ganzen Interneteuphorie nicht vergessen werden, dass es nicht nur das Internet war, das neue Kommunikations- und Geschäftsmöglichkeiten eröffnete, sondern fast ebenso stark die Mobilkommunikation, die zweite große ITK-Innovation der 1990er Jahre. Diese wird etwas früher für den Massenmarkt zugänglich gemacht, Anfang der 1990er Jahre tauchen die ersten klobigen Modelle von Mobiltelefonen auf und werden ab Mitte des Jahrzehnts zum durchschlagenen Erfolg für Hersteller wie *Nokia, Siemens, Ericsson* und *Motorola*. Im Gegensatz zum Computer und dem Internet haben bei dieser neuen Technik die Europäer die Nase vorn. Schon Ende 2000 gibt es in Deutschland 48 Millionen Mobilfunkteilnehmer (Anzahl der SIM-Karten), Ende 2003 sind es 64, Ende 2006 85 Millionen und im dritten Quartal 2009 über 108 Millionen SIM-Karten – deutlich mehr als Deutschland Einwohner hat. Bei der mobilen Kommunikation ist die Technik noch nicht weit genug, die UMTS-Lizenzen werden zwar 2000 spektakulär versteigert, es dauert aber lange, bis diese neue Technik marktfähig und bezahlbar ist. 2005 gibt es erst 2,4 Millionen Nutzer der mobilen Breitbanddatenübertragung, 2007 waren es schon 9,2 Millionen und im dritten Quartal 2009 bereits über 17 Millionen UMTS-Nutzer. So ist in den frühen 2000er Jahren die Übertragung von Textnachrichten (SMS) sehr populär und in den folgenden Jahren wird es möglich sein, auch Bildchen – wenn auch erst mit sehr grober Auflösung und in schwarz-weiß – zu versenden. Es ist kein Zufall, dass gerade der Berliner Klingeltonvertreiber *Jamba*, gegründet im August 2000, in der langsam beginnenden Phase des Niedergangs, zum erfolgreichsten deutschen Start-up der Post-New Economy-Zeit wird.[60]

---

60 Zwei der Pioniere der New Economy in Deutschland, Oliver und Marc Samwer, die gemeinsam mit ihrem Bruder Alexander das erste deutsche Internet-Start-up, *Alando*, im Februar 1999 gegründet und drei Monate später an *Ebay* verkauft hatten, gründeten mit *Jamba* wieder eine erfolgreiche Firma, und wieder wird sie gekauft. Jamba steigt in den Jahren 2003 bis 2005 zum weltweit größten Anbieter von Klingeltönen (2003: 10 Millionen verkaufte Klingeltöne, 2004: 94 Mill. US-US-Dollar Umsatz, 2005: 527 Mill. US-US-Dollar) und Mobiltelefonanwendungen auf und wird im Mai 2004 für 223 Millionen Euro an das amerikanische Medienunternehmen *Verisign* verkauft. Im Oktober 2008 wird *Jamba* komplett von der *New Corporation* übernommen, die bereits 2007 die Aktienmehrheit von *Verisign* erworben hatte. In: *Heise online*, 07.10.2008, siehe un-

In der ersten Konsolidierungsphase der New Economy, bzw. beim Wiederaufbau und in der Erholungsphase der Start-ups von 2003 bis 2005, UMTS beginnt erst richtig durchzustarten, gehört diese Zeit nicht dem Internet, sondern den Mobilfunkanbietern, die auf einer schon gewaltigen Anzahl von Handy-Verträgen und der ungeheuren Popularität von SMS (schon 2000 wurden 11,4 Milliarden verschickt, 2003 19 Milliarden, 2007 23,1 Milliarden und 2009 über 32 Milliarden) gerade bei Jugendlichen aufbauen können. Und die digitalen Mobiltelefone, die es seit 1992 gibt, sind im Gegensatz zu ISDN, DSL oder UMTS technisch schon ausgereift und bieten immer neue technische Möglichkeiten, u.a. zur Übertragung von Bildern und Tönen.

7. Web 2.0: der Wiederaufstieg einer *neuen* New Economy 2006-2007

Die US-amerikanischen Medienmanager Dale Dougherty und Graig Cline hatten den Ausdruck *Web 2.0* 2005 in San Francisco geprägt, um all die neuen Internettrends zu bündeln, die in den letzten Jahren aufgekommen waren, bzw. ältere Entwicklungen (wie etwa Foren, Blogs und Chats), die aufgrund verbesserter Leitungs- und Rechnerleistungen einen Beliebtheitssprung erfuhren. Das Schlagwort Web 2.0, das für viele eine Art Synonym für eine neue New Economy ist, bzw. die alte New Economy nun postum zu einer Art Web 1.0 macht,[61] setzte sich 2006 schnell durch und wurde in den letzten Jahren immer dann verwendet, wenn auf die neuen Möglichkeiten des Internets hingewiesen werden soll, seien es technische, kommunikative, soziale oder ökonomische. Auf die wirtschaftlichen Begehrlichkeiten, eine zweite Goldgräberstimmung, die bezüglich der Medienöffentlichkeit aber nie mit der der New Economy zu vergleichen war, wird an dieser Stelle weniger eingegangen. Der Fokus der öffentlichen Diskussion um das neue Internet liegt auch nicht auf der Ökonomie, sondern auf den völlig neuen und verbesserten Kommunikationsmöglichkeiten. Dank drastisch erhöhter Durch-, Weiterleitungs- und Übertragungsgeschwindigkeiten (Breitband-Zugänge über TV-, Strom- oder Telefon-Kabel wie z.B. DSL und drahtlose Funknetze wie UMTS oder WLAN) können immer größere Datenmengen, in immer kürzerer Zeit herunter- und heraufgeladen, bzw. verschickt werden und damit Podcasts (Audio- oder Videobeiträge) und

---

ter: http://www.heise.de/newsticker/Jamba-Verkauf-laesst-VeriSign-Kasseklingeln--/meldung/117044.

61 Eine Liste vergleicht die Vergangenheit des Web 1.0 mit der Gegenwart des Web 2.0, siehe unter: http://www.webworkblogger.de.

Blogs (eigene Textbeiträge) eingestellt oder ganze Spielfilme verschickt werden und das alles nicht nur über den Internetzugang am Heim- oder Dienstcomputer, sondern auch über das Mobiltelefon, den iPod, Laptop oder die Spielekonsole. Somit kann der modern kommunizierende Mensch von überall aus alles (Informationen, Bilder, Filme, Songs, Beiträge, Nachrichten) senden oder empfangen oder sich in virtuelle Welten begeben. Die Online-Plattform *Second Life* (*SL*) wurde in kurzer Zeit zur beliebtesten ihrer Art. Der Nutzer (Spieler) kann sich eine virtuelle Identität geben (mit freier Wahl des Namens, des Geschlechtes und des Aussehens) und sich in einer virtuellen Welt bewegen, in der er das anstellen kann, was er auch in der realen Welt tut, oder das, was er in dieser vermeintlich nicht kann oder darf.[62]

In den Jahren 2006 und 2007, als der Begriff Web 2.0 seinen Höhepunkt an Popularität erreicht hatte, wurde von ihm fast ausschließlich im Zusammenhang mit zwei oder drei Portalen gesprochen, die nicht nur eine Diskussion um die neuen technischen (und ökonomischen) Möglichkeiten des Netzes anstießen, sondern um die Zukunft des Internets im Allgemeinen. Der beeindruckende Aufstieg von Online-Videoportalen wie *YouTube* und Community-Portalen wie *MySpace*, *StudiVZ*, *Facebook* oder *Xing*, die die Möglichkeit bieten, eigene Wort-, Bild- und Musikbeiträge für jedermann zugänglich ins Netz zu stellen, lässt Fragen nach der Demokratisierung, aber auch nach dem Denunziations- und Überwachungspotenzial des Internets laut werden. Einige sehen in der Möglichkeit, mit jedem Menschen auf der Welt kommunizieren zu können, Visionen Brechts verwirklicht, andere darin nur die scheinbare Freiheit eines jedes Individuums, ob klug oder dumm, aggressiv oder friedlich, einen großen Teil der Welt erreichen zu können.

So geben diese Portale auch eher schüchterneren Zeitgenossen die Möglichkeit, sich zu inszenieren. Aber alles zu zeigen heißt in einer

---

62 Die Internet-Plattform *Second Life* war 2006 und 2007 sicher *das* Thema des Web 2.0, aber schon Mitte 2007 war die Anzahl der aktiven Spieler (1,5 Mill.) rückläufig, und 2009 war der Hype endgültig vorbei, Anfang 2010 gingen nur noch wenige Hunderttausend regelmäßig online. Jeder User kann sich unter http://www.secondlife.com anmelden und sich eine virtuelle Identität (*Avatar*) geben. Im *Second Life* wird vor allem gesprochen, getanzt und verkauft. Viele Firmen wie etwa BMW und adidas waren bald präsent, von Dezember 2006 bis November 2008 gab eine eigene Zeitung (*the Avastar*) an dem der deutsche Springer-Verlag beteiligt war, im Januar 2007 ließ sich die schwedische Botschaft im *SL* nieder. Welche Bedeutung virtuelle Welten in Zukunft haben werden, Orte einer globalen Demokratie oder Rückzugsraum für Einsiedler und Verklemmte, wird sich zeigen, einen technologischen und kulturellen Sprung stellt *Second Life* aber ohne Frage dar. In: Casati, Rebecca u.a., »Alles im Wunderland«, in: *Der Spiegel*, 8/2007.

Welt von Krieg, Dummheit und Gewalt auch, Krieg, Dummheit und Gewalt zu zeigen. So geriet *YouTube* Ende 2006 in die Schlagzeilen, als ein Handyvideomitschnitt der Hinrichtung des früheren irakischen Diktators Saddam Hussein auf deren Webseite zu sehen war. Von zahlreichen Folter-, Vergewaltigungs- und sonstigen Sex- und Gewaltsequenzen nicht zu sprechen, die es bis auf das Handy von Zehnjährigen schaffen. Der zumindest sehr ambivalente Charakter der totalen Sendefreiheit wird nicht bestritten, selbst große Anhänger der neuen (partizipatorischen) Möglichkeiten des Internets, wie etwa Dan Gilmor, des Autors von *We the Media* gibt zu: *Für Manipulatoren, Schwindler, Schwätzer und Witzbolde aller Art ist das Internet ein Geschenk des Himmels.*[63]

Stehen Firmen wie *YouTube*, *MySpace* oder *Facebook* für die neuesten sozialen und kommunikativen Entwicklungen und waren diese noch vor ein paar Jahren kleine Unternehmen, die dann schnell von großen etablierten geschluckt wurden, so wird der ökonomische Aufstieg des Web 2.0 vor allem mit einem Unternehmen verbunden, das zwar zeitlich noch zur ersten Generation der New Economy um *Yahoo*, *AOL*, *Amazon* und *Ebay* gehört, deren Erfolge aber später in den Schatten stellte: *Google*.

7.1 Strategische Allianz: der Fall *Google/You Tube*

Die Firma *Google*, die am 7. September 1998 von Larry Page und Sergey Brin gegründet wurde und ihren Sitz in Mountain View, Kalifornien, hat, ist *das* Internet-Unternehmen der späten 2000er[64] und wohl auch der frühen 2010er Jahre. Das liegt nicht einmal an den beeindruckenden ökonomischen Daten: Der Börsenwert der Suchmaschine erreichte im September 2007 den Rekordwert von 125 Milliarden Euro[65] (über 500 Euro pro Aktie) und war Anfang Januar 2010 mit einem Aktienkurs von über 400 Euro pro Aktie wieder auf dem Weg zu einem neuen Höhepunkt. Google erzielte im dritten Quartal 2009 mit einem Umsatz von 5,94 Milliarden US-Dollar (sieben Prozent mehr als im Vorjahr) einen Netto-Gewinn von 1,64 Milliarden US-Dollar, Zahlen, die jeden Vergleich mit den Giganten *AOL*, *Yahoo*, *Apple*, *Intel* oder gar

---

63 In: Gilmor, Dan, 2004, *We the Media: Grassroots Journalism by the people, For the people*, Sebastopol (USA), S. 74.
64 Siehe: Lehmann Kai u. Schetsche, Michael (Hg.), 2005, *Die Google-Gesellschaft. Vom digitalen Wandel des Wissens*, Bielefeld. Informationen zu Google sind auch in der Wikipedia Internet-Enzyklopädie zu finden. Wikipedia ist selbst eine der populärsten Seiten der zweiten Internetgeneration.
65 In: *Manager-Magazin*, 23.09.2007, siehe unter: http://www.manager-magazin.de/geld/artikel/0,2828,507315,00.html.

Microsoft und *IBM* rechtfertigen. *Google*s Technik, eine Adresse zum Suchen von Begriffen, verkörpert die Kulturtechnik Internet so klar, wie es sonst vielleicht nur noch *Ebay* tut. Die Seite besteht nur aus dem Logo, ein paar Suchrubriken wie Web, Bilder, Groups oder News und dem Eingabefeld. Im Februar 1999, die Firma *Google* ist gerade ein halbes Jahr alt, werden schon 500.000 Suchanfragen täglich verzeichnet und im Juni 2000 sind schon mehr als eine Milliarde Internetseiten im Index. *Google* ist Marktführer unter den Suchmaschinen geworden. Mitte/Ende der 2000er Jahre können sich viele User kaum noch vorstellen, dass es noch eine andere Suchmaschine außer dieser geben könnte, der Marktanteil liegt bei über 90 Prozent. Der *Duden* nahm in seiner 23. Auflage 2004 sogar das Verb *googeln* als Synonym für die Suche im Internet auf. Anscheinend eine Ehre, über die sich das Unternehmen aber nicht so recht freuen will. Seit August 2006 geht es gegen jeden vor, der den Begriff *googeln* so allgemein verwenden will. Die Amerikaner wollen verhindern, dass ihr geschützter Markenname so zum Allgemeingut wird wie *Tempo, Tesa* oder *Grammophon*. In der aktuellen 24. Auflage des *Dudens* heißt es unter *googeln* nun explizit *[...] mit Google im Internet suchen*. Der Name *Google* war als Verballhornung (oder Rechtschreibfehler) des Begriffes *googol* entstanden, den der Mathematiker Milton Sirotta 1938 erfunden hatte, um eine Eins mit hundert Nullen zu benennen. Die *Google*-Gründer suchten nach einer treffenden Bezeichnung für die Fülle an Informationen, die im Internet zu finden ist. Hundert Nullen sind es noch nicht, aber am Ende der offiziellen Zählung im Juni 2005 waren es 8.058.044.651 Dokumente, auf die über *Google* zugegriffen werden konnte, sprich über acht Milliarden Seiten. Die Systematik, mit der das Unternehmen Seiten und Dateien in seinen Index aufnimmt und nach der die Reihenfolge der Anzeige nach einer Sucheingabe bestimmt wird, ist so einfach wie geheimnisvoll. *Google* verwendet zur Sortierung der Suchergebnisse – grundsätzlich kann nach allen gängigen Text-, Bild-, Musik- oder Video-Dateien sowie Newsgroup-Artikeln u.a., gesucht werden – den so genannten PageRank-Wert. Dieser richtet sich nach Häufigkeit der Verweise auf diese Seite bzw. der Häufigkeit, mit der auf andere Seiten verwiesen wurde. Neben dem PageRank werden weitere Faktoren einbezogen, etwa das Auftreten des Suchbegriffes im Dokumententitel oder in Überschriften. Weiter spielt die Verwendung der Begriffe als Ankertext eine große Rolle. Den genauen Mechanismus der Seitensortierung gibt *Google* nicht preis, vor allem um Manipulationen von Seitenbetreibern zu vermeiden, die ihre Seite möglichst weit nach oben bringen wollen.

Obwohl die User die Suchmaschine kostenfrei nutzen können, ist *Google* ein Unternehmen, das mit diesem Suchdienst Geld verdienen will. So können Firmen zu bestimmten Suchbegriffen (wie Urlaub, Flugreise oder Handy) gesponserte Links platzieren, die gesondert als Anzeigen markiert sind. Dieses ist kein simples Beiwerk, kurz erwähnt werden sollte nur, dass *Google* 2008 mit einem Werbeumsatz von 21 Milliarden US-Dollar 42 Prozent der weltweiten Internet-Werbeumsätze auf sich vereinen konnte.[66] Die Fülle anderer Geschäftsfelder ist kaum noch zu übersehen, so gibt es u.a. noch *Google Earth*, das es erlaubt, von fast jedem Fleck der Erde eine Satelliten- bzw. Luftaufnahme einsehen zu können oder seit 2008 *Google Street View*, das vor allem städtische Panoramaaufnahmen zeigt, die vorher mit speziellen Kameras aufgenommen worden sind.[67]

Die gravierenden, vor allem kulturellen, Auswirkungen von *Google*, was unsere Begriffe von Wissen, Information, Zeit und Raum betrifft, sind erst in Ansätzen zu erkennen. Die ungeheure Marktmacht von *Google* zeigt schon jetzt Folgen, die Kritik an der »Krake« nimmt kontinuierlich zu. Sein eigenes Firmenmotto, *Don't be evil,* wurde lange genüsslich zitiert, wenn es etwa um die Seite von *Google*-China ging, die das Unternehmen nach den Vorgaben der chinesischen KP zensieren musste, eine Praxis, die Google nun aber beenden will.[68] Ein weiteres heikles Thema ist deren Monopolstellung und die Datensicherheit, denn die ungeheuren Datenmengen, die *Google* auf seinen Tausenden Rechnern verwaltet, wecken Begehrlichkeiten, vor allem von privatwirtschaftlicher Seite. Die immense Bedeutung von *Google* misst sich nicht nur an der Börsenkapitalisierung, die größer ist als die von *Intel* oder *Daimler*, dem Markenwert[69] (der 2007, 2008 und 2009 der weltweit größte war) oder an der Eintragung im *Duden*, sondern in der Allgegenwart der Suchmaschine, die nahezu von jedem benutzt wird, der im In-

---

66 In: *Spiegel online*, 22.07.2009, siehe unter: http://www.spiegel.de/netzwelt/web/0,1518,637021,00.html.
67 Während schon ein Großteil US-amerikanischer Städte und Landschaften online zu betrachten ist, so tut sich Deutschland etwas schwerer damit. 2008 kritisierte etwa der Datenschutzbeauftragte für Schleswig-Holstein, Thilo Weichert, die Praxis von *Google*. Siehe unter: http://www.datenschutzzentrum.de/presse/20081001-google-street-view.html.
68 Im Januar 2010 kündigte das Unternehmen nach einer Reihe von Hacker-Attacken an, sich die Zensur der chinesischen KP nicht mehr gefallen lassen zu wollen und sich ggf. sogar vom chinesischen Markt zurückzuziehen. In: *wiwo.de*, 13.01.2010, siehe unter: http://www.wiwo.de/politikweltwirtschaft/google-sollte-china-verlassen-419074/.
69 Auch 2009 wurde *Google* mit einem Markenwert von 100 Mrd US-$ zur wertvollsten Marke der Welt gewählt, vor *Microsoft* mit 76,2 Mrd US-$ und Coca-Cola mit 67,6 Mrd. US-$. Meldung in: *markenmagazin.de*, siehe unter: http://www.markenmagazin.de/die-100-wertvollsten-marken-der-welt-2009/.

ternet etwas suchen will. Im Januar 2010 machte das Nachrichtenmagazin *Der Spiegel* mit einer großen Titelgeschichte über *Google* (Unterzeile: *Der Konzern, der mehr über Sie weiß als Sie selbst*) auf, in dem es um eine inzwischen in der Öffentlichkeit und Politik sehr verbreitete Kritik an der datenschutzrechtlichen, aber auch kommerziellen Praxis von *Google* geht.[70] So geht die Monopolstellung der Amerikaner inzwischen weit über die von *Microsoft* im Computersoftwarebereich hinaus, gibt es dort mit *SAP, Linux, Adobe* u.a. doch zumindest ernstzunehmende Konkurrenten, bei *Google* sind diese nicht in Sicht. Die Idee einer französisch-deutschen Suchmaschine mit Namen *Quaero,* wie sie etwa der Leiter der Pariser Nationalbibliothek Jean-Noel Jeanneney als französische Konkurrenz zu *Google* unterstützte[71], ist seit Ende 2006 auf Eis gelegt und ob eine deutsche Alternative namens *Theseus*[72] eine echte Chance hat, kann zum jetzigen Zeitpunkt noch nicht gesagt werden.[73] Der politische Druck auf *Google* nimmt aber deutlich zu. Im Januar 2010 stellte eine französische Regierungskommission zum Urheberrecht etwa die Idee einer Google-Steuer vor.[74]

Ende 2006 übernahm *Google* das Onlinevideo-Portal *YouTube* für 1,3 Milliarden Euro in Aktien, die teuerste Akquisition ihrer bis dato achtjährigen Firmengeschichte. Ende 2005 hatte *Google* bereits fünf Prozent der Aktion von *AOL* erworben. Die Reaktionen auf die Übernahme von *YouTube* waren höchst unterschiedlich. Einerseits wurde *Google* gelobt, denn *YouTube* war 2006 wie auch 2010 die führende Video-Plattform mit einem Marktanteil von 46 Prozent in den USA, vor *MySpace* mit 21 Prozent und *Google Video* mit 11 Prozent. Der Suchmaschinengigant übernahm damit den größten Konkurrenten im rasant wachsenden Bereich der öffentlichen Medien-Plattformen und katapultiert sich auf den ersten Rang. Viele empfanden den Preis als unangemessen, da *YouTube* technisch keinen Vorsprung besitze. Darum schien es *Google* aber auch nicht zu gehen. Das erst im Februar 2005 von Chad Hurley und Steve Chen gegründete Start-up war in kürzester Zeit zur

---

70 In: Der Spiegel, Nr. 2/2010, 11.01.2010.
71 Siehe: Jeanneney, Jean-Noel, 2006, *Googles Herausforderung – Für eine europäische Bibliothek*, Berlin.
72 Siehe unter: http://www.theseus-programm.de.
73 Das 2005 gestartete deutsch-französisches Gemeinschaftsprojekt *Quaero* zerbrach Ende 2006 als die deutsche Bundesregierung ausstieg. Während die Franzosen eine europäische Konkurrenz zu *Google* aufbauen wollen um die Vorherrschaft der US-Amerikaner zu brechen, so wollten die Deutschen einen anderen, strengeren Katalogisierungsansatz mit semantischen Applikationen entwickeln. In: *Spiegel online*, 19.12.2006, siehe unter: http://www.spiegel.de/netzwelt/web/0,1518,455558,00.html.
74 In: *heise online*, 07.01.2010, siehe unter: http://www.heise.de.

bekanntesten Marke des jungen Web 2.0 geworden. Die bisher noch nicht ganz gelöste Problematik der Nutzungsrechte – Privatleute stellen Ausschnitte von TV-Sendungen oder Musikvideos ins Netz – wird von dem neuen Giganten sicher gelöst werden. Unabhängig von der Allianz hatten beide schon zuvor Kooperationen mit *Sony BMG Music* und *Warner Music* (*Google*) und *CBS, Sony BMG Music* und *Universal Music* (*YouTube*) bekannt gegeben. Es wird erwartet, dass durch diesen Zusammenschluss eine ähnliche Diskussion um Urheberechte und Bezahlungen in Gang kommen wird, wie bei der Übernahme von *Napster* durch *Bertelsmann* im Jahre 2000. Durch den Einstieg von *Google* könnte die unschuldige Zeit der kostenlosen Video-Portale beendet werden. Der US-Mediengigant *Viacom* (*MTV, Viva*) hat *YouTube* Anfang 2007 auf eine Milliarde US-Dollar Schadenersatz für illegal verwendete Filme verklagt.

Für *Google* entscheidet sich auch an dieser Frage, ob sie es schaffen, aus der sehr lukrativen Sackgasse Suchmaschine herauszukommen, oder ob sie sich mit *YouTube* neue Geschäfts- und Kommunikationsfelder erschließen können. Anders als bei der, durch die New Economy-Aktienblase finanzierten, Übernahme von *Time Warner* durch *AOL* muss hier kein Zusammenbruch befürchtet werden. Das Geschäftsgebaren, auch die Klage von *Viacom*, beweist, dass mit *Google* oder *Ebay* neue Konzerne entstanden sind, die sich gegen ihre Konkurrenten der alten und neuen New Economy durchgesetzt haben und heute ein völlig normaler Teil der modernen Ökonomie geworden sind. 2008 sorgte ein monatelanger Bieterstreit von *Microsoft* um ein Vorzeigeunternehmen der »alten« New Economy, dem Portal *Yahoo*, für Aufsehen.[75] *Microsoft* wollte durch die Übernahme seine Position im Portal- und Suchmaschinengeschäft gegenüber dem, in diesem Bereich übermächtigen, Konkurrenten *Google* stärken. Diese wiederum versuchen massiv in neue Geschäftsbereiche einzubrechen und sich gleich mit einigen ITK-Giganten gleichzeitig anzulegen. Mit *Google Chrome* bringen sie 2008 einen eigenen Internet-Browser heraus, der versucht dem *Microsoft Explorer* und *Mozilla Firefox* Konkurrenz zu machen und Ende 2009 bringen sie (erst in den USA) sogar ein eigenes Mobil- bzw. Smartfon auf den Markt, das *Nexus One*, wobei die Hardware von *HTC* geliefert wird.[76] Konkurren-

---

75 *Microsoft* verzichtete im November 2008 endgültig auf die Übernahme. In: *Handelsblatt.de*, 19.11.2008, siehe unter: http://www.handelsblatt.com/unternehmen/it-medien/yahoo-uebernahme-ist-fuer-microsoft-abgehakt;2093114.

76 Siehe etwa: *Spiegel online*, 06.01.2010, siehe unter: http://www.spiegel.de/netzwelt/gadgets/0,1518,670431,00.html.

ten sind hier vor allem *Apple*, mit seinem sehr erfolgreichen *iPhone*, und *Nokia*.

Die New Economy hat das Wirtschaften nicht grundsätzlich verändert und ist auch, anders als erhofft, nicht unabhängig von konjunkturellen Schwankungen. Eine Ökonomie 2.0 ist sie auch durch das Web 2.0 nicht geworden, aber sie ist ein weiterer wichtiger Schritt auf dem Weg zu einer informationellen Gesellschaft. Die New Economy, im einleitend beschriebenen Verständnis einer dritten Ebene der Internet-Wirtschaft, existiert trotz des zwischenzeitlichen Niederganges weiter, als ökonomisches und kulturelles Phänomen der Entgrenzung und Übertreibung aber nicht. Der Mythos New Economy, der im folgenden zweiten Hauptabschnitt skizziert werden soll, entstand in der elektrisierten Zeit um die Jahrhundertwende und hat mit den heutigen Firmen der Informations- und Telekommunikation, die weitaus solider wirtschaften, nur noch wenig gemein.

II) MYTHOS

Nachdem es in den zwei vorangehenden Kapiteln um die *geschichtliche Grundlage* des Mythos New Economy, um die geschichtlichen, um die konkreten politischen, ökonomischen wie technologischen Ereignisse ging, so wollen wir uns in den beiden nun folgenden Kapiteln einer anderen New Economy nähern, der, von der der Mythos erzählt. Die nachfolgende Analyse der mythischen Erzählungen der Neuen Wirtschaft, vor allem der in Deutschland, erklärt, warum dieser Mythos so anschlussfähig ist an Diskurse, die primär nicht ökonomischer Natur sind. Viele der getroffenen Aussagen beziehen sich nicht ausschließlich auf ökonomische Wirklichkeiten, so dass sich die Frage stellt, ob der Mythos New Economy in erster Linie überhaupt ein ökonomischer und nicht vielmehr ein kultureller ist.

Während etwa der Mythos *Schwarzer Freitag*, resp. *Schwarzer Donnerstag*, ohne Frage auch an soziale und politische Ursachen und Folgen des Börsenabsturzes erinnert, so ist er doch in erster Linie ein ökonomischer und bedeutet ein herausragendes Beispiel für die Instabilität der als stabil behaupteten (Welt-)Wirtschaft. Die New Economy mit ihren rasant steigenden und fallenden Aktienkursen bedeutet sicher auch einen ökonomischen Extremfall; der 14. April 2000, ein Freitag, war auf der Ebene der Ökonomie zumindest eine Erinnerung an den 24. Oktober 1929. Der Mythos New Economy bedeutet keine Katastrophe, nicht einmal ein Unglück, sondern die Irrationalitäten einer ökonomischen Transformation, die bedeutende soziale und kulturelle Auswirkungen hatte und hat, positive wie negative. So ist der Mythos New Economy weder ein nur positiver wie die *Trümmerfrau* oder das *Wunder von Bern*, noch ein rein negativer wie die erwähnte Weltwirtschaftskrise oder die *SS*. Er vereinigt verschiedene, sich teilweise widersprechende Seiten und ist ein besonders komplexer und schillernder Mythos, wobei eine gewisse Exzeptionalität jeden Mythos kennzeichnet.

Roland Barthes hatte nicht nur ein publizistisches Interesse an der Entlarvung semiotischer Strukturen, sondern ein ideologiekritisches. Nach seiner Meinung sind Mythen Werkzeuge zur Bearbeitung gesellschaftlicher Diskurse, die (sozial und kulturell) konstruierte Aussagen naturalisieren. Im Verlagstext zu *Mythen des Alltags* heißt es, dass der Autor das untersuche, *[...] was sich scheinbar von selbst versteht, er benennt den ideologischen Missbrauch, der sich im nur Selbstverständlichen verbirgt.*[1]

Genau darum geht es in diesem Buch und dem nun folgenden zweiten Hauptabschnitt. Der Mythos New Economy bündelt eine ganze Reihe von mythischen Aussagen und Diskursformationen der modernen Informations- und Kommunikationsgesellschaft, die jede für sich ideologisierend wirken und es vollbringen, einige als natürlich und selbstverständlich erscheinende Aussagen über den Transformationsprozess unserer Arbeitsgesellschaft zu treffen bzw. zu bedeuten, die aber konstruiert und an Zeit gebunden sind. Während es im ersten Hauptabschnitt darum ging, den geschichtlichen Ursprung des Mythos New Economy zu beschreiben, sollen nun die Strukturen des Mythos als Bedeutungsmacht offen gelegt werden. Im ersten Kapitel geht es um den Ort und die Akteure der Mythenproduktion, um die Arbeit *am* Mythos. Die Arbeit der Geschichtenerzähler ist aber nicht von der Arbeit *des* Mythos zu trennen – besonders nicht in der Wirkung auf die Adressaten, die immer nur von der Erzählung und den kleinen Anekdoten erfahren aber, wenn sie nicht über besondere Einblicke verfügen, nicht um die Strukturen hinter der Erzählung wissen.

Wer erzählt die Geschichten und wie werden sie erzählt, mit welcher Intention? Im zweiten Kapitel (E) wird im Sinne Lévi-Strauss' den Quellen der Bedeutungsmacht nachgegangen. Wenn die große Erzählung der New Economy letztendlich austauschbar ist und nur die Funktion hat, tiefer liegende Ideologien mittels eine Hülle, des Mythos, zu transportieren, dann wäre zu untersuchen, was dieses *Eigentliche* sein soll. Es geht darum, nicht nur dem Erzähler der Geschichte auf die Spur zu kommen, sondern auch dem Erfinder. Dessen Arbeit beschreiben die unterschiedlichen Diskursformationen, Dispositive wie Ideologien. Die Begrifflichkeit für diese Quellen ist nicht relevant, sehr wohl aber die strukturelle Analyse dieser Quellen, aus denen sich der Mythos New Economy speist.

Für den Politikwissenschaftler Rudolf Speth funktioniert die mythen- und symbolgestützte Kommunikation als ein System von *narrativen Abbreviaturen,*[2] die im Sinne Münklers Komplexität reduzieren, Kontingenz eliminieren und Loyalität stiften helfen. Die Zeichen der

---

1 Siehe: Barthes, Roland, a.a.O.
2 Siehe: Speth, Rudolf, »Revolutionsmythen im 19. Jahrhundert«, in: Speth, Rudolf u. Wolfrum, Edgar (Hg.), 1995, *Politische Mythen und Geschichtspolitik. Konstruktion – Inszenierung – Mobilisierung*, Berlin, S. 17-38.

New Economy lassen diese und andere Charakteristika des Mythos klar erkennen, etwa die Fähigkeit zur Stimulation und Dynamisierung. Der Mythos New Economy trifft eine Aussage darüber, wie zukünftiges ökonomisches Handeln aussehen könnte und bereits aussieht. Es ist ein Mythos, der eine zeitliche Brücke schlägt, indem er auf der Grundlage vergangener Ereignisse eine Aussage darüber trifft, wie die Realität heute aussieht und in Zukunft aussehen wird. Die Begrifflichkeit ist noch im 20. Jahrhundert verhaftet, sie verweist aber auf das Nachfolgende. Mit dem *New Age* sollte in den 1970er Jahren ebenfalls ein neues Zeitalter heraufziehen, vom *neuen Menschen*[3] sprechen alle ideologischen Bewegungen, ob im Sozialismus oder Faschismus. Kein Managementkurs kommt wenigstens ohne *neues Denken* aus, von neuem Handeln nicht zu sprechen. Das Adverb neu taucht dann verstärkt auf, wenn sich Gesellschaften im Umbruch befinden, und die New Economy war weitaus mehr, als nur eine neue Möglichkeit mit dem Internet Geld zu verdienen. Im griechischen Wort für Wirtschaft, Ökonomie, ist noch die ursprüngliche Bedeutung enthalten, die im Begriff *sich ökonomisch verhalten* noch erkennbar ist. Der *oikos* war das *Haus Gottes*, das ganze Haus, der Haushalt mitsamt der Familie, den Bediensteten, den Sklaven, dem Land, den Gebäuden und dem beweglichen Inventar. Den oikos galt es, gut und sinnvoll zu bewirtschaften, d.h., ihn langsam und weise zu vergrößern.

In der New Economy, im Mythos, ist nicht nur eine Anleitung des Wirtschaftens, sondern ebenso eine des Handelns und Arbeitens enthalten und damit, in einer Arbeitsgesellschaft, die kaum noch einen Wert außerhalb der Arbeit kennt, letztendlich eine Anleitung für das Leben.

So bedeutet der Mythos New Economy auch *New Work*[4] und *New Life*.

---

3 Zeitgleich mit der New Economy kam 1999 ein Werk zum *Neuen Menschen heraus*: Nicola Lepp/Martin Roth/Klaus Vogel (Hg.), 1999, *Der Neue Mensch. Obsessionen des 20. Jahrhunderts*, Katalog zur Ausstellung im Deutschen Hygiene-Museum Dresden, 22.4.-8.8.1999, Dresden.
4 Ich beziehe mich nicht auf den Begriff, den der US-amerikanische Philosophie-Professor Frithjof Bergmann propagiert. Siehe dazu unter: http://www.newwork-newculture.net.

D) Die mythischen Erzählungen der New Economy

Wenn in den nachfolgenden sieben Unterpunkten die mythischen Erzählungen der New Economy wie sie in Deutschland erzählt wurden, dargestellt und analysiert werden, d.h. erst als unvoreingenommener Leser im Sinne Barthes gelesen und dann als Mythologe entlarvt werden, dann wird der besondere kulturelle Charakter, die Kulturalität der New Economy deutlich. Sie gibt der Entgrenzung, aus der heute dieser besondere Mythos entstehen konnte, einen Namen, der keine nur ökonomischen Bedeutungen trägt, sondern auch eine Reihe von kulturellen und sozialen. In einem modernen Verständnis von Kultur, etwa von Clifford Geertz, wird Kultur

»[...] als Text verstanden, der von der Gesellschaft geschrieben und in der und für die Gesellschaft immer wieder neu in öffentlichen symbolischen Handlungen aufgeführt wird, auf dass die Gesellschaftsmitglieder sich und ihre Gruppe neu finden und gestalten können.«[1]

---

[1] In: Kaesler, Dirk u. Vogt, Ludgera (Hg.), 2007, *Hauptwerke der Soziologie*, Stuttgart, S. 191. Ich verwende in diesem Zusammenhang den weiten Kulturbegriff des Kulturanthropologen Clifford Geertz, der sich selbst an Max Weber hält: *Ich meine mit Max Weber, dass der Mensch ein Wesen ist, das in selbstgesponnene Bedeutungsgewebe verstrickt ist, wobei ich Kultur als dieses Gewebe ansehe.* In: Geertz, Clifford, 1983, *Dichte Beschreibung*, Frankfurt a.M., S. 9. Kultur ist für Geertz [...] *a set of control mechanism – plans, recipes, rules, instructions (what computer engineers call »programs«) – for governing of behavior.* In: Geertz, Clifford, 1973, The Interpretation of Cultures, New York, S. 44.

Diese Sicht kennt keine Unterscheidung oder gar Hierarchisierungen von Kultur, etwa in Volks-, Arbeiter- oder Hochkultur mehr, eine Trennung, die sich nach Meinung von Vertretern der Cultural Studies seit dem Siegeszug der populären Massenkultur erledigt hat. Für sie ist Kultur *Everyday practice,* Alltagspraxis, oder, wie der Titel eines Essays von Raymond Williams es schon 1958 proklamierte, *Culture is ordinary.*[2]

Die besondere Kulturform der New Economy wäre nach überholten traditionellen Kategorien auch nicht zu beschreiben, wer möge sie ernsthaft noch als *Arbeiterkultur* bezeichnen wollen? Eine Kultur der Mitarbeiter und Gründer war sie sicher, aber eine, die das Spannungsverhältnis zwischen klassischen Kulturformen transzendiert und damit eher eine Pop-Kultur ist, eine, die ein ironisches und selbstbewusstes Verhältnis zur eigenen Kulturhaftigkeit offenbart.

So war in den Jahren 1999 und 2000 eine Wirtschafts-(Kultur-)Form zu bewundern, die mit sich im reinen war, die eine seltsame Ganzheitlichkeit ausstrahlte, weil in ihr die Grenzen gefallen waren. Dieser kurze ökonomische Ausnahmezustand ließ kulturelle und soziale Phänomene entstehen, wie sie bisher im Zusammenhang mit der Wirtschaft noch nicht zu beobachten waren. Ich werde diese Phänomene, die die Themen der mythischen Erzählungen bilden, und die narrative Selbstbehauptungen wie auch Zuschreibungen sind, im Folgenden beschreiben. Als Mitarbeiter eines Berliner Start-ups, als ehemaliger *Inside-Outsider* im Sinne der Cultural Studies[3], hatte ich das Glück, für eine kurze Zeit im sozialen Feld der New Economy sein zu dürfen.

Im Gegensatz zu den ideologischen Quellen der Bedeutungsmacht New Economy, die im Kapital E beschrieben werden und die im Sinne einer Diskursanalyse am ehesten noch als Diskursformationen zu beschreiben wären, die sich aber nicht exklusiv auf die New Economy beziehen, sondern mehr allgemeine Metadiskurse der Informationsgesellschaft und der globalisierten Welt sind, geht es hier um einzelne (Diskurs-)Fragmente des Mythos New Economy, die so ausschließlich nur in diesem Kontext zu finden sind. Unter welchen Bedingungen, in welchem (ökonomischen und/oder kulturellen) Kontext wurden diese Ansprüche von wem formuliert und mit welcher Absicht? Wurde und wird diese Intention mit der Bedeutungsmacht des Mythos New Economy umgesetzt?

---

2 In: Lindner, Rolf (2000), S. 19.
3 Der englische Schriftsteller Colin MacInnes sieht es ganz nüchtern: *Cultural Studies ist eine Disziplin, die dem Inside Outsider, der sich am Rande des akademischen Betriebes bewegt, eine akademische Perspektive erschließt.* Ebenda, S. 65.

1. Neue Orte? Fabriklofts und Gentrification

Zu Beginn wird es um eine Erzählung der Umwelt gehen. Schon für die US-amerikanischen Vorgängergenerationen der New Economy hat der Ort als authentischer Beleg historischer Größe und Kreativität eine mythische Bedeutung. So ist das Bild von der *Garage*[4] als Geburtsstätte von IT-Konzernen wie *HP*,[5] *Apple* oder *Microsoft* sprichwörtlich geworden. Und für die New Economy, die ihre Mythenproduktion aktiv betrieb, war auch und gerade der Ort von zentraler Bedeutung. Konnten die Produkte ihrer immateriellen Arbeit nicht gesehen werden, so sollten zumindest die Start-ups selbst sichtbar sein. Es stellt sich somit nicht die Frage, wie die Dotcoms arbeiteten, sondern wo und warum gerade dort? In einer Assoziationskette zu den kleinen Unternehmen werden die Fabriketagen, Altbauwohnungen, Lofts und Backsteingebäude nicht fehlen, die schnell zu einem Klischee der New Economy wurden. So undefiniert und ortlos das Geschäftsmodell E-Commerce auch war, so austauschbar die Gründer und Mitarbeiter, so eindeutig waren die Orte. Eine Nische der Informationsgesellschaft, die das 21. Jahrhundert der vernetzten, virtuellen Kommunikation repräsentieren wollte, erhielt ihr äußeres Gesicht durch Industriebauten und Wohnquartiere des 19. und frühen 20. Jahrhunderts. Silke Gronwald beschreibt die Arbeitsräume der Hamburger Multimedia-Agentur *Razorfish*:

»Die zweite Etage des Altbaus ist zum Loft umgebaut. Die Tapeten sind von den Wänden gerissen, die Rohre freigelegt und provisorisch mit Alufolie umwickelt. Im Großraumbüro lehnen die Fahrräder der Web-Worker an den Schreibtischen, der Steinfußboden ist mit Kabelgewirr bedeckt. Per Telefon und E-Mail kommuniziert man mit den Kollegen in New York, San Francisco und London. Es gibt keine Stechuhr, keine festen Arbeitszeiten. Man entspannt sich beim Tischtennismatch oder auf einer der legendären Büroparties.«[6]

---

4 Siehe: Borches, Detlef, »Mythos Garage«, in: *Die Zeit*, 07/2000.
5 Für kein Unternehmen hat dieser sagenumworbene Ort amerikanischer Innovationskraft solch eine Bedeutung wie für *Hewlett-Packard*, fast die Großmutter der New Economy. Die winzige Garage in Palo Alto (Kalifornien), in der William (Bill) Hewlett und David Packard 1939 *HP* gegründet hatten, gilt als Geburtsstätte des Silicon Valleys und wurde 2000 aufwendig renoviert. Siehe: *Spiegel reporter*, 01/2001.
6 In: Gronwald, Silke, »Unternehmer in eigener Sache«, in: Lotter, Wolf u. Sommer, Christiane (Hg.), 2000, *Neue Wirtschaft, Das Kursbuch der New Economy*, Stuttgart/München, S. 188-195, hier 188.

Im eigenen Selbstverständnis sahen sich die Start-ups als globalisierte Ableger einer westlichen Wirtschaftskultur, bei der die Mitarbeiter und besonders die Gründer, zwischen den Hotspots der heutigen kreativen Wirtschaftswelt pendelten, alle mit den gleichen englischsprachigen Visitenkarten im Gepäck. Die Internationalität war eine Behauptung der Mythopoeten, hier besonders der Gründer und Investoren. Besonders die kleinen Start-ups waren (und sind) aber sehr regionale Phänomene, eingebunden in bestimmte angesagte innerstädtische Bezirke westlicher Metropolen. Diese Lokalisation, die nicht bei allen, aber der überwiegenden Mehrheit auch der deutschen Start-ups zu finden war, hatte unterschiedliche Gründe. Auf Seiten der Jungunternehmer, die bewusst nach München-Schwabing, in das Schanzenviertel in Hamburg, ins Frankfurter Ostend und in die Stadtteile Mitte, Kreuzberg und Friedrichshain in Berlin zogen, gab es mindestens vier Gründe für diese Wahl. Der erste war ein geografischer. Im Gegensatz zu der Abgeschiedenheit der Gewerbeparks, die oft am Rande der Stadt angesiedelt sind, sollte das Start-up zentral liegen und für die Kunden leicht erreichbar sein. Zweitens gingen die Gründer dorthin, wo die künftigen »kreativen« Mitarbeiter wohnten, die es als Vorteil ansahen, ggf. zu Fuß zur Arbeit gehen zu können, gerade bei längeren Arbeitszeiten ein echter Vorteil. Der dritte Grund hängt mit dem zweiten zusammen. Die Tatsache, selbst in einem angesagten Viertel zu arbeiten und somit einen bestimmten Lifestyle pflegen zu können, war oft Grund genug, sich dort niederzulassen. Ob die Start-ups Ende der 1990er Jahre selbst ein Teil des Hypes um bestimmte Stadtteile waren und diese erst zu angesagten Vierteln machten, oder das besondere großstädtische Umfeld diese Unternehmen zu vermeintlich coolen Unternehmen, wird nachfolgend noch kurz erörtert. Der vierte Grund ist ein speziell lokaler, der auch zum Teil erklärt, warum bei den hauptstädtischen Start-ups der Zug in die so genannten In-Viertel noch größer war, abgesehen davon, dass es in Berlin einfach mehr kreative Mitarbeiter und In-Viertel gibt als etwa in Frankfurt oder München. In Berlin und besonders im Ostteil der Stadt war Mitte der 1990er Jahre immer noch eine Situation vorzufinden, die es in Westdeutschland, wenn überhaupt, in den 1970er Jahren gegeben hatte. Es gab in den innerstädtischen Bezirken Mitte, Prenzlauer Berg und Friedrichshain nicht nur relativ viel alte Industriearchitektur, wenn auch oft im miserablen Zustand, sondern diese alten Fabrikhallen, Maschinenhöfe, Druckereien oder Brauereien waren auch noch bezahlbar, und oft preiswerter als nüchterne Firmenetagen am Stadtrand oder Büroflächen in nicht so angesagten Stadtteilen. Ein Beispiel etwa war der bereits erwähnte Internet-Dienstleister *Pixelpark*, der 1998 in die Berliner Oberbaum-City zog. In dem markanten Glasturm (ehemals Osram-Turm) inmitten des alten Industrieviers zwischen den Szenevierteln Friedrichshain und Kreuzberg, errichtete das ehemals hoch gehandelte Vorzeigeunternehmen der New Economy seine Büros. Auf dem Gelände produzierte früher das *VEB Berliner Glühlampenwerk Rosa Luxemburg* Leuchtkörper.

Die Wahl des Gebäudes war für die Start-ups vor allem eine Frage des Prestiges. In gewöhnlichen Gewerbeparks, -gebieten o.ä. waren Start-ups nur sehr selten zu finden und die besonders hippen Unternehmen zog es verstärkt in industriell geprägte Quartiere wie alte Fabriketagen, Speicher u.ä. Die Start-ups zog es bewusst an die alten Orte der physischen Produktion des Industriezeitalters, während sie selbst das informationelle Zeitalter einläuten sollten. So *bedeuteten* die alten Industriegebäude weitaus mehr als nur einen Ort. Sie markierten ein Selbstverständnis als unkonventionelles, cooles und kreatives Unternehmen. Eine Architektur, die für die industrielle arbeitsteilige Produktion erschaffen wurde, für Formen von Arbeit, die gerade nicht kreativ waren, beherbergte nun Unternehmen, die bewusst diese Umgebung suchten, um kreativ arbeiten zu können.

Für diese Wahl der Gründer gab es noch ein anderes Motiv, eines das tiefer liegt und schwerer zu belegen ist. Ich sehe in der Wahl der Orte ehemaliger industrieller Produktion nichts Zufälliges. Es gibt so etwas wie ein unterschwelliges Eingeständnis, es bei der eigenen kreativen Arbeit nicht mit *richtiger*, d.h. physischer, Arbeit zu tun zu haben, was mit dem, in Kapitel B beschriebenen Charakter immaterieller Arbeit zu tun hat. Es wird versucht, den Rest von fehlendem Selbstbewusstsein und Unsicherheit durch eine konstruierte Traditionslinie zu kompensieren, indem man an die ehemaligen Orte körperlich harter Arbeit geht und damit versucht, das eigene Tun durch die Präsenz alter Produktionsorte und die Aura physischer Produktion zu erden. Diese, selten offen formulierte, Motivation war nicht entscheidend, erklärt aber auch, warum gerade diese Orte bewusst gewählt und als cool bezeichnet wurden, denn praktisch und modern waren sie nicht. Sie erforderten teilweise beträchtliche Investitionen in die kommunikationstechnische Infrastruktur und waren nicht als Büroarbeitsplätze konzipiert.

Die Wahl dieser Orte, die auch schon bei vielen Werbeagenturen der 1980er und 1990er Jahre zu beobachten war, verweist auf einen erweiterten stadtplanerischen Kontext, der nicht übersehen werden sollte. Die New Economy spielte Ende der 1990er eine bedeutende Rolle bei der Veränderung großstädtischer Wohnquartiere und in diesem Zusammenhang für das (publizistische) Ausrufen einer *kreativen Klasse*, zu der die New Economy gehörte und auf die sich heute bei jeder Stadtplanung und jedem Standortmarketing bezogen wird. Die englische Bezeichnung

Gentrification (in Anlehnung an *gentry*, den englischen Landadel) benennt einen Prozess, der in der Stadtsoziologie seit den 1980er Jahren ein sehr wichtiges Forschungsthema ist und der beschreibt, wie großstädtische Quartiere und ganze Viertel sich im Laufe einiger Jahre so veränderten, dass diese zum bevorzugten Wohn- und Lebensort junger, kreativer Akademiker werden.

In diesem Zusammenhang sollte kurz auf den Begriff des Kreativen eingegangen werden, der auch dank Sozialwissenschaftlern wie Charles Landry (*creative city*[7]) und Richard Florida (*the creative class*[8]) in den letzten Jahren zu neuen Ehren gekommen ist. Der Zusammenhang der neuen kreativen Klasse, die in kreativen Städten lebt und dem Aufkommen und Lebensstil der New Economy ist evident. Die besondere Arbeits- und Lebenskultur der New Economy beschreibt einen Teil der allgemeinen Transformation der Arbeitsgesellschaft und ihrer Arbeits- und Lebensräume.

Der Stadtsoziologe Jürgen Friedrichs, der 1996 zusammen mit Robert Kecskes ein Standardwerk zu dem Thema Gentrification[9] herausgegeben hat, definiert diesen Prozess als *Austausch einer statusniedrigen Bevölkerung durch eine statushöhere Bevölkerung in einem Wohngebiet.*[10] Friedrichs beschreibt einen Invasions-Sukzessions-Zyklus, bei dem statushöhere Gruppen sukzessive statusniedrigere verdrängen, bzw. einen doppelten Invasions-Sukzessions-Zyklus, bei dem diese Schichten wieder von anderen verdrängt werden. Friedrichs unterscheidet grob zwischen den so genannten Pionieren, die erst die alteingesessene Wohnbevölkerung verdrängen und den Gentrifiern, die wiederum die Alteingesessenen und die Pioniere verdrängen. Es gibt einige Bezirke deutscher Großstädte, für die dieser Prozess, der von Kritikern gern auch als Yuppisierung bezeichnet wird, gut dokumentiert ist.[11] Es ist kein Zufall, dass das genau die Viertel sind, in denen sich die Start-ups bevorzugt niederließen, weil in ihnen genau die Mischung aus Wohn-,

---

7 Siehe: Landry, Charles, 2000, *The Creative City. A Toolkit for Urban Innovators*, London.
8 Siehe: Florida, Richard, 2002, *The rise of the creative class*, New York.
9 Siehe: Friedrichs, Jürgen u. Kecskes, Robert (Hg.), 1996, *Gentrification: Theorie und Forschungsprobleme,* Opladen.
10 Ebenda, S. 14.
11 Siehe etwa die Untersuchungen zum Helmholtzplatz in Berlin Prenzlauer Berg: Schmit, Katja, 2005, *Ein Kiez im Wandel. Gentrification und Nutzungskonflikte am Helmholtzplatz*, Schkeuditz. Oder allgemeiner zu Berlin: Holm, Andrej, 2006, *Die Restrukturierung des Raumes. Stadterneuerung der 90er Jahre in Ostberlin. Interessen und Machtverhältnisse*, Bielefeld.

Lebens-, Konsum- und Arbeitsumfeld zu finden war, die für ein bestimmtes soziales Milieu attraktiv ist.[12]

Nicht nur Friedrichs sieht die Gentrification als Teilprozess eines komplexeren Reurbanisierungskontextes zu dem für ihn auch eine »Revitalisierung« der Stadt durch IT-Revolution und Stadterneuerungsprozesse gehört. Der genaue Beitrag der New Economy zur Veränderung großstädtischer Wohn- und Arbeitsquartiere und -milieus kann an dieser Stelle aber nicht quantifiziert werden. Wie schon erwähnt, sollte die Anzahl der Start-ups und ihrer Mitarbeiter nie überschätzt werden. Im Gegensatz zu bestimmten Quartieren nordamerikanischer und europäischer Metropolen, wie etwa der Bay Area in San Francisco, der Innenstadt von Vancouver, der Londoner City (*Central Business District*)[13] oder Teilen von Manhattan in New York, wurden in deutschen Großstädten nie ganze Viertel durch die ITK-Arbeiter gentrifiziert und geteilt, wie es Robert Reich in den USA beobachten kann.[14] Hier sollte, selbst bei einer großzügigeren Definition von New Economy, diese immer nur als Teil eines größeren Prozesses gesehen werden, der von den kreativen Mitarbeitern nicht ausgelöst – Pioniere waren sie keine – sondern eher verstärkt wurde. Im Sinne Friedrichs können viele der Gründer und Mitarbeiter, besonders größerer Start-ups, eher als Gentrifier verstanden werden, die bereit waren, höhere Mieten im Umfeld der Unternehmen zu zahlen. Es darf in diesem Zusammenhang nicht vergessen werden, dass die, von der Geografin Ilse Helbrecht beschriebene, *Kehrtwende, die Teile der Mittelschicht zurück in die Stadt brachte*[15], trotz einiger Beispiele von neuen Urbanisierungsprojekten, wie etwa der entstehenden

---

12 Im Berliner Stadtteil Prenzlauer Berg war das Bestreben das *Arbeitsleben* mit dem restlichen Leben verbinden zu wollen, um gleich den ersten drei der vier zuvor erwähnten Kriterien der Ortswahl gerecht zu werden, anschaulich zu studieren. Die *Backfabrik* warb während ihres Umbaus Anfang der 2000er Jahre vom ehemaligen *VEB Bako* zum Kreativort, an der Fassade mit dem Slogan: *Komm nach Hause arbeiten*.
13 Die britische Hauptstadt ist sicher die Metropole, die sich durch das Aufkommen der New Economy, der Informationsgesellschaft und der globalen Finanzökonomie neben San Francisco wohl am stärksten verändert hat. Siehe: Hutton, Thomas A., 2008, *The New Economy of the Inner City*, Oxon.
14 *In den 90er Jahren haben sich die meisten städtischen Zentren in zwei Städte geteilt – der eine Teil bewohnt von Symbol-Analytikern, deren konzeptionelle Dienste mit der Weltwirtschaft verknüpft sind, und der andere von Leuten, die personenbezogene Dienstleistungsberufe ausüben (Wach- und Sicherheitsdienste, Taxi, Büro, Parkaufsicht, Einzelhandel, Gaststätten) und deren Arbeitsplätze von den Symbol-Analytikern abhängig sind.* In: Reich, a.a.O., S. 301f.
15 In: Helbrecht, Ilse, 1994, *Stadtmarketing – Konturen einer kommunikativen Stadtentwicklungspolitik*, Basel/Boston/Berlin, S. 1.

HafenCity in Hamburg, in Deutschland nicht so dramatisch verlief wie etwa in San Francisco oder Seattle, einfach weil die Mittelschicht die deutschen Großstädte nie verlassen hatte. Der Boom, den Berlin-Mitte, der Prenzlauer Berg oder das Schanzenviertel in Hamburg Anfang und Mitte der 1990er Jahre erlebt hatten, wurde durch die Pioniere der Studenten, jungen Akademiker, vor allem von gut ausgebildeten Singles oder Paaren ausgelöst, die dann zusammen mit den alteingesessenen Mietern zum Teil von den Gentrifiern, gut verdienenden Akademikern und (Klein-)Familien[16] verdrängt wurden. Dieser Prozess beschränkt sich auf wenige westdeutsche Großstädte und Berlin, im Osten Deutschlands (bis auf Leipzig und Dresden) und auf dem Land spielt er keine nennenswerte Rolle.

Bei diesem Teilaspekt von Reurbanisierung sollte nicht vergessen werden, dass es nicht nur die Veränderung des Wohn-, Arbeits- und Konsumptionsumfeldes durch neue Bevölkerungsschichten zu konstatieren gibt, sondern auch den umgekehrten Prozess der Veränderung der Unternehmen durch dieses Umfeld. Besonders die kleinen Start-ups waren und sind über eine Infrastruktur aus Cafés, Restaurants und Klubs miteinander verbunden und benötigen diese Kommunikationsräume. Trotz eines insgesamt weitaus kleineren IT-Milieus als etwa in den USA, war die New Economy auch in Deutschland als Teil einer kreativen Klasse mit dafür verantwortlich, aus normalen, kreative Städte zu machen.

Im September 2007 erschien im Hamburger Nachrichtenmagazin *Der Spiegel* eine Titelgeschichte über die kreativen Städte zu Beginn des 21. Jahrhunderts. Zusammengefasst wurde gesagt, dass diesen Städten, als Beispiel wurden Amsterdam, Barcelona, Dublin, Tallinn und Kopenhagen porträtiert, eine erfolgreiche Zukunft bevorstehe, weil es ihnen gelänge, viele kreative Menschen anzulocken, die wiederum Firmen gründeten und langsam das ausbildeten, was der US-amerikanische Stadtsoziologe Richard Florida *creative class* nennt.[17] Nicht den Great Cities der Vergangenheit wie London oder Paris gehöre die Zukunft, nicht den Megametropolen wie Mumbai, Peking, Mexiko-Stadt oder Sao Paulo, sondern den überschaubaren mittleren Metropolen wie es in den USA San Francisco und Seattle vormachen. Diese kreativen Städte, Städte mit einer halben bis zwei Millionen Einwohnern, hätten eine hohe Lebensqualität und nach Richard Florida die drei T's, die nötig sind, um den Titel einer kreativen Stadt tragen zu dürfen. Die drei entscheidenden

---

16 Siehe etwa Monika Alisch zur *Family-Gentrification,* in: Ders., 1993, *Frauen und Gentrification: der Einfluß der Frauen auf die Konkurrenz um den innerstädtischen Wohnraum,* Wiesbaden.
17 Siehe: Florida, Richard, a.a.O.

Standortfaktoren Technologie, Talent und Toleranz bestimmen nach Florida darüber, ob sich die Mitglieder der kreativen Klasse in einer Stadt niederlassen oder nicht. Worum es bei den endlosen Städte-Rankings und den Vergleichen von Gay-Faktoren (denn die kreativsten sind auch die liberalsten Städte), u.ä. wirklich geht, benennt Florida im Vorwort:

»Human creativity is the ultimate economic resource. The ability to come up with new ideas and better ways of doing things is ultimately what raises productivity and thus living standards. The great transition from the agricultural to the industrial age was of course based upon natural resources and physical labor power, and ultimately gave rise to giant factory complexes in places like Detroit and Pittsburgh. The transformation now in progress is potentially bigger and more powerful. For the previous shift substituted one set of physical inputs (land and human labor) for another (raw materials and physical labor) while the current one is based fundamentally on human intelligence, knowledge and creativity.«[18]

Seine recht affirmativen Grundthesen mögen ein Grund dafür sein, dass Florida bei anderen Stadtsoziologen keinen besonders guten Ruf genießt, zu willkürlich und oberflächlich erscheint seine Definition einer kreativen Klasse, die er von der der Arbeiterschaft und der Dienstleistungsklasse abgrenzt. Dass Florida ein gern gesehener Gast bei Bürgermeistern, Stadtplanern und vor allem Standortmarketing-Fachleuten ist, überrascht kaum.[19] Die These einer kreativen Klasse, zu der er sehr großzügig alle Beschäftigten der Medienindustrie (TV, Radio, Print, Internet, Spiele), weiter der Musik-, Mode-, Werbe-, Kunst-, Design- und Softwarebranchen zählten, alle Künstler und Publizisten sowieso, Spiele-Entwickler und alle die in Forschungs- und Entwicklungsabteilungen tätig sind, passt sehr gut in eine Zeit, in der sich Städte immer mehr als Standorte definieren, die in Konkurrenz zu anderen Standorten stehen. Aufgrund der sehr weiten Definition der kreativen Klasse, die noch über das hinausgeht, was an dieser Stelle bisher unter immaterieller Arbeit verstanden wurde, denn auch der Kabelträger und alle körperlich arbeitenden Beschäftigten der kreativen Branchen werden mitgezählt,

---

18 Ebenda, S.xiii.
19 Die anfängliche Sympathie für Richard Florida ist auch beim Hamburger *Spiegel* in Kritik umgeschlagen und das liegt auch an der Situation in der eigenen Stadt. Im Herbst 2009 hatte sich ein ungewöhlich breites Spektrum aus Bürgern, Künstlern und Politaktivisten gebildet, um gegen den Verkauf eines Teils des historischen Gängeviertels zu protestieren, mit Erfolg. Siehe in: *Spiegel online*, 06.11.2009, siehe unter: http://www.spiegel.de/kultur/gesellschaft/0,1518,659383,00.html.

gerät der Anteil an der gesamten arbeitenden Bevölkerung nach Florida entsprechend groß.[20]

Die wissenschaftliche Qualität der Ausführungen Floridas interessiert an dieser Stelle nicht, es geht um das Phänomen des Diskurses um kreative Städte, Menschen, Mitarbeiter, Standorte, Klassen und Industrien an sich. Der Begriff der *Kreativität*[21], der seit den 1950er Jahren zu einem Schlüsselbegriff, wenn nicht zu dem Schlüsselbegriff für den Anspruch an modernes, selbstbestimmtes und erfülltes Arbeiten geworden ist, ist viel anschlussfähiger an öffentliche Diskurse, weil er nicht so intellektuell und abstrakt klingt wie etwa immaterielle (Arbeit) oder der Wissensarbeiter. Und er definiert keinen Zustand, sondern einen Anspruch. Somit ist es in diesem Sinne nur konsequent, auch den Kabelträger beim Fernsehsender XY zu der kreativen Klasse zu zählen. Im eigenen Selbstverständnis tut er das auch und es ist für ihn sehr wohl ein Unterschied, bei einem Medienunternehmen oder einem konventionellen Handelsunternehmen oder in einer Verwaltung genau die gleiche körperliche Arbeit zu verrichten. Die Zugehörigkeit zu einer Gemeinschaft, die sich selbst als kreativ definiert, ist nicht an einer Kategorie wie körperlich/geistig oder materiell/immateriell festzumachen. Durch die ständige Anrufung der Kreativität, nicht nur in den kreativen Branchen der Medien, ist diese zu einer Art Ideologie aufgestiegen, nach der derjenige, der nicht kreativ ist oder es nicht anstrebt, eigentlich gar nicht arbeitet. Dieser Anspruch ist heute implizit für jegliche Form von Arbeit formuliert. Auch der schlecht bezahlte Dienstleister, ob angestellt oder nicht, soll in allen Bereichen der Arbeit Kreativität zeigen und wenn auch nur die Fähigkeit gemeint ist, mit sehr wenig Geld und Material möglichst viele Kunden bedienen zu können. Im Gegensatz zur Ideologie der Flexibilität, die ebenfalls alle Formen von Arbeit erreicht hat, aber vor allem Ansprüche an die Verfügbarkeit des Arbeitenden formuliert, zielt der Anspruch der Kreativität mehr auf die Arbeit selbst. Obwohl es unbestritten ist, dass der Kreativität einer Supermarktkassiererin oder eines Fließbandarbeiters enge Grenzen gesetzt sind, so wirkt dieses Paradigma auch hier und wertet jede unkreative Arbeit tendenziell ab.

---

20 So machte sie 1999 schon 30 Prozent der Beschäftigten aus, nach der *Dienstleistungsklasse* mit ca. 43 Prozent schon die zweitgrößte Gruppe vor den *Arbeitern* mit ca. 26 Prozent und der Landwirtschaft mit ca. 1 Prozent. In: Florida, a.a.O., S. 74ff.

21 Der Begriff kam in den 1950er Jahren aus den USA nach Europa und war in der psychologischen Forschung der US-Luftwaffe entstanden. Wissenschaftler suchten nach effizienten Verfahren der Begabtenförderung und der Personalentwicklung. Siehe: Bröckling, Ulrich, a.a.O., S. 159f.

D) Die mythischen Erzählungen der New Economy

Innerhalb der New Economy musste dieser Begriff nicht explizit überbetont werden, denn er gehörte wie der der Flexibilität, Mobilität und Gemeinschaft zur mentalen Grundausstattung der jungen Mitarbeiter. Die Kreativität wird aber nicht, wie in der Werbe- und Modebranche, ständig betont, sondern in einem dosierten Maße zu einem Teil des eigenen Selbstverständnisses. Die Arbeit in einem IT-Unternehmen oder Start-up ist weitaus mehr als kreative Arbeit, sie ist ebenso auf Technik bezogen und auf Daten fixiert. Es ist mehr eine problemlösungsorientierte Form von Kreativität gefragt, wie sie Programmierern und Webmastern eigen ist und nicht die, mehr verspielte und innovative Form, von Designern und Künstlern. Die Anrufung der Kreativität hatte aber grundsätzlich die gleiche Funktion wie bei anderen Unternehmen. Sie soll einen (hohen) Anspruch an die Arbeit und den Arbeitenden formulieren und Spaß und Freude an der Arbeit in Aussicht stellen. Die New Economy versuchte beide Ansprüche, den nach Spaß und den nach Leistung, in einer Weise zu verbinden, bei der man Spaß an der eigenen Leistung empfindet.

Die Behauptung, neue Orte zu besetzen, war eine Behauptung der eigenen Kreativität und Coolness. Es ging nicht in erster Linie darum, den kreativen Mitarbeitern ein angemessenes Umfeld zu verschaffen, sondern darum, die behauptete Andersartigkeit zu manifestieren. Das war eine Abgrenzung gegenüber der Old Economy der etablierten ITK-Unternehmen, die architektonisch mit modernen, praktischen Bürogebäuden verbunden wird. Die Start-ups erinnerten in dieser Hinsicht, ähnlich wie auf der Ebene der Arbeitsorganisation, an vormoderne, zumindest aber industrielle Zeiten. So wie die Entgrenzung zwischen Arbeit und Nichtarbeit und die Schaffung eines Arbeits- und Lebensortes entfernt an die Arbeitshäuser und Manufakturen des 17. und 18. Jahrhunderts erinnert, so ist auch die Wahl des Ortes der immateriellen Produktion eine Reminiszenz an das Maschinenzeitalter und ein Bruch mit der Tradition moderner Büroarchitektur. Neue und zweckmäßige Bürobauten wurden von den Gründern und Mitarbeitern der Start-ups mit dem Zeitalter der Bürokratie und Uniformität in Verbindung gebracht, welches von der New Economy abgelöst werden wollte.

Im Sinne Boltanskis und Chiapellos war die Wahl der Orte der Industrialisierung eine Reaktion auf die *Künstlerkritik*[22] der 1960er und

---

22 Sie unterscheiden zwei Formen von Kritik, eine Künstlerkritik und eine Sozialkritik: *Die Künstlerkritik, die in der Lebensform der Boheme wurzelt […], speist sich vor allem aus den ersten beiden Empörungsquellen, wie wir sie weiter oben kurz skizziert haben: zum einen aus der Entzauberung und fehlenden Authentizität, zum anderen aus der Unterdrückung, wie sie für die Welt der Bourgeoisie, die den Aufstieg des Kapitalismus*

1970er Jahre, die den dritten und *neuen* kapitalistischen Geist kennzeichnet. Dieser Künstlerkritik, die neben einer sozialen und ökonomischen Benachteiligung des Arbeiters vor allem eine fehlende Authentizität in der modernen Konsumwelt beklagt, wurde bezüglich der Verortung Rechnung getragen. Ganz im Gegensatz zu den gesichtslosen und ahistorischen Orten der *normalen* Wirtschaft, die ausschließlich nach rationalen und ökonomischen Erwägungen konzipiert und realisiert wurden, leisteten sich die Start-ups eine weitere Verrücktheit und bewohnten alte und vermeintlich authentische Gebäude.

Fazit

Die mythische Erzählung von den neuen Orten, die als narrativer Kern die Wahl von alter, gewachsener Industrie- und Wohnarchitektur und eine angestrebte Verbindung von Kreativität und Arbeit beschreibt, war eine, die vor allem von den Gründern, Mitarbeitern und Medien verbreitet wurde. Die zentrale Bedeutung dieser Erzählung lag in der Bestimmung der eigenen Andersartigkeit und in der Abgrenzung zur traditionellen IT-Welt und darüber hinaus zur gesamten Old Economy. Die Intention, die Bedeutung über die mythische Erzählung von den *neuen* Orten als Teil, als diskursives Fragment des Mythos New Economy zu transportieren, wurde mit kleinen Einschränkungen umgesetzt.

Die Erzählung von den neuen Orten der New Economy, von den kreativen Orten, war keine erstmalige, denn auch vorher hatten schon Künstler, Designer und andere Kreative solche Gebäude gewählt. Auch wenn diese Wahl aufgrund des ökonomischen Misserfolges der New Economy postum als ein weiteres Beispiel für die Maßlosigkeit und Exaltiertheit der Start-ups herhalten muss, und heute kleine ITK-Firmen nicht einen solchen Wert auf ein historisches Umfeld legen, so hat diese Narration Einzug in den Bedeutungskomplex New Economy gefunden. Ein *richtiges* Start-up der Jahre 1999 und 2000 musste einen solchen Ort wählen. Entscheidend ist für diese Narration des neuen Ortes, wie auch für einige der folgenden, dass es (erfolgreich) gelang, einen Teil der vermeintlich kühlen und als zweckrational und technizistisch bekannten

---

begleitet, charakteristisch sind. Im Zentrum dieser Kritik steht der Sinnverlust und insbesondere das verloren gegangene Bewusstsein für das Schöne und Große als Folge der Standardisierung und der triumphierenden Warengesellschaft. […] *Die zweite Kritik sozialistischer und später marxistischer Provenienz speist sich dem gegenüber aus den letzten beiden hier identifizierten Quellen der Empörung, aus den egoistischen Partikularinteressen in der bürgerlichen Gesellschaft und aus der Verarmung der unteren Klassen in einer Gesellschaft mit ungeheuren Reichtümern.* In: Boltanski/Chiapello, a.a.O., S. 81f.

IT-Welt schrittweise in eine andere, vermeintlich kreativ, fast künstlerisch anmutende Umwelt zu integrieren. Die New Economy, besonders die der kleinen und mittleren Start-ups, war kein IT-Ableger, sondern von ihrem Selbstverständnis her den kreativen Branchen der Werbe- und Designagenturen viel näher.

Während die Behauptung einer Kreativität bei der Wahl des Produktionsortes erfolgreich war, so geriet die von der kreativen Qualität der immateriellen Produktion an diesen Orten an enge Grenzen. Die Start-ups zeigten zwar Kreativität bei der Darstellung der eigenen Qualitäten, konnten aber keine Erzählung schöpferischer Außergewöhnlichkeit etablieren, wie es etwa Werbeagenturen in den zurückliegenden Jahrzehnten gelungen war, die ähnliche *kreative* Orte und Stadtteile gewählt hatten. Die Wahl des betont coolen Ambientes fiel bei den Start-ups eher als ein weiterer Beleg für deren überzogenes Selbstbewusstsein auf diese zurück. Die New Economy hatte bei vielen Kunden und bei den, mit ihnen durch die Aufträge verbundenen Werbe-, Design- und PR-Agenturen, den Ruf, eher eine Show-Economy zu sein, aber eine, die (anfangs) sehr gut zahlte.

2. Neue Unternehmer? Der Gründer

Zusammen mit den neuen Unternehmen, den Start-ups, erschien auf der Bühne der New Economy auch ein neuer Typus Unternehmer; der *Gründer*. Schon in der Begrifflichkeit ist ein deutscher Sonderweg zu erkennen, denn im englischen Sprachraum wurde weitaus häufiger vom *Entrepreneur* (franz. *etwas machen*), dem Unternehmer, gesprochen und seltener vom *Founder*, dem Gründer.[23] In Deutschland dagegen setzte sich weder das französische noch das englische Fremdwort durch. Es war bemerkenswert, dass bei einer Wirtschaftsnische wie der New Economy, die ansonsten ihre gesamte englische Business-Speech mit nach Deutschland brachte (siehe nachfolgend Punkt 7), gerade die zentrale Kategorie des Unternehmensführers ein deutschsprachiger Rückgriff auf vergangene Zeiten war. In dem Begriff und seiner (unpassenden) Selbst- und Fremdzuschreibung spiegelt sich ein höchst diffuses Rollenbild, welches sich aus unterschiedlichen ökonomischen wie gesellschaftlichen Rollenmodellen ergab, die in Deutschland und den USA vorherrschend waren. Zuerst einmal konnte der Begriff Gründer an zwei ältere Mythen der deutschen Wirtschaftsgeschichte anschließen.

---

23 Siehe: Livingston, Jessica, 2007, *Founders at work – Stories of the start-ups' early days*, New York.

Zuerst erinnert er an eine der wirtschaftlich und kulturell dynamischsten Zeiten der Deutschen überhaupt, die bereits erwähnte Gründerzeit der 1860er Jahre, die mit der Gründerkrise oder Eisenbahnkrisis 1873 ihr Ende fand. In dieser Zeit entstand um die Schlüsseltechnologie Eisenbahn herum nicht nur das deutsche Bahnnetz, sondern u.a. auch ein beträchtlicher Teil der großstädtischen (Alt-) Bebauung, die teilweise heute noch erhalten ist. Die Analogie mit der Gründerzeit, in der nicht nur unzählige Unternehmen, sondern 1871 auch das Deutsche Reich gegründet wurde, mit der New Economy der 1990er Jahre war sicher nicht beabsichtigt, weil damals, wie fast 130 Jahre später, die Aktienkurse dramatische Berg- und Talfahrten erlebten. Die Analogie wird in diesem Zusammenhang über den Begriff des Gründers gezogen, weil das Zeichen Gründerzeit in erster Linie Eigenschaften wie Qualität, Haltbarkeit, Dynamik und Aufbruch bedeutet. In dieser Zeit wurde die Grundlage der deutschen Industrialisierung gelegt, die das Deutsche Reich in den Jahrzehnten danach zu einer wirtschaftlich und technologisch führenden Macht werden ließ. Die wirtschaftliche Dynamik rund um die Eisenbahngesellschaften war beachtlich, die Gründerzeitvillen und viele der Altbauten bürgerlicher Viertel haben wir dieser Zeit zu verdanken, sie ist auch die Gründerzeit des modernen industrialisierten Deutschlands. In dieser Analogie haben die Start-ups der deutschen New Economy die Rolle der Eisenbahngesellschaften in der Gründerzeit – die der Informatisierung Deutschlands – in der es nicht allein um profanen wirtschaftlichen Erfolg ging, sondern um mehr:

»Nicht das ökonomische Kapital – das kann warten, man ist ja noch jung-, sondern kulturelle Kapitalien, Anleitungen zur Professionalisierung, Kontakt mit Usern und Klienten, den Boss duzen, Teilnahme am Lifestyle der neuen Gründerzeit.«[24]

Des Weiteren stellt der Begriff des Gründers eine Verbindung mit der Gründerzeit Nachkriegs-(West-)Deutschlands her, einer Zeit, die als Mythos *Wirtschaftswunder* im Kollektivgedächtnis bewahrt wird. In den 1950er und 1960er Jahren wurde (West-)Deutschland wieder aufgebaut, auch der Mythos der *Trümmerfrauen* rührt, wie der vom *Wiederaufbau*, aus den Jahren nach dem verlorenen 2. Weltkrieg. In dieser Zeit kam es zu Zehntausenden von Unternehmensgründungen, es galt, überhaupt erst wieder funktionierende privatwirtschaftliche Strukturen zu schaffen. Der Unternehmer-Typus dieser Zeit war der patriarchalische Firmengründer, wie ihn etwa Josef Neckermann oder Max Grundig verkörperten, die zu

---

24 In: Holert, Tom, »Katharsis am Neuen Markt«, in: *Jungle World*, 10.01. 2001.

Helden der Sozialen Marktwirtschaft wurden. Ein Programm, das die Versöhnung des Sozialstaates mit der Marktwirtschaft zum Ziel hatte und eines mit dem die *CDU* zwei Jahrzehnte regierte. Dieser Unternehmer war fast ausschließlich männlichen Geschlechtes und mittleren oder höheren Alters. In der Idealvorstellung fühlte er sich für Profite ebenso zuständig wie für das Wohl seiner Angestellten und versuchte, die Allgemeinheit an seinem wirtschaftlichen Erfolg teilhaben zu lassen.

In solch eine Tradition sah sich der junge Start-up-Gründer gern. Auch hier werden Zeichen von Verlässlichkeit, Kontinuität, aber auch Wandel und Dynamik bedeutet. Der Anschluss an den Mythos der Nachkriegszeit fällt leichter, die väterlichen Unternehmer der 1950er Jahre sind noch bekannte Figuren, im Gegensatz zu den allzu fernen Industriekapitänen etwa der Weimarer Republik oder gar dem *Eisenbahnkönig* Bethel Henry Strousberg der Gründerzeit. Der Begriff des Gründers, der in der New Economy erst einmal als Unternehmer verstanden wurde, erlaubte neben den beiden Verbindungen zur deutschen Geschichte auch eine Bezugnahme auf die Unternehmer der Zeit der späten Industrialisierung. Am Ende des 19. Jahrhunderts und zu Beginn des 20. Jahrhunderts gab es eine geradezu mythische Verehrung des Unternehmers, erinnert sei etwa an den deutschen Nationalökonomen Werner Sombart[25] oder den österreichischen Wirtschaftstheoretiker Joseph A. Schumpeter und seine oft zitierte *schöpferische Zerstörungskraft*[26] des Unternehmers. Er galt damals als eine heroische Figur, als ein Mann der Stärke und der Durchsetzungskraft, aber auch des Risikos mit der Lust an Spiel und Spekulation, Eigenschaften, die spätestens mit der Weltwirtschaftskrise von 1929 diskreditiert wurden.[27]

Der Unternehmer der Nachkriegsbundesrepublik brach mit einigen der heroischen Qualitäten und war ganz im Sinne der Zeit kein Mann des Risikos, sondern der Verantwortung und Verlässlichkeit. Beim Vergleich mit den Vätern des deutschen Nachkriegswirtschaftswunders, sozialen Patriarchen mit einem ausgeprägten Verantwortungsbewusstsein und Durchhaltewillen, fällt auf, dass dieser nicht trägt. Die Generation ihrer Enkel, die Ende der 1990er Jahre Dutzende von Start-ups grün-

---

25 Siehe: Sombart, Werner, 2002 (OA 1913), *Der Bourgeois. Zur Geistesgeschichte des modernen Wirtschaftsmenschen*, Berlin.
26 Siehe: Schumpeter, A.Joseph, 1946 (Engl. OA 1942), *Kapitalismus, Sozialismus und Demokratie*, Tübingen.
27 Auch für die Weltfinanzkrise ab 2008 werden die Gründe im riskanten Geschäftsgebahren nicht nur der Banken und Aktienhändler gesucht, sondern auch der Unternehmer, die nur auf eine kurzfristige Rendite setzten. Siehe etwa: Polke-Majewski, Karsten, »Spiel ohne Sieger«, in: *Die Zeit online*, 06.10.2008, unter: http://www.zeit.de/online/2008/41/finanzkrise-kommentar-montag.

deten, waren keine Unternehmer im Sinne der deutschen Gründerzeit oder der Zeit des Wirtschaftswunders, wenn auch ihre behauptete Risikobereitschaft an den Schumpeterschen Unternehmer erinnern könnte. Die jungen Gründer riskierten vergleichsweise wenig, für das akquirierte Risikokapital mussten sie in der Regel nicht persönlich haften.

Im Begriff des Gründers ist die Essenz von dem enthalten, was der Begriff des Unternehmers im deutschen Sprachraum beschreiben soll. In dieser Tradition geht es beim Gründen nicht nur darum ein Unternehmen zu begründen, sich eine Geschäftsidee zu überlegen, Kapital zu organisieren, Personal anzustellen und ein Produkt auf den Markt zu bringen. Diese Start-up-Phase ist nur ein Teil des Gründens, der meist kompliziertere und langwierigere ist die Zeit danach, in der sich zeigen muss, ob das Geschäftsmodell auch durchdacht und die Firmenstrategie klug ist. So ist es kein Zufall, dass so häufig von Start-ups und ihrem Risiko- oder Seed-Kapital gesprochen wird. Das gesamte Augenmerk der Geschäftstätigkeit lag auf der ersten Phase des Gründens, denn die zweite Phase sollte schon mit einem Börsengang einhergehen. Wurde die Gründungszeit noch von Investoren finanziert, die gern Kapital gaben, so sollte danach der IPO die Zukunft sichern. Diese Geschäftsstrategie ist weit von der jeder traditionell agierender Firma, geschweige den Gründungen der Nachkriegszeit, entfernt, in der es von Anfang an darum ging, ein solides und rentables Unternehmen aufzubauen. Würden Rückschlüsse von der Anzahl der überlebenden Start-ups nach 2001, die nicht an die Börse gingen und überlebten, auf die unternehmerische Kompetenz der jungen Gründer gezogen, so wäre dieses Urteil verheerend.

Im Verständnis der deutschen Wirtschaftstradition ist der junge und kurzfristig orientierte Start-up-Gründer nicht einmal ein richtiger Unternehmer. Diese mittel- und langfristig orientierte und eher medienscheue Figur ist eine des so genannten Mittelstandes und diese Gruppe der Unternehmen genießt in Deutschland, nach nationalem Verständnis dem Mittelstandsland schlechthin, einen schon fast legendären Ruf. Trotz der Erfolge von Weltkonzernen wie *Siemens, Daimler, Bayer, BMW* oder der *Deutschen Bank*, gehören fast 20 Prozent aller umsatzsteuerpflichtigen Unternehmen zum Mittelstand[28] (und fast 80 Prozent zu den kleineren Unternehmen), haben damit zwischen 10 und 500 Mitarbeiter, und verfügen über einen Umsatz zwischen einer und 50 Millionen Euro. Sie sind ein wichtiger Faktor der Wirtschaftsleistung (fast 29 Prozent der

---

28 Laut des Instituts für Mittelstandsforschung (IfM) aus Bonn, Eigene Statistiken von 2008.

Umsätze) und Hauptträger der Beschäftigung (über 70 Prozent) und der Ausbildung (über 60 Prozent).

Was war der Gründer der New Economy nun wirklich? Was verbarg sich hinter der Bedeutung Gründer? Ein Zitat eines anonymen Gründers verrät mehr:

»Sollte die Diskussion leider aber ergeben, dass man sich idealerweise von einem Mitarbeiter trennen sollte – harte Erkenntnis, indeed –, dann Kopf hoch und nur keine Emotionen hochkommen lassen. Wir behaupten doch schließlich alle, kühle Macher zu sein – jetzt könnt ihr das beweisen.«[29]

Diese kühle Seite verweist auf eine viel angemessenere Traditionslinie, auf die des Managers, dem Inbegriff des kühl agierenden, professionellen Machers. Eine solche etwas aggressivere Note gefiel einigen Gründern, die die New Economy als Hort eines knallharten Leistungsdenkens inszenierten:

»Der Wandel ist brutal. Ein neuer Stil, ein schnellerer Takt, ein höherer Druck, mit gnadenloser Radikalität brechen die Unternehmer der New Economy mit den traditionellen Arbeitsmethoden der etablierten Konzerne. [...] ›Wir stampfen die Eckpfeiler für die Arbeitswelt der Zukunft in den Boden, wir prägen einen neuen Stil‹, sagt Razorfish-Vorstand Philipp Schäfer.«[30]

So verwundert es etwas, dass sich die weitaus altmodischere und bravere Bezeichnung Gründer durchgesetzt hat und nicht etwa die des *Yetties* (*young, entrepreneurial, techbased, twentysomething*), der es nie zu der Popularität seines begrifflichen Vorbildes *Yuppie* (*young, urban, professionell*) brachte. Während dieser 1980er-Jahre-Manager jung, großstädtisch und professionell sein sollte, wollte sein New Economy-Nachfolger nicht nur ein junger, sondern auch unternehmerisch handelnder und technologieorientierter Mensch sein. Die Gründe für die fehlende Präsenz des Yetties in öffentlichen und innerökonomischen Diskursen sind nicht darin zu finden, dass die Gründer diesen Begriff ablehnten, denn ihrem Selbstverständnis entsprach diese Bezeichnung weitaus mehr als der altbackene Gründer.

Es gibt noch einen weiteren Grund, der für eine Verortung mehr in der Nähe der Yuppies und Yetties spräche. Im Gegensatz zum Gründer und Unternehmer des späten 19. und frühen und mittleren 20. Jahrhunderts, ist der Gründer der New Economy keine singuläre, allein han-

---

29 »Das Ausscheiden von Mitgliedern des Gründungsteams – eine Gründerperspektive«, siehe unter: http://www.meome.de, 08.08.2000.
30 In: Gronwald, Silke (2000(1)), S. 189.

delnde Figur, sondern fast immer in der Kleingruppe anzutreffen. Durch die öffentliche Präsenz von charismatischen Einzelfiguren wie Thomas Haffa, Peter Kabel oder Paulus Neef konnte in Deutschland der Eindruck entstehen, auch die New Economy würde von patriarchalischen Führungspersönlichkeiten geleitet. Dieser Eindruck täuschte aber über die Organisationsstrukturen der meisten Start-ups hinweg, die auffallend oft von vier oder fünf jüngeren Männern geleitet wurden. Vom Gründer müsste also fast immer im Plural gesprochen werden, wie es auch beim Rollenmodell des Managers angebracht wäre, der ja gerade den Übergang vom autonom agierenden, nur sich selbst und der Firma verantwortlichen Unternehmer, zum kollektiv handelnden, mehr dem Aufsichtsrat und den Aktionären verantwortlichen Vorstand verkörpert. Auch der Manager der 1980er und 1990er Jahre wurde meist als allein (und rücksichtslos) agierender Patriarch skizziert, erinnert sei an den Oliver Stone-Film *Wall Street* (1987) mit Michael Douglas als Börsenspekulanten Gordon Gecko oder die Erfolgsbiografie des Autopatriarchen Lee Iacocca[31], aber auch hier wäre es angebracht mehr von *den* Managern zu sprechen.

Die (ausbleibende) Zuschreibung von unternehmerischen und technischen Kompetenzen, gepaart mit einer Anspielung an den Manager-Archetyp Yuppie, hätte den jungen Chefs der Start-ups sicher gefallen. Die Erklärung für den medialen Erfolg des Gründer-Begriffes, der junge, unerfahrene Firmenchefs beschreiben sollte, die mit fremden Kapital an die Börse wollten, lässt sich nur durch das ökonomische und mediale Umfeld der New Economy in Deutschland und die Interessen einer Schicht erklären, zu der die Gründer eben nicht wirklich gehörten, den deutschen Unternehmern. Wie schon erwähnt war das Aufkommen der New Economy für den deutschen IT-Mittelstand, und nicht nur für diesen, ein Geschenk des Himmels. Trotz jahrzehntelanger Beschwörung des freien Unternehmergeistes war es nicht gelungen, aus den Deutschen ein Volk von Unternehmern zu machen oder zumindest die Figur des Unternehmers zu einem gesellschaftlichen Rollenmodell mit positiver Ausstrahlungskraft. Das änderte sich Ende der 1990er Jahre:

»Die New Economy ist für das Image des Unternehmertums ein echter Jungbrunnen. Bei den aufstrebenden High-Tech-Firmen verbindet sich perfekt das dynamische Bild moderner, erfolgsorientierter Technikfreaks mit dem des willensstarken und tüchtigen Unternehmers, der Kreativität mit deutscher Gründlichkeit vereint.«[32]

---

31 Siehe: Iacocca, Lee, 1988, *Mein amerikanischer Traum*, Düsseldorf.
32 In: Meschnig/Stuhr (2001) S. 43.

So war die New Economy von Beginn an eine Projektion der deutschen Wirtschaft und des Teiles von ihr, der später von der New als Old Economy tituliert wurde. Deutsche ITK-Größen wie *SAP*, *Deutsche Telekom* oder *Infineon* verfolgten den Aufstieg der Start-ups mit größtem Wohlwollen und sahen sie weniger als Konkurrenten, sondern eher als einen Sohn, um den man sich kümmern muss. Für die um die Jahrhundertwende sehr aktive Lobbyorganisation des Institutes der deutschen Wirtschaft, die Initiative *Neue Soziale Marktwirtschaft*, muss die New Economy wie als von ihr selbst erdacht erschienen sein. Der Unternehmer war im eigenen Selbstverständnis nicht nur eine moderne und dynamische Figur, sondern eine soziale und ganz im Sinne Schumpeters erschaffende:

»Was ist der Unterschied zwischen Mutter Teresa und einem Unternehmen? Die Frage scheint nur auf den ersten Blick unsinnig zu sein, denn während Mutter Teresa vielen Menschen etwas gegeben hat, in dem sie teilte und den Armen zuführte, was andere gespendet hatten, ist die Aufgabe von Unternehmern nicht zu teilen, sondern Neues zu schaffen, zu vermehren.«[33]

Mit der New Economy war der Unternehmer in den Medien nach Jahrzehnten der Abstinenz wieder back in town. Zieht man vor allem ihr eigenes Selbstverständnis in Betracht, so wären die Start-up Gründer gern Yetties gewesen, die wie Manager handeln. Im Gegensatz zu den Managern größerer Konzerne leiteten sie sogar ihr eigenes Unternehmen und waren als Vorstand nur sich selbst verantwortlich. Entscheidungen wurden im Team getroffen, so dass auch unglückliche oder falsche Strategien auf eine Gruppe von Verantwortlichen delegiert werden konnten, ganz im Gegensatz zum Chef oder Unternehmensführer, der immer allein verantwortlich ist. Dass der Gründer zur Hochzeit der New Economy eine Hybride aus technisch versiertem Unternehmer und Manager bedeuten sollte, eine Aussage, die der deutsche Begriff Gründer schon nicht mehr hergab, hatte mit den US-amerikanischen Wurzeln der New Economy zu tun. Wenn die jungen, deutschen Gründer nach Vorbildern gefragt wurden, wurde auffallend häufig der CEO des Online-Buchhändlers *Amazon*, Jeff Bezos, genannt. Er hatte *Amazon* 1995 gegründet und es schnell zu einem der bekanntesten New Economy-Unternehmen gemacht. Die Ursache für die Vorbildfunktion von Bezos ist nicht im wirtschaftlichen Erfolg zu finden, denn *Amazon* brauchte sehr lange, um schwarze Zahlen zu schreiben, sondern in der Figur des dynamischen und frechen Unternehmers, der sich nicht unterkriegen lässt.

---

33 In: Meier, Bernd, 2000, *Unternehmer: Leistungselite der Sozialen Marktwirtschaft*, Köln, S. 1.

Amazon galt zu den Hochzeiten der New Economy immer als Beispiel eines Start-ups, das zwar mit einer guten Idee gestartet war – dem Handel mit Büchern und anderen Medien via Internet – das aber einen entscheidenden strategischen Fehler gemacht hatte, als es sich dafür entschied, auch den Versand der Bücher selbst zu übernehmen. So machte *Amazon* zwar immer größere Umsätze, verursachte durch seinen gewaltigen logistischen Aufwand aber auch ebenso immense Kosten. Kein Wunder, dass es Bezos war, der das Motto der New Economy *Get big fast* prägte, und die so genannte *Cash Burn Rate* (*CBR*) ausrief. Bezos und *Amazon* standen für die Ansprüche und die Dynamik, aber auch den Wahnsinn der New Economy, etwa im Gegensatz zu dem weitaus stilleren (und erfolgreicheren) Gründer von *Yahoo*, Jerry Yang. New Economy-Unternehmer von dem Anspruch und der (Umsatz-)Größe von Bezos, Steve Case (*AOL*) oder Pierre Omidyar (*Ebay*) gab es in Deutschland nicht. Selbst ein Patriarch wie Thomas Haffa von *EM.TV* ist trotz des zwischenzeitlichen Höhenfluges nicht mit den Unternehmensführern der amerikanischen New Economy zu vergleichen, zu kurz, erfolglos und unseriös agierte er.

So ergibt sich weiter ein diffuses Bild der deutschen New Economy-Gründer. In der Zuschreibung der Unternehmer, besonders der ITK-Wirtschaft, und der Medien als Gründer tituliert, konnten sie diesem Bild nie gerecht werden, aber auch nicht einem eigenen Selbstverständnis, das sie gern als eine Art deutscher Yettie gesehen hätte. Ihren amerikanischen Vorbildern konnten sie auch nicht nacheifern, weil ihnen der entsprechende ökonomische und kulturelle Rahmen fehlte, den es nur im Land der (wirtschaftlichen) Extreme gab. Das diffuse Rollenmodell, das der Gründer einnahm, lässt sich auch aus der Herkunft der jungen Unternehmer erklären. Woher kamen die jungen, deutschen (und männlichen) Start-up-Gründer, unter welchen sozialen und kulturellen Bedingungen agierten sie und was waren andere Rollenmodelle, die in den New Economy-internen und öffentlichen Diskursen um die Jahrhundertwende kursierten?

Die New Economy war (und ist) in Bezug auf den Aspekt der Emanzipation keine neue, sondern eine ganz alte Wirtschaft.[34] Gründerinnen gab es in der gesamten deutschen New Economy nur sehr wenige und die bekannten Gesichter wie Paulus Neef (*Pixelpark*), Stefan Schambach (*Intershop*), Peter Kabel (*Kabel New Media*) oder Thomas Heilmann

---

34 Und daran hat sich auch im Web 2.0 nichts geändert. In der *Liste der 25 wichtigsten Start-ups im Web 2.0* war Anfang 2007 nur eines dieser Unternehmen (*DaWanda.com* auf Platz 22) von einer Frau (Claudia Helming) gegründet worden. Siehe unter: http://lexikon2.blog.de/2007/02/06/lexikon2_dawanda~1691474.

(*Scholz and Friends Berlin*) gehörten alle zu Männern. Dadurch unterschied sich die New Economy nicht grundsätzlich von den großen deutschen *DAX*-Konzernen, von denen, selbst in Zeiten der Bundeskanzlerin Angela Merkel, nur zwei[35] Frauen im Vorstand haben. Dieser missliche Umstand widersprach dem Selbstbild der New Economy, die sich als moderne und fortschrittliche Branche sah, in der das Geschlecht keine Rolle spielen sollte, es aber tat:

»Den klassischen Rollenbildern entsprechend sind die meisten männlichen Angestellten im technischen, die meisten weiblichen im kreativen Bereich tätig. Und obwohl die absolute Zahl der in Start-ups beschäftigten Frauen recht hoch ist, erreicht ihr Anteil auf der Ebene der Gründer nicht einmal ein Prozent. In den Vorständen und Aufsichtsräten sieht es nicht besser aus. Die New Economy und hier besonders die Start-ups sind Patriarchat pur, eine echte Brüderhorde.«[36]

Es kann sogar gesagt werden, dass die New Economy im Bezug auf die Geschlechtergerechtigkeit und die Möglichkeiten für Frauen (und Männer), Beruf und Familie zu verbinden, eher schlechter entwickelt war als ein traditionelles, größeres Unternehmen. Anfangs hatte die Hoffnung bestanden, dass die Speerspitze der Informationsgesellschaft, in der es keine oder nur sehr flache Hierarchien geben sollte, auch hier ein Vorreiter sein könnte. Dass auch noch heute anzutreffende Vorurteil, die Zukunft der Informationsgesellschaft sei weiblich, weil angeblich Eigenschaften und Soft Skills wie Kommunikationsfähigkeit, Einfühlungsvermögen, Emotionen und Empathie gefragt seien, ist zwar falsch, trug aber zur Hoffnung auf Emanzipation in der New Economy bei.[37] Die Start-ups waren für die Idee der Emanzipation tendenziell wenig aufgeschlossen, weil das Problem von Diskriminierung grundsätzlich geleugnet und davon ausgegangen wurde, sowieso schon gleichberechtigte Arbeitsumstände geschaffen zu haben. Während größere Firmen in den 1990er Jahren langsam Gender-Mainstreaming-Programme auf- und

---

35 Ende 2009 gab es eine Frau im Vorstand eines *DAX*-30-Unternehmens (Barbara Kux bei *Siemens*). Siehe in: *capital.de*, 19.10.2009, siehe unter: http://www.capital.de/karriere/100025738.html.
36 In: Meschnig/Stuhr (2001), S. 60.
37 Siehe zwei Studien zu Gender-Fragen in der New Economy bzw. ITK-Branche: Schmidt, Ralph u. Spree, Ulrike (Hg.), 2005, *Gender und Lebenslauf in der New Economy, Analysen zu Karrieremustern, Leitbildern und Lebenskonzepten*, Studie der Hochschule für angewandte Wissenschaften Hamburg und Funder, Maria, Dörhöfer, Steffen u. Rauch, Christian (Hg.), 2006, *Geschlechteregalität – mehr Schein als Sein – Geschlecht, Arbeit und Interessenvertetung in der Informations- und Kommunikationsindustrie*, Forschungsreihe der Hans Böckler-Stiftung, Berlin.

umsetzten, die es etwa durch flexible Arbeitszeitmodelle ihren Mitarbeiterinnen (und Mitarbeitern) ermöglichten, sich besser um ihre Kinder kümmern zu können, waren die langen Arbeitszeiten und der Anspruch, immer für die Firma zur Verfügung stehen zu müssen, Gift für ein normales Privat- und Familienleben.

Die jungen Gründer des *Young-Boys-Network* New Economy ließen tendenziell sogar eher traditionelle bzw. pubertäre Geschlechtervorstellungen erkennen. Die US-amerikanische Journalistin Paulina Borsook, die Mitarbeiterin des Hochglanz-Hightech-Magazins *Wired* war, dem für die (pop-)kulturelle Veränderung der (US-amerikanischen) IT-Welt eine zentrale Bedeutung zukommt, versucht in *Cyberselfish. A critical Romp through the terribly liberterian Culture of High Tech*[38] die amerikanische Generation der Erfolgs- und Technikfixierten Menschen zwischen 25 und 35 Jahren zu beschreiben:

»Eines dieser alternativen Retromodelle für Frauen ist Lara Croft, die bekannte Videospiel-Heldin, der man das Gehirn eines Elitesoldaten in einem Mädchenkörper und die Kraft eines Superman gegeben hat, wiewohl mit weiblichen Protuberanzen, die männlichen Adoleszenten aller Altersstufen am besten gefallen. Anhänger eines anderen extremen Weiblichkeitsbildes sehen in Frauen eine völlig fremde Spezies eines ›Other‹ oder ›second Sex‹, die zu subjektiv und luftig-märchenhaft ist, um sie verstehen zu können.«[39]

Die US-amerikanischen Rollenmodelle von Junggründern, denen es gelang, wirtschaftliche mit persönlicher Freiheit zu verbinden, erscheinen auf deutsche Verhältnisse übertragen als etwas radikal, sie lassen aber gewisse Rückschlüsse zu und grundsätzliche Entwicklungslinien erkennen. Borsook nennt die Generation der technik- und wirtschaftsbegeisterten Menschen Technolibertäre:

»Das klassische freiheitliche Denken verbindet die Aversion der traditionellen konservativen Rechten gegenüber dem Staat, was Gesetze, Rechte und Dienstleistungen betrifft, mit dem Beharren der traditionellen Linken auf der individuellen Freiheit. [...] Wie ein Chamäleon kann die Weltsicht des Silicon Valley alle möglichen Färbungen annehmen, marktfreiheitliche, sozialdarwinistische, misanthropische, guerillahafte, neo/pseudo-biologistische oder atomistische.«[40]

---

38 So der englische Originaltitel der deutschen Ausgabe: Dies., 2001, *Schöne neue Cyberwelt – Wie die digitale Elite unsere Kultur bedroht*, München.
39 Ebenda, S. 139f.
40 Ebenda, S. 14f.

Borsook unterteilt die Technolibertäre noch in die eher hedonistisch orientierten *Raver* und die konservativen *Gilder*, benannt nach George Gilder, dem ehemaligen Redenschreiber Ronald Reagans. Letztere hassen den Staat und die Bürokratie und sind gegen Feminismus und Schwulenrechte. Verglichen mit den amerikanischen Technolibertären sind die deutschen Gründer eher liberale und brave Vertreter, die weder die Exzesse der Raver noch den Sozialdarwinismus der Gilder teilen. Denn obwohl auch sie eine revolutionäre Attitüde pflegten und der Old Economy den Kampf ansagten, so wirkte dieser Kampf immer wie der des Sohnes gegen den Vater, den er aber eigentlich bewundert. Kein Wunder, die Start-up-Gründer waren die Söhne der Old Economy und dass nicht nur im übertragenen Sinne. Die *Financial Times Deutschland* brachte es 2000 auf den Punkt, als sie über Max Cartellieri, den Gründer von *Ciao.com* und Sohn des damaligen *Deutsche Bank*-Aufsichtsrates und CDU-Schatzmeisters Ulrich Cartellieri, schrieb:

»Wer Cartellieri und seinesgleichen trifft, wird sich bewusst, wie weit Amerika weg ist. Deutsche Start-up-Chefs brauchen weder Verführung noch Vision, ihre Geschäftsideen übernehmen sie (wie Ciao.com) aus den USA. Dafür besuchen viele von ihnen Elite-Unis, etliche haben reiche Eltern. Der Chef des Handy-Auktionshauses 12snap heißt Michael Birkel und ist Sprössling der Nudel-Dynastie; Christoph Mohn, Sohn des Bertelsmann-Patriarchen Reinhard Mohn, ist Chef von Lycos. Das Personal der neuen Wirtschaft ist das Personal der alten.«[41]

Bei der Beschreibung der *Alando*-Boys hatte ich bereits auf die fast schon unheimliche Homogenität der Gründer-Biografien hingewiesen, die in einem großen Kontrast zu der behaupteten Unkonventionalität der Gründer und Start-ups steht. So gehörten die deutschen Jungchefs, im Gegensatz zu vielen ihrer amerikanischen Vorbilder, zur gesicherten Mittel- und Oberschicht, es waren fast immer Studenten aus BWL- oder Marketingstudiengängen, von denen viele Schweizer Business-Schools besucht hatten, und die nach dem Niedergang der New Economy wieder in ihre alten Jobs in Unternehmensberatungen oder Banken zurückkehren konnten.

Zwar war auch in Deutschland die New Economy eine *Liebesgeschichte zwischen Neoliberalismus und High-Tech*[42], nur war die Technikfixierung und -begeisterung auf Seiten der Unternehmer weitaus schwächer ausgeprägt als in den USA. Es gab auch in Deutschland

---

41 In: Friebe, Holm, Landgraf, Anton u. Vogel, Wolf-Dieter, »Beta-Blocker, Version 3.0«, in: *Jungle World*, 30.08.2000.
42 In: Borsook, Pauline, a.a.O., S. 10.

Männer wie den *Biodata*-Gründer Tan Siekmann, der Informatik studiert hatte und sich wie ein kleiner Bill Gates fühlte;[43] diese waren aber die Ausnahme, das Gros der deutschen Junggründer rekrutierte sich aus den Bereichen Betriebswirtschaft, Marketing und Design. Die Distanz zu den eigenen Netzwerkadministratoren, Programmierern und Datenbankspezialisten war ebenso groß wie in der Old Economy, auch sie konnten sich über die heimlich verachteten Computerfreaks aufregen, die aber (leider) unentbehrlich waren. So lässt sich auch kein Vergleich zu den bebrillten Nerds amerikanischen Ursprungs ziehen, die sich in Person des *Microsoft*-Gründers Bill Gates langsam die Erde Untertan machen. So sieht der Autor Robin Detje im Internet *[...] die Rache der Jungs mit den dicken Brillen. [...] der Auftritt des Nerds auf der Bühne der Weltgeschichte war ein überraschender Dramaturgieeinfall und traf viele völlig unvorbereitet.*[44]

Zur Zeit der New Economy gab es neben den Yetties, Nerds und Technolibertären noch ein weiteres kursierendes Rollenmodell, das technische Vorlieben und wirtschaftlichen Erfolg verbinden wollte. Der US-amerikanische Autor David Brooks hatte 2000 die *Bobos* ins mediale Rennen geschickt. Die *Bourgeoise Bohemians*[45] hatten in den USA für mittlere Aufmerksamkeit gesorgt, konnte in Deutschland trotz einer Besprechung im *Spiegel*[46] aber nicht landen. Die Bobos, die Brooks als einen neuen *Menschenschlag, der nicht qua Geburt und familiärer Herkunft, sondern qua Ausbildung und Unangepasstheit ins Establishment vorgerückt ist*[47] sieht, sind unangepasste Bürger, die die Nacht durchmachen, um ein Businesskonzept zu schreiben. Den deutschen Gründern hätte die Vorstellung, zu den Bobos zu gehören, gut gefallen, dass Problem war nur, dass gerade sie qua Geburt und familiärer Herkunft zu Unternehmern geworden waren.

---

43 In dem Dokumentarfilm von Klaus Stern, *Weltmarktführer – Die Geschichte des Tan Siekmann* (2004) wird der Aufstieg und vor allem der Fall der *Biodata AG* gezeigt.
44 In: Friebe/Landgraf/Vogel, a.a.O.
45 Siehe: Brooks, David, 2000, *Bobos in Paradise – The New Upper Class and How They Got There*, New York.
46 *Damit ist, in deutsche Verhältnisse übersetzt, eine neue soziale Klasse gemeint, ehemals Rebellierende der Generation 2CV wie Angehörige der ›Generation Golf‹, die als alten, unüberbrückbar scheinenden Widersprüchen eine neue Wirklichkeit fabrizieren, sie zum gesellschaftlichen Mainstream erklären und sich darin auch noch als politisch-kulturelle Elite etablieren.* In: Mohr, Reinhard, »Zimt-Ravioli in der Turboküche«, in: *Der Spiegel*, Nr.13, 2001.
47 In: Brooks, David, 2001, *Die Bobos – Der Lebensstil einer neuen Elite*, München, S. 10.

So führt die Suche nach dem Unternehmer im Gründer in eine Sackgasse und würdigt nicht die spezifische Leistung der jungen Menschen, die zahlreiche Unternehmen gründeten. Ihre besondere Qualität ist nicht auf der Ebene der Ökonomie zu finden, sondern eher auf der des Sozialen. Sollte es so etwas wie eine genuine Leistung der Gründer in der damaligen Zeit gegeben haben, eine, die sie von anderen Unternehmensführern unterschied, dann war es ihre Fähigkeit zur Motivation und Enthusiasmierung. Sie waren ganz sicher keine *charismatischen* Führer im Sinne Max Webers[48], keine *außeralltäglichen* Figuren, aber es gelang ihnen, alle Beteiligten, die Medienöffentlichkeit, die Investoren und ihre Mitarbeiter für sich und ihre Ideen zu begeistern. Das lag nicht in ihrer eigenen Persönlichkeit begründet. Die allermeisten Jungunternehmer waren eher auffallend uncharismatisch und zurückhaltend, Charismatiker wie Thomas Haffa von *EM.TV* oder Paulus Neef von *Pixelpark* waren die absolute Ausnahme. Die Qualität der Führung bestand darin, die Projektionen auf die zukünftigen (ökonomischen und technischen) Möglichkeiten des Internets und die Börsenfantasien angemessen widerzuspiegeln. Für die Medien waren sie optimistisch genug, für die Investoren seriös genug und für die Mitarbeiter so wenig autoritär genug, um diese Rolle eine kurze Zeit spielen zu können. So wurde der Gründer zum Animateur der New Economy, wichtig, aber jederzeit austauschbar.

Fazit

Nach der Verortung der Erzählung, der Bestimmung ihres narrativen Kerns und ihrer Akteure, bleibt nun die Frage nach den Widersprüchen und dem Erfolg der Erzählung. Konnte die New Economy einen neuen Typus von Unternehmer behaupten und ist diese Narration Teil des Mythos New Economy geworden?

Die behauptete Fortsetzung einer Traditionslinie Gründerzeit – Wirtschaftswunder – New Economy in Bezug auf das Unternehmertum in Gestalt der rhetorischen Figur des Gründers misslang, auch wenn der Begriff sehr häufig verwendet wurde und auch heute noch bekannt ist. Die jungen Männer, die Ende der 1990er Jahre kleine Unternehmen gründeten, die Dienstleistungen rund um das Internet anboten, waren weder Gründer in der Tradition des 19. noch des 20. Jahrhunderts. Sie waren und sind auch keine Unternehmer im Verständnis des deutschen Mittelstandes. In ihrem eigenen Selbstverständnis und in der Zuschreibung der deutschen Wirtschaft und der Medien waren sie moderne, vom

---

48 Siehe: Weber, Max, 1980 (OA 1922), *Wirtschaft und Gesellschaft: Grundriß der verstehenden Soziologie,* Studienausgabe, besorgt von Johannes Winkelmann, Tübingen, S. 140ff.

Internet begeisterte Unternehmer – deutsche Yetties sozusagen – nur wurde dieser Begriff in Deutschland nicht verwendet. So wird an dieser Stelle, beim Unternehmer, die Arbeit am politischen Mythos am deutlichsten, die das Problem hatte, nicht über den richtigen Begriff zu verfügen. Die Frage, was der Gründer in Wirklichkeit war, kann somit nicht eindeutig beantwortet werden und nur der verschleiernde Charakter dieses Begriffes betont werden, der eine höchst konstruierte Figur naturalisieren sollte. Die Start-up-Gründer leiteten ihre Unternehmen als relativ unerfahrene Chefs. Die mythische Erzählung von den neuen Unternehmern – Gründer genannt – sollte die nüchterne Realität überdecken, es mit ganz normalen Vorgesetzten und Chefs zu tun zu haben, was bedeutet hätte, Hierarchien zu benennen, die es nicht mehr geben sollte bzw. die nicht mehr bedeutet werden sollten – einem zentralen Anliegen des Mythos New Economy, das nachfolgend unter Punkt 5 beschrieben wird. Als mythische Erzählung, gar als eigener Mythos, hat der Gründer nicht überlebt. Zu dramatisch war der wirtschaftliche Misserfolg. Als wichtiger Bestandteil des Dreiklangs *New Economy – Start-up – Gründer* wird er mittelfristig präsent bleiben, eine Erzählung des Erfolges ist er aber nicht, eher eine der Maßlosigkeit und Irrationalität.

3. Neue Gemeinschaft? Die Produktionsfamilie

Während die vorangegangene mythische Erzählung vom neuen Unternehmer eher eine Behauptung der eigenen Stärke und Unangepasstheit der Gründer war, so ist die Narration einer besonderen Gemeinschaft auch eine der Mitarbeiter. Egal, um welches Start-up es geht, egal, wie groß die Kritik an den Verfehlungen der Gründer auch ist, der Verweis auf das besondere Gemeinschaftsgefühl der Start-ups fehlte nie. Wie bei dem bereits in Kapitel C zitierten Ex-Mitarbeiter von *Pixelpark* ist immer zu erkennen, dass sich der Ton verändert, wenn über die gemeinsamen Erfahrungen mit den Kollegen gesprochen wird. Die Aussicht auf diese Gemeinschaft war es, die dafür sorgte, dass die Mitarbeiter nach den ersten wirtschaftlichen Eintrübungen im Herbst 2000 und selbst im Krisenjahr 2001 blieben. Es war nicht die Aussicht auf gute Bezahlung, einen Börsengang oder auf Teilhabe an einem besonderen Unternehmen. Diese Hoffnungen waren alle schon begraben worden, die auf Gemeinschaft aber blieb. Bevor beschrieben wird, wie es um diese Erzählung bestellt ist, sollten ein paar Gedanken darüber vorangestellt werden, warum diese Sehnsucht nach Gemeinschaft so stark war.

Die Arbeit war stets ein Ort der Gemeinschaft, schon zu Zeiten der frühen Industrialisierung boten einem die anderen Arbeiter die Möglichkeit, auch soziale und private Bindungen aufzubauen, sofern die Arbeit das zuließ. Formen von Gemeinschaft waren für viele Berufe konstitutiv und notwendig: Ein Schiff konnte nicht gesegelt, Kohle nicht abgebaut und Stahl nicht verarbeitet werden, ohne ein Mindestmaß an sozialem Miteinander. Man war aufeinander angewiesen und jede Form von Egoismus geriet an Grenzen, die arbeitsteilige Produktion des Industriezeitalters manifestierte diese gegenseitige Abhängigkeit. Im Vergleich dazu war etwa ein Bauer relativ frei, denn er konnte viele Tätigkeiten allein verrichten. Er war zwar auch von Umweltbedingungen abhängig (Wetter, Bodenqualität, Fruchtfolgen, Lebenszyklen der Tiere u.ä.), er war aber nicht zwingend auf soziale Interaktion und die Zusammenarbeit mit Fremden angewiesen (vielleicht einer der Gründe, warum Landwirten bis heute eine gewisse Unlust an Kommunikation nachgesagt wird).

Mit dem Siegeszug der arbeitsteiligen Produktion im späten 19. und frühen 20. Jahrhundert und dem Aufbau einer umfassenden Angestelltenkultur in großen Industrie-, Handels- und Dienstleistungsbetrieben ab den 1920er Jahren, wurde Kollegialität ein integraler Bestandteil des Arbeitens, kein Beiwerk und keine bloße Freundlichkeit. Ein gewisser höflicher und ernsthafter Umgang mit seinen Mit-Arbeitern wurde erwartet und eingefordert, was oft als Zwang erschien, gerade wenn der Kollege einem nicht sympathisch war. Sympathien, das Teilen gleicher Wertvorstellungen oder die Zugehörigkeit zum gleichen sozialen Milieu ergaben sich zwar häufig, waren aber nicht die allerersten Auswahlkriterien bei der Einstellung. Hier zählte vor allem die fachliche Qualifikation und die Bereitschaft, sich den Anforderungen der Firma unterzuordnen. Gefragt war im normalen Angestelltenverhältnis daher tendenziell eher ein angepasster Charakter. Stärkere emotionale Bindungen, deviantes oder gar ausschweifendes Verhalten waren dem Privatleben vorbehalten, im Arbeitsleben hatte es nichts zu suchen. Nach der Zeit des Modernisierungsprozesses, der Phase der 1930er bis 1960er Jahre[49], als das Angestelltenmodell großer durchstrukturierter und stark hierarchisierter Unternehmen zum vorherrschenden Rollenmodell der Arbeitswelt wurde, setzte langsam ein gesellschaftlicher Prozess ein, der in der Soziologie als Individualisierung bezeichnet wird. Die Phase der beginnenden ökonomischen und technischen Informatisierung ab den 1960er und 1970er Jahren, in der immer mehr individuelle Eigenschaf-

---

[49] *In den Jahren zwischen 1930 und 1960 erreicht eine zweite Darstellung des kapitalistischen Geistes ihren Höhepunkt, wobei hier weniger der einzelne Unternehmer im Mittelpunkt steht als die Organisation. Zentral ist hier das große, zentralisierte, durchbürokratisierte und gigantomanische Industrieunternehmen.* In: Boltanski/Chiapello, a.a.O., S. 55.

ten wie Flexibilität, Mobilität und Kreativität eingefordert werden, beschleunigt das Zerbrechen und Verschwinden familiärer Bindungen, den Verlust der Legitimität gesellschaftlicher Institutionen wie der Kirche, der Ehe oder, profaner, des Sportvereins. Verkürzt kann gesagt werden, dass feste soziale Bindungen nach und nach von flexiblen abgelöst werden, das Seelenheil finde ich im Yogakurs, die sportliche Betätigung im Fitnessstudio und der Freundeskreis muss die Familie ersetzen. Das moderne Individuum vereinzelt und empfindet das je nach Sozialisation, Bildung und Alter mehr als Gewinn persönlicher Freiheit oder mehr als Verlust gesellschaftlicher Sicherheit und gemeinschaftlicher Bindungen. Durch diesen Verlust entsteht ein emotionales Vakuum, das gesellschaftlich wie individuell kompensiert werden muss. Die Zunahme des Konsums an Waren und Dienstleistungen und die Veränderung des Konsumangebotes gehen entscheidend auf die Sehnsucht nach Gemeinschaft zurück[50], ohne dass diese Kompensation aber wirklich erfolgreich ist. Im Gegensatz zum Konsum, der mich ggf. noch einbinden kann, aber mich nicht fordert, wurde zu Beginn der New Economy von den Gründern und Medien ein Bild aufgebaut, das den Mitarbeiter direkt aufforderte, sich dieser neuen Welt anzuschließen:

»Sie kommen, um dich zu holen. Sie kommen am helllichten Tag, sie lauern bei Freunden und Bekannten, sie warten auf Rockkonzerten und in Kneipen. Was sie von dir wollen? Nichts – außer deiner Arbeitskraft, deinem Knowhow und deiner Kreativität. [...] Wer sie sind? Headhunter, Venture-Kapitalisten, Start-up-Unternehmer – Kopfjäger auf der Suche nach den besten Talenten.[...] Sie sind die Fahnder im spannendsten Wirtschaftskrimi dieser Zeit – im ›war for talents‹, dem Krieg um Talente.«[51]

Die Start-ups der New Economy geben eine eigene Antwort auf das emotionale und soziale Bedürfnis, indem sie einen Grad an Gemeinschaft schaffen, wie er sonst nur in künstlerischen Berufen anzutreffen ist. Die häufig verwendete Analogie vom Künstler als Rollenmodell des Informationszeitalters kommt nicht von ungefähr. Der Vergleich soll nicht nur betonen, dass in Zukunft kreative und kommunikative Fähigkeiten gefragt sind, sondern auch soziale und emotionale. Was machten die Start-ups nun anders als andere Unternehmen ihrer Zeit und warum konnte bei Ihnen solch eine Gemeinschaft entstehen? Die Antworten sind auf beiden Seiten, der der Gründer und der der Mitarbeiter, zu finden.

---

50 Siehe: Meschnig, Alexander u. Stuhr, Mathias, 2005, *Wunschlos unglücklich – Alles über Konsum*, Hamburg.
51 Zitiert in: Meschnig/Stuhr (2001), S. 68.

D) Die mythischen Erzählungen der New Economy

Die Gründer hatten ein besonderes Betriebsklima, den *Geist* der New Economy, früh zum Alleinstellungsmerkmal der Start-ups erhoben und versuchten durch die Proklamation der »flachen Hierarchien« und dem anfangs verschwenderischem Umgang mit kleinen Anreizen (*Incentives*) in Form von Ausflügen oder Geschenken (*Goddies*) ihren Teil beizutragen. So gab es in vielen Start-ups neben dem *best girl*, einer Frau, die Servicedienste und Botengänge erledigte (etwa das Hemd zum Bügeln bringen oder Lebensmittel einkaufen), auch die Möglichkeit, sich kostenlos massieren zu lassen. Morgens wartete ein Frühstücksbuffet, Getränke gab es immer und gekickert werden konnte auch. Betriebsausflüge gab es dem Namen nach nicht mehr, aber dafür Ausflüge zum Go-Kart-Fahren, Paintball-Schießen oder Wochenenden in Barcelona, Wien oder gleich am Nordpol.[52] So aufregend und anders diese Annehmlichkeiten auch waren, sie waren nicht die entscheidende Zugabe der Gründer. Ihre Einstellungspolitik schuf diese außergewöhnliche Gemeinschaft und das interessanterweise dadurch, dass sie überhaupt nicht außergewöhnlich einstellten und eine schier unglaubliche Einheitlichkeit der Mitarbeiter schufen. Bei der Einstellung wurde vor allem nach so genannten Soft Skills gefragt, die darauf hinausliefen, junge (20 bis 35 Jahre), flexible und kinderlose Mitarbeiter einzustellen, viele von ihnen Singles. Entscheidend war, dass die neuen Mitarbeiter in diese neue Welt passten:

»Gute Personalsucher sind eine Mischung aus Heiratsvermittler und Detektiv. Am Händedruck, am Brillengestell und an der Art und Weise, wie einer telefoniert oder auf E-Mails reagiert, glauben sie zu erkennen, ob jemand für die Arbeit in der Neuen Wirtschaft geeignet ist. Ob er das Tempo aushält, sich in offenen und chaotischen Strukturen zurechtfindet, genügend Selbstständigkeit, Selbstvertrauen und Ehrgeiz mitbringt.«[53]

Da die fachliche Qualifikation zwar wichtig, aber doch nur sekundär war, interessierten sich viele ehemalige Mitarbeiter kreativer Berufe (Journalisten, Texter, Designer u.ä.) für die Start-ups, die so auch für so

---

52 Eine ehemalige Mitarbeiterin von *Scholz and Friends Berlin*, einer Werbeagentur, die in der New Economy Zeit sehr aktiv war, erzählt, wie die Firma einen Ausflug an den Nordpolarkreis unternahm. In: Radiofeature von Alexander Meschnig und Mathias Stuhr: »Quo vadis New Economy? Was blieb vom Hype um die Neue Wirtschaft?«, in: *NDR Kulturforum*, Sendung vom 12.11.2002.
53 In: Gronwald, Silke, »Die Jagd nach den besten Köpfen – wie man Mitarbeiter kriegt«, in: Lotter, Wolf und Sommer, Christiane (Hg.), 2000, *Neue Wirtschaft, Das Kursbuch der New Economy*, Stuttgart/München, S. 180-185, hier S. 182f.

genannte Quereinsteiger[54] interessant wurden. Auch Menschen, die sich politisch oder kulturell engagierten und mit normalen Unternehmen nichts anfangen konnten, interessierten sich anfangs für die Start-ups, denn diesen eilte der Ruf voraus, mehr zu sein als ein Arbeitsplatz. Dazu Publizist Tom Holert:

»Die Illusion, das ökonomische Interesse sei an ein kulturelles Projekt geknüpft, das etwas mit Revolution und Aufbruch zu tun habe, gehört zum ehernen Bestand der New-Economy-Ideologie. Der blutjunge Unternehmensgründer ist ein Genie, seine Geschäftsidee eine Vision, das Mindeste, was man sich als MitarbeiterIn abverlangen sollte, commitment.«[55]

Plötzlich arbeiteten Dutzende von gleichaltrigen, ungebundenen, meist attraktiven, kreativen (und deutschen) Großstädtern zusammen und konnten es nicht fassen, fast nur angenehme und genauso individualistische Kollegen um sich zu haben, die die gleichen Filme bevorzugten, die gleiche Musik hörten und das Internet spannend fanden. Die Besonderheit der Start-ups, der Hauptgrund für die Etablierung dieses besonderen Gemeinschaftsgefühles, war ihre Homogenität. Vonseiten der Mitarbeiter kam die Bereitschaft, sich auf diese neue Unternehmensform einzulassen und die Entgrenzung zwischen Arbeit und Freizeit nicht nur hinzunehmen, sondern sie (anfangs) begeistert zu begrüßen. So boten die Start-ups den vereinzelten, nicht vereinsamten, Individuen die Möglichkeit, ihre Sehnsucht nach Gemeinschaft und Spaß zu stillen und dabei auch noch mit der Zukunftstechnologie Internet arbeiten zu können. Sollte ein fester Partner fehlen, so konnte das durch die Gemeinschaft kompensiert werden, denn für eine Beziehung außerhalb der Arbeitszeit hätte auch kaum Zeit bestanden. Es kam aber nie das Gefühl auf, aus einer Not auch gezwungenermaßen eine Tugend machen zu müssen, sondern die sehr lange und intensive Zeit verging in einer lockeren und ungezwungenen Atmosphäre. Das gemeinschaftliche Miteinander der Start-ups war für sich gesehen nichts Besonderes und bestand im Großen und Ganzen aus Smalltalk, dem gemeinsamen Essen und Trinken und manchmal in Kickerturnieren oder gemeinsamen Fernsehabenden.

---

54 *Das Quereinsteigertum, die hybriden Wissensformen, der Enthusiasmus und all die anderen Merkmale, die Kunst, Underground und New Economy angeblich miteinander verbinden, werden zu entscheidenden Elementen einer Ökonomie, die das Bild von flachen Hierarchien, Selbstbestimmung in der Arbeit und Abenteuertum mit gegenkulturellen Strömungen verbindet.* In: Landraf, Anton, »Die Welt als Supermarkt«, in: *Jungle World*, 05.04.2000.
55 In: Holert, Tom, »Katharsis am Neuen Markt«, in: *Jungle World*, 10.01.2001.

Das besondere dieser Gemeinschaft bestand nicht darin, dass in der Arbeitszeit etwas besonders Spektakuläres passierte, sondern darin, *dass* es in der Arbeitszeit stattfand und als völlig normal erschien. Die Entgrenzung zwischen Arbeit und Freizeit hatte ein Gefühl der Ungezwungenheit und Ganzheitlichkeit erzeugt. Eine private E-Mail zu schreiben, im Büro zu plaudern und im Hof ein Bier zu trinken, all das musste nicht mehr verschämt und heimlich gemacht werden, sondern gehörte zur Firmenkultur. Die Kritik an diesem Zustand, der letztendlich dazu dienen sollte, ein Maximum an Einsatz und kreativer Energie zu erzeugen, und das an 50 bis 70 Stunden die Woche – denn vor acht Uhr abends ging kaum jemand und am Wochenende wurde auch oft gearbeitet – hätte einen Mitarbeiter nicht getroffen. Er hätte diese Kritik nicht auf sich bezogen, denn die vielen Stunden hatte er nicht als Arbeit im Sinne einer Mühsal verstanden. Im Extremfall, vor allem bei sehr jungen und ungebundenen Mitarbeitern, ging es sogar soweit, dass diese für sich kaum noch einen Unterschied zwischen dem Arbeitsplatz und dem Zuhause definierten und an beiden Orten programmierten, designten, kommunizierten und manchmal auch schliefen. Meschnig/Stuhr zu dieser Entgrenzung:

»In der radikalen Variante dieser Grenzenlosigkeit, wie sie uns in manchen Exzessen der New Economy begegnet, gibt es im eigentlichen Sinne kein Zuhause mehr. Zu Hause sein erschöpft sich im nächtlichen Gang von der Eingangstür ins Bett und morgens in umgekehrter Reihenfolge. Start-up-Gründer, die diese Entwicklung auf die Spitze treiben, wohnen im selben Gebäude, in dem das Unternehmen seinen Sitz hat. Verkürzung aller Wege ist Pflicht. Arbeits- und Lebensraum fallen zusammen.«[56]

Und in diesem totalen *Arbeits-Lebensraum* wird trotz aller Annehmlichkeiten vor allem gearbeitet. Das gemeinschaftliche und lockere Umfeld der Dotcoms ermöglichte es den Mitarbeitern einerseits, mehr und länger zu arbeiten, und andererseits wurde die Atmosphäre erzeugt, die kreative Arbeit braucht und ein Großteil der Arbeit in den Start-ups war eher kreativer Natur. Gelang es der Unternehmensführung dann noch, diese kreativen Prozesse zu bündeln und zu strukturieren, was nicht immer der Fall war, dann konnte das ideale Produktionsmodell der New Economy entstehen: die Produktionsfamilie. Diese stellt eine Sonderform des Teams, dem prototypischen Arbeitsmodell des modernen Kapitalismus dar. In Abgrenzung zum Team, das an einem zeitlich, inhaltlich und personell klar umrissenen Projekt arbeitet und je nach Größe der Firma aus allen oder Teilen der Mitarbeiter besteht, ist die Produkti-

---

56 In: Meschnig/Stuhr (2001), S. 101.

onsfamilie ein Team, welches künstliche, an familiäre Strukturen erinnernde, private Bindungen vorweist, ohne dass diese aber eine vergleichbare Verlässlichkeit oder Intimität vorweisen konnten. Richard Sennett beschreibt das Problem dieser oberflächlichen Bindungen, die auch verhinderten, dass innerhalb der Start-ups so etwas wie echte Loyalität oder gar Solidarität entstehen konnte:

> »Auf der praktischen Ebene ist genau dieser Mangel an gegenseitiger Loyalität einer der Gründe, die es den Gewerkschaften so schwer machen, in den flexiblen Betrieben oder Unternehmen, beispielsweise in Silicon Valley, die Arbeitnehmer zu organisieren. Der Sinn für Brüderlichkeit als gemeinsames Schicksal, als dauerhafter Bestand gemeinsamer Interessen, ist schwächer geworden. Gesellschaftlich bringen die Kurzzeitjobs ein Paradox hervor: Die Menschen arbeiten intensiv, unter großem Druck, aber ihre Beziehungen zu anderen bleiben seltsam oberflächlich.«[57]

Und da die echten familiären und privaten Bindungen häufig schwer zu pflegen waren konnten einen die Freunde und Bekannten auch besuchen kommen; ebenfalls ein Umstand, der in anderen Firmen eher verpönt war. Freunde besichtigten aber nicht einfach den Arbeitsplatz des häufig vermissten Freundes, sondern waren abends eingeladen, gemeinsam etwas zu trinken und zu plaudern, *zu chillen*.

So ist die Produktionsfamilie, das familiäre Team, nicht allein durch Faktoren der Arbeit wie bestimmte Projekte, Ziele, Kompetenzen u.ä. definiert, sondern auch durch soziale und emotionale. Wie komme ich mit den anderen aus, gefällt mir das Thema und wie kann ich mich einbringen? Die privaten Bindungen sollen Nähe, Verbundenheit und Geborgenheit suggerieren, es dem Unternehmen aber auch ermöglichen, ein Klima der Selbstausbeutung zu erzeugen, in dem mit der Kategorie Schuld operiert werden kann – ganz wie in einer richtigen Familie. Wer früher geht, sich nicht einsetzt und keine Mehrarbeit übernimmt, der macht sich unbeliebt in der Produktionsfamilie. Meschnig/Stuhr:

> »Die Einsetzung der ›Familie‹ als Produktivitätsfaktor verweist dabei auf einige Verschiebungen in der psychischen Ökonomie der Beteiligten. Denn das Team funktioniert in vielen Aspekten nicht ganz so wie traditionelle Familienbande, die sich mit Beginn des bürgerlichen Zeitalters und der Entstehung einer privaten Sphäre gerade als ein Raum der Abwesenheit von Arbeit konstituierten.«[58]

---

57 In: Sennett, Richard, »Der flexible Mensch und die Uniformität der Städte. Stadt ohne Gesellschaft«, in: *Le Monde diplomatique*, Februar 2001.
58 In: Meschnig/Stuhr (2001), S. 99.

In der Hochzeit der New Economy 1999 und 2000 gab es diese Produktionsfamilien, in denen sich traditionelle Gegensätze von Arbeit/Freizeit, privat/öffentlich und Kollege/Freund auflösten oder sogar aufgelöst waren. Mit der Krise der New Economy zerfiel auch die Produktionsfamilie und wurde wieder zum Team. Ein Umstand, der von vielen bedauert und einigen begrüßt wurde, meistens von denen, deren außerbetriebliches Familien- und Privatleben vorher zu kurz gekommen war.

Fazit

Wie auch bei den anderen, hier behandelten, mythischen Erzählungen geht es zentral nicht um die Frage, von wem diese erzählt worden sind, und auch in erster Linie nicht darum, ob diese immer noch erzählt werden, obwohl die New Economy der Jahre 1999 und 2000 nicht mehr existiert. Es geht mir darum, mithilfe einer Mythenanalyse und eigener Beobachtungen zu ergründen, warum und mit welcher Intention diese erzählt worden sind und ob diese Erzählungen immer noch eine Bedeutung haben. Bedeutet die damalige Erzählung von einer neuen Gemeinschaft, manifestiert in der Produktionsfamilie der Start-ups, heute noch etwas?

Die Behauptung einer besonderen Gemeinschaft ist der wichtigste Grundpfeiler des Aussagenkomplexes New Economy. Die Aussage über die Gemeinschaft der Start-ups, die vermeintlich anders, enger, privater und homogener gewesen sein soll als in vergleichbar großen Unternehmen, war nicht nur eine Inszenierung der Gründer, sondern für kurze Zeit Realität und ist bis heute der Hauptgrund dafür, dass ehemalige Mitarbeiter mit Wehmut an die New Economy zurück denken. Ist im Sinne des politischen Mythos nach den Erfolgen einer Sinn- und Identitätsstiftung der New Economy zu fragen, dann ist diese Diskursformation, die Narration einer besonderen Gemeinschaft, hervorzuheben.

Die Frage nach der aktuellen Bedeutung der Produktionsfamilie ist weitaus schwerer zu beantworten. Sicher war nach dem Zusammenbruch der New Economy und der Diskreditierung eines großen Teiles ihrer ideologischen Grundausstattung, eine große Resignation und teilweise eine Rückkehr zu Arbeitsmodellen der Old Economy zu erkennen. Die einst von den Start-ups geschliffene Grenze zwischen Arbeit und Freizeit wurde wieder aufgebaut, auch wenn diesmal etwas niedriger und durchlässiger. Werden die Lehren aus dem Scheitern der New Economy gezogen, so beziehen sich diese aber fast ausschließlich auf ökonomische und mediale Aspekte. Die fehlende Erfahrung der jungen Gründer, die Gier und Leichtsinnigkeit der Investoren und Banken, die Überbewertung der Aktienkurse und die fehlende Kritik der Medien werden immer noch als Hauptgründe für den Niedergang genannt. Die Entgrenzung von Arbeit und Nichtarbeit wird selten als ein Übel der New Economy betont. Im Gegenteil, gerade dieser Aspekt wird oft als einer der positiven hervorgehoben. Da die Start-ups scheinbar eines der Emanzipationsversprechen der modernen Arbeitswelt, das von einer besseren Gemeinschaft, einlösten, so kann die Produktionsfamilie immer noch taugen, auch wenn aktuellen Start-ups der ideologische Überbau, der »Geist«, fehlt. Das Fehlen der, für die New Economy typischen, Selbstnthusiasmierung hat bewirkt, dass heute wieder mehr Teams zu finden sind. Als Option ist die Produktionsfamilie aber weiter vorhanden und kann beim nächsten Modernisierungsschub wieder neu etabliert werden. Auf einer psychologischen Ebene der Selbstmotivation hat sich dieses Modell bei vielen durchgesetzt, nicht nur bei ehemaligen Mitarbeitern der New Economy. Sollte die Entgrenzung zwischen Arbeit und Freizeit, das potenzielle Schicksal des immateriellen Arbeiters, der Preis für meine Beschäftigung oder gar Zunahme (oder weniger Abnahme) der Sicherheit meines Arbeitsplatzes sein – die allermeisten wären bereit, diesen Preis zu bezahlen.

4. Neue Jugendkultur?
Reformation und Revolution

Die Einschätzung, die New Economy sei eine Jugendkultur gewesen, vergleichbar mit der der Rocker, Mods, Punker oder Surfer, erscheint heute nicht mehr als Provokation. Dass aus dem Bereich der Ökonomie überhaupt eine Jugend- oder Gegenkultur kommen konnte, erschien lange Zeit als undenkbar, da gerade die Welt der Wirtschafts- und Finanzmenschen für die meisten der Protestkulturen, neben dem Staat oder der Gesellschaft, ein wichtiger negativer Bezugspunkt war. Für alle politischen oder politisierten Gegenkulturen wie etwa Globalisierungsgegner, Feministinnen, Menschenrechtler oder selbst Sprayer oder Punks war und ist der Kapitalismus als vermeintlich ungerechtes Wirtschaftssystem der Feind, den es zu bekämpfen oder zumindest zu verunsichern gilt. Und auch für mehr hedonistisch veranlagte Jugendkulturen wie Skater, Surfer oder Snowboarder waren die älteren Herren in den grauen und dunkelblauen Anzügen immer der Inbegriff von Spießigkeit und Angepasstheit.

Die New Economy beschreibt für das Verhältnis der Jugendkultur zur Wirtschaft eine Zäsur und, ähnlich wie in dem Bereich der Arbeit, eine Entgrenzung. Die Grenze zwischen coolen Jugendlichen, die vermeintlich unangepasst ihrer Leidenschaft nachgehen und den uncoolen Businesstypen, die vermeintlich leidenschaftslos ihrer Arbeit nachgehen, verwischte sich und brach zeitweilig ein. Die New Economy löste diese Entgrenzung, die nicht auf die ITK-Welt begrenzt war, nicht aus, sie war selbst ein Symptom dieses vermeintlich revolutionären Prozesses, aber sie war für die Medien und die Wirtschaft ein Werkzeug, um diese Entgrenzung zu verkünden, die der US-amerikanische Autor und Journalist Thomas Frank wie folgt beschreibt:

»Wir alle sollten es wissen: Die Wirtschaft hatte sich verändert. Sie war jetzt cool. Sie war sensibel, jugendlich und voller Soul. Sie hatte gelernt zu singen und zu tanzen. Wirtschaft stand nicht mehr für Nadelstreifen oder Seilschaften graumelierter Herren.«[59]

Jugendliche und revolutionäre Vokabeln waren Ende der 1990er Jahre in jeder Werbung, in jedem PR-Text und jeder Präsentation zu vernehmen, die Ideologien und Grundfeste des Industriezeitalters schienen sich überlebt zu haben, oder wie es Managementberater Ron Nicol 1999 schrieb *Es ist einfach nicht mehr cool, etwas herzustellen.*[60] Die New Economy trat von Anfang an mit der Behauptung an, etwas Revolutionäres zu sein, denn schließlich hatte sie die Dampfmaschine des Informationszeitalters, das Internet, im Gepäck. Die Medien, Unternehmen und die Politik hörten das nur allzu gern und entfachten einen Hype, der auch die Mitarbeiter und Aktienkäufer glauben ließ, es mit etwas völlig Außergewöhnlichem zu tun zu haben.

Die Frage, ob die New Economy auf der Ebene der Ökonomie etwas Einzigartiges oder gar Revolutionäres war, ist bereits beantwortet worden. Sie war es nicht. Weder war die extreme Entwicklung der Aktienkurse etwas Einzigartiges, noch die von ihr ausgelöste Zunahme an Beschäftigung und Wachstum. Für die etablierte Wirtschaft war die New Economy aber eine Art Jungbrunnen, eine willkommene Möglichkeit, das Bild des Unternehmers in das 21. Jahrhundert zu projizieren, das E-Commerce zu bewerben und den Kauf von Aktien anzuregen. In diesem Sinne war die New Economy eine Reformation der gesamten, nicht nur der ITK-Wirtschaft, im Hinblick auf die technologischen und ökonomischen Anforderungen des 21. Jahrhundert.

Die wirkliche Revolution fand im Verhältnis von Jugendkultur und Wirtschaft statt, für die die mythische Erzählung einer neuen Jugendkultur steht. Nachdem wir die gravierenden Veränderungen im Selbstverständnis von jungen Menschen, die heute arbeiten und Erfolg haben wollen, Gründer wie Mitarbeiter, betrachteten, wenden wir uns nun der anderen Seite, der der Wirtschaft, zu. Was sorgte dafür, dass Aspekte

---

59 In: Frank, Thomas (2001), S. 213.
60 In: *Wall Street Journal*, 08.11.1999.

der traditionellen Jugendkultur, vor allem die der 1960er und 1970er Jahre, solch eine zentrale Bedeutung für die Wirtschaft erlangten?

Thomas Frank beschreibt in seinem Buch *The conquest of cool: business culture, counterculture and the rise of hip consumerism*,[61] wie sich die Werte der Jugend- und Protestkultur der 1960er Jahre veränderten und zu Vokabeln der Wirtschaft wurden:

»What might be called the standard binary narrative goes something like this: spearheaded by a dynamic youth uprising, the cultural sensibility of the 1960s made a decisive break with the dominant forces and social feeling of the postwar era. Rebellion replaced machinclike restraint as the motif of the age. Conformity and consumerism were challanged by a new ethos that found an enemy in the ›Establishment‹, celebrated difference and diversity, and sought to maximize the freedom and »self-realization« of the individual.«[62]

Die gesamte gesellschaftliche Erzählung transformierte sich und diese Veränderung nahm die Werbung auf, bzw. verstärkte sie noch. Einerseits ging es der Industrie darum, junge Konsumentengruppen für ihre Produkte und Dienstleistungen zu begeistern, da diese die Käufer von morgen sein würden und außerdem noch nicht so festgelegt waren wie ältere Konsumenten, und andererseits ging es darum, sich von der Konkurrenz abzuheben. Frank beschreibt diesen Kampf des vermeintlich wilden, unangepassten Querkopfs gegen das uniforme, angepasste Establishment anhand der Werbeschlacht *Pepsi* gegen *Coca Cola* in den 1960er Jahren, den so genannten *Cola Wars:*

»One of the most dramatic confrontations of the new hip consumerism with its predecessor took place in the 1960s on the battlefield of what has been called ›the cola wars.‹ While the near-universal hegemony of Coca Cola was a product of an earlier marketing paradigm, the rapid rise of Pepsi during the 1960s was made possible by an ad campaign that made skillful use of the subversive, anarchic power of the carnivalesque and of the imagery of the youth rebelion.«[63]

Seit den 1960er Jahren ist es eine Selbstverständlichkeit für jedes Unternehmen, sich als unangepasst und jung darzustellen. Und zwar so sehr, dass es schon nicht mehr auffällt, was wiederum selbst zum Problem georden ist, denn es geht im Marketing und der Werbung nicht um den Inalt, sondern um die Andersartigkeit der Zeichen. Wenn also jedes Proukt

---

61 Siehe: Frank, Thomas, 1997, *The conquest of cool: business culture, counterculture and the rise of hip consumerism*, Chicago.
62 Ebenda, S. 15.
63 Ebenda, S. 169.

und jede Dienstleistung, jede Marke für sich in Anspruch nimmt, wild und revolutionär zu sein, dann droht es langweilig und fad zu werden, die Katastrophe für jede Werbekampagne.

So schien die Selbstbehauptung einer Devianz vielen Unternehmen in den 1990er Jahren nicht mehr zu reichen, eine neue *USP* (*unique selling proposition*), eine neue, einzigartige Verkaufseigenschaft, musste her. Hatten einige Unternehmen, besonders die großen Markenkonzerne, ganze Erlebnisfelder für sich reklamiert (wie *Nike* den Sport, *Apple* die Unangepasstheit oder *BMW* die Freude am Fahren), so geriet die Werbekommunikation nach der emotionalen Phase nun in eine ethisch-spirituelle. Die Marke des 21. Jahrhunderts ist gut und wichtig, sie ist nicht nur ein Teil der Gesellschaft, sie macht sie sogar besser. Die New Economy-Ära fiel mit diesem Aufbruch zusammen, auch wenn die New Economy zu einem großen Teil noch der *weiter-höher-besser* Ideologie frönte, und in der Werbung meist traditionelle Markenwerbung zu finden war, so erhoben viele der größeren New Economy Firmen über ihre Werbebotschaften den Anspruch, eine neue, menschlichere Welt der digitalen Kommunikation zu verkörpern. Frank beschreibt diesen visionären und humanen Anspruch der Unternehmen:

»1996 ergänzte der NSDAQ-Superstar MCI seine üblichen Verlautbarungen über preiswerte Fernverbindungen durch einen Werbespot, der wie die Rückkehr ins Paradies wirkte. Vor dem Hintergrund einer alternativ-kreischenden Rockmusik und einer Montage aus sehr schnell geschnittenen Bildfolgen, die Kinder und farbige Erwachsene zeigten, lud MCI die Fernsehzuschauer ein, an eine fantastische Vision zu glauben. Die Schikanen, unter denen die Seele jahrzehntelang gelitten hatte, seien wie durch ein Wunder verschwunden: ›Es gibt keine Rasse.‹ (kleines Mädchen streicht das Wort ›Rasse‹ durch), ›es gibt kein Geschlecht.‹ (zwei Frauen vor einem Computer), ›Es gibt keine Behinderungen.‹ (Teenager benutzt Zeichensprache – gehörlose Kinder waren eines der gängigen Klischees der ›Wirtschaftsrevolution‹. Sie erschienen auffallend häufig in Werbungen für Merrill Lynch, Nortel Networks, Enron, Sprint und Cisco Systems. Am Ende des Jahrzehnts waren sie zu einem Symbol für die Fähigkeit des Internets geworden, Behinderungen zu überwinden.) Das alles trifft natürlich nicht auf die Welt zu, in der wir leben, aber es trifft auf das wunderbare, Freiheit schaffende alternative Universum zu, das von der Kommunikationsindustrie erdacht wurde. Die Sanftmütigen werden, wie in der Bibel prophezeit, das Land besitzen – und MCI wird dort sein und ihnen die Schlüssel überreichen. Wie schon der neue Slogan des Unternehmens sagt: ›Eine tolle Zeit, oder?‹.«[64]

---

64 In: Frank, Thomas, 2001, *Das falsche Versprechen der New Economy*, Frankfurt a.M., S. 214f.

Werbespots, die so pathetisch und selbstbewusst auftraten, gab es in Deutschland nicht, sie hätten nicht in die hiesige Tradition gepasst, in der es neben Emotionen immer auch um Informationen gehen muss.[65]

Der Anspruch der Jugendkultur, verkürzt auf jung, rebellisch und andersartig, kann nicht nur auf die Wirtschaft übertragen werden, sondern als eine Konsequenz der Ökonomisierung der Kultur, auf alle sozialen und kulturellen Felder, die sich medial präsentieren. Jeder Politiker, jeder Sportler, jeder Schauspieler, Musiker, Künstler und jeder Firmenchef sollte heute etwas Jugendliches verkörpern. Es kann konstatiert werden, dass es in der Mediengesellschaft der 1990er und 2000er Jahre eine Aufforderung zur behaupteten Jugendlichkeit und Andersartigkeit gibt, die u.a. dafür sorgt, die echte Jugend- und Gegenkultur ihrer Zeichen zu berauben. Oder um es mit einem Bonmot von Schorsch Kamerun, Sänger der Hamburger Postpunkband *Goldene Zitronen*, zu sagen: *Pop- und Subkultur waren am Ende, als die erste CDU-Abgeordnete mit grell gefärbten Haaren im Bundestag erschien.*[66]

In den späten 2000er Jahren erscheint es so schon fast als obsolet, zu vermelden, das ein schwuler, junger, evangelischer Sozialdemokrat Bürgermeister einer bayerischen Kleinstadt geworden ist, wie es *die tageszeitung* im März 2008 tat.[67] Auf der Ebene der Behauptung und der Aussage, und um diese geht es bei der Analyse der mythischen Erzählungen der New Economy, sollten Geschlecht, Ethnie, Rasse, Alter oder Religion keine Rolle spielen, auch wenn in Deutschland die Mitarbeiterschaft der Start-ups fast ausschließlich aus jungen, weißen Deutschen bestand und die Gründer fast ausschließlich Männer waren.

Was aber ließ die jungen Gründer denken, dass sie eine neue Jugendkultur darstellten, die erste, die aus der Wirtschaft kam und diese nicht etwa persiflierte, wie die Mods der 1960er Jahre, deren akkurates Auftreten den (armen) Büro- und Geschäftsmenschen nachahmen und karikieren sollte. Die Verbreitung jugendlicher Attribute durch die Werbung erklärt nicht, warum der 60-jährige John S. Reed, CEO von *Citi-*

---

65 Als ein Beispiel wären die US-amerikanischen Präsidentschaftswahlen 2008 zu nennen, die in Deutschland zwar aufgrund der interessanten Konstellation der beiden Kandidaten John McCain und Barack Obama auf ein sehr großes Medieninteresse stießen, die aber zeigten, dass die Kommunikation (Obama: *We believe in change*) des späteren Präsidenten für deutsche Verhältnisse als viel zu pathetisch erscheint und ein deutscher Politiker mit einem ähnlichen Sendungsbewußtsein nicht ernst genommen werden würde.
66 In: *Spiegel online*, 19.11.2006, unter: http://www.spiegel.de/kultur/gesellschaft/0,1518,449411,00.html.
67 In: *die tageszeitung*, 25.03.2008.

corp, der damals größten Bank der Welt, 1999 von sich sagte: *Ich bin ein Revolutionär, wie Sie vielleicht wissen.*[68] Wenn ein (älterer) Vertreter, zumal der Chef eines riesigen Bankenkonzerns, sich für einen Revolutionär hält bzw. das in einer großen und angesehenen Tageszeitung von sich behauptet, dann verrät das viel über die Veränderung des Revolutionsbegriffes und des Verhältnisses von Wirtschaft und der Jugend- und Protestkultur, die diesen Begriff einst für sich gepachtet zu haben schien. Herr Reed befand sich mit seinem revolutionären Auftreten in guter Gesellschaft. Noch heute zelebriert Steve Jobs, der CEO von *Apple*, jede Präsentation wie ein Rockstar und auch die Bosse vieler der größeren Start-ups bewegten sich und sprachen wie Popstars:

»Die sechziger Jahre ließen grüßen, die Vertreter einer strammen Hierarchie warfen das Handtuch, und wenn der neue Typ von CEO das Podium betrat, um das zu halten, was früher einmal eine vorbereitete Unternehmensansprache war, dann entwichen seinem Mund möglicherweise kryptische Worte aus einem Beatles-Song. Die Kamera schwenkte anschließend leicht genüsslich über die leicht schockierten Mienen der Manager und Aktionäre im Saal. Diese erfahrenen Exemplare der Gattung Homo oeconomicus – vertraut mit öffentlichen Telefonzellen, Taxis, Vorstandszimmern und Büroräumen – hielten zunächst erschrocken die Luft an. Dann sah man förmlich wie sie langsam begriffen [Herv. i. Org. M.S.] und sich an den weisen Worten des neuen Chefs erfreuten, der so vehement mit der Zeit ging.«[69]

Die Botschaft kam an bei Investoren, Aktienkäufern und Mitarbeitern: Wir sind cool, es ist eine Ehre für Euch, unsere Aktien zu kaufen, bei uns zu investieren und für uns zu arbeiten. Thomas Frank benennt den Prozess, der hinter dem Spiel mit vermeintlich wilden Begriffen steht und der beschreibt, wie die Ideologie eines freien Marktes, der für sich reklamierte, mindestens genauso gut und wichtig, wenn nicht gar wichtiger als eine freie Gesellschaft zu sein, in der Zeit der New Economy legitimiert wurde. Er nennt diese Ideologie *Marktpopulismus* und ihre Verbreitung durch die Unternehmen, ihre Führer und ihr gewogener Medien eine Wirtschaftsrevolution, die von einer ganzen Armada von Managementliteratur der 1990er Jahre begleitet und befeuert wurde. Für Frank ist die New Economy als Ganzes ein ideologisches Projekt, dass dazu dienen soll, das weitere Ansteigen des Reichtums der amerikani-

---

68 In: *New York Times*, 20.12.1999.
69 In: Frank, Thomas (2001), S. 215.

schen Wirtschaft, im Verhältnis zu dem der Arbeitnehmer in den 1990er Jahren[70], zu legitimieren:

»Der Begriff [der New Economy M.S.] beschreibt keinen ›neuen‹ Zustand des menschlichen Seins, sondern die Umsetzung des letzten Punktes auf der langen Tagesordnung der reichsten Klasse der Nation. Branchen kommen und gehen, aber was sich im Amerika der neunziger Jahre gründlich veränderte, ist die Art, wie wir über bestimmte Branchen und die Wirtschaft allgemein denken. Früher glaubten wir, eine demokratische Marktwirtschaft beinhalte einen akzeptablen Lebensstandard für alle und Freiheit ergäbe nur dann einen Sinn, wenn Armut und Ohnmacht überwunden werden könnten. Heute hingegen scheinen die amerikanischen Meinungsführer allgemein der Ansicht zu sein, dass Demokratie und freier Markt identisch sind.«[71]

Dieses Zitat verdeutlicht, dass die Wurzeln der New Economy mit all ihren kulturellen, ökonomischen und sozialen Implikationen in den USA liegen und viele der Diskussionen auf deutsche Betrachter womöglich als fremd, extrem oder zumindest übertrieben erscheinen. Es bleibt, wie schon erwähnt, festzustellen, dass die Übertreibungen der New Economy, vor allem die kulturellen und die hier beschriebenen ideologischen, so nicht in Deutschland, und man kann sagen, so nicht außerhalb der USA, sondern in abgeschwächter und in einer an den jeweiligen ökonomischen, kulturellen und politischen nationalen Kontext angepassten Form stattgefunden haben. Da die USA aber gerade mit der New Economy ihr Comeback als führende Wirtschafts- und Technologiemacht erlebten, eine Rolle, die sie in den 1980er Jahren an Europa und vor allem Japan abgegeben hatten, so hat die Veränderung der Diskurse um das Verhältnis von Wirtschaft und Gesellschaft auch für eine Wirtschaftsnation wie Deutschland eine große Bedeutung. Mit dem Exportschlager der USA, der New Economy, kam auch deren Ideologie – wenn auch in angepasster Form. Ein Marktradikalismus US-amerikanischer Form wie ihn die erwähnten Technolibertäre predigen, ist in Deutschland, trotz *Agenda 2010* und der Lobbyarbeit von Wirtschaftsverbänden und einiger Medien, nicht mehrheitsfähig.

Es ist deswegen gerade an dieser Stelle nötig zu betonen, dass etwa der Siegeszug des so genannten *Shareholder-Modells*, also des Ausrichtens der Unternehmensstrategie auf die Steigerung des Aktienwertes, der

---

70 In den Jahren von 1988 bis 1998 (also noch vor dem Höhepunkt der New Economy) stieg die durchschnittliche Vergütung der CEOs vom 85-fachen des durchschnittlichen Lohn eines Arbeiters (1980 war es noch der 40-fache gewesen) auf das ungefähr 419-fache. Für Japan lag dieser Wert beim 20-fachen, für GB beim 35-fachen. In: Frank, Thomas (2001), S. 22.
71 Ebenda, S. 31f.

dazu führte, dass nicht nur amerikanische Unternehmen in den 1990er Jahren astronomische Steigerungen ihres Aktienwertes, bei gering steigendem Umsatz, noch geringerem Produktionszuwachs und oft abnehmenden Mitarbeiterzahlen erfuhren, auf beiden Seiten des Atlantiks für große Diskussionen um Moral und Gerechtigkeit in der Wirtschaft sorgte.

Thomas Frank liest die New Economy als eine Art Marktideologie, die die immensen Umschichtungen von unten nach oben legitimierte und diesem Projekt auch noch eine Aura von Fortschritt, Demokratie, Revolution und Coolness verpasste. So liegt die Betonung »neu« bei ihm auf der Vermittlung dieser Ideologie. Mit der Ausrufung eines freien Marktes, eines wirklich fairen und demokratischen Marktes, der es allen Bürgern, ob Hausfrau, Bankangestellter oder Student, ermöglichen sollte, über den Kauf von Aktien am Reichtum einer neuen Ära teilhaben zu können, gelang es der Wirtschaft, nicht nur der ITK-Welt, über Jahrzehnte verloren gegangenes Vertrauen zurückzugewinnen. Der Marktpopulismus feierte in den 1990er Jahren solche Triumphe, weil er den wirtschaftlichen und technischen Enthusiasmus, den die Innovationen des Internet und der Mobilkommunikation gebracht hatten, in einen gesellschaftlichen umwandelte. Die Unternehmen und ihre Lenker, die Unternehmer, der Markt, das Geld und gleich der ganze Kapitalismus, wurden in der Zeit der New Economy auf eine Art und Weise glorifiziert und vergöttert, die so nur in den USA denkbar ist. Nun galt es, den Reichtum zu feiern und mit ihm die Reichen selbst:

»Hatte Geld in den Achtzigern vielleicht noch einen schlechten Ruch, etwa als Werkzeug koksender Eitelkeit, feindlicher Übernahmen und Bankennepps, so hat sich seitdem etwas Grundlegendes geändert: Unsere Milliardäre sind keine Sklaven treibenden Leuteschinder und keine ausbeuterischen Börsenspekulanten mehr. Sie sind Plutokraten, Kapitalisten des Volkes, ohne Anzug und Krawatte, die sich mühelos mit Mitarbeitern aller Ebenen verständigen, nur für uns neue Megamärkte bauen, darauf achten, dass der Kunde König ist, ein Namensschild an ihrem Hemd tragen und die Aktienpreise diesmal freundlicherweise nach oben drücken, damit wir alle am Gewinn beteiligt sind und selbst der Allerletzte sich seines Vorteils erfreuen kann.[...] Vielleicht trifft nun endlich zu, was George Gilder vor vielen Jahren gesagt hat: ›es sind die Unternehmer, die die Regeln der Welt und die Gesetze Gottes kennen‹.«[72]

Die ideologische und rhetorische Unterstützung der Wirtschaftsrevolution kam in Form der Managementliteratur der 1990er Jahre, die vor allem die Unternehmer, aber auch die Medien, Mitarbeiter und Investoren

---

72 Ebenda, S. 18.

mit Wahrheiten über die Wirtschaft und den Markt versorgte. Auch Boltanski/Chiapello schätzen die Bedeutung der unzähligen Ratgeber, Bibeln, Rankings und Bestseller hoch ein:

»In diesen Schriften, die die Führungskräfte vor allem über die jüngsten Entwicklungen der Unternehmens- und Personalführung unterrichten, tritt der kapitalistische Geist am deutlichsten in Erscheinung. Als herrschende Ideologie ist der Kapitalismus prinzipiell dazu im Stande, das Denken einer Epoche in seiner Gesamtheit zu durchdringen. Er prägt die politischen und gewerkschaftlichen Argumentationsformen, liefert Journalisten und Wissenschaftlern Rechtfertigungswelten und Denkmuster und sorgt für seine so diffuse wie auch allgegenwärtige Präsenz.«[73]

Der Guru dieser journalistischen Gattung ist der US-amerikanische Autor Tom Peters. Der Name eines Kapitel eines seiner ersten Hauptwerke *Jenseits der Hierarchien*[74] von 1993 verkündigt sein Credo: *Der Wille des Marktes geschehe*, was andeutet, wie sich Peters zur Idee des freien Unternehmertums und Marktes stellt. Die Grundidee, die Ideologie seiner und ähnlicher Werke, ist ebenso simpel wie erfolgreich. Das Unternehmen, nicht nur das der New Economy, ist das ideale Vehikel, um eine demokratische Marktwirtschaft zu schaffen. Der Staat habe kein Recht (mehr), Steuern zu erheben und Unternehmen zu regulieren, der Markt mache das nicht nur alles selbst, sondern auch besser. Diese Ideologie fruchtete. In den 1990er Jahren gelang es, in den USA die öffentliche Meinung fast völlig für die Ideen eines freien Marktes zu begeistern und von den Vorzügen des Aktienhandels zu überzeugen.

Der Siegeszug der Wirtschaftsrevolution führte aber nicht nur dazu, dass sich die Unternehmer als neue Könige der Welt fühlten, die Investment-Banker der Wall Street gar als *Masters of the Universe*. Ihre Ideen von Reichtum, Leistung und dem Spaß, den man damit haben konnte, fanden auch in kulturelle Sphären Einzug, in denen ökonomischer Erfolg bisher nicht verpönt war, aber zumindest als eher zweitrangig erschien. So orientierten sich die werbetreibenden Unternehmen in ihrer Kommunikation nicht nur viel stärker an der Jugendkultur, sondern wurde – als komplementäre Entwicklung – der Erfolg, vor allem der ökonomische Erfolg, zur Prämisse fast jeder Jugendkultur. Am Ende der 2000er Jahre erscheint es überhaupt nicht mehr als ungewöhnlich, dass jeder Träger von Jugendkultur, ob Sportler oder Künstler, wie selbstver-

---

73 In: Boltansk/Chiapello, a.a.O., S. 91f.
74 Siehe: Peters, Tom, 1992, *Liberation Management: Necessary Disorganization for the Nanosecond Nineties*, New York. Deutsche Ausgabe, 1993, *Jenseits der Hierarchien*, Düsseldorf.

ständlich vor allem auf sein wirtschaftliches Wohl bedacht ist und mit seiner Kunst oder zumindest mit seiner Kultur Geld verdient, indem er seine Produkte (Kunstwerke, Filme, Sportausrüstung o.ä.) oder Dienstleistungen (sportliche oder künstlerische Vorführungen) verkauft und Teil eines Kulturmarktes geworden ist. Das war zu Beginn der 1990er Jahre noch anders. Ein großer Teil der intellektuellen und politischen Diskurse drehte sich um die Frage, wie das Verhältnis von Kultur zum Kapital zu gestalten sei, allerorten ging es um einen drohenden Ausverkauf einer authentischen Kultur. Zum Ende des Jahrzehnts, nach der New Economy, sah das anders aus:

»Ende April 2001 veranstaltete *die tageszeitung* [Herv. i. Org. M.S.] einen dreitägigen Kongress unter der Fragestellung: ›Wie wollen wir leben?‹ Die Beteiligung in Berlin war recht hoch, auch zur kleineren Veranstaltung ›Gegenkultur vs. Mainstream‹ kamen über 50 Personen. Es sollte bei der Frage ›Welche Rolle spielen wir?‹ um das Selbstverständnis und die Erfahrungen popkultureller Unternehmer gehen. Mit auf dem Podium saß u.a. Patrick Wagner, Sänger und Gründer des Musik-Labels Kitty-Yo, das auch über Berlin hinaus über erhebliche ›Street-Credibility‹ verfügt. Kitty-Yo-Bands wie Surrogat, Kante, To Rococo Rot, Tarwater und Couch gelten als legitime musikalische Gegenkultur, doch Wagner distanzierte sich von diesem Begriff. Seine Aussage ›Das Einzige, was etwas bringt, ist Erfolg‹ wollte niemanden so recht provozieren. Das Podium war sich über die Bedeutung des kommerziellen Erfolgs für ein wie auch immer geartetes linkes oder gegenkulturelles Projekt einig.«[75]

Die New Economy war nicht die Ursache für das veränderte Verhältnis von Kultur und Ökonomie, sie war selbst ein Symptom dieses Prozesses, selbst eine Hybride aus Kultur und Wirtschaft, aber sie war auch ein Transmissionsriemen für diese Veränderung, auch wenn diese Leistung nur darin bestand, das Unternehmertum mit einer Aura des jugendkulturellen Aufbruchs zu versehen und keinen Widerspruch zwischen wirtschaftlichem Erfolg und einem vermeintlich gegenkulturellem Habitus mehr erkennen zu können.

Fazit

Nach der Beantwortung der Frage nach den ideologischen Strukturen des Mythos New Economy in Bezug auf die Begründung einer neuen Jugendkultur, bleibt die nach der Nachhaltigkeit. Konnte die Behaup-

---

75 In: Meschnig/Stuhr (2001), S. 193.

tung der mythischen Erzählung um eine neue Jugendkultur fruchten? Hat diese Narration Einzug in den Mythos New Economy gefunden?

Aus Sicht der Unternehmen, besonders der etablierten ITK-Wirtschaft, fällt das Urteil leicht. Die New Economy war eine Reformation innerhalb dieser Welt, die Träger dieser Restrukturierung, die Start-ups mit ihren Gründern, sind inzwischen Teil der etablierten Wirtschaft geworden. Bei der Analyse der gesamten Diskursformation um Jugendkultur und Ökonomie muss der Selbstzuschreibung der Akteure der Wirtschaft gefolgt werden. Die New Economy wird bis heute als eine nötige und überfällige Reformation betrachtet, die trotz der ökonomischen Misserfolge auf der Ebene der (pop-)kulturellen Ausrichtung und ideologischen Selbstvergewisserung ein großer Erfolg war und ist.

Eine wirkliche Revolution, im Sinne eines Umbruches, hat es im Verhältnis von Kultur und Ökonomie gegeben; nur sind die jungen Unternehmer der New Economy nicht die Ideengeber und Begründer dieser Revolution, sondern ihre treuen Begleiter und Befürworter. Eine Jugendkultur in einem klassischen Sinne ist die New Economy nicht gewesen und in der Gegenwart existiert dieser Begriff nur noch als leere Hülse des Marketings.

5. Neue Freiheit? Flache Hierarchien

Sollen die Widersprüche, Ambivalenzen und Ungereimtheiten der New Economy, ihrer tatsächlichen Geschäftstätigkeit, aber vor allem ihrer Bedeutungen und Behauptungen beschrieben werden, dann brauchen die Begriffe nur für sich zu sprechen. Eine der Vokabeln, der 1999 und 2000 niemand entgehen konnte, vor allem nicht, wenn sich diese Person in einem Vorstellungsgespräch befand, war die von den flachen Hierarchien. Bemerkenswert ist dieser Ausdruck einerseits, weil er aus der deutschen Sprache stammt – in einer Welt aus *Start-up, IPO, CBR, VC, First Tuesday, Content-Manager* und *Seed-Capital* eine echte Ausnahme – und weil er neben dem Gründer, der einzige deutschsprachige Ausdruck war, der in der New Economy-Zeit geprägt bzw. neu geprägt wurde. Vermeintlich war der Ausdruck der flachen Hierarchien eine direkte Übersetzung der im Englischen verwendeten *flat hierarchy*. Der Ausdruck *flat* wird zwar oft mit *flach* übersetzt, aber an den englischen Begriffen *flat-tax* oder *flatrate* ist zu erkennen, dass es mehr um so etwas wie eine einfache oder einheitliche Hierarchie gehen sollte. Damit kommen wir der Idee, wir können auch von Ideologie sprechen, etwas näher, die sich hinter der Erzählung von einer neuen Freiheit verbirgt. In dem paradoxen Ausdruck flache Hierarchien, denn diese zeichnen sich ja gerade dadurch aus, vertikal und gestaffelt gedacht zu werden, verbanden sich einige der wichtigen Freiheitsversprechen der New Economy.

Zum einen sollten die nun nicht mehr so starren und hohen Hierarchien für den Mitarbeiter dazu führen, sich nicht mehr als eine Art Untergebener zu fühlen und sich gleichberechtigt und selbstbewusst einbringen zu können, ohne vorher drei andere Vorgesetzte fragen zu müssen. Alle Mitarbeiter sollten auf einer Hierarchieebene stehen, darüber, wenn überhaupt, wären nur noch die Gründer. Die zweite Freiheit, die winken sollte, hing mit der ersten zusammen. Der Chef, der sich Gründer nannte, als Unternehmer inszeniert wurde und sich selbst als Yettie sah, sollte nicht die ferne, autoritäre Respektsperson sein, sondern der Erste Mitarbeiter, den ich dazu auch noch duzen konnte und der abends mit mir Dosenbier trank. Die Erzählung von der neuen Freiheit, sprachlich verkörpert durch die flachen Hierarchien, war eine der verbesserten, weil transparenteren, einfacheren und sozialeren Unternehmens- und Arbeitsorganisationen. Die Narration war eingebettet in eine größere, durch die *Künstlerkritik*[76] der 1960er und 1970er Jahre ausgelöste, fundamentale Transformation der Arbeitswelt, die etwa seit den 1980er Jahren stattfand und die auch die New Economy erreichte. Diese Nischenökonomie war, dass kann schon vorangestellt werden, in diesem Bereich weder Vorreiter oder, wie es oft behauptet wird, ein besonders extremer Vertreter. Die besondere Qualität der New Economy, des Mythos, lag darin, diese massiven Veränderungen, die für die meisten Mitarbeiter weitaus mehr Nach- als Vorteile brachten, zu einer positiven Erzählung von Freiheit und Spaß umzudeuten.

Der grundlegende Umbau der Unternehmens- und Arbeitsorganisation, die wirtschaftliche Neustrukturierung, die heute meist unter dem Schlagwort der Flexibilisierung diskutiert wird, hatte ihre Ursprünge in den 1970er Jahren und bezog sich grundsätzlich auf alle Unternehmen, erfasste aber mittlere und größere Einheiten weitaus stärker und war keinesfalls nur ITK-Unternehmen vorbehalten. Diesen wird eine besondere Position innerhalb dieser Transformation zugeschrieben, weil die von Ihnen entwickelten und vertriebenen Informations- und Kommunikationstechnologien eine besondere Bedeutung bei dem Prozess der Flexibilisierung zukommt. Ob die ITK-Unternehmen sich tatsächlich stärker und schneller veränderten als klassische Industrie- oder Handelsunternehmen, darüber gibt es unterschiedliche Meinungen. Boltanski und Chiapello, die den Prozess der Flexibilisierung beschreiben, unterscheiden grundsätzlich zwischen einer internen und externen Flexi-

---

76 Siehe: Boltanski/Chiapello, a.a.O., S. 226ff.

bilität.[77] Die interne Flexibilität beschreibt die Umwandlung der Arbeitsorganisation und der verwendeten Arbeitstechniken (Polyvalenz, Eigenkontrolle, Autonomieausbau etc.) und die externe Flexibilität die so genannte vernetzte Arbeitsorganisation. Aufgrund der Komplexität dieser Transformation kann auf die Quantität, Qualität und Geschwindigkeit dieser Veränderungen, die auch nicht jedes Unternehmen gleich erfassten, nur idealtypisch und kurz eingegangen werden.

Grundsätzlich kann die Flexibilisierung der Arbeitswelt theoretisch in vier Bereiche unterteilt werden; in eine Flexibilisierung der Arbeitsorganisation, eine der Produktion, eine der Arbeitszeit und eine der Arbeitsverhältnisse. Ziel der Veränderungen, die meist alle miteinander zu tun haben, die aber selten alle von einem Unternehmen zur gleichen Zeit umgesetzt werden, ist die Flexibilität der Produktion, des Managements und der Vermarktung.

Die Flexibilisierung der Arbeitsorganisation, meist unter dem englischen Begriff *Reengineering* thematisiert, beschreibt vor allem die Ersetzung der vermeintlich starren, pyramidalen und vertikal integrierten Hierarchie des Fordismus durch ein lockeres, permeables, horizontal organisiertes Netzwerk, zu dem ganz zentral die Team- und Projektarbeit gehört, die die institutionalisierte soziale und technische Arbeitsteilung ablöst. In der Theorie bietet das Modell Vorteile: Einzelteile des Netzwerkes können erneuert und ersetzt werden, die Analogie zum Internet ist evident. Für Richard Sennett gleicht diese Struktur einer Inselkette, die aber keinesfalls die Macht der Führung infrage stellt:

»Die Inseln der Arbeit liegen vor einem Festland der Macht. [...] Harrison[78] [Fußnote eingefügt M.S.] nennt dieses Netzwerk ungleicher und instabiler Beziehungen »Konzentration ohne Zentralisierung«. Die Organisation besteht aus den Verbindungen und Knoten des Netzes. Kontrolle lässt sich ausüben, indem Produktions- oder Gewinnvorgaben für eine breite Spanne von Gruppen innerhalb der Organisation gemacht werden.«[79]

Das kontroverseste Thema innerhalb dieses Bereiches stellt der Abbau von Arbeitskräften, ob in der Produktion oder im Management, dar. Unter dem verschleiernden Begriff des *Downsizing* wurden seither ganze Belegschaften in den Ruhestand oder die Arbeitslosigkeit geschickt. Die Vorteile (Einsparung an Arbeitskosten) und Nachteile (soziales und ökonomisches Schicksal der Arbeitnehmer, schlechte Presse,

---

77 Ebenda, S. 262.
78 Siehe: Harrison, Bennett, 1994, *Lean and Mean: The Changing Landscape of Corporate Power in the Age of Flexibility*, New York.
79 In; Sennett, Richard (2000), S. 70f.

Unmut der Politik) des Downsizings liegen zwar auf der Hand, über die organisatorischen Vorteile der Netzstruktur wird aber seit Beginn der 1990er Jahre gestritten.[80]

Die Flexibilisierung der Produktion wurde in den 1980er und 1990er Jahren meist unter den Stichworten der schlanken (englisch *lean*) Produktion geführt, Richard Sennett spricht wie andere Autoren[81] von der flexiblen Spezialisierung. Das lange Fließband des Fordismus wird von Inseln der Produktion abgelöst. Als paradigmatisch gilt in diesem Zusammenhang die Autoproduktion von *Toyota*, so dass häufig vom Toyotismus gesprochen wird. Zu dieser gar nicht so neuen Management-Methode (die schrittweise schon ab 1948 eingeführt wurde), die den japanischen Hersteller in den 1990er und 2000er Jahren nicht nur zum größten, sondern auch profitabelsten Autoproduzenten der Welt machte, gehört nach Manuel Castells[82] das *Just-in-time-System* der Lagerhaltung, die *totale Produktivitätskontrolle,* die Einbeziehung der Belegschaft durch Teamwork, dezentralisierte Initiative, eine größere Entscheidungsautonomie an der Produktionsstätte, Belohnungen für Team-Leistungen und eine flache Management-Hierarchie mit wenig Statussymbolen im Alltag. Während *Toyota* auf Seiten der Industrieproduktion zum Symbol der Transformation wurde und viele andere amerikanische und europäische Automobilkonzerne auch Teile der Neuerungen übernahmen, so war es auf Seiten der ITK-Welt der Netzwerkausrüster *Cisco*, der zum Vorbild wurde. Das kalifornische Unternehmen ist noch einen ganzen Schritt weiter als die Industrieunternehmen, die nur Computertechnik und das Internet zum Einsatz bringen, um Produktionsabläufe zu flexibilisieren und zu automatisieren. Für Manuel Castells ist *Cisco eine Vernetzung der Netzwerke*[83]:

»Das global vernetzte Unternehmensmodell, dessen Pionier Cisco ist, scheint zur Jahrhundertwende zum vorherrschenden Modell für die erfolgreichsten Mitbewerber in den meisten Branchen weltweit geworden zu sein.«[84]

Zur Verschlankung der Produktion gehörte auch eine der Lagerung, welche ebenfalls unter dem Stichwort *just-in-time* diskutiert wird. Diese Form der Produktion, die auf Seiten des Produzenten zur Verringerung

---

80 Siehe etwa: Womack, J., Jones, D. u. Roos, D., 1992, *Die zweite Revolution in der Autoindustrie*, Frankfurt a.M.
81 Siehe etwa zu den besonderen Veränderungen in den norditalienischen Industriegebieten: Piore, Michael J. u. Sabel, Charles F.,1984, *The Second Industrial Devide: Possibilities for Prosperity*, New York.
82 In: Castells, Manuel, a.a.O., S. 179f.
83 Ebenda, S. 191ff.
84 Ebenda. S. 195.

von Lagerflächen und -Kosten führen soll, ferner zu einer größeren Kundenorientierung, kann nur durch ein Netzwerk von kleineren Unternehmen realisiert werden, die direkt oder indirekt mit dem Unternehmen verbunden sind und flexibel und schnell liefern können.

Ein weiterer Aspekt der *lean production* ist die Aus- und Verlagerung von Produktionsteilen, die als nicht zentral angesehen werden, das so genannte *Outsourcing*. Genau wie beim *Downsizing* liegen die Vor- und Nachteile zwar auf der Hand, ohne das abschließend gesagt werden kann, ob sich Outsourcing ökonomisch wirklich lohnt oder nicht. Während diese Verlagerung auf Seiten der Unternehmen zu einem weiteren Arbeitsplatzabbau führte, so profitierten kleine und mittlere Firmen von der Strategie der schlanken Produktion, was u.a. auch erklärt, warum der Mittelstand in den Jahren des Arbeitsplatzabbaus bei größeren Unternehmen weiter wuchs.

Die Flexibilisierung der Arbeitszeit betrifft die Arbeitsdauer wie auch die Lage der Arbeitszeit. Diese Veränderungen liegen einerseits in den veränderten Anforderungen an die Unternehmen begründet (globaler Konkurrenzdruck) als auch in den Forderungen besonders der weiblichen Mitarbeiter, flexibler arbeiten zu können. Grundsätzlich gibt es Teilzeitmodelle (halbtags, 30h-Woche u.ä.) und Arbeitszeitkonten, bei der eine Wochen-, Monats- oder Jahresarbeitszeit festgelegt wird und der Arbeitnehmer innerhalb eines fixierten Zeitrahmens selbst entscheiden kann, wann er oder sie anfängt und aufhört; die Gleitzeit ist ähnlich geregelt. Die Flexibilisierung der Arbeitsverhältnisse hängt mit der der Arbeitszeiten direkt zusammen. Hier gibt es Entwicklungen wie die Telearbeit, Zeitarbeit, Vertrauensarbeit, so genannte *Freelancer* und geringfügig Beschäftigte. Die bloße Aufzählung dieser Modelle soll nicht suggerieren, sie beschrieben ähnliche Qualitäten in Bezug auf ihren Status innerhalb der Firma, der Gesellschaft oder bezüglich der Bezahlung. Mitnichten. Während die Telearbeit, die Möglichkeit von Zuhause aus über den Computer und das Internet mit dem Büro verbunden zu arbeiten, oder die Vertrauensarbeit, bei dem nur ein Ziel vereinbart wird und der Arbeitnehmer selbst entscheiden kann, wann und wie lange er arbeitet, eher attraktive Modelle sind, die als Belohnung winken, so sieht es bei den anderen drei anders aus. Die Zeitarbeit, die für einen beträchtlichen Teil des Beschäftigungszuwachses in Deutschland 2006 und 2007 verantwortlich war, gilt trotz aller Imageoffensiven immer noch als zweitklassiges Arbeitsverhältnis, da u.a. der Einfluss auf die Arbeitsplatzsuche eingeschränkt und die Bezahlung unterdurchschnittlich ist. Die *Freelancer* haben aufgrund ihrer Verortung in den kreativen Branchen, v.a. des Designs, keinen schlechten Ruf, sie müssen sich als temporär engagierte Selbstständige aber selbst versichern.

Wie eben erwähnt war neben einer grundsätzlichen Kritik an der Arbeit und ihren Bedingungen für die Arbeiter auch die gesellschaftliche Emanzipation der (arbeitenden) Frau mit dafür verantwortlich, dass sich die Unternehmen langsam veränderten. Obwohl die Bestrebungen von Frauen, die in den 1970er und 1980er Jahren verstärkt in den Arbeitsprozess drängten, auch ein anderes Arbeiten einforderten, so ging es in erster Linie darum, flexiblere Arbeitszeitmodelle einzuführen, um Familie und Karriere miteinander verbinden zu können und das betraf fast ausschließlich Frauen. Frauen, die schon bei der Einstellung (meist von Männern) als Mütter in spe erkannt wurden, wollten kürzere oder zumindest flexible Arbeitszeiten, damit die Kinder anschließend betreut werden konnten. Im Laufe dieser Entwicklung, in der auch, ganz langsam, Männer ähnliche Forderungen erhoben, kamen nun auch Forderungen nach firmeninternen Kinderbetreuungseinrichtungen u.ä. auf, wie es sie etwa in Skandinavien gibt.

Die Start-ups, die häufig von Kindern der 68er-Generation gegründet wurden, konnten also auf gewisse gesellschaftliche Entwicklungen aufbauen, ohne diese aber selbst umzusetzen. Dieses hat zwei Ursachen; einerseits wurden die Gründer mit ihrer Unternehmenspolitik nie modernen Ansprüchen – die nicht nur technische und ökonomische, sondern auch politische sind gerecht – und andererseits arbeiteten bei ihnen kaum Frauen (und Männer), die bestrebt waren, in diesem Bereich Forderungen zu stellen, denn es gab nur wenig Mütter oder Väter.[85] Vorangehend war schon kurz auf die Sozialisation der Gründer eingegangen worden. Sie waren die Kinder von Eltern, die mit den politischen und sozialen Idealen der Alternativbewegungen der 1960er und 1970er Jahre sozialisiert oder zumindest konfrontiert wurden. Eine Gemeinsamkeit mit der Generation ihrer Kinder besteht sicher in dem Wunsch nach Autonomie, Individualität, Selbstverwirklichung und einem optimistischen Zukunftsvertrauen. Während die älteren Bewegungen aber versuchten, politische und soziale Utopien zu verwirklichen, so hat die lebensbejahende Dynamik und der Wunsch nach Freiheit bei den Gründern fast ausschließlich in Feldern der Ökonomie Niederschlag gefunden, schließlich waren sie auch in den materialistischen 1980er Jahren groß geworden, in denen Werte des ökonomischen Erfolgs maßgeblich wurden. Der Gründer war ganz Kind seiner Zeit, vermeintlich linke oder alternative Werte wie Emanzipation, Selbstbestimmung und Freiheit verbanden sich problemlos mit vermeintlich neoliberalen wie Erfolgs-

---

85 Siehe: Schmidt, Ralph u. Spree, Ulrike (Hg.), 2005, *Gender und Lebenslauf in der New Economy, Analysen zu Karrieremustern, Leitbildern und Lebenskonzepten*, Studie der Hochschule für angewandte Wissenschaften Hamburg.

streben Ehrgeiz und Rücksichtslosigkeit. Die Freiheit der Start-ups hatte aber nichts mit einer der Presse- oder Meinungsfreiheit zu tun, es war keine allgemeine politische oder soziale, sondern mehr eine individualistische Freiheit des Unternehmers und Konsumenten, die *Freiheit von* etwa staatlicher Gängelung meinte. Während politische Bewegungen diese auch beklagen, dabei aber mehr an die Polizei oder den Innenminister denken, der sie gängeln und bespitzeln möchte, so war der Feind der Start-ups mehr im Finanz- oder Wirtschaftsministerium zu finden. Steuern und gesetzliche Beschränkungen sollten abgeschafft werden, alles andere war egal.[86]

Die Grundstimmung innerhalb der Start-ups, die bei den diversen Firmenfeiern und -ausflügen studiert werden konnte, war eine betont apolitische. Gesprochen wurde über Konsum und Popkultur oder die Arbeit. Der relative Rückstand der Start-ups bei der Implementierung von flexiblen Arbeitszeitmodellen war nicht unbedingt durch den Widerstand der Gründer zu erklären, sondern durch den fehlenden Wunsch der Mitarbeiter und den Mut, für diese einzutreten. Die Gründer verwirklichten ihre Vorstellungen von Flexibilität, die de facto darauf hinausliefen, dass jeder etwas später kommen und selbst entscheiden konnte, wie er seine 50 bis 60 Stunden auf fünf bis sieben Tage verteilt. Teilzeit gab es nur sehr selten und interessanterweise wurde in den, sich äußerst modern gebenden, Start-ups selten von Zuhause aus gearbeitet. Dieses mag vonseiten der Gründer einem Rest von Misstrauen geschuldet sein, aber vor allem unterlief eine fehlende körperliche Präsenz das Modell der Produktionsfamilie, welches auf gemeinschaftlichen Bindungen beruhte. Wie gesagt wurde auch sehr selten nach anderen Arbeitszeitmodellen gefragt, da Mütter und Väter kaum vorhanden waren und die Mitarbeiter ein eingeschränktes Privatleben gern in Kauf nahmen, bzw. ihr Privatleben zum Teil in das Unternehmen verlagert hatten. Innerhalb der Produktionsfamilie waren alle mit der eingeschränkten Flexibilisierung einverstanden, bzw. bemerkten diese nicht. So erschien ihnen dieser Zustand, der im Vergleich zu den Fortschritten vorangegangener Jahrzehnte objektiv eine Verschlechterung bedeutete, denn es wurde mehr gearbeitet, Überstunden wurden nicht bezahlt (und konnten

---

86 Ende 2000 wählte der *Silicon City Club*, ein im November 1999 gegründeter Zusammenschluss deutscher Start-ups, den *persönlichen Bremsklotz des Jahres*. An erster Stelle landete *Gigabell*-Boss Daniel David, der die New Economy erstmals in Verruf gebracht hatte. Danach folgte als die personifizierte Old Economy der IT-Industrie, Ron Sommer von der *Deutschen Telekom*. An dritter Stelle lag Hans Eichel, als auch noch dröger und sparsamer Finanzminister, die Verkörperung der Teufel Bürokratie und Politik. In. Stuhr/Meschnig (2001), S. 231f.

im Idealfall abgebummelt werden), die Verträge waren meist befristet und die Bezahlung nicht besonders gut, als völlig normal und erstrebenswert, denn ihr Verlust an Sicherheit wurde durch ein vermeintliches Mehr an Gemeinschaft und Spaß kompensiert. Die neue Freiheit, die auch meinte, sich neue Arbeitsumstände schaffen zu können, machte es möglich, eine neue Unternehmens- und Leistungskultur zu etablieren:

»Was muss passieren, damit fähige Leute auch wirklich gut sind? Wie lässt sich die Lust auf Leistung entfesseln? Gefragt ist hier eine Unternehmenskultur, welche die Mitarbeiter motiviert, herausfordert und ermutigt, an ihre Grenzen zu gehen. Der große Vorteil der Start-ups gegenüber älteren Unternehmungen ist, dass sie von den Schwierigkeiten des Wandels vom Industrie- ins Informationszeitalter nahezu unberührt sind. Sie brauchen keine mühsamen Änderungen des Verhaltens oder der Einstellung, denn sie sind selber Kinder der neuen Zeit und schaffen sich ein entsprechendes Umfeld.«[87]

Fazit

Bevor auf den Erfolg der mythischen Erzählung von den *flachen Hierarchien* eingegangen wird, bleibt noch die Frage nach der Motivation für deren Ausrufung. Wie eben dargestellt, ist eine Reaktion auf die *Künstlerkritik* der 1970er Jahre durchaus zu erkennen, auch wenn der *sozialen Kritik* im Sinne Boltanskis/Chiapellos, die in der Kritik an den hierarchischen Strukturen auch enthalten ist, nicht entsprochen wurde. Die Abschaffung von Hierarchien bzw. der Aufbau von nur zwei Ebenen in den neu geschaffenen Start-ups und einer dezentralen Netzstruktur der Mitarbeiter vor dem Festland der Gründer war gewollt und kam den jungen und unerfahrenen Gründern auch entgegen. Bedeutete diese Verflachung aber auch einen Verlust an Macht auf Seiten der Gründer und Zugewinn bei den Mitarbeitern?

Die Antwort ist die typische für die New Economy, Jein, bzw. Ja und Nein. Die Frage führt uns auf den spezifischen Charakter der Start-ups als kleine Unternehmen der ITK-Welt zurück. Hätten wir es mit klassischen Industrieunternehmen der 1970er Jahre zu tun, so hätte der Umbau, die Verschlankung des Managements und die Förderung der Autonomie der Mitarbeiter sicher zu einem Machtverlust der Unternehmensleitung geführt. Zu einem Teil gab es diesen auch innerhalb der Start-ups, was aber eher der Jugend und Unerfahrenheit der Gründer geschuldet ist, es gab aber auch andere, ältere und autoritärere Charaktere, die ihr Unternehmen straffer führten. Einen substanziellen Kontrollver-

---

87 In: Blanke, Torsten, »Die Start-up-Mentalität«, siehe unter: http://www.symposion.de.

lust gab es aber nie, weil einerseits durch die Produktionsfamilien eine Eigen- und Fremdkontrolle gewährleistet war, und weil andererseits durch die moderne IT-Technik die Möglichkeit bestand, nahezu alles zu erfassen, was der Mitarbeiter erarbeitete und kommunizierte.

Die Kontrolle, die über die Vernetzung und die persönliche Anwesenheit erfolgte, ließ eine eigene New Economy-spezifische Form von örtlicher Vertrauensarbeitszeit entstehen. Diese Form setzt der Arbeitszeit keine zeitlichen, sondern nur inhaltliche Grenzen. Zwischen Mitarbeiter und Chef werden feste Ziele definiert; in welcher Zeit diese erreicht werden liegt beim Mitarbeiter. Diese Form von Freiheit bleibt aber nur eine, sollten die konkreten Ziele auch realistisch sein und den Mitarbeiter nicht überfordern. Während dieses Modell, das etwa von *IBM* praktiziert wird, auch gern zur Arbeit von zuhause aus, auf der Wiese (mit dem Laptop) oder unterwegs genutzt wird, so konnte der Mitarbeiter der New Economy sich nur aussuchen, wann er innerhalb der Räume des Start-ups arbeitete. Das Modell fester Zielvereinbarungen ist keine Besonderheit der New Economy, sondern nur ihre Kombination mit der physischen Präsenz, die wieder wichtiger wurde.

Bleibt abschließend die Frage nach dem Erfolg in der Bearbeitung der Diskursformationen zu Themen der Arbeitsorganisation. Die Erzählung von den flachen Hierarchien erschien aufgrund des eklatanten Widerspruches zwischen emanzipatorischem Anspruch und schlecht organisierter Unternehmenswirklichkeit schnell als fad und unehrlich. Die flachen beschrieben oft nur fehlende Hierarchien, bzw. wurden zu einem Synonym für Chaos und eine fehlende und immer mehr vermisste Ordnung. Das veränderte Verhältnis zum Chef wurde grundsätzlich begrüßt, aber auch hier schlug die fehlende Struktur oft ins Gegenteil um.[88] Der gemeinschaftliche Geist überdeckte diese Missstände eine Zeit lang, aber machte die Organisation der Arbeit immer schwerer.

Ähnlich wie der Begriff der Gründer, hat auch der der flachen Hierarchien Einzug in den Bedeutungskomplex New Economy gefunden, ohne aber noch das zu bedeuten, was er nach Intention der Jungun-

---

88 Die anfängliche Bewunderung der Gründer durch viele Mitarbeiter schlug später ins Gegenteil um. *Start-up-Gründer haben oft gute Geschäftsideen, sind dynamisch und voll guten Willens. Aber die meisten haben vorher nicht genug Erfahrungen im Umgang mit Menschen.[...] Sie machen im Bereich Menschenführung alles falsch, was falsch gemacht werden kann. Sie wissen nichts über Mitarbeitermotivation, und vor allem wissen sie nicht, wie wichtig geordnete Strukturen (geregelte Arbeitsabläufe, klare Zuständigkeiten, fest definierte Verantwortungsrahmen) für das Betriebsklima sind.* Aus einem Internetforum der *Computerwoche*, 26.01. 2001: »Start-up-Führungskräfte: eine Katastrophe«, siehe unter: http://www.computerwoche.de.

ternehmer einmal bedeuten sollte. Die flachen Hierarchien wurden schnell zu einem negativen Klischee der New Economy, eines, über das man gerne lacht. Eine Rückkehr zum alten hierarchischen Modell des Taylorismus wünschen sich nur die wenigsten der ehemaligen Start-up'er oder heutigen jungen Mitarbeiter der ITK-Welt, aber die visionäre Kraft dieser Management-Methode ist wegen des ökonomischen Misserfolges und der mangelnden organisatorischen Umsetzung innerhalb der Start-ups verloren gegangen.

6. Neue Freizeit? Der Afterworkclub

Komplementär zu der Erzählung, zu den Erzählungen eines neuen Arbeitens, wurde auch behauptet, in den Start-ups ein anderes Verhältnis von Arbeit und Nichtarbeit vorzufinden. Diese Nichtarbeit wird meist als freie Zeit, implizit als von Erwerbsarbeit freie Zeit (denn gearbeitet wird in dieser meist sehr viel), als Freizeit, bezeichnet. In der New Economy wurde die Bedeutung dieses Begriffes ökonomisiert und damit transzendiert. Beim Prozess der Entgrenzung zwischen Arbeit und Freizeit wurde die Arbeit im Start-up immer mehr zur Freizeit, wie auch die Freizeit immer mehr zur Arbeit. Wie schon erwähnt wurde diese Entgrenzung aber nicht als eine solche erfahren, der Arbeitsalltag dehnte sich nun von Morgens um neun bis Abends um zehn Uhr aus, eine wirklich arbeitsfreie Zeit war nur noch dem Schlafen vorbehalten. Die traditionelle Abgrenzung zwischen dem Arbeits- und Regenerationsprozess, die auch im modernen Trendbegriff der *Work-Life-Balance* noch enthalten ist, hatte sich zeitweise vollständig aufgelöst, es ging nicht mehr um eine Balance – ein ganzheitliches *Worklife* war entstanden. Dieses war in den Start-ups in Aktivitäten innerhalb und außerhalb der eigenen Räume aufgeteilt. Sollten die Computer um zehn Uhr Abends tatsächlich ausgeschaltet werden, dann konnte man noch etwas trinken gehen, schließlich hatte nicht jedes Start-up eine eigene Bar.

Denken wir an gemeinsame Ausflüge von Mitarbeitern mit ihren Chefs, so kommen uns unwillkürlich die Bilder von japanischen Karaoke-Bars ins Gedächtnis, in denen angetrunkene Angestellte juvenilen Vergnügungen nachgehen. In den 1980er und 1990er Jahren fanden japanische Managementmethoden unter Schlagworten wie *lean production* oder *just-in-time* Einzug in US-amerikanische und europäische Unternehmen. Besonders Begrifflichkeiten aus der industriellen Produktion, und auch einige zentrale Begrifflichkeiten der Informationsgesellschaft stammen aus Japan. Das asiatische Land stieg in den 1980er Jahren zur zweitgrößten Volkswirtschaft der Welt und zum führenden

Hersteller von Unterhaltungselektronik auf und löste die USA für kurze Zeit auch als Innovationszentrum der Informationstechnologien ab, bevor die Amerikaner mit der New Economy ihr Comeback erlebten. Anders als bei der Weltmacht USA, die durch ihre technologische, wirtschaftliche, militärische und politische Führung auch eine kulturelle Hegemonie ausüben konnte, kann dieses, trotz Manga-Comics und Sushi-Bars, für die Japanische Herausforderung der 1980er Jahre nicht gesagt werden. Die japanische Arbeitsdisziplin innerhalb einer streng hierarchischen und konformistischen Gesellschaft erschien westlichen Betrachtern immer als seltsam fremd und nicht unbedingt erstrebenswert.

Das besondere Verhältnis von Angestellten und Vorgesetzten in japanischen Unternehmen muss im kulturellen Kontext einer einerseits hochmodernen wie auch andererseits sehr traditionellen Gesellschaft betrachtet werden. Ein harmonisches Miteinander gehört für eine asiatische Gesellschaft, auch wenn es eine so technisierte und industrialisierte wie die japanische ist, zum unantastbaren Selbstverständnis. Bis in die 1990er Jahre waren Entlassungen in den großen japanischen Unternehmensnetzwerken (Jap. *kabushiki mochiai*[89]) völlig undenkbar und ein Angestellter dankte diese Sicherheit in der Regel mit Treue und Arbeitseinsatz. Der gemeinsame abendliche Gang in eine Karaoke- oder Stripbar diente nicht in erster Linie dem »Spaß« im westlichen Verständnis, sondern neben der Entspannung nach einem harten, langen Arbeitstag zur Pflege des guten Miteinanders. Probleme des Tages, aber auch zukünftige Projekte konnten in einer angenehmeren Atmosphäre besprochen werden, ohne dass aber die Hierarchien angetastet wurden.

Die gemeinsamen Aktivitäten der Start-up Mitarbeiter und Gründer waren anderer Natur. Zwar sollten auch sie das Miteinander verbessern und Raum für Gespräche über den Arbeitsalltag bieten, diese Aspekte standen aber im Hintergrund. Der (traditionell am Donnerstag stattfindende) Besuch im Afterworkclub, kleinen Bars und Klubs, die dann extra etwas früher als üblich um 18 oder 19 Uhr öffneten, sollte das Selbstverständnis der New Economy verdeutlichen und physisch erfahrbar machen. Ende der 1990er Jahre entstanden diese Klub-Events in den größeren Metropolen des Westens, erst in Großbritannien und den USA und später in Westeuropa.[90] Der Name war Programm und sollte den Anspruch der New Economy proklamieren, neue Formen von Freizeitvergnügen zu schaffen, Orte, an denen vor, während oder nach der Arbeit gelacht, gesprochen und getanzt werden konnte.

---

89 Siehe: Castells, Manuel, a.a.O., S. 201ff.
90 Der erste deutsche Afterworkclub, den es immer noch gibt, machte Anfang 2000 in Hamburg (im Café Schöne Aussichten) auf. Siehe unter: http://www.afterworkclub.de.

D) Die mythischen Erzählungen der New Economy

»Ihre Pressekonferenzen, Kongresse und Meetings gleichen Partys: Man nennt das Event einfach ›walk'n' talk‹, ein Techno-DJ legt auf, die Bar kredenzt Energy Drinks, ganz ungezwungen kauert man auf dem Sofa herum und surft und plaudert und isst und plaudert und trinkt und plaudert.«[91]

Im Selbstverständnis der New Economy hätte es der Vorsilbe *after* eigentlich nicht bedurft, denn wie schon die Firma zum Klub wurde, in dem gut gelaunte Menschen im Hintergrund Lounge-Musik hörten, so wurde diese Form von Location zum Büro; ein danach gab es nicht mehr. Neben der Feier der eigenen Smartheit und Coolness ging es darum, eine eigene New Economy-Kultur aufzubauen, für die die After-Work-Klubs zum Treffpunkt werden sollten. Gründer und Mitarbeiter sollten sich mit Gründern und Mitarbeitern anderer Start-ups treffen und sich alle ihrer eigenen Einzigartigkeit vergewissern können.

Die anfängliche Euphorie um die Afterworkclubs ist zwar längst verflogen, aber auch 2008 gab es beispielsweise in Berlin noch fünf ständige After-Work-Events in vermeintlich angesagten Klubs – wie damals immer noch am Donnerstag. 2007 und 2008 (zumindest bis zur Verschärfung der Finanzkrise im Oktober) war die Stimmung auch wieder besser als 2001, als die Dotcom'er andere Sorgen hatten, als den richtigen Drink zu bestellen. Das Konzept passte plötzlich nicht mehr zum nahenden Ende der *Spaßgesellschaft*[92], ein Ausdruck, der Ende der 1990er Jahre unabhängig von der New Economy entstanden war, aber später oft auf sie angewendet wurde. Die Mitarbeiter und Gründer arbeiteten meistens einfach zu lang und außerdem wurden die künstlichen Klub-Events innerhalb eines äußerst breiten Vergnügungsangebotes wie etwa in Berlin, nie ganz an- (und ernst-) genommen und mehr als eine verrückte Idee der Gründer abgetan. Die meisten dieser Veranstaltungen verschwanden nach der Krise der New Economy und wurden gemeinsam mit dem anderen Zerstreuungsinventar wie Tischfußballgeräten, Kickboards und Wasserpistolen entsorgt. Es gibt heute im Zeitalter des Web 2.0 zwar weiterhin feste Treffpunkte und Bars, an denen sich Mitarbeiter und Chefs treffen, nur sind dies meist normale Lokalitäten der Umgebung, die am Abend besucht werden. Es kann festgehalten werden, dass von dieser speziellen Idee nicht viel blieb. Der Wille zur Zerstreuung hat aber nun anscheinend ganz andere Bereiche erreicht. Als ein kleines, aber sehr anschauliches Beispiel für die Bedeutungs-

---

91 In: Cante, Ali, »Die Internet-Szene«, in: *Jungle World*, 12.07.2000.
92 *Die Vertreter der als ›Spaßgesellschaft‹ denunzierten Unternehmen der neuen Wirtschaft, die aus einer ausweglosen Situation heraus lieber handelten, statt zu resignieren, haben Arbeitsplätze geschaffen.* hieß es etwa trotzig in *brand eins* (April 2001, S. 58).

macht und Arbeit des Mythos New Economy wäre von der ersten Discoveranstaltung zu berichten, zu der Kinder nach dem Kindergarten oder der Grundschule mit ihren Eltern gehen konnten, der Idee eines Art *After-Kindergarden-Clubs*.[93]

Der Kern der Erzählung einer neuen Freizeit ist eine über die Entgrenzung des Arbeitens und den Abschnitt des alltäglichen Lebens, der noch vor kurzem Privatleben genannt wurde. Die alte Frage, ob ich denn für die Arbeit lebe, oder für das Leben arbeite, ist in Zeiten von Massenarbeitslosigkeit, Prekarisierung und einer Verherrlichung der Arbeit längst beantwortet. Auch hat sich das Selbstverständnis des privaten Lebens verändert, der Gegensatz öffentliches Arbeitsleben vs. privates Leben existiert so nicht mehr:

»Die Garagen-Unternehmer, die in Turnschuhen und T-Shirts die späteren Imperien der New Economy – wie etwa Microsoft oder Apple – begründeten, erzielten ihre Erfolge gerade durch die Ablehnung der traditionellen fordistischen Arbeitsorganisation, der strikten Trennung zwischen privater und beruflicher Sphäre, zwischen Konsum und Arbeit. Ihr Aufstieg basierte auf der Entgrenzung der verschiedenen Lebensbereiche, auf der Fusion von individueller Lebenswelt und betriebswirtschaftlicher Effizienz: Die Kreativität des ehemaligen Undergrounds erweist sich als eine entscheidende Ressource für die so genannte dritte industrielle Revolution.«[94]

Die New Economy hatte diese Entgrenzung nicht ausgelöst, sie hatte sie aber unter einer auf Leistung und Spaß beruhenden Ideologie naturalisiert und kurzzeitig auf die Spitze getrieben. Die ehemals getrennt gedachten, denn in der Alltagsrealität sind sie nie vollständig zu trennen, Sphären des Arbeits- und Privatlebens haben sich nicht nur entgrenzt, sondern durchdringen und transzendieren sich. Die US-amerikanische Soziologin Arlie Russell Hochschild beschreibt in ihrem Buch *Keine Zeit: Wenn die Firma zum Zuhause wird und zu Hause nur Arbeit wartet*,[95] wie fundamentale Werte einer Sphäre Einzug in die jeweils andere finden. Das Büro, früher vermeintlich ein Ort der Anpassung und Freundlosigkeit, bevölkert von komischen Kollegen und unfähigen Chefs, wird zum gemütlichen und angenehmen Zuhause, während das heimische Haus, einst Ort der Regeneration und der privaten und famili-

---

93 Im Frühjahr 2006 gelangte ein neuer Trend aus den USA nach Deutschland. Nachdem die Idee von *kidslovesdisco* schon in New York und Philadelphia funktioniert hatte, wurde sie nun in Berlin erprobt. Siehe: »Hier steppen die Steppkes«, in: *Berliner Zeitung*, 11.03.2006.
94 In: Landraf, Anton, a.a.O.
95 Siehe: Hochschild, Arlie Russell, 2002, *Keine Zeit: Wenn die Firma zum Zuhause wird und zu Hause nur Arbeit wartet,* Opladen.

ären Erfüllung, zum stressigen Albtraum wird. Jeder Vater mit fester Erwerbsarbeit wird an dieser scheinbaren Vertauschung nichts Neues erkennen können. Für ihn war der Gang ins Büro immer auch eine willkommene Flucht vor den Verpflichtungen im Privatleben und Haushalt. Die vier, fünf Stunden von der Heimkehr nach Hause bis zum Zubettgehen empfinden nicht nur Männer als wesentlich anstrengender als die acht bis zehn Stunden im Büro. Hochschild geht es darum, die Veränderungen im Gefühlshaushalt besonders der Männer zu beschreiben. Während auch schon früher der erwerbstätige Mann zuhause von seinen Kindern und seiner Frau mit ihren Wünschen und Erwartungen erwartet wurde, so war dieser Ort trotz allem der der Sehnsucht und Geborgenheit. Solche Emotionen stellen sich nun bei einigen Männern (und Frauen) beim Aufenthalt mit Kollegen in der Firma ein. Für das Unternehmen werden Gefühle aktiviert und (gewinnbringend) eingesetzt, während zuhause oft nur noch mit Stress umgegangen wird. Diese Veränderungen werden von der werbetreibenden Industrie schon seit einigen Jahren aufgegriffen, bzw. zum Thema gemacht. Während das Unternehmen als ein Ort der Freude erscheint, an dem liebe Kollegen und interessante Aufgaben auf mich warten, ist zuhause laut Werbung die *Familienmanagerin* gefragt, übrigens nicht der Familienmanager. Nur ganz oberflächlich kann hier eine Aufwertung der Hausfrau erkannt werden. Der Stress einer Mutter, die Kinder betreuen, den Haushalt führen und das Privatleben organisieren muss, wird in einen ökonomischen Kontext gestellt, während der Büromensch endlich zu sich kommen kann. Während das Bild der Familienmanagerin eines der Werbung ist und die Konsumentin ansprechen soll, so haben auch die Sozialwissenschaften diese psychischen Veränderungen im Blick. Die Arbeitssoziologen Günter G. Voß und Hans J. Pongratz, die in den 1980er Jahren an der Entwicklung einer *Soziologie der alltäglichen Lebensführung* beteiligt waren, sprechen heute von einer *Verbetrieblichung der Lebensführung*[96], die maßgeblich durch die Flexibilisierung der Arbeit ausgelöst wird:

»Im Rahmen einer Verbetrieblichung von Lebensführung wird potentiell der gesamte Lebenszusammenhang der Arbeitskraft für die betriebliche Nutzung zugänglich gemacht.«[97]

---

96 Siehe: Pongratz, H. J.u. Voß, G.G., 2003, *Arbeitskraftunternehmer – Erwerbsorientierungen in entgrenzten Arbeitsformen*, Berlin.
97 In: Pongratz, H. J.u. Voß, G.G.,1998, *Der Arbeitskraftunternehmer. Zur Entgrenzung der Ware Arbeitskraft*, Vortrag auf dem Kongress für Soziologie, Freiburg, S. 7.

Das Privatleben wird dabei eher im Sinne der Industrialisierung denn der Informatisierung durchstrukturiert und durchorganisiert. Die Ursachen sind in dem Umstand zu finden, dass durch nicht unbedingt längere, aber flexiblere Arbeitszeiten immer weniger gemeinsame Partnerschafts- und Familienzeit besteht, und in einer modernen Konsum- und Freizeitgesellschaft auch Mütter und Kinder immer mehr Aktivitäten nachgehen wollen. So ist die Familienmanagerin die, die die Kinder zum Sport oder Musikunterricht fährt, während sie wartet, einkauft und nach der Ankunft zuhause beginnt zu kochen. Sie hat im eigenen Selbstverständnis sicher nicht mehr viel mit der Hausfrau im traditionellen Sinne zu tun, aber leistet ebenso viel während sie nebenbei auch noch einem (Teilzeit-)Job nachgeht.

Die Verbetrieblichung beschreibt aber nicht nur die Zunahme an privaten, öffentlichen und geschäftlichen Aufgaben, die wahrgenommen werden, sondern auch, dass die heimische Wohnung zum Büro wird – und dass nicht nur im übertragenen Sinne. Immer mehr Menschen, nicht nur der ITK-Welt, arbeiten von Zuhause aus und richten sich ihr *Home-Office* ein. Die Auswirkungen dieser räumlichen Entgrenzung sind vielfältiger Art. Die Anforderung, in den eigenen vier Wänden zu arbeiten, mit Kollegen und Auftraggebern zu telefonieren, erfordert Disziplin und die Fähigkeit, zwischen Privatem und Beruflichem zu unterscheiden.

Für die New Economy galten trotz einer Entgrenzung von Arbeits- und Privatleben andere Vorzeichen. Da bei den jungen Mitarbeitern nur sehr wenige Mütter und Väter zu finden waren, fiel der Hauptgrund für die Verbetrieblichung des Privatlebens weg. Wenn überhaupt, könnte in diesem Zusammenhang von einer Verhäuslichung der Firma gesprochen werden. Aber auch dieser Begriff betont noch eine Grenze, die zeitweise nicht mehr bestand, nicht bedeutet und nicht verinnerlicht wurde. Da es nicht mehr als unpassend erschien, auch einmal Freunde oder Bekannte mit in die Firma zu bringen (Kinder eher seltener) fühlte sich auch der Programmierer vorm heimischen Computer nicht unwohl, wenn er Programme für das Unternehmen bearbeitete. Wird in der Arbeitssoziologie und -psychologie noch davon ausgegangen, dass der Mensch private und emotionale Rückzugsräume brauche, die ihm vor allem die Familie biete, so ist der Mitarbeiter der New Economy auch hier flexibel. Die Arbeitsbelastung in den Start-ups war trotz langer Arbeitszeiten nie größer als bei vergleichbaren Firmen, die Arbeitsverdichtung eher geringer. Da das Konzept der Produktionsfamilie anfangs funktionierte, gab es auch kaum den Bedarf nach einer umfassenden Regeneration, sondern, wenn überhaupt, nach Zerstreuung und Abwechslung.

Bei den Start-ups konnte noch ein anderes Phänomen der Ökonomisierung des Privatlebens studiert werden, dass keine *Vermarktlichung*, keine qualitative und ökonomische Zurichtung beschreibt, sondern eine zeitliche: die Inflation des Projekts. Letzteres ist in unserer Zeit schon weitaus mehr als nur ein Organisationsmodus der Arbeitszeit, sondern eine Form, die Realität zu organisieren. Der Soziologe Ulrich Bröckling:

>»Projekt‹ ist eine spezifische Form, die Wirklichkeit zu organisieren – ein Rationalitätsschema, ein Bündel von Technologien, schließlich ein Modus des Verhältnisses zu sich selbst. Nichts ist per se ein Projekt, aber es gibt kaum etwas, das nicht in diese Form gebracht werden könnte.«[98]

Die Kultur des *Projektemachens* ist sicher keine spezielle der New Economy, aber diese wurde im Prozess der Entgrenzung zwischen Arbeit und Freizeit ebenfalls naturalisiert. Die moderne Form des Projektes stellt selbst eine Entgrenzung dar, denn es kennt keine inhaltlichen Grenzen, sondern nur zeitliche (Niklas Luhmann spricht von *zeitlimitierten Ordnungen*[99]), personelle und die gegenüber anderen Projekten. Das Projekt ist mehr als eine einmalige Ausführung einer Tätigkeit, mehr als eine Idee, aber weniger als das ganze Leben oder die ganze Arbeit, es ist ein Mittelding. Projekte

»[…] sind situiert in einer Mittellage zwischen singulärer Aufgabe und dauerhafter Beschäftigung, punktueller Zusammenarbeit und komplexer Organisation, Idee und Wirklichkeit und befinden sich stets im Zustand des Werdens: Sie drängen auf Realisierung, aber sie bleiben nur so lange Projekte, wie sie noch nicht realisiert sind.«[100]

Diese Charakterisierung lässt sich auf die gesamte New Economy und besonders die Start-ups übertragen. Sie waren als Ganzes Unternehmensprojekte, konzipiert als temporäre Form, die erst durch den Börsengang zu richtigen Unternehmen werden konnten. Auch die Mitarbeiter hatten nie das Gefühl einem Beruf nachzugehen, geschweige denn einer Berufung, sondern waren sich bewusst, an einem Arbeitsprojekt beteiligt zu sein, was mehr war als ein x-beliebiger Job, aber weniger als eine Anstellung mit langfristiger Perspektive. Auch der Inhalt meiner Arbeit, bzw. der meines Projektes, wurde nicht nur sprachlich in den Start-ups zum *Content* herabgestuft. Die Idee des Projekts ist austauschbar, das Ideal des (Projekt-)Teams Polyvalenz.

Es muss betont werden, dass der Siegeszug des Projektgedankens, der seinen Anfang in den Alternativbewegungen der 1970er nimmt, eine

---

98 In: Bröckling, Ulrich, a.a.O., S. 251.
99 Ebenda.
100 Ebenda, S. 248.

Antwort auf die starre und bürgerliche Welt voller gesellschaftlicher Konventionen, in Bezug etwa auf Familie und Arbeit war. Bröckling spricht in Bezug auf Boltanski/Chiapello von einer *projektbasierten Polis*[101], die einen Teil einer grundsätzlichen gesellschaftlichen Transformation beschreibt, die wir als Fragmentierung bezeichnen. Auch das Arbeitsleben ist nicht mehr die geschlossene, lange und einheitliche Erzählung, sondern zerfällt in viele kleine Geschichten und Geschichtchen. Die New Economy war in dieser Sicht eine extrem interessante Geschichte, aber keine von der angenommen wurde, dass sie lange weitererzählt werden würde. Da besonders bei jüngeren Arbeitnehmern nicht mehr die Erwartung auf eine längere Erzählung ihres Berufslebens besteht, wollen sie von den kurzen Geschichten wenigstens unterhalten werden; wissen sie doch, dass langfristige Werte wie Sicherheit, Vertrauen und Verantwortung nicht eingelöst werden. So mag die Übertragung des Projektgedankens auf jedes private oder soziale Feld als etwas traurig erscheinen, selbst das kommende Kind kann als Projekt konzipiert (Projektteilnehmer: Mutter, Vater, Kind, ggf. Oma, Dauer: mindestens 18 Jahre) werden. Diese Sichtweise impliziert nicht unbedingt eine mangelnde Empathie oder Abstumpfung, sondern ist aus ihrer Sicht konsequent. Sie macht das Leben vielleicht haltloser, aber ggf. auch interessanter und abwechslungsreicher. Die angemessene Abstimmung der unterschiedlichen Projekte, die in ganz unterschiedliche Bereiche des Arbeits- und Privatlebens hineingreifen, bleibt jedem überlassen, die Einteilung in Projekte soll das Leben übersichtlicher machen.

Trotz der Evidenz der Problematik, Aspekte des Arbeits- und Privatlebens miteinander verbinden zu *müssen*, erscheint die in diesem Kontext gestellte Frage nach einer gestörten oder perfekten Work-Life-Balance schon als die unangemessene. Dieses Konzept kam zur gleichen Zeit, aber nicht unbedingt im Zusammenhang mit der New Economy auf. Die Diskussion um eine perfekte oder harmonische Work-Life-Balance hatte zu tun mit den Diskursen um die Ansprüche, vor allem von Frauen, an einen Arbeitsplatz, der es ermöglichen sollte, die Ansprüche auf ein glückliches Arbeits- und Familienleben miteinander verbinden zu können. Auf politischer Ebene war die Idee einer Work-Life-Balance Teil vieler EU-Richtlinien, um die europäischen Arbeitsmärkte auf dem Weg zu einer wissensbasierten Wirtschaft verstärkt für Frauen zu öffnen.[102]

---

101 Ebenda, S. 260ff.
102 Seit Beginn des Jahres 2001 existiert in Deutschland ein einklagbares Recht auf Teilzeit und zum 1. Januar 2007 wurde das neue Elterngeldgesetz eingeführt. Dieses soll Eltern indirekt dazu zwingen, auch den Vater mindestens zwei Monate pausieren zu lassen, weil nur so das Elterngeld

Konkret läuft dieser politische Anspruch, der etwa durch den *Europäischen Sozialfond* (*ESF*) gefördert wird, darauf hinaus, die Arbeitszeiten weiter zu flexibilisieren und Müttern (und Vätern) einen Rechtsanspruch einzuräumen, ihre Arbeitszeit reduzieren zu können. In der öffentlichen Kommunikation geht es der Europäischen Kommission und den nationalen Regierungen, die eine Reihe von Gesetzen erließen, darum, zu betonen, dass diese Maßnahmen das Arbeitsleben menschlicher und kindgerechter machen. Unabhängig von der Politik verselbstständigte sich die Diskussion um die Work-Life-Balance und fand Einzug in die Ratgeber-Literatur[103] und private und firmeninterne Diskussionen.

Fazit

Die New Economy mit ihrem, sich fortschrittlich gebenden, Selbstverständnis war für politische Reformen sicher nicht verantwortlich. Eine *Work-Life-Balance* musste nicht in Unternehmen eingeführt werden, in denen die Mitarbeiter mit ihren Chefs in *Afterworkclubs* gehen. Das Projekt Start-up stand im Vordergrund und dieses erstreckte sich quer über die ehemals getrennt gedachten Bereiche der Arbeit und der Freizeit. Was ist aber aus der Erzählung einer neuen Freizeit geworden, mit dem Afterworkclub als prominentestem Beispiel? Die Aussage einer neuen Freizeit, das Versprechen, die private Zeit mit gleich gesinnten Mitarbeitern verbringen zu können, hat nicht überlebt. Die Einrichtung spezieller Klubs und Bars bzw. früherer Öffnungszeiten war zu gewollt und artifiziell, um funktionieren zu können. Außerdem hatte diese Kultur zu wenig Zeit, um sich entwickeln zu können, und passte nicht mehr in die desillusionierte Stimmung der Jahre 2001 und 2002. Danach kam es auch in diesem Bereich zu einer Normalisierung.

Gleiches gilt für den *First Tuesday*, einer weiteren typischen New Economy-Idee, die im Oktober 1998 in London entstanden war. Während die Party am Donnerstag auch die Mitarbeiter ansprechen sollte, so trafen sich ab Januar 2000 auch in Deutschland (zuerst in Berlin) die jungen Gründer regelmäßig am ersten Dienstag des Monats. Der First

---

über die volle Zeit von 14 Monaten bezogen werden kann. Die Neuregelung zeigt bisher den gewünschten Effekt; seit der Einführung des neuen Elterngeldes 2007 wurde dieses 2009 zu 16 Prozent von Männern beantragt. Siehe: *Elterngeldstatistik 2008/9*, Stand: Juni 2009.

103 Siehe etwa: Fritz, Hannelore, 2003, *Besser leben mit Work-Life-Balance. Wie Sie Karriere, Freizeit und Familie in Einklang bringen,* Frankfurt a.M. oder: Lothar J. Seiwert, 2008, *30 Minuten für deine Work-Life-Balance*, Offenbach.

Tuesday, der selbst eine eingetragene Marke und ein Unternehmen ist, war ein sehr beliebtes *Get together*, auf dem es darum ging, sich zu vernetzen, Erfahrungen auszutauschen, frisches Kapital zu akquirieren und – natürlich – Spaß zu haben. Die Gründer trugen dabei einen grünen Button, die Berater und Journalisten einen gelben und die VCs und Investoren einen roten. Nicht nur durch die lustigen Aufkleber wirkte alles sehr albern, kindisch und war too much, ganz New Economy eben. Nach einer mehrjährigen Pause kam es auch in diesem Bereich zu einer Professionalisierung. 2009 ging es beim First Tuesday, den es in Deutschland seit 2003 wieder gibt, mehr um die Veranstaltung von Kongressen, Vorträgen u.ä.; das Networking steht im Vordergrund, mit mehr Arbeit und weniger Spaß.[104]

Die Erzählung von einer neuen Freizeit, die als Diskursformation versuchte eine neue und veränderte Bedeutung von freier Zeit an der (alten) Grenze zwischen Arbeits- und Privatleben zu setzen, funktioniert heute nicht mehr. Ähnlich wie die immer erfolglosere Erzählung von den flachen Hierarchien gehört aber auch der Begriff des Afterworkclub« zum unverzichtbaren Grundinventar des Mythos New Economy, ohne aber aktuell noch über eine Bedeutungskraft zu verfügen. Der Begriff ist ein sehr anschauliches Beispiel für die besondere Sprache, die die New Economy prägte und den Mythos weiter mit Schlüsselbegriffen versorgt, die nötig sind um die New Economy im kommunikativen wie kulturellen Gedächtnis wach zu halten.

7. NEUE SPRACHE? LATE-MOVER-ADVANTAGE

Bedenkt man, dass die Hochzeit der New Economy, die Zeit, in der über sie täglich berichtet wurde, nur sehr kurz war, ein bis höchstens zwei Jahre, so konnte sie relativ viele Begrifflichkeiten prägen. Die mythische Erzählung einer neuen Sprache, die mehr die Sprache selbst als die Rede über sie meint, ist vielleicht das prägnanteste und nachhaltigste Charakteristikum der New Economy. Selbst Menschen, die mit Wirtschaft nicht viel zu tun hatten und haben, erinnern sich noch an das *Start-up*, den *VC* oder den *Contentmanager*. Geht es beim Ringen um neue Begriffe immer auch um den Kampf um Deutungshoheiten, Macht und die Durchsetzung von Ideologien, so war diese kurze Zeit eine sehr extreme und erfolgreiche.

Viele Hausarbeiten meines Hauptseminars an der Universität Leipzig im Wintersemester 2007/8 hatten die Sprache der New Economy

---

104 Siehe unter: http://www.firsttuesday-frankfurt.de.

zum Thema, ein Umstand, der unterstreicht, welche große symbolische Bedeutung ihr anscheinend auch heute noch zugeschrieben wird. Die Sprache der New Economy, hier reduziert auf prägnante Begriffe und die Art und Weise, wie letztendlich inhaltsarme Begriffe ausgesprochen werden, verrät viel über den besonderen Charakter einer Ökonomie, die weitaus mehr war als Wirtschaft. Die Analyse der mythischen Erzählung einer neuen Sprache beschreitet im Folgenden eine andere Ebene als die sechs vorherigen. Die Sprache hat eine doppelte Funktion, einerseits transportiert sie bestimmte Begriffe, Diskursfragmente oder Aussagen und andererseits ist sie selbst ein Diskursregime, ein eigenständiger Akteur. Die Sprache beschreibt nicht nur den Inhalt, sondern auch die Form, wobei wir sehen werden, dass die Sprache der New Economy eine sehr formenreiche und eher inhaltsarme war.

Eine semantische Definition sagt zwar viel, aber nicht genug, über die sprachlichen Zeichen aus, da sie das Bedeutete, die Begriffe, im Blickfeld hat, und somit dem ideologischen Charakter der Sprache der New Economy nicht gerecht wird. Im Sinne der Semiologie ist es wichtig, zwischen den Begriffen und dem Bedeutenden, dem Sinn, zu unterscheiden, die im Zeichen zusammenfallen. Der Kontext, in dem Sprache verwendet wird, wer wie zu uns spricht, ist entscheidend. Und die Verwendung einer eigenen Sprache erhält bei dem Mythos New Economy eine besondere, naturalisierende und hoch ideologische Bedeutung.

Einleitend wäre auf der Ebene der Linguistik zu unterscheiden, ob wir es bei der Sprache der New Economy eher mit einer Fachsprache oder einem Jargon zu tun haben. Eine Fachsprache definiert sich nicht über die Gruppe der Sprachträger oder ihre Funktion, sondern in erster Linie über das Fach und dessen Inhalt. Es interessiert in erster Linie nicht, wer spricht und wie, sondern welcher fachlichen Art das Ausgesprochene ist:

»Wichtigstes Merkmal ist der differenziert ausgebaute, z.T. terminologisch normierte Fachwortschatz […], dessen Wortbedeutungen frei sind von alltagssprachlichen Konnotationen und dessen Umfang in einzelnen Fachsprachen den der Standardsprache […] übersteigt.«[105]

Ein klassisches Beispiel wäre etwa die Fachsprache der Mediziner oder Juristen, die Begriffe verwenden, die teilweise in der Alltagssprache völlig unbekannt sind und die komplexe Sachverhalte beschreiben (sollen). Ein Jargon (laut *Duden* franz. für *unverständliches Gemurmel*) ist im Gegensatz zur Fachsprache eine Sondersprache, die meist sozial be-

---

105 In: Bußmann, Hadumod (Hg.), 2002, *Lexikon der Sprachwissenschaft*, Stuttgart, S. 211.

dingt ist und sich durch eine bildhafte Ausdrucksweise, emotional eingefärbte und spielerisch verwendete Sprache auszeichnet:

»Jargon dient somit nicht einer möglichst fachbezogenen Verständigung, sondern versucht unter Zuhilfenahme formaler fachsprachlicher Mittel wie »Pseudoterminologisierung« [...] inhaltliche Fachlichkeit vorzutäuschen. Auf diese Weise kann zur Festigung der inneren Struktur der Berufsgruppe (und der Abgrenzung) beigetragen werden und ebenso deren gesellschaftliche Bedeutung nach außen unterstrichen werden.«[106]

Bei dem in der deutschen Sprache negativ konnotierten Jargon, der zur übergeordneten Gruppe der Soziolekte gehört, ist es wichtig, wer spricht und unter welchen Bedingungen er wie spricht. Beispiele für Jargons wären etwa der von Gefängnisinsassen oder Hafenarbeitern. An diesen Beispielen wird deutlich, dass schon mit der Verwendung des Begriffes Jargon negative und romantisierende Assoziationen verbunden sein können.

Mithilfe der theoretischen Vorgaben der Linguistik fällt eine Einordnung nicht ganz leicht. Auf der Ebene der Sprache treten die beiden wichtigsten Eigenschaften der New Economy deutlich hervor, die der Übertreibung und die der Entgrenzung. In der New Economy war etwas nie ganz eindeutig und von dem Uneindeutigem gab es meist zu viel. Ich würde die Sprache der New Economy daher als einen, mit ökonomischen und technischen Fachtermini durchsetzten, Jargon bezeichnen, der wie eine Fachsprache auftrat. Die erwähnte Pseudoterminologisierung war ein hervorstechendes Merkmal dieser Sprache, die eine Reihe von gängigen und konstruierten Fachausdrücken in den öffentlichen Diskurs einschleuste. Diese Fachausdrücke entstammten (oder sollten so wirken) hauptsächlich der Welt der Wirtschaft, oft des Marketings oder der Börsenwelt oder aus der der Technik, genauer des Hightechs. Ausdrücke wie *Cash-Burn-Rate* oder *Clickrate-Champion* verdeutlichen den Pseudocharakter der Begriffe, die so tun, als ob hier über *Business* gesprochen wird. Diese Begriffe unterstreichen die Dominanz des Englischen, manchmal auch nur eines Pseudoenglischen wie beim *Handy*, und die Neigung zu sehr extremen, blumigen und sportlichen Formulierungen. Auch werden gern Zusammensetzungen und Ketten gebildet, wie beim *Late-Mover-Advantage* oder der *Human Ressources Managerin*. Eine echte Fachsprache, wie sie etwa Programmierer pflegen, wäre auch kontraproduktiv gewesen. Davon abgesehen, dass unter den Gründern die Techniker eher in der Minderheit waren, etwa im Gegensatz zu den

---

106 In: Gnutzmann, Claus u. Turner, John, 1980, *Fachsprachen und ihre Anwendung,* Tübingen, S. 55.

Vorständen ihrer Mutter-Generation um *Microsoft, Apple, Intel* oder *Dell*, so sollte die Sprache auch von jedermann, auch den Journalisten, Kunden, Zuschauern und Investoren verstanden werden.

Die Sprache der New Economy ist zu einem überwiegenden Teil eine der Werbung und des Marketings. Das Produkt, das beworben und verkauft werden soll, ist die New Economy, vor allem ihre Gründer, ihr Selbstverständnis und ihre Geschäftsmodelle. Die Sprache und die Kreation von Neuschöpfungen dokumentierten ihren Anspruch auf Neu- und Einzigartigkeit. Wie in der Werbesprache sollten die Begriffe das Bezeichnete unklar lassen, dafür aber eine semantische Spannung erzeugen, unterhalten und irgendwie nach Internationalität und Coolness klingen. Plötzlich wurden keine Redakteure, Texter oder Journalisten mehr gesucht, alles deutsche Ausdrücke, sondern *Contentmanager*. Ganz im Sinne einer Kommunikationsindustrie, bei der die Form gehandelt wird und nicht der Sinn, bezeichnete ein Begriff ohne klare Bedeutung eine Tätigkeit ohne klare Bedeutung. Der Sprachwissenschaftler Uwe Pörksen benennt diese inhaltsleeren Worthülsen, die Fachlichkeit vortäuschen, ohne auf etwas konkret Bezeichnetes zu referieren. Er prägte den Begriff *Plastikwörter* schon lange vor der New Economy 1992:

»Ungezählte diffuse Eindrücke oder Handlungen werden auf einen Begriff gebracht, an einen Namen geheftet, und dieser Name gewinnt nun eine gewisse Selbstständigkeit.«[107]

Es darf nicht vergessen werden, dass die *Dotcoms* zwar eine bis dato unbekannte Kreativität bei der Neuschöpfung von Plastikwörtern an den Tag legten, aber die Invasion (fast ausschließlich englischer) Begriffe aus der Welt der Ökonomie und Technik schon in den 1980ern eingesetzt hatte. Im Windschatten der beginnenden Globalisierung und der *Manager Revolution* kam die Sprache der BWL zu uns. *Präsentationen* wurden schon Ende der 1980er Jahre mithilfe von *Flip-Charts* illustriert oder mit dem *Beamer* an die Wand geworfen. Währenddessen wurde noch schnell ein *Handout* verteilt, das kaum noch an das chaotische *Brainstorming* erinnerte, das zu einem unklaren *Briefing* geführt hatte. Die New Economy konnte schon auf einer ganzen *Business*-Sprache aufbauen, die mehr den Charakter einer Fachsprache hatte, wenn auch hier schon die Überhöhung der eigenen Tätigkeit im Vordergrund stand und durch die Verwendung pseudointernationaler Begrifflichkeiten das eigene Prestige erhöht werden sollte. Wie armselig wirkten die *Over-*

---

107 In: Pörksen, Uwe, 1992, *Plastikwörter. Die Sprache einer internationalen Diktatur,* Stuttgart, S. 20.

headfolien später gegen die *Powerpoint-Präsentation* und wer möchte heute kein *Palmtop* oder *Laptop* haben, auf dem ich mir etwas *downloaden* kann. Heute ist diese englische Plastiksprache noch weitaus verbreiteter, auch wenn sie durch ihre inflationäre und absurde Verwendung[108] (*Komm' mit hinein ins Weekend-Feeling*) etwas vom Nimbus der Weltläufigkeit verloren hat und es zaghafte Bemühungen gibt, wieder mehr deutsche Begriffe zu verwenden.

Die Sprache der New Economy schuf auf dem Fundament einer globalen bzw. globalisierten *Business-Speech* eine stärker ideologische und spielerische Sprache, die gleichsam lustig wie extrem erschien. Ich möchte die ideologischen Implikationen und linguistischen Absurditäten der Sprache der New Economy – in diesem Sinne war sie eine *Plastik-Ökonomie* – gern an zwei bekannten Beispielen verdeutlichen.

Late-Mover-Advantage
Geschäftliche (und private) Chancen und Möglichkeiten wahrzunehmen, gehörte zum Selbstverständnis jeden Start-up Mitarbeiters wie Gründers. Der sah sich als smarten Unternehmer, der sein Unternehmen zum besten und ersten machen wollte. Es galt, schnell zu sein, denn schließlich war die New Economy auch die *Economy of Speed*, der Superlativ war die Normalform. Jeder wollte der Erste am Markt sein, der *First-Mover*. Der *First-Mover* war der, der sich zuerst bewegt hatte und für seine Pioniertat belohnt wurde, indem er Marktführer wurde, wie etwa *Amazon* oder *Ebay*. Sollte jemand zu spät kommen, ein *Late-Mover* sein oder höchstens ein *Second-Mover*, so sollte er nicht traurig sein und auf seinen *Delayed-Market-Penetration-Advantage* vertrauen oder verkürzt auf seinen *Late-Mover-Advantage*, denn es konnte aus den Fehlern des *First-Movers* gelernt werden. Der Begriff vom *Spätkommer-Vorteil* verdeutlicht die ungeheure Wandlungsfähigkeit dieser Sprache, die selbst die höchstens zweitbeste Option, denn ich bin ja kein *First-Mover*, sofort in einen Erfolg und einen Vorteil umdeutet. Ähnlich wie beim *Jobsuchenden*, den ja eigentlich das Schicksal eines *Arbeitslosen* ereilt hat, wird die negative Realität, Zweiter oder ohne Arbeit zu sein, auf eine (positive) Zukunft bezogen. Man mag dieses ganz nüchtern Zweckoptimismus nennen, die Sprache der New Economy war eine durchweg optimistische, eine des Vergleichs und des Aufbruchs, in der es keine Niederlagen und Enttäuschungen, kein Zurückweichen gab.

---

108 Für ein *Highlight* diesbezüglich sorgte der damalige Ministerpräsident von Nordrhein-Westfalen Wolfgang Clement: *Nordrhein-Westfalen soll das Portal werden, durch das die Old Industries das Feld der New Economy betreten.* In: Meschnig/Suhr (2001), S. 158.

D) Die mythischen Erzählungen der New Economy

Cappuccino-Working
Dieser Begriff ist der sprachliche Ausdruck einer eher gnadenlosen Ideologie, die sich im Kleid des Hedonismus versteckt. Das *Wörterbuch der New Economy* beschreibt diesen Begriff wie folgt:

»[...] (zu it. Cappuccino = it. Kaffeespezialität und to work = arbeiten). Bei diesem Arbeitsmodell sichert man sich das Grundeinkommen durch einen Basisjob, der vielleicht 20 Stunden in der Woche in Anspruch nimmt. Die verbleibende Zeit wird für zusätzliche freie Tätigkeiten genutzt. In Analogie zum Cappuccino wird die Haupttätigkeit, der starke, bittere Kaffee, von einem Häubchen aus Sahne bzw. Milchschaum und Schokostreuseln, den verschiedenen lukrativen und interessanten Nebenjobs, gekrönt.«[109]

Jemand, der eine solche Sprache nicht gewohnt ist, wird diese Definition entweder gar nicht verstehen oder ob des Zynismus das Gesicht verziehen. Die ökonomische und soziale Realität der prekären Arbeitsverhältnisse, die von der Mehrheit nicht selbst bestimmt worden ist, in Analogie zu einem beliebten Heißgetränk zu setzen, ist eben nicht ironisch und auch nicht zynisch gemeint. In dem Ausdruck des *Cappuccino-Workings*, der keinerlei fachliche Aspekte enthält und schon keinen Jargon mehr darstellt, sondern eher eine Kunstsprache denn eine Sondersprache ist, gerät die Sprache zur Farce. Der Ausdruck verbrämt nur für Außenstehende eine negative Realität, im Verständnis der New Economy, in der die meisten eben kein *Cappuccino-Working* machen mussten, schwingt in dieser Bezeichnung durchaus Sympathie und Anerkennung für dieses Arbeitsmodell durch. Es wird unterstellt, dass dieses selbst gewählt wurde und einen Versuch darstellt, das harte mit dem weichen Arbeitsleben zu verbinden. Die Gründer hätten für ihr eigenes Arbeitsmodell dann wahrscheinlich die Analogie zum Espresso bzw. Espresso Macchiato bemüht – mehr als ein bisschen Milchschaum hätten sie sich nicht zugestanden – während Angestellte im Dienstleistungsbereich bei ihnen eher heiße Milch vermutet hätten. Neben der Übertreibung und der Künstlichkeit der Sprache, die das Bezeichnete als außergewöhnlich bezeichnen sollte, ist ihr das Pathos eigen, das meist in der Rhetorik des Eroberers auftritt. Wurden nicht englische Plastikwörter eingesetzt, so wurde viel von Eroberungen und Entdeckungen gesprochen im *Abenteuer Wirtschaft*:

»Es gab sie schon immer, die Entdecker, die Abenteurer, Erfinder, Stürmer und Dränger. Sie treiben das Rad der Geschichte an, sie waren und sind der Motor des gesellschaftlichen Fortschritts damals wie heute. Was bewegt diese

---

109 In: *Duden. Wörterbuch der New Economy*, 2001, Mannheim, S. 65.

Menschen? Was trieb z.B. Kolumbus dazu, ins Nichts aufzubrechen, oder Vasco da Gama, die Welt zu umsegeln?«[110]

Der historisch geschulte Mensch würde auf diese Frage antworten: das was auch die Gründer bewegte; die Aussicht auf ökonomischen Erfolg. Diese Art von Vergleichen, die einem heute als unverschämt und unangemessen erscheinen, waren damals typisch. Die jungen Gründer wollten alles erobern, die Märkte, die alten wie die neuen, den Cyberspace und einen Platz in der Geschichte. Die Analogie zu Kolumbus, die häufig gezogen wurde, verdeutlicht, dass es um den Aufbruch selbst geht. Nicht die Tatsache, dass der Genueser einen neuen Kontinent entdeckte (obwohl er, wie wir heute wissen, ein *Late-Mover* war) ist entscheidend, sondern dass er aufbrach, obwohl er nicht wusste, was ihn erwarten würde. Dass er dabei Amerika entdeckte, umso besser, der Mutige wird belohnt. Wie gesagt: Solche Vergleiche werden heute als peinlich empfunden, ebenso die in der Frühzeit des Internets aufgekommene Unart, Floskeln des Alltags als URL auszusprechen. So wurde ein geglückter Geschäftsabschluss etwa mit *w-w-w-wir sind aber geil-d-e* kommentiert.[111] Die Sprache der New Economy war, bedenkt man dass sie der Wirtschaft entstammt, ungewöhnlich blumig und fantasievoll, neben der Bildung von Ketten, wie bei dem *Delayed-Market-Penetration-Advantage* werden uns auch ungewöhnlichen Schreibweisen und Zusammenziehungen wie *DaimlerChrysler* oder *eBay* immer an die New Economy erinnern.

Neben den unterschiedlichsten Zurichtungen der deutschen und englischen Sprache durch die New Economy wurde auch die Verwendung der Sprache selbst verändert. So wie im Transformationsprozess von der Industriegesellschaft, mit der physischen Produktion im Zentrum, zur Informationsgesellschaft, mit der Bearbeitung von Zeichen im Mittelpunkt, so wurde in der New Economy die Kommunikation ihres Sinnes entleert. Im digitalen Zeitalter ist die Größe der Datei entscheidend, sie bestimmt, wie schnell die Datei gespeichert und verschickt werden kann, und nicht die Qualität des Inhalts. Die Sprache verkommt zum bloßen Content, für Meschnig/Stuhr ist sie nur noch eine Art Link:

---

110 In: Blanke, Thorsten, *Unternehmenskultur in jungen Unternehmen. Die Start-up-Mentalität*, siehe unter: http://www.symposion.de, 2000.

111 In dem Dokumentarfilm von Klaus Stern, *Weltmarktführer – Die Geschichte des Tan Siekmann* (2004), der den Auf- und Abstieg der *Biodata AG* zeigt, sagt der Gründer Tan Siekmann in einem Moment des stillen Glücks zu seinem Kompagnon: »*w-w-w-kindsköpfe am werk-d-e*«.

D) Die mythischen Erzählungen der New Economy

»Was zuallererst an dieser Sprache auffällt, ist, dass sie eine Sprache ohne Kontingenzen, ohne Ambivalenzen oder Mehrdeutigkeiten darstellt. Als reines Verweissystem dient sie nicht mehr der Kommunikation, sondern lediglich einem Wiedererkennungseffekt, der stets auf Neue gesucht wird. Es handelt sich um Worthülsen, die ohne inhaltliche Bedeutung auskommen und über ihrer ständigen Wiederholung allen Sinn vergessen lassen.«[112]

Der Sinn scheint der Verlierer der neuen Sprache zu sein, die nicht Inhalt transportieren, sondern Zeit füllen soll, gefragt ist eine sinn- und damit kulturlose Sprache. Der Philosoph Günter Anders warnte schon in den 1950er Jahren vor einer Überschwemmung der Welt mit Unterhaltung und Werbung:

»Denn, mindestens auf den ersten Blick, scheint unser Sprechen nun zu einer völlig sinnlosen Beschäftigung verkümmert zu sein; womit ich meine, dass wir, wenn wir miteinander sprechen, eine und dieselbe (uns gelieferte) Erlebniswelt in Worte kleiden, und zwar in Worte, die einem und demselben (uns gelieferten) Vokabelschatz angehören; dass wir mithin ein durch und durch *tautologisches Tauschgeschäft* [Herv. i. Org. M.S.] betreiben. [...] In anderen Worten: *Das millionenstimmige Geräusch, das heute erzeugt wird, stellt* – und darin besteht die neue Funktion des Sprechens heute – *nichts anderes mehr dar als einen einzigen, mit verteilten Rollen gesprochenen ›Kollektiv-Monolog‹. Die konformistische Gesellschaft als ganze redet mit sich selber.*«[113]

Dieser sinnlose *Kollektiv-Monolog* über Erfolg, Spaß, Gemeinschaft und Arbeit musste aber organisiert und gesteuert werden. Diese Aufgabe kam innerhalb der Start-ups den Gründern zu, die, vor allem anderen, gute und ausdauernde Moderatoren sein mussten. Für *brand eins*, dem Zentralorgan der *Neuen Wirtschaft*, war Kommunikation nicht nur in den Start-ups alles:

»Die Lektion für die Chefs: reden, reden, reden. In Amerika verbringen viele Führungskräfte die meiste Zeit auf den Gängen oder in den Büros der Mitarbeiter, um den Kontakt zumindest teilweise zu halten. Kann sich der Chef nicht mehr selbst um die Kommunikation kümmern, muss er Gelegenheiten schaffen, bei denen sich die Mitarbeiter austauschen können. Die Boston Consulting Group hat deshalb für jedes ihrer Büros so genannte Office-Lunches eingeführt, zu denen alle Mitarbeiter eingeladen werden.«[114]

---

112 In: Meschnig/Stuhr (2001), S. 159.
113 In: Anders, Günter, 1995 (OA 1979), *Die Antiquiertheit des Menschen*, Band 2, München, S. 153.
114 In: Kirschnik, Anuschka, »Wachstumsschmerzen«, in: *brand eins*, 04/00.

Eine rege Kommunikation war vielleicht das hervorstechendste Merkmal der New Economy. Neben moderner Kommunikation in Form von Design, Anzeigen, PR-Texten oder in elektronischer Form als E-Mail oder Newsletter, oder in der altmodischen Form des Bürogespräches, kommuniziert wurde immer und überall. So bildete sich in der New Economy eine Art von arbeitsorientiertem Small-Talk heraus. Der *Walk'n-Talk*, im Hintergrund begleitet von dezenter Lounge-Musik, wurde zu einem Markenzeichen der Start-ups. Während der Arbeit wurde gesprochen, in den Pausen, danach und davor. Jemand der nicht gern sprach – und dabei wurde nicht die Kommunikation von Inhalten eingefordert – hatte es in der New Economy nicht leicht und galt leicht als verschlossen, wunderlich oder arrogant.

Fazit

Ein Resümee hinsichtlich der Sprache der New Economy zu treffen, fällt nicht leicht, ist diese doch nicht von dem Siegeszug einer globalisierten, meist englischen Wirtschafts-, Technik- und Marketingsprache zu trennen, die uns tagtäglich im Büro, in der Werbung und am heimischen PC begegnet. Begriffe wie *SMS, UMTS, iPod, WLAN* oder *Public Viewing*, sind unabhängig von der New Economy entstanden und haben durch deren Untergang auch nicht an Popularität verloren.

Die mythische Erzählung einer neuen Sprache, die durch sie selbst weitergegeben wird, ist ein zentraler Teil des Mythos New Economy geworden. Obwohl viele der Begriffe wieder in entsprechenden ökonomischen Fachsprachen verschwunden sind, so sind sie doch bekannt geblieben und gelten als besonders typisch für die New Economy. Obwohl sie eine fast sinn- und inhaltslose Sprache hervorbrachte, die der Repräsentation, Ideologisierung und Überhöhung des eigenen Tuns diente, so charakterisiert sich diese Nischenökonomie gerade durch ihre Begriffe. Ausdrücke wie *Cappuccino-Working* oder *Cash-Burn-Rate* dokumentierten einen extremen Anspruch, der in der Realität (fast) nie einzulösen war. In ihren Begriffen war die New Economy dass, was sie gern gewesen wäre, gern bedeutet hätte: laut, erfolgreich, maß- und grenzenlos. Selbst die Wörter, die ihren Niedergang etwas hämisch flankierten, wie das *all-time-low* (als Gegensatz zum *all-time-high* der Aktienmärkte im Frühjahr 2000) oder die *Pennystocks*, die den tatsächlichen Aktienwert nach dem Niedergang beschrieben, waren extrem und lautmalerisch. Der Niedergang der Aktienkurse und die zahlreichen Insolvenzen und Entlassungen waren zwar herbe Rückschläge, müssen aber ebenso wie anfänglichen Erfolge in Superlativen ausgedrückt werden. Im eigenen Selbstverständnis war die New Economy immer etwas Besonderes und Extremes, im Guten wie im Schlechten, nie aber etwas Durchschnittliches und nie wurde der Mut verloren. In der Sprache der New Economy waren auch die Rückschläge, die ab 2001 massiv einsetzten, doch nur weitere Chancen und Möglichkeiten. Was wirklich zählte, war, dass alle es versucht hatten.

Im anhaltenden Erfolg der neuen Sprache verdichtet sich die Ambivalenz des Mythos New Economy. Obwohl ihre zentralen Begriffe heute selten verwendet werden, so ist ihre Assoziationskraft ungebrochen. Die Nennung eines Schlüsselwortes wie *Start-up, VC* oder *Cash-Burn-Rate verlinkt* sofort auf ein gesamtes Begriffsuniversum, das zwar nur einen Teil der modernen Geschäfts- und Technologie-Sprache beschreibt, nichtsdestotrotz aber sehr eindeutig ist. Die Bedeutungsmacht seiner Sprache wird dem Mythos New Economy immer bleiben. Sollten diese besonderen Begriffe dereinst nicht mehr auf die New Economy verweisen, dann wird der Mythos seine Bedeutung als Ganzes verloren haben. Mythen beruhen, da sie kollektive Erzählungen darstellen, fast immer auf sprachlichen Äußerungen, nur ist die Sprache der Erzählung meist die konventionell gebrauchte. Es gibt keine eigene Sprache des Mythos *Maria Callas* oder des *Wirtschaftswunders*, sehr wohl aber eigene Begriffe und Formulierungen. Die New Economy dagegen konnte eine eigene Begriffs- und Bedeutungswelt erschaffen und diese wirkt so eigendynamisch weiter, dass auch heute Wörter, die überhaupt nichts mit dem Internet oder den Start-ups zu tun haben, als typisch New Economy gelten, so wie eine elegante und junge Opernsängerin mit ihrem Gesang und ihrem Habitus an *die Callas* erinnern kann.

E. DIE QUELLEN DER BEDEUTUNGSMACHT NEW ECONOMY

In diesem abschließenden zweiten Kapitel des zweiten Hauptabschnitts versuche ich, mich dem Mythos New Economy weiter anzunähern, indem ich mich scheinbar wieder etwas von ihm entferne. Während es im vorangegangenen Kapitel D um die mythischen Erzählungen der New Economy, vor allem der deutschen der Jahre 1999 und 2000 ging, die (auch) dafür verantwortlich sind, eine spezifische Bedeutung bzw. Bedeutungen von New Economy manifestiert zu haben, so wird der Blick nun etwas erweitert. Die Bedeutung, die Bedeutungen, die mit dem Begriff New Economy transportiert werden, die Vorstellungen beim Zuhörer oder Zuseher in Deutschland wachrufen, sind nicht die gleichen, nicht genau die gleichen, wie in Frankreich, den USA oder in Japan. Sicher ist der narrative Kern der gleiche, es geht um den Boom der Aktienkurse von Unternehmen der ITK-Welt, vornehmlich kleinerer Internetfirmen zum Ende der 1990er Jahre, um einen ökonomischen und medialen Ausnahmezustand ausgehend von den USA, genauer vom Silicon Valley Kaliforniens und von New York. Nationale Spezifikationen, die den technischen, ökonomischen, sozialen und kulturellen Traditionen der jeweiligen Länder geschuldet waren, schufen eigene New Economies. Die hier beschriebene New Economy stellt die deutsche Modifikation einer US-amerikanischen Entwicklung dar, die in deutschen Diskursen, d.h., in deutschen Medien von deutschen Unternehmern, Investoren und Mitarbeitern geführt wurden. Ein Beispiel dafür ist die vorangehend beschriebene Erzählung vom Gründer, die spezifisch deutsche Diskurse und Aussagen zum Unternehmertum, zum Mittelstand, u.ä. bündelte.

Trotz dieser nationalen Verortung, die die scheinbar so internationalisierten und uniformen Start-ups bewusst betrieben, so sind sie, etwa im Gegensatz zum deutschen Mittelstand oder selbst zu Firmen wie *SAP* oder *Infineon*, ganz Geschöpfe einer globalisierten Wirtschaft. Versuchten wir den narrativen Kern zu verorten, er läge außerhalb Deutschlands in den USA. Der Mythos transportiert, bedeutet immer eine übernationale Wirtschaft, wenn nicht eine globalisierte, dann doch eine »westliche«. Die New Economy konnte Ende der 1990er Jahren nicht überall auf der Welt gleichermaßen Fuß fassen und nicht überall für solche ökonomischen wie medialen Überhitzungen sorgen. Es kann im gleichen Maße aber auch nicht davon gesprochen werden, dass der Prozess der internationalen, vor allem ökonomischen Vernetzung, den wir Globalisierung nennen, bisher die gesamte Welt gleichermaßen erfasst hat. Das Projekt Globalisierung ist immer noch dabei, neben einem nordamerikanischen und westeuropäischen, zu einem asiatischen zu werden. Die Hotspots der New Economy lagen ganz eindeutig in Kalifornien, New York, London und in deutschen Städten wie Berlin, München und Frankfurt a.M. Selbst westeuropäische Metropolen wie Paris, Madrid oder Rom spielten nur eine geringe Rolle, von Osteuropa ganz zu schweigen. Das hat sich auch im Web 2.0 nur geringfügig geändert, aus bundesdeutscher Sicht wird auch diese Entwicklungsstufe trotz *StudiVZ* und *Xing* (ehemals *OpenBC*) vor allem von US-amerikanischen Firmen wie *Google*, *Facebook* oder *YouTube* (gehört seit Ende 2006 zu *Google*) dominiert. Das heißt nicht, dass auch heute wirtschaftliche Räume außerhalb der westlichen Welt keine Rolle spielen, im Gegenteil ist Asien, und hier besonders Indien und China, dabei, auch in den Branchen der Telekommunikation und des Hightechs zum Westen aufzuschließen. Dieser ist und bleibt aber unser Bezugsrahmen. So ist der Westen trotz seiner Undefinierbarkeit, oder gerade deswegen, immer mehr zu einer kulturellen Bezugsgröße geworden. Es ist völlig unstrittig, dass auch schon zur Hochzeit der New Economy bedeutende Unternehmen der ITK-Welt in Asien, vor allem in Japan, aber auch in Südkorea, Indien und China, angesiedelt waren, nur waren sie nicht die entscheidenden Bezugsgrößen. Die Betonung des Blickwinkels ist wichtig. Die New Economy, die hier verhandelt wird, der Mythos, ist eine Aussage, ein Aussagenbündel, das auf deutsche Diskurse bezogen ist.

Für einen Unternehmer aus Schanghai, Sao Paulo oder Mumbai spielt die New Economy eine ganz andere, geringere, Rolle. Der Mythos New Economy beschreibt ein zutiefst westliches, vor allem US-amerikanisches Phänomen, das u.a. dokumentiert, wie fortgeschritten die Verzahnung der Ökonomien der westlichen Länder ist. Die New Economy ist nicht nur ein Produkt einer echten regionalen Globalisierung, sie ist ein überzeugender Beleg dafür, wie weit dieser Prozess fortgeschritten ist. Die Vernetzung auf der Ebene der Ökonomie und Kultur ist weitaus komplexer und intensiver als die mit asiatischen Ländern.

So ist es von Nöten, wenn wir den Mythos New Economy in seiner ganzen Qualität beschreiben wollen, nicht nur auf den narrativen Kern, auf die geschichtliche Grundlage und ihre Ursprünge im Silicon Valley und Kalifornien einzugehen, nicht nur auf die mythischen Erzählungen der hiesigen New Economy-Szene, die dem Mythos nationale Bedeutungen zufügten, sondern wir sollten den Quellen seiner Bedeutungsmacht nachgehen. Die Quellen beschreiben im Sinne Lévi-Strauss' die dem Mythos New Economy zugrunde liegenden ideologischen Strukturen. Diese werden anhand von sechs zentralen Begriffen sichtbar gemacht und analysiert. Die Begriffe beschreiben einerseits bestimmte Ideologien, die sich dieser vermeintlich harmlosen Begriffe bedienen und sie verfügen darüber hinaus selbst über eine ideologische Qualität. Es sind diskursmächtige Begriffe, die in der Mehrheit aber keine eigenen Diskurse bezeichnen, sondern eher am Begriff des Dispositivs orientiert sind. Es sind Begriffe, die unser Handeln und Denken »regieren« sollen und es auch tun. Über eine eigene mythische Qualität verfügen sie, etwa im Gegensatz zum Begriff des Gründers, nicht.

Gemein ist diesen sehr unterschiedlichen sechs Begriffen, dass sie sich nicht exklusiv auf das kurze Phänomen der New Economy beziehen, sondern fundamentale Ideologien des Transformationsprozesses, der Informatisierung, zu Beginn des 21. Jahrhunderts sind. Es sind Narrationen der Globalisierung, der Hochtechnologie und der vernetzten Ökonomie. Sie sind alle in die Zukunft gerichtet und versprechen mehr oder weniger eine Welt des ökonomischen und technischen Fortschritts und weitaus weniger eine des sozialen. Vor allem sind es alles Geschichten des Mehr. In der Welt von Morgen soll es ein Mehr an Autonomie, Technologie, Geschwindigkeit, an Vernetztheit, Wachstum und Flexibilität geben. So belegen diese Begriffe ein tiefes Vertrauen in die Zukunft, aber auch eine Gefahr der Überforderung. Wir wissen noch nicht genau, wie diese neue Welt, diese neue Ökonomie aussehen wird, sie soll unser Leben aber komplexer, anspruchsvoller, aufregender und reicher machen und nicht unbedingt einfacher, übersichtlicher oder gerechter.

Die Bedeutungsmacht New Economy ist eine, die heute (fast) in jedem Bereich zu finden ist. Ihre Ideologien haben das Feld der Ökonomie verlassen und sind längst im Alltag angekommen. Der Begriff des *Alltagsmythos*, Barthes schreibt von *Mythen des Alltags*, soll nicht nur die Allgegenwart der Begriffe betonen, sondern auch, dass diese Teile unserer Alltagskultur geworden sind und wie selbstverständlich auf anderes bezogen werden können. Im Februar 2008 war in einem Artikel, der sich mit dem US-amerikanischen Vorwahlkampf und der Euphorie um den demokratischen Bewerber (und späteren Präsidenten) Barack Obama beschäftigte, unter der Überschrift *Wenn die Obama-Blase platzt* zu lesen, dass dieses Ausmaß an Irrationalität und Heilserwartungen den Autoren an die New Economy erinnere:

»Viele, die den demokratischen Präsidentschaftsbewerber Barack Obama zuhören, denken an John F. Kennedy oder Martin Luther King. Ich denke vor allem an die verrückte Zeit der New Economy. Selbst die kühle Kaste der Manager war damals wie verzaubert. Wilde Versprechungen schienen für einige Jahre die wertvollste Währung. Gewinne? Nebensächlich! Erfahrung? Unnötig! Realismus? Das war eher hinderlich.[...] Wenn die Demokratie auch nur annähernd so gut funktioniert wie die Marktwirtschaft, wird auch die Obama-Blase platzen. Die spannende Frage ist nur, wann?«[1]

So ist die New Economy schon in anderen, hier politischen, Diskursen zu finden. Dieses Beispiel verweist darauf, dass die New Economy längst zu einem eigenständigen Begriff, einem Schlagwort außerhalb der Internetnische geworden ist, und schon weitaus mehr bedeuten will und kann, als junge Unternehmer mit zu viel Wagniskapital. In diesem Fall steht sie stellvertretend für irrationale Heilserwartungen, die enttäuscht werden (müssen), da diese Projektionen und übergroßen Hoffnungen nicht berechtigt und vor allem nicht erfüllbar sind. Wir müssen also, um uns dem aktuellen Mythos New Economy weiter annähern zu können, seine ideologischen Quellen sichtbar machen, aus denen sich seine Kraft auch nach dem Zusammenbruch speist.

Im Folgenden werden die Quellen der Bedeutungsmacht skizziert, die ich für die wichtigsten erachte. Die Reduktion auf sechs Begriffe mag verständlicherweise willkürlich erscheinen, ich glaube aber, damit die zentralen Aspekte des Mythenbündels New Economy erfassen zu können. Alle Begriffe verkörpern eigenständige Ideologien, die auf die Zukunft verweisen, auf eine Zukunft des Informationszeitalters, für das die New Economy eine verrückte juvenile Unterbrechung, die große laute Abi-Abschlussfeier, war, der Ernst des Lebens hat erst mit dem Web 2.0 begonnen. Die New Economy war Teil einer noch größeren und komplexeren Entwicklung, für die der Ausdruck *Informationszeitalter* nicht wirklich angemessen erscheint. Nur einige Eckpfeiler scheinen klar zu stehen. Die Informations- und Kommunikationstechnologien haben durch die Entwicklung bzw. den Durchbruch des Internets und der

---

[1] In: »Wenn die Obama-Blase platzt«, *Spiegel-Online*, 18.02.2008, siehe unter: http://www.spiegel.de/politik/ausland/o,1518.html.

Mobilkommunikation in den 1990er Jahren einen entscheidenden Sprung gemacht, der in der Folge zu gravierenden Veränderungen der Arbeitsgesellschaft führte.

Die Mythen und die Quellen ihrer Bedeutungsmacht verändern nicht nur die Wahrnehmung der New Economy, sie transportieren bestimmte Bedeutungen, Ansprüche und sie haben Funktionen. Die Funktion, bestimmte Ideologien (scheinbar) umzukehren, politisierende Diskurse zu entpolitisieren und einen gesellschaftlichen Konsens zu erzeugen. Die New Economy war und ist nur ein Teil des Metadiskursbündels Informationsgesellschaft, aber ein sehr wichtiger und grundlegender, denn die flotte Internet-Wirtschaft gab den Ton an. Ihr wirtschaftlicher Misserfolg wird vom Mythos mit bedeutet und hat klare Zuweisungen getroffen. An der Stelle von Börsenwirtschaft und Aktienkultur wird der Mythos auf absehbare Zeit nicht mehr stimulierend wirken können, aber in Bezug auf eine (neue) Legitimation unserer kapitalistischen Marktwirtschaft und die Zukunft des Arbeitens spielt er eine entscheidende Rolle.

1. Autonomie

Unter diesem Stichwort sollen an dieser Stelle Diskurse rund um Begriffe wie Freiheit, Selbstbestimmung, Eigenverantwortlichkeit oder Emanzipation, immer bezogen auf die Arbeit, konkreter den Arbeitsplatz, mit einbezogen werden. Es ist völlig unstrittig, dass nicht alle diese Begriffe genau das Gleiche beschreiben, aber die Grundintention ist bei allen, dem arbeitenden Individuum ein mehr an individueller Entscheidungsfreiheit gewähren zu wollen und die damit zusammenhängende Kontrolle durch die Vorgesetzten zu reduzieren. Auslöser und Kämpfer für diese Bestrebungen waren vor allem die Alternativbewegungen der 1960er und 1970er Jahre, die auch in Deutschland eine Abkehr vom regulativen Modell der fordistischen Produktion, eine Befreiung des Arbeiters, forderten, eine Kritik, die Boltanski/Chiapello als *Künstlerkritik* beschreiben. Dieser Kritik wurde in den folgenden Jahrzehnten auch Rechnung getragen, aber:

»Ob nun Outsourcing, Aufsplitterung der Unternehmen in mehr autonome Profitcenter, Qualitätszirkel oder neue Arbeitsorganisationen, alle Instrumente des neuen kapitalistischen Geistes, haben die Forderungen nach Autonomie und Eigenverantwortlichkeit in gewisser Hinsicht erfüllt, die Anfang der 70er Jahre lautstark erhoben worden waren: Die Führungskräfte, die aus der Hierarchieordnung entlassen wurden, um ›autonome Profitcenter‹ zu übernehmen oder um ›Projekte‹ zu leiten, sowie die Arbeiter, die nicht länger mit den fragmentiertesten Formen der Fließbandarbeit konfrontiert waren, haben natürlich bemerkt, wie sich ihr Verantwortungsbereich vergrößert hat und dass ihre Fähigkeit zu selbstständigem Handeln und Kreativität anerkannt wurde. Dennoch hat diese Anerkennung die Erwartungen aus mehreren Gründen nicht erfüllt.«[2]

Diese Gründe bestehen darin, dass die Anstrengungen der Arbeitnehmer nicht entsprechend belohnt wurden, es keine Gehaltserhöhung oder Beförderung gab. Als eine Art *zynischer Belohnung* wurde explizit der Verzicht auf eine Entlassung betont. Ein scheinbarer Zugewinn an Autonomie und Eigenverantwortlichkeit wurde mit einem Verlust an Sicherheitsgarantien erkauft, die Autonomie trat scheinbar an die Stelle der Sicherheit.

Bevor wir an dieser Stelle weitermachen, muss sich erst einmal darüber verständigt werden, über was für eine Form von Autonomie wir sprechen. Dabei können auch feine, aber entscheidende Unterschiede zwischen den anfangs erwähnten Begriffen gemacht werden, die oft synonym verwendet werden. In Anlehnung an Boltanski/Chiapello, die zwei Bedeutungen von Emanzipation unterscheiden[3], kann auch zwischen zwei Formen von Autonomie unterschieden werden. Die erste Form kann als eine der Befreiung, im Sinne von *Freiheit von ...* verstanden werden. Hier geht es um die Befreiung von einer autoritären (Geschäfts-)führung, um die Befreiung von einer Unterdrückung und Gängelung am Arbeitsplatz. Diese Form von Autonomie hat sich heute sicher durchgesetzt, nur noch sehr wenige Arbeitnehmer würden sich ernsthaft als »Arbeitssklaven« sehen, die unterjocht werden. Diese allgemeine Bewertung lässt nicht außer Acht, dass auch heute bei uns noch solche Abhängigkeits- und Unterdrückungsverhältnisse bestehen, nicht nur im Bereich der Prostitution, sondern auch bei der Leiharbeit, bei Tagelöhnern und anderen prekären Arbeitsverhältnissen, von der Situation in anderen nichtwestlichen Ländern einmal abgesehen. Die zweite Form von Autonomie wird durch Begriffe wie Selbstbestimmung, Eigenverantwortlichkeit und Emanzipation beschrieben. Hier geht es nicht um die Befreiung von einem Unterdrückungszustand, sondern um die Befreiung von Zwängen, die mich daran hindern, meiner Arbeit selbstbestimmt nachzugehen. Nach diesem zweiten Verständnis ist heute eine umfassende Autonomie oder Emanzipation nicht zu beobachten. So ist heute bei fest angestellten Mitarbeitern das scheinbare Paradoxon zu erkennen nicht nur das Eine oder Andere, Autonomie oder Fremdbestimmung, vorzufinden, sondern Autonomie *und* Fremdbestimmung:

---

2   In: Boltanski/Chiapello, a.a.O., S. 462.
3   Ebenda, S. 466f.

»Die Bildung von ›Autonomiebereichen‹ am Arbeitsplatz verleiht den Arbeitern tatsächlich eine ›Arbeitswürde‹ wie sie ›am tayloristischen Fließband undenkbar‹ gewesen wäre […]. Damit gehen allerdings auch zahlreiche neue Zwänge einher als Folge reduzierter Lagerbestände und polyvalenter und eigenverantwortlicher Wartungsaufgaben, die die mentale Belastung erhöhen. Außerdem werden diese neuen Autonomiebereiche über Verfahrensvorgaben streng kontrolliert. Die Arbeitsprozesse in diesen Bereichen werden immer häufiger mit Informatiksystemen überwacht. Diese definieren nicht nur die wichtigen, systemkonformen Kategorien, sondern sie verleihen ihnen auch eine ›normative Kraft‹. So werden die Arbeitsaufgaben durch die ›Handlungsgrammatiken‹ stärker strukturiert […]. Im übrigen hat diese computergestützte Revolution der Kontrollformen ganz zweifellos Anteil daran, dass sich Arbeitgeber dem Thema der Autonomie zugewandt haben.«[4]

Damit nähren Boltanski/Chiapello einen Verdacht, der bei der ideologiekritischen Betrachtung des Autonomiebegriffs am Anfang stehen sollte. Bei der Überbetonung der Autonomie und Selbstbestimmung am Arbeitsplatz, wie sie nicht nur der New Economy eigen war, würde es in Wirklichkeit nicht um ein Mehr, sondern um ein Weniger an Freiheit gehen. Dieser Verdacht kann nicht ganz ausgeräumt werden, grundsätzlich ist entscheidend, welche Branche und welchen Produktionssektor wir betrachten. Für die klassische Industrieproduktion kommt etwa James R. Barker[5] in einer Studie über eine Fabrik, in der elektrische Schaltkreise hergestellt werden, zu dem Urteil, dass die Arbeiter im Grunde strenger überwacht werden als vorher, da eine strengere Selbstkontrolle, eine verstärkte Teamarbeit und Mitarbeiterkontrolle den scheinbaren Zugewinn an Autonomie, der durch die Etablierung von autonomen Arbeitsteams erreicht werden sollte, mehr als ausgleicht.

In den Start-ups der New Economy stellte sich die Situation etwas anders dar. Einerseits, weil es hier keine Vergleichswerte aus der Vergangenheit gab und andererseits die immaterielle Produktion anderer Natur ist. Eine Kontrolle durch das Projektteam, bzw. die Produktionsfamilie, lag vor, auch wenn diese nicht so strikt war wie in einer Fabrik, und die Projektziele oft nicht so eindeutig an Zeit gebunden waren. Die Selbstkontrolle wurde wie erwähnt durch den besonderen Unternehmensgeist etabliert und durch die moderne Informationstechnik war eine Kontrolle durch die Gründer möglich, obwohl diese nicht so lückenlos und hierarchisch vermittelt war wie sie etwa Mitarbeiter in Call-Centern

---

4 Ebenda, S. 464.
5 Siehe: Barker, James R., »Tightening the iron cage: concertive control in self-managing teams«, in: *Administrative Science Quartely* 38, 1993, S. 408-437.

erfahren müssen. Obwohl gesagt werden kann, dass der Grad der Autonomie, auch im zweiten Verständnis, innerhalb der New Economy relativ hoch war, zumindest in der Phase der Euphorie und Entgrenzung, so bleibt zu betonen, dass auch hier die Möglichkeiten der Informationstechnik drohten, die Zugewinne an Autonomie zu schmälern.

So sind die heute wohl am besten überwachten Arbeitsplätze, neben denen in Call-Centern, die Heimarbeitsplätze der ITK-Unternehmen – eine Form der Vertrauensarbeit, die unter dem Begriff der *Telearbeit*[6] schon seit den 1970er Jahren diskutiert wird. Und überwacht sind die Heimarbeiter nicht deswegen so effektiv, weil über E-Mail, An- und Abmeldeprozeduren, ggf. auch Webcams eine fast totale Fremdkontrolle durch die Mitarbeiter oder den Chef möglich ist, sondern weil die Selbstkontrolle greift. Da die Einrichtung eines ständigen Heimarbeitsplatzes entweder auf der eigenen Initiative beruht, oder als besonderer Vertrauensbeweis des Unternehmens gewährt wird, so will der Mitarbeiter in der Regel auch seine Dankbarkeit zeigen.

So kann nicht davon gesprochen werden, dass die Autonomie am Arbeitsplatz grundsätzlich zugenommen hat, aber auch nicht davon, dass sie abgenommen hat. Es gab und gibt beide Entwicklungen parallel, wobei es grundsätzlich eine Zunahme von Autonomie im ersten Verständnis eines Freiheitsgewinnes gegeben hat, ohne Frage ein mehr an Eigenverantwortlichkeit und oft gleichzeitig eine Zunahme an Kontrollmöglichkeiten, vor allem ausgelöst durch die Innovationen der Informationstechnologien. Richard Sennett zur neuen Freiheit:

»Die Revolution der Informationstechnologie gibt ihnen [den Managern M.S.] die Möglichkeit, sämtliche Arbeitsprozesse innerhalb des Unternehmens viel unmittelbarer zu kontrollieren als im alten System, wo die lange Befehlskette häufig dazu führte, dass die Anordnungen beim letzten Glied in modifizierter Form ankamen. Den an der Peripherie des Kreises arbeitenden Teams wird freie Hand gelassen, wie sie die im Zentrum beschlossenen Produktionsziele umsetzen. Sie können also im Rahmen der Konkurrenz über die Mittel zur Lösung ihrer Aufgaben frei befinden, bleiben aber in der Entscheidung, worin diese Aufgaben bestehen, ebenso unfrei wie eh und je.«[7]

Die Betonung der gewachsenen Autonomie am Arbeitsplatz schlägt sogar oft in einen Selbstverwirklichungszwang um, der aber nur an der

---

6 Die ersten Telearbeitsplätze wurden in den USA in den 1970er Jahren als Folge der Ölkrise eingerichtet. Zur aktuellen Diskussion siehe etwa: Stieler, Wolfgang, »Eine Frage des Vertrauens«, in: *Spiegel online*, 17.01. 2006, siehe unter: http://www.spiegel.de/wirtschaft/0,1518,395489,00.

7 In: Sennett, Richard (2000), o.S.

Oberfläche eine echte Emanzipation einfordert und mehr ein Selbstverantwortungszwang ist, bzw. einer der Eigenverantwortlichkeit. Dieser Begriff bzw. das, was mit ihm bedeutet werden soll, zeigt, wie eine Ideologieumkehr im Sinne Barthes wirkt. Bei genauerer Betrachtung der Arbeitsrealität zeigt sich, dass er keinesfalls ein Mehr an echter, zweit genannter, Autonomie bedeutet, und auch nicht einmal unbedingt eine im ersten Sinne einer Befreiung von Herrschaftszwängen. Eigenverantwortlich zu sein, meint, selbst zu bestimmen auf welche Art und Weise ich eine Aufgabe angehe, wie ich mir die Zeit einteile und nicht für jedes Detail zu einem Vorgesetzten gehen zu müssen. Am Arbeitsplatz der New Economy hieß dies konkret, dass der Vorgesetzte die Verantwortung für das Gelingen an mich delegieren (ohne ein Mehr an Bezahlung oder Aufstieg) und weiter festlegen konnte, wie das Projekt- oder Aufgabenziel auszusehen habe. Für einen Beschäftigten oder freiberuflich Tätigen der Dienstleistungsbranche, der sich der Ideologie der Autonomie schon länger ausgesetzt sieht, mag der Begriff der Eigenverantwortung inzwischen wie ein nichtssagendes Plastikwort erscheinen, da er einen schon länger bestehenden Missstand umdeuten soll. Wie kann die Eigenverantwortlichkeit bei einer Putzkraft oder einem Grafikdesigner aussehen, steht das Ergebnis der Arbeit und der Weg dorthin doch schon vorher fest?

Die Unternehmen der ITK-Branchen, die im Durchschnitt besser zahlen und die ein mittleres bis höheres Maß an Sicherheit bereitstellen, stellen nicht das entscheidende Schlachtfeld beim Kampf um mehr Sicherheit *und* Autonomie dar. Es sind vor allem die Beschäftigten der Dienstleistungsbranchen, die darunter zu leiden haben, einen großen Verlust an Sicherheit durch eine Zunahme an Eigenverantwortlichkeit, die aber nicht immer eine Zunahme an echter Autonomie bedeutet, kompensieren zu müssen. Den Bediensteten in einem Supermarkt, einem Call-Center oder Reisebüro mögen die Diskussionen um Autonomie etwas zynisch erscheinen, lief doch die Zunahme der Selbstverantwortung darauf hinaus, mehr Aufgaben als vorher zu übernehmen. Eine spürbare Kompensation durch die Anhebung von Gehältern oder Honoraren erfolgte nicht, die Mindestlohndebatten der letzten Jahre beziehen sich nicht zufällig fast ausschließlich auf Branchen des Dienstleistungssektors.

Fazit

Für die gut bezahlten Individuen der ITK-Unternehmen haben die Diskurse um Autonomie und Selbstverantwortung tatsächlich noch etwas attraktives und aktivierendes. Für diese geht es in erster Linie nicht darum, ein Weniger an Sicherheit akzeptieren zu müssen, sondern wie ein Mehr an Autonomie aussehen könnte. Dieses Mehr wird nicht viel gemein haben mit den gewerkschaftlichen Positionen der vergangenen Jahrzehnte, sondern es geht um die Anrufung des Einzelnen, der allein vor seinem Computer sitzt. Der Aufstieg des Netzwerkgedankens zeigt bei aller Fragmentierung, dass ein Höchstmaß an Selbstbestimmung zwar weiterhin als erstrebenswert erscheint, eines an Vereinzelung aber nicht. Die New Economy als kleiner, aber sehr wichtiger Teil der ITK-Welt, war ein Vorreiter und Laborversuch für die Verheißungen der Autonomie, deren negative Begleiterscheinungen wie eine geringere Entlohnung und Sicherheit und eine gestiegene Eigen- und Fremdkontrolle, aber vor allem Beschäftigte der Dienstleistungsbranche erleiden mussten. Die Mitarbeiter und Gründer der Start-ups hatten ein anderes Verhältnis zur Arbeit und Autonomie und dieser Anspruch wirkt bis heute nach. Die Arbeit des Mythos New Economy ist auch eine Arbeit am Selbstverständnis von Arbeit, an den Diskursen zur Selbstverantwortung und Selbstbestimmung.

Dass es auch andere Möglichkeiten gibt, sich dem Problem der erzwungenen Selbstverantwortung zu stellen, ein anderes, positives, Verhältnis zur Autonomie aufzubauen, beweist etwa die kleine Schar Berliner Medienschaffender, die sich unter der Bezeichnung *Digitale Bohème*[8] zusammen gefunden hat. Die alternativen Jungunternehmer sehen sich explizit als Erben des Arbeitsethos der New Economy und versuchen, das großstädtische Leben einer Bohème mit dem digitalen Zeitalter zu verbinden.[9] Ihr Unternehmertum fußt in der Tat auf der Subjektivität der Entgrenzung, die auch in den Start-ups zu finden war,

---

8   Siehe: Friebe, Holm u. Lobo, Sascha, 2006, *Wir nennen es Arbeit – Die digitale Bohème oder Intelligentes Leben jenseits der Festanstellung*, München.
9   Im Vorwort zu *Wir nennen es Arbeit* heißt es: *Unsere gemeinsame Vorgeschichte, und damit die Vorgeschichte dieses Buches, beginnt etwa um das Jahr 2001 herum. Die New Economy war gerade zusammengebrochen und hatte uns in ihrer Spätphase unabhängig voneinander tiefe Einblicke in die Unternehmens- und Arbeitswelt beschert. Wir waren hin und her getaumelt zwischen Internet-, Trend- und Werbeagenturen, die heiße Luft mit je nach Bedarf angepasster Temperatur verkauften. Es hatte anfangs durchaus Spass gemacht.[...] Unser Lebensgefühl im Berlin der Post-New-Economy-Ära war stark geprägt durch diese neue soziale Dynamik, und wir verdienten Geld nebenbei, indem wir Artikel für Zeitungen schrieben, uns als Freelancer in Agenturen verdingten und uns gegenseitig Jobs zuschoben. Parallel dachten wir in größerer Runde über den Aufbau eigener Strukturen nach, die alles Gute und Sinnvolle einer Firma beinhalten sollten, ohne das Schlechte und Nervende, das wir zuvor ausreichend kennen gelernt hatten.*

nur handelt es sich hier um echte Selbstständige, die nicht mehr an ein Unternehmen angebunden sind und es auch nicht sein wollen. Jede Form der Fremdzurichtung wurde in Selbstzwänge transformiert, ohne dass diese noch thematisiert werden. Der Selbstzwang, der mit einer demonstrativen Selbstenthusiasmierung einhergeht, verschafft dem Arbeitsmodell der *Digitalen Bohème* etwas Begeisterndes wie auch Zwanghaftes. Der Journalist Eberhard Rathgeb schrieb in einer Rezension:

»Die digitalen Bohemiens hängen nicht rum, sondern entwickeln Konzepte, Blogs, Labels, Marken, Ideen (die beiden Autoren sind großzügig und halten sich nicht allzu lange bei Inhalten auf). Sie arbeiten nicht an einer Gegenkultur, weil man mit der Kultur den Kapitalismus nicht umhaut (vor allem wenn man nebenbei für Werbeagenturen arbeiten muß, damit Geld in die Kasse kommt). Sie bewegen sich mit ihren Angeboten und Nachfragen in dem riesigen kleinteiligen Markt des digitalen Netzes (gleich Händlern und Handwerkern auf einem Basar in Istanbul). Sie finden Bürgergeld sinnvoll, Revolution übertrieben. Sie haben das starke Gefühl, einen Zipfel der Zukunft in der (oft leeren) Hand zu halten und neue Formen der Arbeit zu antizipieren, von denen der amerikanische Philosoph Frithjof Bergmann schwärmt. Geld spielt nicht die erste Rolle in ihrem Leben, sondern Autonomie. Wenn es ein Motto für sie gibt, dann halten sie es mit dem Schriftsteller Rainald Goetz und sagen: Don't cry – work. Bessere Mitarbeiter findet unsere Gesellschaft nicht wieder.«[10]

Das Beispiel der *Digitalen Bohème,* dass nicht zufällig in der Party-Hauptstadt der New Economy entstand, verdeutlicht, wie erfolgreich die Ideologie der Autonomie durch den Mythos New Economy wirken konnte und wie sie diesen mit Diskursfragmenten versorgte und weiter versorgt. Das Arbeitsmodell der Start-ups war nicht extremer als das kleinerer IT-Firmen der Vergangenheit. Außerhalb der Welt der Informationstechnologien und kreativen Berufe hat es seit der New Economy-Hochphase aber stark an Attraktivität verloren und wird sehr wohl als falsche Ideologie erkannt. Innerhalb dieser Welt bleibt Autonomie, ob in ihrer radikaleren Variante der Selbstbestimmung oder der Selbstverantwortung, ein zentraler Anspruch an modernes Arbeiten.

2. Hightech

Welche Funktion haben die Diskurse rund um Hightech, die *informationstechnologische Revolution* und den technischen Fortschritt? Was sol-

---

10 In: *Frankfurter Allgemeine Zeitung*, 08.12.2006.

len sie bedeuten? Es wird an dieser Stelle nicht darum gehen, die technischen Innovationen der letzten Jahrzehnte zu rekapitulieren, in Kapitel B habe ich die entscheidenden technologischen Schritte bereits kurz skizziert. Die Frage, die mir in diesem Zusammenhang als wichtig erscheint, ist nicht, ob die technischen Innovationen unser Leben einfacher und interessanter machen, sondern welche Funktion die Überbetonung der Möglichkeiten durch die neue Technik hat.

Im Zusammenhang mit den jungen Gründern der deutschen New Economy war schon betont worden, dass diese meist keine *Techniker*, wie Informatiker oder Ingenieure waren, ganz im Gegensatz zu vielen der US-amerikanischen Vorbilder. Das Gros der deutschen Start-ups hatte nicht viel mit Garagen oder tüftelnden Computer-Nerds zu tun, im Gegenteil, über die Hälfte der deutschen Start-ups bestand 2000 aus Multimedia-Agenturen[11], nicht zufällig gehörten *Pixelpark* und *Kabel New Media* zu den bekanntesten Firmen. Die meisten Start-ups nutzten die neue Technik mehr, als dass sie sie entwickelten. Der Gründer wollte zwar gern ein *Yettie* (und das erste *T* steht für *tech-based*) sein und den Mitarbeitern, Investoren und Medien zeigen, dass sie es mit einem modernen, kompetenten und dynamischen Unternehmer zu tun zu haben, der weiß, wo in Zukunft das Geld verdient wird. Die Ideologie des Hightech geht aber weit über diese Eitelkeiten hinaus. Diese Großerzählung, für die die kurze Episode New Economy eine willkommene Möglichkeit war, technische Themen in kulturelle und soziale Diskurse einzubinden (in ökonomische sowieso), geht viel weiter und bedeutet eine fundamentale Veränderung der Gesellschaft, besonders was unsere Vorstellung von Demokratie und unser Konsumverhalten betrifft. Ich werde kurz einige wichtige Diskursstränge innerhalb des Metadiskurses Hightech skizzieren, die verdeutlichen, warum dieser so wirkmächtig ist. Der hier verwendete Begriff von Hightech hat nicht viel mit den technischen Apparaturen und der Infrastruktur zu tun, die nötig sind, um Mobiltelefone oder Computerchips herstellen zu können. Unter »Hightech« sollen hier die Verwendung und Vermarktung der beliebten Produkte selbst verstanden werden, auch wenn ein DVD-Spieler technologisch gesehen sicher kein Hightech-Produkt darstellt. Es geht um die modernen Produkte der ITK-Welt, seien es Computer, DVD-Spieler, iPods, Laptops, Navigationssysteme oder Handys, alle, denen Modernität zugeschrieben wird. Eine technologische Klammer, eine Schlüsseltechnologie, wäre sicher der Chip, der in allen dieser Produkte zu finden ist und

---

11 Siehe: »Bestandsaufnahme und Perspektiven der Internet-Gründerlandschaft in Deutschland«, in: *Diskussionspapier des Stiftungslehrstuhls für Gründungsmanagement und Entrepreneurship der European Business School*, Oestrich-Winkel, November 2000, S. 8.

auch aus dem Automobil ein Hightech-Produkt macht. Auch das Internet kommt ohne diese leistungsstarken Mikroprozessoren nicht aus und benötigt ein Zugangsmedium, sei es der Computer, das Mobiltelefon oder andere mobile Tools, wie zurzeit das Palmtop oder das iPhone.

Spreche ich nun von einer (scheinbaren) Demokratisierung des Hightechs, so verstehe ich darunter keinen politischen Prozess im Sinne einer Teilhabe an Entscheidungen, die eine Gesellschaft betreffen, sondern es geht mehr um die Frage des Zugangs. Schon die Erfinder der ersten Computer, etwa Steve Wozniak, der den 1977 vorgestellten *Apple II*, den ersten Heimcomputer im heutigen Verständnis, entwickelte, betonten, dass es ihnen bei der Entwicklung vor allem darum ging, die noch sehr komplexe und nicht ausgereifte Computertechnik für die Masse der Nutzer zu erschließen, und damit einen (linken) Traum zu verwirklichen. Wosniak:

»Der Personal Computer kam total, wirklich total aus einer Gegenkultur-Perspektive. Viele der Firmen, die damals die ersten Computer bauten, waren stark inspiriert von den sozialrevolutionären Gesprächen, die wir damals führten. Und in diese Richtung strebten jene Firmen auch: Sie wollten helfen, die Welt zu revolutionieren. Aber sie schafften es lange nicht, einen Computer zu bauen, den sich das Volk leisten konnte. Bis ich kam.«[12]

Bis dato war diese Technik nur Experten zugänglich, die komplizierte Programmiersprachen beherrschen mussten, und die (langsame) Software lief nur auf riesigen Rechnern, die sich niemand leisten konnte. Ähnlich äußerte sich 20 Jahre später der Erfinder des ersten Internetbrowsers *Mosaic*, Marc Andreesen, der 1994 die Firma *Netscape Communications Corporation* (die erst *Mosaic Communications Corporation* hieß) gegründet hatte, um aus dem Wissenschafts- und Militärdatennetz eines für den konventionellen Nutzer zu machen und eines, mit dem Geld zu machen sei. Auch Tim Berners-Lee, der 1990 am *Europäischen Kernforschungszentrum* (*CERN*) in Genf das WorldWideWeb (WWW) in seiner heutigen Form konzipiert hatte, stellt immer wieder den demokratischen Charakter des Internets heraus, den es unbedingt zu erhalten gelte.[13]

---

12 Interview in der Weltwoche, 44/2006, siehe unter: http://www.weltwoche.ch/artikel/?AssetID=15254.
13 Auf die Frage eines Reporters, ob die Menschen durch das World Wide Web klüger geworden seien, antwortete Berners-Lee: *Nicht wirklich. Aber wir sind besser verbunden und damit besser in der Lage, die Welt zu einer menschenwürdigen Welt zu verändern, wenn wir das wollen.* In: *Heise online*, 08.06.2005, siehe unter: http://www.heise.de/newsticker/Der-Ritter-des-Internet-zum-50-Geburtstag-von-Tim-Berners-Lee-/meldung/ 60388.

Der Computer und das Internet haben sich zu ganz normalen Medien und Arbeitswerkzeugen entwickelt, schon Anfang des 21. Jahrhunderts können sich viele nicht mehr vorstellen, wie es einmal war, einen Brief mit einer so genannten Schreibmaschine zu schreiben, geschweige denn, wie dieser Brief (ohne Kopierer) vervielfältigt werden konnte. Diskurse um die demokratischen Möglichkeiten des Hightechs sind Teil des Gründungsmythos des Computers wie des Internets. Während diese Diskurse von den Herstellern und Vertreibern dieser Technologien aus leicht ersichtlichen, vor allem ökonomischen Gründen, am Leben erhalten werden – denn alle paar Jahre soll eine neue Softwareversion und ein neues Handy verkauft werden – so haben diese in den letzten Jahren wieder zu ihren anfänglichen politischen Implikationen zurückgefunden. So wie der SPD-Bundeskanzler Gerhard Schröder auf dem Höhepunkt der New Economy 2000 einen *Internet-Führerschein* einführen wollte, so gilt die Teilnahme am weltweiten Datenaustausch heute ganz selbstverständlich als eine der Schlüsselqualifikationen der Wissensgesellschaft. Programme von Politik und Wirtschaft wie *Schulen ans Netz* (1996 gegründet) und die Initiative *D21* (1999 gegründet) sollen dafür sorgen, dass jeder junge Deutsche die Möglichkeit hat, zu lernen, wie man sich im Internet bewegt – in einem Medium, das in der Altersgruppe der Teenager längst zum Alltagsmedium geworden ist.[14] So geht es bei der hier behandelten Ideologie des Hightechs nicht in erster Linie um technische Fragen, sondern um die nach den Möglichkeiten des Zugangs und der Partizipation. Diese Möglichkeiten werden von jedem Gründer, Investoren und in (fast) jeder Werbung betont. Wer die Technik hat und das Wissen, diese zu nutzen, wird in der Informationsgesellschaft zu den Gewinnern gehören oder zumindest nicht zu den Verlierern. Dem *worldwideweb* werden diese Möglichkeiten attestiert, denn es ist nicht nur eine Technik, sondern auch ein Medium, über das weltweit Informationen transportiert werden können.

Die globale Realität sieht aber weitaus weniger fortschrittlich aus. Die Diskussion um den *digitalen Graben* (in der englischsprachigen Welt wird vom *digital divide* gesprochen) ist so alt wie das Internet in seiner heutigen Form, also etwa 15 Jahre. Hegten anfangs viele Netzenthusiasten, Politaktivisten u.a. den Traum, gerade mit dieser neuen Technik, diesem neuen Medium, könnte die Trennung zwischen sehr informierten und damit sehr wissensreichen und informationsarmen Menschen behoben oder zumindest verringert werden, so wurde diese Hoff-

---

14 Von den 14-19-jährigen Deutschen nutzten 2009 95,6 Prozent regelmäßig das Internet. Siehe: *(N)ONLINER Atlas 2009*, jährliche Studie von *TNS Infratest* und Initiative *D21* zur Nutzung des Internets.

nung enttäuscht. Alle Untersuchungen zu diesem Thema kommen sogar zu dem Schluss, dass dieser Graben durch das Internet eher noch vertieft wurde. Das Internet wird mehr von jungen als alten, mehr von gebildeten als ungebildeten Menschen und mehr von Bürgern der hoch entwickelten westlichen Ländern genutzt als von Menschen in Afrika, Asien und Südamerika. Die Polemik vom *worldwhiteweb* trifft immer noch, die Versorgung mit Computern, Breitbandkabeln und Internetzugängen ist in Schwarz- und Nordafrika immer noch sehr gering. Die Dritte Welt der Ökonomie ist auch eine der Kommunikation.[15]

Diese Problematik ist in den westlichen Ländern bekannt, zumindest mehr als die, dass es auch in ihren vermeintlich fortschrittlichen Ländern digitale Gräben gibt. Selbst im Mutterland des Computers und Internets, den USA, verfügen nur zwei Drittel der Haushalte überhaupt über einen Internetzugang und von diesem Teil haben weniger als die Hälfte einen Breitbandanschluss, der es ermöglicht, Video- und Audio-Dateien herunter zu laden.[16] Dieser Graben geht aber nicht quer durch die amerikanische Gesellschaft, sondern entlang an Rassen- und Sprachgrenzen. So wird das Internet von weißen und asiatischen Amerikanern häufiger genutzt als von Afroamerikanern und Latinos. Natürlich bedeutet die Nutzung des Internets nicht automatisch, dass jenes nur zur Informationsaufnahme dient, und dass Bürger ohne Internetanschluss automatisch ungebildeter sein müssen. Es geht nicht um die Frage nach der tatsächlichen Mediennutzung, sondern um die nach dem Zugang und der Möglichkeit dieses neue Medium nutzen zu können. Die Frage nach der Mediennutzung ist weit schwerer zu beantworten, denn es ist oft nicht klar, wann ein Informationsangebot aufhört und wann ein Unterhaltungsangebot anfängt, reklamieren inzwischen doch alle Angebote einen bestimmten Unterhaltungswert für sich. Während es auch in Deutschland eine unterschiedliche Länge und Art der Internetnutzung

---

15 Während Afrika 2009 mit 991 Mill. Einwohnern fast 14 Prozent der Weltbevölkerung stellt, so finden sich hier nur 3,9 Prozent der weltweiten Internetnutzer. Umgekehrt trägt Europa (inkl. Russland) nur zu 11,8 Prozent der Weltbevölkerung, aber zu 24,1 Prozent der weltweiten Online-Gemeinde bei. Noch extremer bei Nordamerika: 14,6 Prozent der Internetnutzer entsprechen 5 Prozent der Weltbevölkerung, so dass die »entwickelten« Länder Europas und Nordamerikas mit knapp 17 Prozent der weltweiten Einwohner fast 40 Prozent der weltweiten Internetnutzer vereinen. Quelle: http://www.internetworldstats.com/stats.htm. (Weltweite Internetverbreitung Stand September 2009).
16 Laut Umfragen des »Center for the Digital Future« an der Universität von Südkalifornien. In: Klinenberg, Eric, »Der Wolf als Ente – Was sich an den Falschmeldungen im Internet ablesen lässt«, in: *Le Monde Diplomatique*, Januar 2007, S. 12.

gibt, in Hinblick auf Alter und Bildung des Users, so spielt etwa das Geschlecht keine so große Rolle (mehr). Seit Beginn der Interneteuphorie Ende der 1990er Jahre hat der Nutzungsumfang bei Frauen und Männern gleichermaßen zugelegt, es bleibt aber konstant bei einem Unterschied von etwa 14 Prozent zwischen den weiblichen und männlichen Internet-Nutzern.[17]

Verglichen mit dem großen digitalen Graben, der ganze Erdteile und Länder vom *www* abtrennt, sind dieses eher Furchen. Als größtes Hindernis zur Verbreitung erweisen sich in den Entwicklungsländern die mangelhafte Sende-Infrastruktur und weniger fehlende Hardware. Ohne Breitband-Internetzugänge, die aber TV-, Strom-, Telefonleitungen oder Funk-Sendestationen (für UMTS oder WLAN) benötigen, können keine schnellen Internetverbindungen verbreitet werden; der Rückstand im industriellen Zeitalter wird auch zu einem im informationellen. Auch um diesen Rückstand zu verringern, gründete sich 2006 die Organisation *One Laptop per Child* (OLPC), die auf eine Idee von Nicholas Negroponte zurückgeht. Die Idee ist, dass jedes Kind in ärmeren Entwicklungs- und Schwellenländern Zugang zur Computer- und Internet-Technologie erhält. Der Laptop (XO genannt), das besonders an die Umweltbedingungen ärmerer und ländlicher Regionen angepasst ist, soll nur 100 US-Dollar kosten und Schulkindern E-Learning ermöglichen. Seit Ende 2007 wurden bereits einige Hunderttausend X0s ausgeliefert.[18] Eine Kritik, die im Zusammenhang mit Projekten wie *OLPC* u.ä. häufig geäußert wird, ist, dass es nicht um die Verbreitung der Technik, von Hard- und Software gehen sollte, sondern um die von Wissen, auch dem Wissen, wie man mit moderner Technik umzugehen habe. Jeremy Rifkin sieht in dem Verhältnis zum Hightech den Schlüssel zu einer erfolgreichen Teilhabe an unserer Welt und blickt pessimistisch in die Zukunft:

---

17 Die Internetnutzung insgesamt hat 2009 um vier Prozent auf 69,1 Prozent zugenommen. Der geschlechtsspezifische Unterschied, das Männer-Frauen-Verhältnis, liegt bei einem Wert von 76,1 zu 62,4 Prozent, bei den 14-19-jährigen betrug der Vorsprung 2008 aber nur 5,3 Prozent (87,8 zu 82,5 Prozent). Unterschiede gibt es weiter beim Alter, der wirtschaftlichen Lage und der Bildung. Die Offliner waren im Durchschnitt älter, verfügten über ein geringeres Einkommen und eine geringere Bildung. Quelle: (N) ONLINER Atlas 2008 und 2009, eine Initiative von *D21* und *THS Infratest*.

18 Das *OLPC*-Projekt ist nicht unumstritten. Besonders beim Projekt nicht berücksichtigte Firmen wie *Microsoft* und *Intel* haben sich negativ geäußert. Der XO wird mit einem *AMD*-Prozessor betrieben, verfügt über ein spezielles *Linux*-Betriebssystem (»Fedora«) und die eigens entwickelte Oberfläche heißt »Sugar«. Ausführliche Informationen zu *OLPC* unter: http://laptop.org.

»Die Informations- und Kommunikationstechnologien werden im Zusammenwirken mit den Marktkräften die Weltbevölkerung in sich zwei feindlich gegenüberstehende Lager spalten: in eine kosmopolitische Elite von Symbolanalytikern, in deren Händen die Entwicklung neuer Technologien und die Kontrolle über die Produktionsfaktoren liegen wird, einerseits und eine immer breiter werdende Schicht von Dauerarbeitslosen andererseits, die nur geringe Aussicht auf eine sinnvolle Beschäftigung in der neuen High-Tech-Wirtschaft haben.«[19]

Nicht alle Bürger dieser Welt haben trotz Projekten wie *OLPC* u.ä. Zugang zu den Errungenschaften der ITK-Welt, beim Mobiltelefon sieht es zwar etwas besser aus, die Investitionen in das Produkt selbst und die Sende-Infrastruktur sind geringer, aber auch hier sind ländliche Regionen unterentwickelter Staaten ständig im Funkloch. Während zumindest in den westlichen Staaten, in den Osteuropas und Südamerikas und vielen Asiens, der Zugang zu zentralen Hochtechnologie-Produkten besteht – ob diese auch bezahlt werden können ist eine andere Frage – so bleibt der Zugang zur Technik selbst verwehrt. Zwar kann auch bei klassischen Industrieprodukten wie dem Automobil, der Waschmaschine oder dem Staubsauger nur eine kleine Minderheit versierter Experten und Hobbybastler diese selbst reparieren, so ergäben sich beim Internet und Computer mithilfe des Datentransfers aber ganz andere Möglichkeiten. Die Möglichkeiten, etwa Software selbst zu programmieren und vor allem, diese im großen Umfang zu verbreiten, die bei physischen Produkten nicht bestehen, stehen im direkten Gegensatz zu den kommerziellen Interessen etwa großer Software-Produzenten, die alle paar Jahre eine neue Version oder ein Update ihrer Programme verkaufen wollen.

Ein in Bezug auf die demokratische und freie Nutzung des Internets und der Software viel beachtetes Phänomen, ist das der so genannten *Open Source*-Bewegungen. Die Keimzelle dieses netzwerkartigen Zusammenschlusses einiger Programmierer entstand 1998 in den USA. Die *Open Source Software* (*OSS*) wurde bewusst als Gegenentwurf zum kommerziellen Modell der Software von Unternehmen wie *Microsoft*, *Oracle* u.a. entwickelt. Die Idee von *Open Source* (übersetzt etwa offener Code, bzw. Quellcode) ist es, dass jeder User freien Zugang zu jedem Quellcode, jeder Software haben soll, und das kostenfrei. Das soll dadurch ermöglicht werden, dass sich technisch versierte User zusammenschließen und in ihrer freien Zeit (oder während der Arbeitszeit) unentgeltlich Software programmieren. Das geschieht freiwillig und de-

---

19 In: Rifkin, Jeremy, 1996, *Das Ende der Arbeit und ihre Zukunft*, Frankfurt a.M., S. 13.

zentral, jeder Beteiligte sitzt an einem anderen Ort und an einer spezifischen Aufgabe. Da der Produktionsprozess dezentral, freiwillig und ohne Druck horizontal organisiert ist, erfordert er eigene Strukturen. So gibt es bei jedem *OSS*-Projekt, Ende 2005 waren es über 106.000 mit fast 1,2 Millionen Beteiligten[20], unterschiedliche Verantwortlichkeiten und Zuständigkeiten, um den Prozess der Softwareentwicklung und -produktion möglichst effizient zu gestalten. Neben Projektleitern gibt es etwa noch Hauptprogrammierer und aktive User. Die *OSS* ist nicht nur frei erhältlich, die Entwicklung von *Free Software*[21] funktioniert meist nicht nur sehr gut, sie kann auch jederzeit verändert und umprogrammiert werden. Die Idee von *OSS* wie auch von *Free Software* ist es nicht nur, ein frei zugängliches und nichtkommerzielles Gegengewicht zur käuflichen Software zu entwickeln, sondern auch eine bessere.

Die mit Abstand bekannteste und verbreitetste *OSS* ist das Betriebssystem *Linux*. Ende 2005 arbeiteten über 10.000 aktive Entwickler an *Linux*, das als wesentlich stabiler, zuverlässiger und usergerechter gilt als etwa die Windows-Programme des Marktführers *Microsoft*. Obwohl deren ökonomische Übermacht immer noch erdrückend ist, ist *Linux* zu einer ernstzunehmenden Konkurrenz gewachsen, die auch noch umsonst erhältlich ist. In Deutschland tauchte der Name *Linux* erstmals 2003 in der öffentlichen Diskussion auf, als die Stadtverwaltung von München bekannt gab, schrittweise auf das *Linux*-System umsteigen zu wollen, was ab 2005 auch realisiert wird.[22] Der ökonomisch, wie auch kulturell revolutionäre Anspruch ist bei der Open Source-Bewegung Programm. Die Idee, ein gutes, oft sogar besseres Produkt umsonst zu vertreiben, würde in anderen Marktbereichen sicher zu weitaus größeren Veränderungen führen. Ein Phänomen wie die *OSS*-Bewegung lässt sich nur durch das Aufkommen des Internets erklären, das es möglich machte, eine immaterielle Produktion dezentral aufzubauen und die Software problemlos zu verbreiten. Die nicht noch größere Verbreitung lässt sich nicht allein durch die Marktmacht der Konkurrenz erklären, sondern auch durch das Mindestmaß an technischer Versiertheit, das nötig ist, um an die *OSS* oder freie Software zu gelangen und diese auf dem eigenen Computer zu installieren. Darüber hinaus gibt es eine Art von

---

20 In: Blitzer, Jürgen u. Schröder, Philipp J.H., 2006, *The Economics of Open Source Software Development*, Amsterdam/Oxford, S. 4.
21 Die Free Software Foundation (siehe http://www.fsf.org) wurde bereits 1985 gegründet und beide Bewegungen haben ähnliche Ziele. Die Begriffe »open Source« und »free« werden oft synonym verwendet.
22 Unter dem Namen »LiMux« wurden bis Mai 2009 bereits 1.800 Arbeitsplätze auf Linux umgestellt, 12.000 Mitarbeiter nutzen OpenOffice anstelle von MSOffice. Siehe unter: http://www.muenchen.de/Rathaus/dir/limux/89256/index.html.

grundsätzlichem Misstrauen gegenüber einem Produkt, das nichts kostet und auch noch den Anspruch erhebt, qualitativ besser zu sein als die etablierten Produkte.

Ein weiterer demokratischer Aspekt der Diskurse des Hightechs wäre die Relevanz, die dem Erwerb und der Nutzung dieser Produkte, dem Konsum, für die Teilnahme am Gemeinwesen zukommt. Für viele Menschen, nicht nur der westlichen Welt, stellt der Konsum weitaus mehr dar als nur die Deckung von materiellen oder physiologischen Grundbedürfnissen. Er ist ein wichtiger Teil des alltäglichen Lebens geworden und für viele sogar eine angenehme Freizeitbeschäftigung. Darüber hinaus vermittelt der Konsum, so stark wie sonst nur die Arbeit, das Gefühl, Teil dieser Welt zu sein, und diese Welt ist eine, die ganz maßgeblich von den Bildern des Hightechs durchdrungen ist. Der Soziologe Dominik Schrage schreibt dem Konsum, genauer dem massenhaften Konsum von Gebrauchsgütern und Dienstleistungen, eine weitaus grundsätzlichere Bedeutung zu, als die der Bedürfnisbefriedigung. Für Schrage dokumentiert und manifestiert der Konsum ein besonderes »*Weltverhältnis*«:

»Konsumismus ist das Weltverhältnis, das die Aneignung von Kultur *ohne* [Herv. i. Org. M.S.] Rekurs auf allgemeingültige, emphatisch verstandene oder überlieferte Verständnisse von Unverfügbarkeit anleitet, sondern vielmehr eine situativ bestimmte, immanente Glückserwartung im Medium eines massenkulturellen Publikums an die Disponibilität des Marktes bindet, der als Erwartungshorizont fungiert. Es ist deutlich, dass Konsumismus in dieser Perspektive nicht im kulturkritischen Sinne als eine im Kern fragwürdige, gleichwohl aber weitverbreitete Geisteshaltung verstanden wird, sondern als eine Disposition, deren Vorhandensein für die Teilhabe an der Massenkultur als notwendig vorausgesetzt werden muß, wobei ›notwendig‹ hier weder eine ethische noch eine entfremdungstheoretische Nebenbedeutung hat, sondern auf die Funktion eines konsumistischen Weltverhältnisses in einer soziologischen Beschreibung der massenkulturellen Vergesellschaftungsweise abzielt. Konsumismus kann in dieser Perspektive als ein soziale Schichten übergreifendes Weltverhältnis verstanden werden, das die Integration in die Massenkultur attraktiv erscheinen lässt – ganz unabhängig davon, ob marktförmige Integration als ›Entpolitisierung‹ verstanden wird oder als Partizipation.«[23]

Ohne kulturpessimistischen Unterton muss konstatiert werden, dass der Konsum, gerade von technischen Gerätschaften – man bedenke etwa den

---

23 In: Schrage, Dominik, »Integration durch Attraktion – Konsumismus als massenkulturelles Weltverhältnis«, in: *Mittelweg 36,* Ausgabe 6, Dezember 2003/Januar 2004, S. 57-86, hier S. 72.

Hype um die Produkte aus dem Hause *Apple* – zu einer Pflicht geworden ist, die nicht nur Teenager verspüren, die von ihrer Mutter ultimativ die neueste Spielekonsole verlangen, sondern auch konsumkritische Bürger, auch solche, die einen Konsumismus durchaus erkannt haben, können den ständigen Kaufaufforderungen für das neueste »must-have« nicht entgehen.

Fazit

Die Diskurse um die Produkte der Informations- und Kommunikationstechnologien haben neben der Zurschaustellung der ökonomischen und technologischen Potenz, neben dem Vertrauen in die Zukunft und den Fortschritt, auch demokratische Implikationen. Die Nutzung des Internets lässt uns Teil einer Wissensgesellschaft werden und der Kauf des iPhones Teil einer Konsumgesellschaft. Zweites mag nicht bestritten werden, nur muss diese Teilhabe mehr oder weniger teuer erkauft werden und außerdem vermag sie nur wenig an echter Gemeinschaft wiedergeben zu können. Das Internet ist von einer wirklich umfassenden Verbreitung noch entfernt, der Umstand, dass es täglich zensiert wird, wie etwa in China und einigen arabischen Ländern, unterstreicht aber, dass seine zentrale Bedeutung als potenziell demokratisches Werkzeug weltweit anerkannt wird.

Der Mythos der New Economy konnte als entpolitisierte Aussage zur Diskursformation Hightech nur die Aufgabe erfüllen, Themen der Technik weitaus smarter und dynamischer zu bedeuten, als es etwa der deutsche Mittelstand oder *SAP* je vermochten. Die New Economy war anfangs das Synonym für die intensive Beschäftigung mit dem Internet, mit E-Commerce und mit dem Lifestyle um flexible Formen des Arbeitens. Die vorher skizzierten emanzipatorischen Möglichkeiten des Internets mochte sie aufgrund ihrer Exklusivität und Homogenität nur schwer bedeuten. Es wurde den Gründern nicht wirklich zugetraut, von den Zugangsmöglichkeiten für Bürger der Dritten Welt zu schwärmen, genauso wie es unpassend wirkte, als sich Arbeitgeberpräsident Dieter Hundt im Juli 2000 in die Debatte um die Greencard einschaltete und diese auf die Diskussionen um Fremdenfeindlichkeit bezog.

Die Ideologie des Hightech, eine zentrale Quelle des Bedeutungskomplexes *Informationsgesellschaft*, hat für den Mythos New Economy, so wie er in Deutschland wahrgenommen wird, nur eine mittlere Bedeutung, da sie hier im Kern keine technische oder technologische Nische bildete, zumindest bezogen auf das Gros der deutschen Start-ups. Hierzulande stellte sich die Situation anders dar als etwa in den USA, für die Paulina Boorsok in der New Economy eine *Liebesgeschichte zwischen Neoliberalismus und High-Tech*[24] erkannte. Für Jean Gadrey geht der New Economy-Diskurs, den er maßgeblich in Bezug auf die USA skizziert, in Abgrenzung zu ökonomischen Diskursen der frühen 1990er Jahre mit einem *high-tech neo-liberal discourse*[25] zusammen. In Deutschland, wo die öffentliche Meinung grundsätzlich etwas weniger optimistisch, zukunftsgläubig und technikbesessen ist als in den USA, konnten Magazine wie *brand eins*, das *Manager-Magazin*, aber auch der *Spiegel* und die *Welt* sicher eine Begeisterung für die Innovationen des Hightechs erzeugen, aber diese war nicht so extrem wie jenseits des Atlantiks. Technologie spielte, von Fachdiskursen abgesehen, in denen es auch vor 1999 schon um die technologischen Fortschritte im Bereich der Internet-Software, der Übertragungstechniken oder der Computer- und Peripherie-Hardware ging, nur eine oberflächliche Rolle und die Startups konnten sich bis auf wenige Ausnahmen wie etwa *Intershop*, nicht als innovative Vorreiter inszenieren. Die entscheidenden technologischen Entwicklungen hatten bereits außerhalb Deutschlands stattgefunden und die New Economy versuchte hierzulande mehr *mit* dem Internet Geld zu machen, als es technologisch weiterzuentwickeln. Das Hochtechnologie-Land Deutschland war und ist auf der Ebene des Informations-Hightechs keine führende Nation. Es entstand hierzulande kein zweites *Amazon*, *Ebay* oder *AOL*, kein *Google* oder *YouTube* und auch kein zweites *SAP*. Für den Mythos der New Economy hat das zur Konsequenz, dass die Ideologie des Hightechs an dieser Stelle der Bedeutungsmacht nicht auf nationale Traditionen aufbauen und somit, anders als etwa in den USA, nicht zu der entscheidenden Quelle werden konnte. Der Mythos einiger deutscher Unternehmen, etwa von *Volkswagen, Mercedes-Benz* oder *Siemens*, beruht zu einem großen Teil auf der Technologie-Führerschaft in den entsprechenden Bereichen des Automobilbaus und der Industrietechnik. Das Automobil wurde Ende des 19. Jahrhunderts in Deutschland erfunden und weiterentwickelt und stellt bis heute einen wichtigen Kern des deutschen Selbstverständnisses als führende Wirtschafts- und Technologienation dar. Dieses Selbstverständnis fehlt im Bezug auf die Informationstechnologien und die Gründer konnten sich in Deutschland nicht in einer Tradition etwa von *Apple, Cisco* oder *Amazon* sehen. Auf das relative Gewicht der Ideologie des Hightechs, als Quelle der Bedeutungsmacht New Economy, hat der technologische Rückstand des deutschen IT-Hightechs einen Einfluss, auf die grundsätzliche Bedeutung der Diskurse um die neuen Informationstechnologien aber nicht.

---

24 In: Borsook, Paulina, a.a.O., S. 10.
25 In: Gadrey, Jean a.a.O., S. 12.

3. Geschwindigkeit

Die Ideologie um die Geschwindigkeit im Informationszeitalter beinhaltet Diskurse der Anrufung und Aktivierung. Angerufen wird der Mensch, um seine Vorstellungen von Raum und Zeit zu überprüfen und *in Bewegung zu bleiben*. Oder, um es mit dem französischen Philosophen und *Dromologen* (von griechisch *dromos* – der Lauf) Paul Virilio zu sagen:

» […]; leben, LEBENDIG sein, heißt Geschwindigkeit sein.«[26]

Die Betonung der Geschwindigkeit hatte bei der *Economy of Speed*, wie die New Economy anfangs auch genannt wurde, über die Mobilisierung und Ausrufung als moderne und dynamische Wirtschaft hinaus, einige ganz spezifische Funktionen, die den Blick etwas von philosophischen Betrachtungen über den grundsätzlichen Charakter von Raum und Zeit abwenden sollen. Seit jeher hatte die Betonung der Geschwindigkeit, der Bewegung, die Aufgabe, den Menschen und seine Vorstellungskraft zu aktivieren – für eine Sache, für eine Mission. So ist es kein Zufall, dass besonders autoritäre, faschistische wie sozialistische, Regime dazu neigten, die Geschwindigkeit und die Bewegung zu verherrlichen, etwa die italienischen Faschisten oder die deutschen Nationalsozialisten. Auch Bewegungen der künstlerischen und kulturellen Avantgarde, wie etwa die italienischen und russischen Futuristen[27] der 1910er und 1920er Jahre, entwickelten eigene Vorstellungen der Geschwindigkeit, es war eine Hochzeit der ästhetischen wie auch politischen Diskurse um Bewegung und Geschwindigkeit. Dass heute alles *zu schnell* geht, ist seit vielen Jahrzehnten ein Allgemeinplatz, der Fortschritt in der Verkehrstechnik, etwa das Aufkommen des Passagierflugverkehrs in den 1970er Jahren, spielt hier eine zentrale Rolle, und noch weitaus stärker die Entwicklung der Massenmedien und der Informationstechnologien. Der Geschwindigkeitsdiskurs ist heute meist mit dem der Globalisierung verwoben, der Begriff des *Arbeits-Nomaden*, der über den Globus hetzt, verleiht dieser Entwicklung einen Ausdruck. Die Rede vom *globalen Dorf*[28], einem weiteren sehr beliebten Bild, soll nicht unbedingt die sozi-

---

26 In: Virilio, Paul (EV1975), »Fahrzeug«, in: Engell, Lorenz (Hg.), 1999, *Kursbuch Medienkultur*, Stuttgart, S. 166-184, hier S. 167.
27 Siehe etwa: Baumgarth, Christa, 1966, *Geschichte des Futurismus*, Reinbek.
28 Dieser Begriff, meist in der englischen Variante des »Global Village« verbreitet, ist nicht ganz unproblematisch: *Der Weg von der Fortschrittsideologie des industriellen Kapitalismus zur Kommuniktionstheorie des informations-industriellen beginnt mit dem Global Village. Die Vision*

ale Nähe des Dorfes oder gar die Enge beschwören, sondern betonen, dass sich menschliche Gemeinschaft über räumliche Grenzen hinweg verdichtet hat, weil wir einerseits durch den Flugverkehr in der Lage sind, innerhalb eines Tages an jeden Punkt der Erde zu gelangen und in drei Stunden jeden Punkt Europas erreichen können, und andererseits über jede Nachricht aus jedem Winkel dieser Erde sofort und ohne Verzögerung (von der Problematik der Zeitverschiebung einmal abgesehen) in Lichtgeschwindigkeit informiert werden können. So ist die theoretische Vokabel von der Verdichtung von Raum und Zeit zu einer erfahrbaren Tatsache geworden, auch für viele Bürger ist es fast selbstverständlich geworden, zehn Stunden nach Thailand zu fliegen oder Bekannte in Frankreich zu besuchen. Die Welt ist auch erfahrbar zusammengerückt. Das erwähnte Bild vom Arbeits-Nomaden betont aber noch einen anderen Aspekt, den der durch die Fortschritte der Verkehrs- und Informationstechnik ausgelösten Veränderungen. Einerseits beschreibt er Geschäftsleute, Manager, die häufig unterwegs sind, etwa nach Asien oder Nordamerika, und andererseits erfährt er durch die Migrationsdebatten eine weitere politische und unheilvolle Qualität. So gibt es neben den hoch qualifizierten Business-Nomaden, die sich auf internationalen Flughäfen treffen und scheinbar Gewinner der Globalisierung sind, noch die Verlierer oder Ausgeschlossenen dieses Prozesses, die, die ihr Heimatland verlassen müssen, um in ein wohlhabendes fliehen zu können, um dort Arbeit zu finden.

Wenden wir uns wieder der Ideologie der Geschwindigkeit zu, die in ihrem Anrufungs- und Aktivierungscharakter einerseits die Funktion erfüllen soll, uns in Bewegung zu halten, und andererseits die Fortschritte und die damit verbundenen Probleme der Informations- und Kommunikationstechnologien bedeutet. Während der Aspekt der Aktivierung an der Oberfläche dazu dienen soll, uns zur Arbeit, zum Funktionieren, anzuhalten oder gar anzutreiben, damit nur keine Müdigkeit oder gar Langeweile aufkommt, so geht es implizit um eine Aufrechterhaltung der ständigen Verfügbarkeit – bezogen auf die tatsächliche physische Verfügbarkeit wie auf die mentale. Der Manager eines mittleren Handelsunternehmens kann heute nach Peking geschickt werden und morgen

---

vom planetarischen Dorf, in dem sich die Zuhörer in Akteure verwandeln, Zuschauer zu Teilnehmern des Geschehens, Konsumenten zu Produzenten werden und ein technologischer Imperativ entsteht, dass das, was machbar ist, auch gemacht werden müsse, diese Version entsteht in dem anarchistischen Schmelztigel des Amerika der sechziger Jahre. In: Schwengel, Hermann, »Die Werte der Neuen Ökonomie«, in: *Gewerkschaftliche Monatshefte, New Economy oder Frühkapitalismus?*, Nr. 08/09, 2000, S. 461.

nach Moskau, oder er kann per Videokonferenzsysteme zeitgleich mit seinen Geschäftspartnern kommunizieren. Er kann während des Fluges mit seinem Laptop arbeiten, und über sein Mobiltelefon mit seiner Firma kommunizieren. In der gleichen Zeit wie früher kann heute ein weitaus größeres Maß an Raum überwunden und an Kommunikation übertragen werden. Auf der Ebene der mentalen Mobilisierung geht es darum, das arbeitende Individuum in Bereitschaft zu halten. Die Möglichkeit, den Arbeitsort, die Firma oder die Aufgabe wechseln zu müssen, sollte immer im Bewusstsein bleiben.

Der Mensch, der in Bewegung ist, sich oft hetzen muss, zur Arbeit, in die Mittagspause, zum Kindergarten oder zum Arzt und dann nach Hause, nimmt seine Umwelt anders war. Bei der Konzentration auf ein Ziel oder eine Aufgabe geht der Blick für die Umwelt und das große Ganze verloren. Der Mensch in ständiger Bewegung ist nicht mehr ganz Teil unserer Welt, sondern einer anderen, Virilio beschreibt diesen Ort:

»Wo sind wir, wenn wir reisen? Wo liegt dies ›Land der Geschwindigkeit‹, das nie genau mit dem zusammenfällt, das wir durchqueren? Die Frage der Bewegung wirft wieder die des Wohnens auf. Wenn wir zum Taxifahrer sagen: ›Fahren Sie SO SCHNELL WIE MÖGLICH!‹, was wissen wir da von der Geschwindigkeit des Taxis? IN GESCHWINDIGKEIT, das ist so ähnlich wie in CHINA, einer anderen Gegend, einem anderen Kontinent, den wir zu kennen vorgeben.«[29]

Der Mensch, der ständig in Bewegung ist, sich gehetzt und gestresst fühlt – vielleicht das Grundgefühl des modernen Menschen, das zu einer mentalen Zivilisationskrankheit geworden ist, die zu einer ganzen Reihe von manifesten psychischen und physischen Störungen führt – hat für alles Andere immer zu wenig Zeit und für das Eigentliche, dass was er als nächstes tun wollte und das Wichtige, das Privatleben, sowieso nicht. Eigentlich bleibt für nichts noch genug Zeit, das moderne Individuum, obwohl die Erwerbsarbeitszeit in der westlichen Welt stetig gesunken ist, hat keine Zeit mehr. Trotz eines gewaltigen technischen und gesundheitlichen Fortschritts ist der Mensch zu einem gehetzten Tier geworden, auf das eine Vielzahl von Aufgaben, Anforderungen und Erwartungen einprasselt, die alle berücksichtigt werden wollen. Diese Problematik ist schon lange bekannt und gut erforscht und es ist kein Zufall, dass sich ein beachtlicher Teil der populären Ratgeberliteratur genau mit diesem Missstand auseinandersetzt. So geben diese Werke meist sehr pragmatische Tipps zur Lebensführung, etwa *Der Anti-Stress-Vertrag:*

---

29 In: Virilio, Paul (1975), S. 166.

Ihr Weg zu mehr Gelassenheit und Lebensfreude[30], der nötig sein kann *Wenn die Seele S.O.S funkt: Fitneßkur gegen Streß und Überlastung*[31]. Eine Entschleunigung wird allerorten angemahnt: *Gib deiner Zeit mehr Leben: Entschleunigung als Weg zum Glück*[32] oder *Die Kreativität der Langsamkeit. Neuer Wohlstand durch Entschleunigung.*[33]

So wird die Ideologie der Geschwindigkeit, genauer Schnelligkeit, schon länger als Problem benannt, kaum ein Diskurs der letzten zehn Jahre um dieses Thema kam ohne den Hinweis auf eine, nun endlich umzusetzende, *Entschleunigung* aus. Es gibt nicht nur den *Verein zur Verzögerung der Zeit*[34], sondern auch diverse Langsam-Bewegungen, etwa die sehr beliebte *Slow-Food*-Organisation[35], die dafür eintritt, dass nicht nur langsamer, sondern vor allem besser und bewusster gegessen wird. Schnelligkeit, wie sie beim *Fast Food* hervortritt, wird mit minderwertiger Qualität und einem fehlenden Bewusstsein in Verbindung gebracht.

Das scheint mir ein wichtiger Aspekt in Bezug auf die Mobilisierungsqualität des heutigen Geschwindigkeitsdiskurses zu sein. Es geht weniger darum, den faulen Bürger antreiben zu müssen, das tut er schon ganz von selbst, sondern er hat einfach nicht mehr die Zeit, die Ruhe und Muße, sich viele wichtige Dinge seines Lebens bewusst zu machen. Vielleicht benötige ich ja einen Großteil der technischen Apparaturen gar nicht, vielleicht machen diese mein Leben nicht nur lebendiger und aufregender, sondern auch komplizierter und stressiger? Der Mensch in Bewegung hat keine Zeit hinzuschauen und versucht, als Paradox, diesen von ihm erkannten Missstand, durch eine Vielzahl von Aktivitäten, etwa dem Konsum, zu kompensieren. Er hat das Gefühl, aus dieser Welt zu fallen, und die Welt der Produkte und Dienstleistungen hält scheinbar genau die passenden Lösungsmöglichkeiten bereit. Ein sehr anschauliches Beispiel für diese Sehnsuchts- und Enttäuschungsschleifen sind in der Vorweihnachtszeit die Schlangen vor den Kassen großer Warenhäuser. In dieser »heiligen« Zeit prasseln besonders viele und nachdrückliche Kaufanforderungen und Ansprüche an das perfekte Glücksempfinden (besinnliche Zeit) auf die Bürger ein.

Neben der Funktion der Mobilmachung ist die Bedeutung der Geschwindigkeitsdiskurse in Bezug auf die Vorzüge und Probleme der modernen Informationsübertragung zu betonen. Für Paul Virilio stellt

---

30 Siehe: Prünte, Thomas, 2003, Wien.
31 Siehe: Stark, Michael u. Sandmeyer, Peter, 2001, Reinbek.
32 Siehe: Folkers, Manfred, 2005, Freiburg.
33 Siehe: Reheis, Fritz, 1998, Darmstadt.
34 Siehe unter: http://www.zeitverein.de.
35 Siehe unter: http://www.slowfood.de.

die Entwicklung des modernen Flugverkehrs in einem gewissen Sinne den Übergang von der Geschwindigkeit des Verkehrs, des Dampfschiffs, der Eisenbahn und des Autos, die bis zur Mitte des 20. Jahrhunderts die elementaren Geschwindigkeitsfortschritte gebracht hatten, zur Informationstechnologie dar. Diese stellt eine neue, entscheidende Entwicklungsstufe dar, weil sie es erstmals ermöglicht, Informationen nahezu zeitgleich an alle Punkte der Erde zu übertragen, die Sendegeschwindigkeit der Daten macht es möglich. Die Geschwindigkeitszunahme des Verkehrs, vom Menschen zum Pferd, zum Schiff, zur Eisenbahn, zum Auto und zum Flugzeug war immer eine Beschleunigung der Informationsübertragung. Seit jeher hing die Schnelligkeit der Übermittlung von Botschaften und Nachrichten mit Macht und Fortschritt zusammen, der Fürst, der seine Untergebenen nicht benachrichtigen, nicht befehligen konnte, war machtlos, ebenso der Unternehmer ohne schnelle Informationen (über die Produktion, die Konkurrenz, die Aktienkurse etc.). Das Überschallflugzeug *Concorde*, selbst ein Mythos der Technikgeschichte, erlaubte es, in den 1960er Jahren erstmals in Schallgeschwindigkeit zu reisen, und machte es sogar möglich, den Zeitzonen so schnell voraus zu fliegen, etwa in westlicher Richtung von London nach New York, dass sich die Passagiere länger in der gleichen Zeit befanden und so zum Beispiel erst in London und dann in New York Sylvester feiern konnten. Virilio beschreibt die *technologische Kolonisierung* des Raumes:

»Genauso, wie es einen kolonialen Einfluß durch die Mittel zur Fortbewegung im Raum gegeben hat – die *Conquista* [Herv. i. Org. M.S.] – die kulturelle Kolonisierung und Eroberung, gibt es eine technologische Kolonisierung und Eroberung durch Transport- und Übertragungsmittel, durch Flugzeug, Fernsehen etc. Ich glaube, diejenigen, die sich auf eine solche Reise begeben, genießen dabei eine Situation von Einmaligkeit und Identität, die aber letztendlich wertlos ist oder nur den Wert hat, dass ein einzelner sie besitzt: ich und die Welt sind eins.«[36]

Diese Form der Kolonisierung hat heute noch eine ganz andere Qualität erreicht, Virilios frühere Fantasien scheinen sich bestätigt zu haben:

»Man weiß wohl, dass räumlicher Fortschritt nicht automatisch auch zeitlicher Fortschritt ist. Wenn man schneller von Paris nach New York gelangen kann, so wird das Hin und Her damit noch nicht besser. Es wird kürzer. Das Kürzeste ist aber nicht unbedingt das Beste. Auch hier besteht die trügerische

---

36 In: Virilio, Paul u. Lotringer, Sylvere, 1984, *Der reine Krieg*, Berlin, S. 69.

Ideologie, dass – wenn die Welt erst einmal restlos zusammengeschrumpft ist und wir alles in Reichweite haben – wir grenzenlos glücklich sein werden. Ich glaube, es verhält sich umgekehrt und ist auch schon bewiesen. Wir werden dann nämlich unendlich unglücklich sein, weil wir gerade den Ort der Freiheit verloren haben: die Räumlichkeit.«[37]

Obwohl ich die kulturpessimistische Grundeinschätzung von Virilio nicht übernehmen will, so spricht er doch einen wichtigen Aspekt an. Die Geschwindigkeit bzw. die Schnelligkeit als Selbstzweck scheint an ihre Grenzen zu geraten und dazu treten noch die sozialen, kulturellen und ökologischen Probleme dieser Enträumlichung hervor. Während der internationale Flugverkehr immer noch an gewisse technische Grenzen gebunden bleibt, das Zeitalter des Massenüberschallfluges liegt immer noch in ferner Zukunft, so sind die dramatischen Probleme der Vervielfachung des Flugverkehrs inzwischen bekannt. Der Ausstoß an klimaschädigendem $CO2$ hat so dramatisch zugenommen, so dass man diesen Fortschritt nur noch eingeschränkt genießen kann.

Die Möglichkeiten unserer Informations- und Mediengesellschaft, jede Information von jedem Punkt der Erde aus senden und empfangen zu können, wird besonders von der werbetreibenden Wirtschaft als Fortschritt genutzt, grundsätzlich scheinen sie aber zu einer immensen Überforderung zu führen. Auf der Ebene des Politischen, auf der sich so etwas wie eine »Weltinnenpolitik« zu entwickeln scheint, sind die Vor- und Nachteile noch nicht genau einzuschätzen. Sicher kann heute keine Regierung etwas unbemerkt von der Weltöffentlichkeit unternehmen, jüngste Beispiele in Birma, Tibet und Simbabwe zeigen aber, dass dieses nicht unbedingt politische Konsequenzen haben muss. Bei *dem* Medium des Informationszeitalters, dem Internet, kann auch nicht pauschal von einem Fortschritt gesprochen werden. Während ohne Frage die Möglichkeiten des sozialen und kulturellen Austauschs, des ökonomischen sowieso, zugenommen haben, so haben dies auch im gleichen Maße die der Überwachung und Kommerzialisierung. Daten austauschen zu können, sagt nichts über deren Qualität aus, die Übertragungsraten werden sich auf absehbare Zeit sicher noch steigern, die Geschwindigkeit dieser Zunahme nimmt aber ab.

Ein Bereich, der von Anfang an fast ausschließlich von den Vorteilen der gesteigerten Geschwindigkeit im Verkehr und der Informationsübertragung profitiert hat, waren die internationalen Finanzmärkte, die nicht umsonst als Vorreiter der Globalisierung gelten. Heute werden in Sekundenschnelle Milliardenbeträge von den USA nach Asien und von

---

[37] Ebenda, S. 70.

dort nach Europa verschoben. Der Grad der Vernetzung der internationalen Finanzplätze von New York, London, Frankfurt, Tokio, Hongkong und Schanghai ist so hoch wie in keinem sozialen oder kulturellen Bereich. Dieser Fortschritt wurde erst so richtig thematisiert, als erste Probleme mit dieser Vernetzung entstanden, etwa im Sommer 1997 im Zusammenhang mit der so genannten Asien-Krise, als Finanzspekulationen gegen den thailändischen Baht dafür gesorgt hatten, auch andere asiatische Währungen massiv abzuwerten. Die aktuelle Weltfinanzkrise, die 2007 begann und im Herbst 2008 einen ersten dramatischen Höhepunkt erlebte, stellt sogar das gesamte Weltfinanzsystem in Frage. Diese Vernetzung, die durch die technische Infrastruktur, die Handelsbeziehungen, internationale Abkommen und den Austausch von Geschäftskontakten erfolgte, funktioniert so reibungslos, dass ein Bild der Finanzströme entstehen konnte – dem vielleicht reinsten, aber nicht unschuldigsten Bild innerhalb der Ideologie der Geschwindigkeit im Informationszeitalter.

Fazit

Die New Economy nimmt in Bezug auf die Ideologie der Geschwindigkeit eine ambivalente Position ein. Der Mythos der *Economy of Speed* ist zwar scheinbar Teil der Mobilmachung, für mich hatte die Internet-Wirtschaft aber neben der Anrufung der Mobilität auch eine entschleunigende Funktion und das auf zwei Ebenen.

Den Diskursen um Globalisierung, Vernetzung und Flexibilität wurden im Zuge der Mythenproduktion noch zwei Elemente hinzugefügt, die der New Economy als neuem Versprechen der Informationsgesellschaft eine heimatliche wie gemeinschaftliche Note geben sollten. Zuerst war die Betonung einer besonderen Gemeinschaft, dass was hier als Produktionsfamilie beschrieben wurde, nicht nur ein Signal nach innen, sondern auch an die Öffentlichkeit. Während schon Werbe- und Marketingagenturen der Ruf anheftete, eher unsoziale Zusammenschlüsse zu sein, in denen der Ellbogen regierte, so galten und gelten die internationalisierten Finanzunternehmen, die gesamte Finanz-, Banken- und Unternehmensberatungsbranche, als Orte organisierter Rücksichtslosigkeit und Arroganz. Die Start-ups sorgten hier für einen neuen Ton. Sie waren selbst zwar keine Finanzunternehmen, ermöglichten es diesen aber, sich auch an ihrem verrückten Projekt zu beteiligen. Die New Economy wurde zwar zum ökonomischen Desaster, war aber auch eine verrückte Übertreibung, eine feuchtfröhliche Party, die man den Investoren so nicht zugetraut hatte.

Der zweite Aspekt bezieht sich auf die Orte der Neuen Wirtschaft wie sie bereits beschrieben worden sind. Die Start-ups bedeuteten eine (Re-)lokalisierung der Internet-Wirtschaft. Sie nisteten sich in Fabriklofts ein und versteckten sich weder vor der Öffentlichkeit noch der Nachbarschaft. Die deutsche New Economy war im Schanzenviertel in Hamburg zu finden und in den Berliner Stadtteilen Mitte, Kreuzberg und Friedrichshain. Die Orte waren keine anonymen Finanzplätze und strahlten keine Uniformität und Abgeschlossenheit aus, wie die schmucklosen Gebäude der Gewerbeparks oder die gläsernen Türme der Banken.

Die New Economy war als eine Neupositionierung und Neuverortung für die von der Ideologie der Geschwindigkeit beeinflussten Diskurse ein Glücksfall. Der ökonomische Niedergang 2000 und 2001 stellt in diesem Zusammenhang keine Zäsur dar, die New Economy verschwand so schnell wie sie gekommen war.

4. Wachstum

Während viele der grundlegenden Werte und Normierungen unserer kapitalistischen Marktwirtschaft zumindest in Frage gestellt und diskutiert werden, etwa wie viel Freiheit ich bei der Arbeit wirklich besitze, ob ich all die beworbenen Produkte auch tatsächlich brauche oder ob die zunehmende Geschwindigkeit den Menschen nicht überfordere, so wird das Dogma des Wachstums in öffentlichen Diskussionen kaum berührt. Daran hat sich auch im Informationszeitalter nichts geändert. Die New Economy, die eine Ökonomie der Entgrenzung und Ausdehnung war, erweiterte den Wachstumsdiskurs noch auf andere Bereiche und überspitzte, übertrieb ihn in einer ökonomischen Lesart. Für die New Economy war in ihrer Hochphase Umsatz sowie das Wachstum des Umsatzes alles und nicht der Gewinn. Die Start-ups sollten wachsen: mehr Umsatz, mehr Mitarbeiter, mehr Geschäftsfelder, mehr Marketing, mehr Partys. Die protestantische Zurückhaltung der Old Economy, sollte es sie denn je gegeben haben, wurde belächelt und das eigene Wachstum gefeiert. Diese extreme Zeit ist vorbei, im Web 2.0 geht es wieder um *qualitatives* Wachstum und um Gewinn und Dividenden.

Bis auf eine kurze Phase in der Aufbruchstimmung der 1960er und 1970er Jahre[38] gab es keine Zeit, in der der eherne Grundsatz des

---

38 Erinnert sei etwa an *Die Grenzen des Wachstums*, einer 1972 veröffentlichten Studie des *Club of Rome*, zur Entwicklung der Weltwirtschaft. Als Ergebnis wurde ein sofortiges Umsteuern in der Wirtschafts-, Energie- Bevölkerungs- und Umweltpolitik gefordert, da ansonsten die Weltwirtschaft zusammenbrechen würde. Siehe: Meadows, Donella et al.,1972, *Die*

Wachstums angefeindet wurde, die Wachstumsideologie scheint vom Großteil der Öffentlichkeit so sehr internalisiert worden zu sein, dass es kaum denkbar erscheint, dass es überhaupt eine Wirtschaft, eine Gesellschaft ohne Wachstum geben könnte. Der Kapitalismus wird von Boltanski/Chiapello auf eine Minimalformel gebracht, die *[...] eine Forderung nach unbegrenzter Kapitalakkumulation durch den Einsatz formell friedlicher Mittel als zentral erachtet.*[39] Er ist ein Wirtschaftssystem, das auf Wachstum aufbaut und unabhängig davon, ob wir es Akkumulation von Kapital, Mehrwertgewinnung, Profitmaximierung oder Produktivitätssteigerung nennen. Immer geht es für Unternehmen, für Unternehmer, für die Wirtschaft darum, zu wachsen, ein Mehr an Geld, Kapital oder Zeit zu erreichen. Es gibt nur ein wichtiges Ziel; die ständige *Umwandlung des Kapitals, der Industriegüter und anderer Einkaufsposten (Rohstoffe, Fertigteile, Dienstleistungen etc.) in Produktion, der Produktion in Geld und des Geldes in neue Investitionen.*[40] Im Idealfall sorgt dieser Austauschprozess nicht nur dafür, dass die wirtschaftlichen und individuellen Interessen des Unternehmers befriedigt werden, sondern auch dafür, dass die Produktivität der gesamten Volkswirtschaft gesteigert wird und somit alle, oder zumindest viele, Anteil daran haben. Tritt der uns als völlig selbstverständlich erscheinende Zustand des jährlichen Wachstums nicht ein, was in den *westlichen* Industrieländern eher selten vorkommt (in Deutschland zuletzt 2003 und in Folge der Wirtschaftskrise 2009), und sollte die entscheidende Messgröße für das Wachstum, das Bruttoinlandsprodukt (BIP), also der Wert aller im Inland hergestellten Güter und Dienstleistungen, einmal *real* nicht wachsen, so droht die Rezession. Die USA, die durch eine gewaltige Immobilienkrise 2007/2008 eine Weltfinanzkrise ausgelöst hatten, rutschten im Herbst 2008 in eine Rezession, in der sich Deutschland schon seit dem Sommer befand. Schon das Aussprechen des ökonomischen Unwortes ruft Panik hervor, aber nicht die Wirtschaft wird durch sie in erster Linie verunsichert, sondern die Politik, die Erklärungen dafür finden muss, warum die größte denkbare Katastrophe eintreten konnte: ein Nichtwachstum der Wirtschaft. Das Hineingleiten in eine Rezession, die schon am Horizont ihre dunklen Schatten wirft, gilt als ökonomischer Schrecken, wird sie doch immer noch mit Bildern der Weltwirtschaftskrise der späten 1920er und 1930er Jahre assoziiert, die der westlichen Welt größte wirtschaftliche Not, gesellschaftliche Verwerfungen und in der Folge politische Katastrophen brachte. Der Aus-

---

Grenzen des Wachstums – Berichte des Club of Rome zur Lage der Menschheit, München.
39 In: Boltanski/Chiapello, a.a.O., S. 39.
40 Ebenda.

bruch des 2. Weltkrieges wird besonders in Deutschland mit der weltweiten Wirtschaftskrise in Verbindung gesetzt. Eine Rezession, die offiziell besteht, wenn das reale Bruttoinlandsprodukt, d.h. das preis-, saison- und kalenderbereinigte, in einem Jahr zum Vorjahr (oder in angelsächsischer Lesart in zwei aufeinander folgenden Quartalen) nicht wächst[41], ist die negative Projektion schlechthin, die immer angerufen werden kann, wenn es Akteure der Wirtschaft oder Politik für notwendig halten. Im dritten und vierten Quartal 2008 schrumpfte das reale BIP in den USA, Deutschland und anderen westlichen Ländern. 2009 erreichte die Wirtschafts- und Finanzkrise dann ihren Höhepunkt, nahezu alle westlichen Volkswirtschaften schrumpften, die deutsche um nie dagewesene fünf Prozent, und sie gilt schon jetzt, obwohl sich seit Ende 2009 die Anzeichen auf eine wirtschaftliche Erholung verstärken, als die größte Weltwirtschaftskrise seit 1929.

Dass die Angst vor einer Verlangsamung des Wachstums, dem Stillstand oder gar dem Schrumpfen so gewaltig und allgegenwärtig ist, verdeutlicht, dass die oft gezogenen Vergleiche zur Natur nicht stimmig sind. Gern wird das Internet als Blutbahn oder zumindest Verkehrsstrom der Informationsgesellschaft dargestellt und auf die *Finanzströme* der Banken und Börsen verwiesen, die scheinbar unaufhaltsam über den Globus fließen. Nur verläuft das biologische Wachstum stetig und vorhersehbar, es sei denn, es handelt sich um (krankhafte) Wucherungen. Und es verlangsamt sich auch, kommt zum Stillstand und das biologische Wesen stirbt irgendwann. Der Stillstand des Wachstums und der Tod gehören zum Leben dazu, eine Binsenweisheit, die aber im kapitalistischen Verständnis keinen Platz findet oder nur in einer negativen Lesart als Angst vorm Tod. So ist alles, was im Ökonomischen mit Verlangsamung, Stagnation oder Entschleunigung in Verbindung gebracht wird, negativ besetzt. Der kapitalistische Umwandlungsprozess möchte nicht nur wachsen, sondern auch immer schneller wachsen. So ist es keine Meldung wert, wenn das deutsche BIP nominell gewachsen ist (was in jedem Jahr seit 1949 bis auf 2009 der Fall war), sondern nur wenn es real, d.h. preis-, saison- und kalenderbereinigt, gewachsen ist. Nur in diesem Fall wird von einem echtem Wirtschaftswachstum

---

41 Im zweiten Quartal 2008 schrumpfte das deutsche BIP um 0,5 Prozent, im dritten um 0,5 Prozent (sodass sich Deutschland zum ersten Mal seit fünf Jahren in einer Rezession befand) und im vierten sogar um 2,1 Prozent, nachdem es im ersten Quartal noch um 1,5 Prozent gewachsen war. Für das gesamte Jahr 2008 gab es so noch ein geringes Wachstum von 1,0 Prozent. 2009 ging das BIP um fünf Prozent zurück, ein in der Nachkriegszeit noch nie erreichter Wert. Siehe BIP-Angaben unter: http://www.destatis.de.

gesprochen. Selbst dieses findet nur dann eine größere Beachtung, wenn es ein starkes Wachstum ist, d.h. eines, das über zwei Prozent liegt, einem, dem zugetraut wird, dafür zu sorgen, die Arbeitslosigkeit signifikant zu senken, wie zuletzt 2006 und 2007. Es ist selbst für Kritiker des kapitalistischen Wirtschaftssystems selbstverständlich geworden, der Wirtschaft, bzw. den wirtschaftlichen Prozessen, eine eigene Realität zuzusprechen. Während in keinem anderen System, im kulturellen Leben oder im sozialen Miteinander das ständige Wachstum der Normalfall ist und uns das persönliche Empfinden des Menschseins in seiner biologischen und physischen Qualität vor Augen führt, dass es neben einem Wachstum, einem Ausdehnen, auch ein Schrumpfen gibt, eine Verlangsamung, einen Stillstand des Wachstums und so etwas wie ein Gleichgewicht, so soll die Wirtschaft unaufhörlich wachsen, obwohl die Anzahl der arbeitenden Menschen und der geleisteten Arbeitsstunden doch endlich ist.

Was wächst also wirklich? Das Wachstum des BIPs beruht auf der Zunahme der Produktivität, die die entscheidende Größe für die Qualität des Wachstums ist. Ein BIP kann natürlich auch deswegen wachsen, weil die Anzahl der Bürger, bzw. der am Arbeitsprozess teilnehmenden Bürger, gewachsen ist, in den meisten westlichen Ländern spielt dieser Faktor aber nur eine zu vernachlässigende Rolle. Die Produktivität steigert sich dann, wenn sich in einem bestimmten Zeitraum die Erträge pro Einheit steigern, also in einer Stunde mehr Autos oder Chips produziert werden können. In der Landwirtschaft beschreibt der Produktivitätszugewinn etwa die Zunahme des Ertrages pro Hektar Feld oder der Milchgewinnung pro Kuh. So leicht die Produktivität und ihre Zunahme in den klassischen ersten beiden Sektoren, dem der Landwirtschaft und dem der verarbeitenden und produzierenden Industrie, auch beschrieben werden kann, so schwer ist das für den dritten Sektor, den der Dienstleistungen und des Handels. Die Schwierigkeiten mit der Definition der Produktivität dieser Sektoren beschreibt Manuel Castells, wenn er aufzeigt, dass dieser Bereich hauptsächlich dafür verantwortlich ist, dass sich die Zunahme der Produktivität in den Jahren 1973-1993 verlangsamte, in einer Periode, in der die Informationstechnik entwickelt wurde und sich langsam durchsetzte. Für Castells ist dieser erst einmal unerklärliche Umstand ein *Rätsel der Produktivität*. Für den US-amerikanischen Soziologen ist dieses Rätsel von großer Bedeutung, denn die nackten Daten des Produktivitätszuwachses scheinen gegen seine Grundthese zu sprechen, die Informationstechnologie sei der Schlüssel zu Fortschritt, Wachstum und Beschäftigung und würde die Produktivität noch schneller steigen lassen:

»[…] so zeigt sich doch deutlich, dass *wir einen Abwärtstrend in der Produktivitätszunahme beobachten, der ungefähr zur selben Zeit Anfang der 1970er Jahre einsetzte, als die informationstechnologische Revolution Form anzunehmen begann* [Herv. i. Org. M.S.]. Die höchsten Wachstumsraten der Produktivität fielen in die Zeit von 1950-1973, als die industrietechnologischen Innovationen, die während des Zweiten Weltkrieges als System zusammen gekommen waren, zu einem dynamischen Modell wirtschaftlichen Wachstums verwoben wurden. Aber mit Beginn der 1970er Jahre schien das Produktivitätspotenzial dieser Technologien erschöpft zu sein, und die neuen Informationstechnologien konnten während der folgenden beiden Jahrzehnte diese Verlangsamung der Produktivitätszunahme nicht umkehren.«[42]

Nach den, im November 1999 aktualisierten, Zahlen des US-Arbeitsministeriums hatte die Produktivitätszunahme für den Zeitraum 1959-1973 jährlich bei 2,3 Prozent, für 1973-1995 bei jährlich 1,4 bis 1,6 Prozent gelegen.[43] Nach den etwas anderen, offiziellen Zahlen der OECD, nahm, wie unter Punkt B.3.3. schon aufgeführt, die Produktivität, und als maßgeblich gilt die Arbeitsproduktivität, d.h. die pro Arbeitsstunde erbrachte Produktionsleistung, in den USA zwischen 1971 und 2006 im Durchschnitt um 1,66 Prozent jährlich zu, während sie etwa in (West-)Deutschland um 2,6 Prozent und in Japan um durchschnittlich 3,0 Prozent jährlich zunahm. Zur Zeit der New Economy, von 1996 bis 2000, nahm die Arbeitsproduktivität in den USA um 2,14 Prozent, in den gesamten 1990er Jahren nur um durchschnittlich 1,58 Prozent zu. In den 1980er Jahren hatte sie nur bei 1,28 Prozent gelegen und in den 1970er Jahren hatte die Arbeitsproduktivität pro Jahr um 1,77 Prozent zugelegt und von 2000 bis 2006 sogar, wie zur Zeit der New Economy, um 2,16 Prozent.[44]

Warum kam es also zu der, im Vergleich zu den 1950er und 1960er Jahren, geringeren Zunahme der Produktivität in den 1970er und vor allem in den 1980er Jahren, nicht nur in den USA, sondern in fast allen Industriestaaten? Castells führt einige Gründe an. Erstens gäbe es immer eine zeitliche Verzögerung zwischen technologischer Innovation und einer daraus folgenden ökonomischen Produktivität, wie der US-amerikanische Ökonom Paul A. David[45] etwa für die Verbreitung des Elektromotors nachgewiesen habe. Außerdem müsse grundsätzlich betont werden, dass der Rückgang des Produktivitätszuwachses fast ausschließlich

---

42 In: Castells, Manuel (2001), S. 90.
43 Ebenda, S. 97.
44 Die Zahlen zur US-Arbeitsproduktivität siehe: *OECD Factbook 2008: Economic, Environmental and Social Statistics.*
45 In: Castells, Manuel (2001), S. 91.

durch den Dienstleistungsbereich ausgelöst wurde, der zu einem Großteil der Beschäftigung und des BIPs beitrage. In den USA ist dieser Bereich, etwa im Gegensatz zu Deutschland, besonders hoch. Dieser Umstand verweist auf die Problematik, dass der Dienstleistungsbereich nur eine »negative« Kategorie ist, wie Castells es nennt, da in ihr nur der Rest der Wirtschaftsbereiche zusammengefasst ist, der nicht unter Landwirtschaft, Rohstoffgewinnung, Versorgung, Baugewerbe und verarbeitender Industrie zu finden ist. So werden völlig unterschiedliche Branchen wie Banken, Versicherungen, Handelsunternehmen, Kommunikationsfirmen, Lufttransport und Eisenbahnen zusammengefasst. Bei den drei letztgenannten Branchen betrug die jährliche Produktivitätssteigerung zwischen 1970 und 1983 aber zwischen 4,5 und 6,8 Prozent[46], was andeutet, dass der Unterschied innerhalb des Dienstleistungssektors beträchtlich ist. Ein weiterer verzerrender Umstand ist laut Castells, dass die Investitionen in Software, Forschung und Entwicklung nicht angemessen berücksichtigt werden, und in der Schwierigkeit, die Preise für Dienstleistungen zu messen. Abschließend kommt Castells zu dem für ihn enttäuschenden Schluss:

»Insgesamt kann es sehr wohl sein, dass ein bedeutender Teil der mysteriösen Verlangsamung im Wachstum der Produktivität sich durch eine steigende Unzulänglichkeit der Wirtschaftsstatistik erklären lässt, wenn es darum geht, die Bewegungen der neuen informationellen Wirtschaft zu erfassen, und zwar genau *wegen des weiten Ausgreifens der Transformation unter dem Einfluss der Informationstechnologie und des damit zusammenhängenden organisatorischen Wandels* [Herv. i. Org. M.S.].«[47]

Für Castells besteht eigentlich kein Grund, auf solch schwer zu beweisende Vermutungen zurückzugreifen, denn die verfügbaren Daten stützen seine Hypothese von der Wachstumskraft der Informationstechnologien eindeutig. In der verarbeitenden Industrie, die weitaus besser zu untersuchen ist und die in den 1970er und 1980er Jahren die neuen Technologien schrittweise in ihre Produktion integrierte, zeigte sich keine nennenswerte Abnahme des Produktivitätszuwachses (2,6 Prozent 1972-1987, nach 3,3 Prozent von 1963-1972)[48]. Die industrielle Produktion der USA und besonders die der Konsumgüterindustrie hatte von den 1970er bis 1990er dafür gesorgt, die Wachstumsraten hochzuhalten, und sorgte auch in der Zeit der New Economy dafür, die Produktivitätsrate der gesamten US-Wirtschaft zu tragen. Obwohl die Computerproduktion

---

46 Ebenda, S. 94.
47 Ebenda, S. 95.
48 Ebenda, S. 96.

nur zu 1,2 Prozent zur Gesamtproduktion beitrug, stieg ihre Produktivität in der zweiten Hälfte der 1990er Jahre um beachtliche 41,7 Prozent pro Jahr[49]. Dazu Castells:

»Aber wir wissen aus der Geschichte und aus Fallstudien über Industriezweige und Unternehmen in den 1990er Jahren, dass die Anwendung technologischer Innovation zunächst in den Branchen greift, die sich an ihrem Ursprung befinden und sich dann auf andere Branchen ausdehnt. Deshalb kann und sollte der außerordentliche Produktivitätszuwachs in der Computerindustrie als die Form dessen verstanden werden, was uns allgemein bevorsteht und nicht als ein abnormer Buckel in einer flachen Landschaft wirtschaftlicher Routine. Es gibt keinen Grund, warum dieses Produktivitätspotenzial, einmal durch seine Produzenten entfesselt, sich nicht in der gesamten Wirtschaft ausbreiten sollte.«[50]

Eine dieser Fallstudien, die Castells erwähnt, ist die vom amerikanischen Ökonomen Erik Brynjolfsson, die 1997 erschien und in der er über 600 US-Großfirmen untersuchte. Er wollte herausfinden, welchen Zusammenhang es zwischen dem Einsatz der IT-Technik und der Produktivität gibt. Das Ergebnis überraschte nicht. Brynjolfsson konnte einen grundsätzlichen Zusammenhang zwischen der Höhe der Investitionen in die IT-Technik und einem Produktivitätszuwachs belegen und fand heraus, dass die produktivsten Unternehmen die waren, die die neue Technik mittels angemessener Managementtechniken mit einer kundenorientierten Geschäftsstrategie und einer dezentralisierten Organisationsstruktur verbinden konnten. Die Firmen, die die neuen Technologien einfach auf die alten Strukturen aufpfropften oder umgekehrt, waren signifikant weniger produktiv.

Die jüngeren Zahlen der 1990er und 2000er Jahre geben Castells ebenfalls Recht. Die Technologien der Informationsgesellschaft sind zu einem Produktivitätsbeschleuniger, besonders der IT-Unternehmen selbst und darüber hinaus der gesamten Industrie, geworden. Die IT-Wirtschaft, verbunden mit Namen wie *Microsoft*, *Apple*, *IBM*, *HP*, *Cisco*, *Intel*, *Amazon*, *Google* oder *Yahoo*, hat für die USA sowohl volkswirtschaftlich als auch strategisch eine weitaus größere Bedeutung als etwa für Deutschland, wo die Industrieproduktion ebenfalls massiv von dem Technologieschub profitierte und ihre Produktivität weiter steigerte. Dass viele Unternehmen des Dienstleistungs- und Handelsbereiches ihre Produktivität in den letzten Jahrzehnten nicht ebenso steigern konnten, liegt an der simplen Tatsache, dass hier dem Einsatz von IT-Technik gewisse Grenzen gesetzt sind und der Einsatz von ver-

---

49 Ebenda, S. 99.
50 Ebenda.

gleichsweise viel menschlichem Personal nötig ist. Einsparungen und/oder Produktivitätszuwächse sind in diesem Bereich nur durch weitere Arbeitsverdichtung, Arbeitszeitverlängerung, Outsourcing oder Produktionsverlagerungen möglich, allesamt Veränderungen, die, bis auf die Verlängerung der Arbeitszeiten, in den letzten 20 Jahren auch verstärkt stattgefunden haben.

Die Diskussionen um das Wachstum der Produktivität und den Beitrag der US-amerikanischen IT-Wirtschaft zur Entwicklung der gesamten eigenen Volkswirtschaft, gaben, wie wir sehen konnten, keinen Anlass für euphorische Kommentare, die nackten Daten geben keinen Raum für den Glauben an eine ökonomische Revolution. Die gesamte Wirtschaft der USA wuchs, gemessen an ihrer eigenen Entwicklung, in der zweiten Hälfte der 1990er Jahre nicht besonders stark, weder das BIP noch die Produktivität legten außerordentlich zu. Eine sehr positive, aber auch nicht außergewöhnliche Entwicklung war bei der Arbeitslosigkeit und der Inflation festzustellen. Die damals hitzig geführten Diskussionen um ein neues wirtschaftliches oder gar wirtschaftswissenschaftliches Paradigma verrieten, dass es um etwas anderes ging, als um ein simples wirtschaftliches Wachstum des BIP. Der Terminus *New Growth*, der zu Zeiten der New Economy oft zu lesen war, bezog sich auf ein neues ökonomisches Paradigma, das *New Economy Paradigma*, das für die nächsten Jahre und Jahrzehnte Wachstum erwarten lassen sollte. Und das sogar ohne Inflation und zyklische Schwankungen.

Jean Gadrey lenkt die Diskussion um *New Growth* auf einen interessanten Punkt, dessen Aussparung selbst verrät, wie sehr wir schon einen bestimmten Wachstumsbegriff verinnerlicht und für unumstößlich erklärt haben. Denn dieser Begriff ist noch relativ neu und entstammt einer spezifischen historischen Konstellation:

»The concept of economic growth, in the sense attributed to it today, is a relatively recent invention, a by-product, as it were, of industrialisation. It came into its own with Fordism, the three decades or so of growth and prosperity following the Second World War and the national accounting systems of the twentieth century, which were themselves developed in a particular economic context, on to that saw the expansion of heavy industry and the mass consumption of standardised goods.«[51]

Das wirft die Frage auf, warum dann in Bezug auf die Informationsgesellschaft und ihrer immateriellen Güter und Dienstleistungen überhaupt noch so streng und eindringlich an einem Wachstumsbegriff festgehalten wird, der dem alten Paradigma entstammt, dass doch nun von der

---

51 In: Gadrey, Jean a.a.O., S. 17.

New Economy abgelöst wird, wie es so viele[52] behaupteten. Auch Manuel Castells, der immer wieder von einem neuen *Paradigma der Informationstechnologie*[53] spricht, gibt zu, dass es mit der Bestimmung des Wachstums und der Produktivität nicht so einfach ist: *Few economic matters are more questioned and more questionable than the sources of productivity and productivity growth.*[54] Dieser Umstand erklärt zu einem Teil auch Castells Probleme mit seinem zuvor erwähnten *Rätsel der Produktivität*. So beantwortet Gadrey abschließend die in diesem Zusammenhang entscheidende Frage:

»The new growth, we are told, is based on the new information and communication technologies, which constitute a new, universal technological paradigm.[...] Can such an economy based on information, communication and knowledge be conceptualised and managed in terms of growth? The answer is obviously no: the relative ›dematerialisation‹ of wealth has gone hand-in-hand with the gradual disappearance of those stable reference units used to measure agricultural and industrial output.«[55]

Ein Wachstumsbegriff, der dafür entwickelt wurde den Ausstoß an industriellen und landwirtschaftlichen Gütern zu messen, Stückzahlen von Autos, Volumen an Stahl und Tonnen von Weizen, kann der Qualität immaterieller Produktion nicht gerecht werden. So wird in der Hilflosigkeit dieses Umstandes, denn es gibt aktuell keine brauchbare Alternative, auch die Informationsgesellschaft gemessen[56] als wäre sie noch die alte Industriegesellschaft. Es ist kein Zufall, dass auch im Zusammenhang mit dem Erfolg der New Economy immer Quantitäten angeben wurden, neben volkswirtschaftlichen Größen wie dem BIP-Wachstum, der Produktivitätszunahme, der Inflation und Beschäftigung, wurde häufig auf die Anzahl der Internetanschlüsse, der Mobiltelefone und der verkauften Computer und Software hingewiesen. In den Start-ups ging es um die *Click-Rates*, die *Visits* und die Anzahl und Dateigröße der Downloads und von allen Mythopoeten wurde immer wieder auf die Aktienkurse verwiesen, deren Entwicklung die der New Economy widerspiegelt, ihren Aufstieg, den (scheinbar) irrationalen Hype wie das Desaster auf Raten. Die wirkliche Qualität der New Economy konnte

---

52 *A world so different its emergence can only be described as a* revolution. Browning/Reiss zitiert in: Pauschert, Dirk, 2005, *New Economy? Die New Economy als neue Form der Industriewirtschaft*, Hamburg, S. 3.
53 Etwa in: Castells, Manuel (2001), S. 75.
54 Castells zitiert in: Pauschert, Dirk, a.a.O., S. 27.
55 In: Gadrey, Jean a.a.O., S. 20.
56 Siehe etwa: Landefeld, Steven J. u. Fraumeni, Barbara M. »Measuring the New Economy«, März 2001, o.O.

mit solch einem Wachstumsbegriff aber nicht gemessen werden. Diese Arbeit, die Beschreibung der Internet-Wirtschaft als Mythos, ist auch ein Versuch, ein anderes Wachstum, ein qualitatives, zu beschreiben, das die ökonomische Verengtheit aufbricht.

Wachstum ist weitaus mehr als eine lineare Steigerung von Zustand A zu Zustand B. Sie ist auch kein Ortswechsel, sondern eine Raumzunahme, eine Ausdehnung. Die Diskurse um ökonomisches Wachstum berühren den schon erwähnten Prozess der *Ökonomisierung*. Die Wirtschaft, aufgefasst als Summe aller Unternehmen, Unternehmer und wirtschaftlich tätigen Institutionen und Bürger, Aller, die geldwerten Umsatz generieren, wächst nicht nur innerhalb ihrer Grenzen scheinbar unaufhörlich, sondern diese Ausdehnung tritt auch über diese Grenzen. Die New Economy hatte und hat zwar im engeren Verständnis als Internet-Wirtschaft keine große volkswirtschaftliche Bedeutung, sehr wohl aber im weiteren Verständnis der in der Einleitung beschriebenen ersten und zweiten Ebene. Castells spricht anstatt von der New Economy von der *Neuen Wirtschaftsform*, als ITK-Wirtschaft ist sie seiner Meinung nach von großer wirtschaftlicher und zentraler technologischer und strategischer Bedeutung und in diesem Punkt gebe ich ihm vorbehaltlos Recht. Wollen die westlichen Industrienationen, und hier besonders die USA, auch im 21. Jahrhundert die führenden Wirtschaftsnationen bleiben, dann nur wenn sie die führenden Nationen der ITK-Welt werden und bleiben. In den anderen Wirtschaftssektoren (v.a. der Landwirtschaft, der Konsumgüterproduktion, der Energiegewinnung und der globalisierbaren Dienstleistungen) werden die Länder Asiens, Osteuropas und Südamerikas und von denen besonders China, Indien, Russland und Brasilien dem Westen die Führungsrolle abnehmen – sofern sie dieses nicht schon getan haben.

Fazit

Der Mythos der New Economy bedeutet neben der technologisch-strategischen Relevanz besonders des Internets auch die Ausdehnungskraft der Ökonomie auf bisher nichtökonomische Felder, sie bedeutet eine neue Qualität der Ausdehnung. Bisher wurde die Ausdehnungsbewegung der Wirtschaft, des Kapitals, oft als eine nicht willkommene angesehen, etwa wenn gesellschaftliche Institutionen ihren Besitz an ökonomischem und/oder kulturellem Kapital verkaufen mussten. Begriffe wie Kommerzialisierung, Ausverkauf und auch der der Ökonomisierung betonten die negativen Folgen für das Gemeinwohl, die Gesellschaft und die Kultur des Menschen. Besonders häufig wird in diesem Zusammenhang die böse, weil raffgierige und unsensible Wirtschaft zum übermächtigen Gegner der guten, weil menschlichen Kultur. Dieses Bild findet sich oft bei den Privatisierungsdebatten der 1990er und 2000er Jahre. *Private Investoren* kaufen *öffentliches Eigentum*, um Gewinne zu erwirtschaften, ohne Rücksicht auf *die Bürger*. Der Wind hat sich im Zusammenhang mit diesen *Privatisierungsorgien* in der zweiten Hälfte der 2000er Jahre aber gedreht.[57] Immer mehr *Heuschrecken* wurden gesichtet, die (Finanz-) Wirtschaft wurde gar von höchster Stelle als *Monster* bezeichnet[58] und der Rest des Vertrauens in die Finanzwirtschaft mit ihrer Krise, die ab Herbst 2008 auch die Realwirtschaft in eine große Rezession stürzte, zerstört.

Die New Economy dagegen wurde nie als aggressive, sich ungebremst ausdehnende IT-Wirtschaft angesehen, sondern trat sehr smart auf. Niemand hätte ihr vorgeworfen, mit ihren Afterworkpartys das Klubleben privatisieren oder ökonomisieren zu wollen. Durch ihren gemeinschaftlichen Unternehmensstil und ihre jungen Gründer wurden nie Assoziationen mit seelenlosen Managern und zweckrationalem Unternehmenskalkül geweckt. Eine Wirtschaft, die die Verschwendung und Ausdehnung vor dem Gewinn zur Philosophie erklärt hatte, konnte nichts Böses im Sinn haben, die Start-ups erschienen vielen vielleicht als etwas seltsam und sehr Lifestyle-orientiert, aber nicht als gierig oder rücksichtslos.

Im Sommer 2000 veranstaltete ein angesagter Klub aus dem Berliner Szenebezirk Mitte sein erstes Fußballturnier. Dieses Turnier wurde zwar nicht von einem Start-up veranstaltet (obwohl ein paar Unternehmen Mannschaften geschickt hatten), während der Hochzeit der deutschen New Economy konnte aber besichtigt werden, wie eine Ausdehnung der New Economy auf andere kulturelle und soziale Felder aussehen konnte. Davon abgesehen, dass sich die startenden Mannschaften aus Berliner Klubs, Start-ups und Zeitungen rekrutierten, das später siegreiche Team des Gastgebers hatte selbstdesignte Trikots an, so erschienen auch alle andere Begleitumstände des Turniers als ungewohnt. Statt des obligatorischen Biers wurden Cocktails und Trendcolas ausgeschenkt, im Hintergrund lief auch während des Spiels Loungemusik. Es gab Liegestühle,

---

57 Im Januar 2008 kam es in Leipzig zum Bürgerentscheid über die Privatisierung der Stadtwerke, über 87 Prozent stimmten dagegen. In: *Spiegel online*, 28.01.2008, siehe unter: http://www.spiegel.de/wirtschaft/0,1518,531544,00.html.

58 Bundespräsident Horst Köhler im Mai 2008 in einem Interview mit dem Stern. In: *Stern.de*, 14.05.2008, siehe unter: http://www.stern.de/politik/deutschland. Im November 2008, nach dem Beginn der Weltfinanzkrise, legte er nach und las den »Bankern« beim European Banking Congress in Frankfurt a.M. die Leviten. In: *Spiegel online*, 21.11.2008, siehe unter: http://www.spiegel.de/wirtschaft/0,1518,591910,00.html.

attraktive Zuschauer(-innen), es wurde gegrillt und ein großer deutscher Sportartikelhersteller sponserte dieses Event. Typisch für den Geist der New Economy war, dass alle ihren Spaß hatten, auch wenn der sportliche Ehrgeiz etwas verloren ging. Niemand hätte den Turnier-Veranstaltern etwas Böses unterstellen wollen, sie hatten aber unwissentlich für ein weiteres Wachstum gesorgt, ein Wachstum der Zeichen und Bedeutungen der New Economy. Ein Fußballturnier konnte in Zukunft auch anders aussehen; muss es nicht, kann es aber.

5. Flexibilität

Die Ideologie der Flexibilität, ein zentraler Baustein des modernen Kapitalismus der letzten zwanzig, dreißig Jahre, ist noch weitaus stärker als die der Geschwindigkeit eine der persönlicher Anrufung und Mobilisierung. Und im Gegensatz zu der des Tempos, die zunehmend problematisiert wird, besonders wenn sie das private Leben außerhalb der Arbeitszeit betrifft, so bedeutet *flexibel* zu sein erst einmal nur Gutes. Gibt es einen Begriff, der in seiner ganzen Dimension zur Beschreibung der Anforderungen an die neue Arbeits- und Lebenswelt des 21. Jahrhunderts geworden ist, dann ist es der Flexibilität. Jeder und alles soll, ja muss heute flexibel sein. Wer nicht flexibel ist oder sein will, der ist unflexibel, d.h. alt, verknöchert, langsam, beharrend, jemand, der nicht in die neue Zeit passen will. Dieser Begriff beschränkt sich nicht auf das Arbeitsleben, im Gegenteil. Gerade im privaten Umfeld, ob in der Familie oder mit Freunden, ist Flexibilität gefragt. Immer kann sich etwas ändern, nie ist etwas ganz sicher. Diese Ideologie hat Einfluss auf ökonomische, soziale und politische Diskussionen um Arbeitszeiten, um Produktivität und Freizeitgestaltungen. Immer geht es darum, das Individuum in Bereitschaft zu halten, in der Bereitschaft, ggf. auch etwas anderes zu tun, als er oder sie es vorher erwartet oder geplant hatte.

Der amerikanische Soziologe Richard Sennett beschreibt in seinem Buch *Der flexible Mensch – Die Kultur des neuen Kapitalismus*, wie das Wort *Flexibilität* im 15. Jahrhundert Teil des englischen Wortschatzes wurde. Es meinte ursprünglich die Fähigkeit eines Baumes sich im Wind biegen zu können, dann aber in die ursprüngliche Form zurückzukehren. Es ist die Kombination aus Nachgeben und Wiederherstellen, die diesen Begriff kennzeichnet:

»Im Idealfall sollte menschliches Verhalten dieselbe Dehnfestigkeit haben, sich wechselnden Umständen anzupassen, ohne von ihnen gebrochen zu werden. Die heutige Gesellschaft sucht nach Wegen, die Übel der Routine durch die Schaffung flexiblerer Institutionen zu mildern. Die Verwirklichung der

Flexibilität konzentriert sich jedoch vor allem auf die Kräfte, die die Menschen verbiegen.«[59]

Im Gegensatz zu vielen Medien, Wissenschaftlern und Wirtschaftsvertretern, für die *Flexibilität* vor allem ein Gegenbegriff zu Starre und Langsamkeit ist, sieht Sennett mit diesem Begriff Macht- und Kontrollstrukturen am Werk, die nichts mit Freiheit zu tun haben:

»Im modernen Gebrauch des Wortes ›Flexibilität‹ verbirgt sich ein Machtsystem. Es besteht aus drei Elementen: dem diskontinuierlichen Umbau von Institutionen, der flexiblen Spezialisierung der Produktion und der Konzentration der Macht ohne Zentralisierung.«[60]

Der Begriff ist nicht nur ein zentraler, um den technischen und organisatorischen Umbau der Industrie- zur Informationsgesellschaft zu beschreiben, wie es etwa unter dem Schlagwort der Flexibilisierung der Arbeitszeiten geschieht, was de facto meist eine Ausdehnung der Arbeitszeit, bzw. der Zeit, in der gearbeitet werden kann, bedeutet. Auch und gerade für den Anspruch an das arbeitende Individuum ist er zentral geworden.[61] Wenn vom Arbeitnehmer und sogar vom Arbeitslosen verlangt wird, flexibel zu sein, bedeutet das konkret eine Flexibilität (sprich Offenheit für Veränderungen) in Bezug auf: Arbeitsort, Arbeitszeit, Arbeitslänge, Arbeitsanforderungen, Sicherheit des Arbeitsplatzes, Laufzeit des Arbeitsvertrages, Kürzung von Sozialleistungen und Lohnhöhe. Unabhängig davon, welche Position jemand zur Transformation der Arbeitswelt einnimmt, er wird kaum bezweifeln können, dass es nüchtern betrachtet nur sehr wenig Fortschritte für den Arbeitnehmer gibt, vergleicht er die neue mit seiner alten Arbeitsumgebung. Einer der wenigen Pluspunkte scheint in einer flexibleren Gestaltung der Arbeitszeit zu liegen, wie es in vielen, meist größeren Unternehmen und Institutionen mithilfe von so genannten Arbeitszeitkonten geschieht. Im Gegensatz zum traditionellen Modell der Wochenarbeitszeit von 40 oder weniger

---

59 In: Sennett, Richard, 2000, *Der flexible Mensch. Die Kultur des neuen Kapitalismus*, Berlin, S. 57.
60 Ebenda, S. 58f.
61 Manuel Castells: *Labor has also changed extraordinary, the most important thing being the key role of flexibility in labor markets and in employment. [...] Flexibility means, in fact, the end of stable employment in the same company, of a predictable career pattern for the rest of your life, which has been the prevailing mode of employment during the industrial age.* In: Ders., »The Information City, the New Economy, and the Network Society«, in: Webster, Frank, 2004, *The information society reader*, New York, S. 150-163, hier S. 157.

Stunden, die sich meist auf fünf Achtstunden-Tage von Montag bis Freitag verteilte, die mindestens eine Kernarbeitszeit (oft 08.30-15.30h) abdecken mussten und kurze Gleitzeiten vor und nach dieser erlaubten, geht das Arbeitszeitkonto von einer Jahresarbeitszeit aus. Die tatsächliche, d.h., auch durch Krankheit reduzierte, Jahresarbeitszeit betrug in Deutschland 2007 durchschnittlich 1353,5 Stunden[62] (365 Tage minus 52 Wochenenden minus der Urlaubszeit und den Feiertagen). Diese Stunden können meist nicht völlig frei gestaltet werden, aber es ist nun leichter, auch mal einen Tag frei zu nehmen und diese Zeit nach- bzw. vorzuarbeiten. Oft kann inzwischen auch am Samstag gearbeitet werden und die Kernarbeitszeit gilt nur, wenn eine entsprechende Verfügbarkeit (z.B. durch Öffnungszeiten etc.) zwingend notwendig ist. Viele Arbeitnehmer empfinden diese Regelungen schon als Freiheit, nur ist diese meist so stark begrenzt, dass der Unterschied zu früher meist nicht gravierend ist, da die Arbeitsbelastung die gleiche ist oder sogar zugenommen hat.[63]

Die erstgenannten negativen Veränderungen werden von den meisten Arbeitnehmern auch als solche erkannt, aber als Erscheinung einer neuen Arbeitswelt – wenn auch nicht erwünscht – hingenommen. Der Masse der arbeitenden Bevölkerung ist mehr oder weniger klar geworden, dass sich die traditionelle Arbeitswelt des Industriezeitalters langsam aber stetig auflöst. Die Flexibilisierung der Arbeitswelt wird wahr- und hingenommen und nicht nur Vorteile, sondern viele negative Veränderungen, gesehen. Die Angst um den Arbeitsplatz führt aber meist dazu, diese Befürchtungen nicht offen anzusprechen, sondern man ist froh darüber überhaupt einen Arbeitsplatz zu haben, auch wenn dieser nicht mehr so sicher ist wie früher. In der Arbeitswelt war anfangs nicht von Flexibilisierung die Rede, sondern von *Flexibilität*:

»Die multiplen Transformationen, die in den 70er Jahren ihren Ausgang genommen hatten, wurden im Laufe des darauf folgenden Jahrzehnts aufeinander abgestimmt, angeglichen und mit der einheitlichen Vokabel *Flexibilität*

---

62 In diesem Wert ist die Teilzeitarbeit (Quote 2007: 33,7 Prozent) mit enthalten. Jemand, der die volle Wochenarbeitszeit von 35-40 Stunden (Durchschnitt 38,3 h) leistet, kommt auf eine Jahresarbeitszeit von etwa 1600 bis 1800 Stunden. Quelle: *Institut für Arbeitsmarkt- und Berufsforschung (IAB)*, Stand: 12/2008.
63 Ein Gradmesser für die Zunahme der Arbeitsbelastung ist die Zunahme der geleisteten Überstunden. 2008 stiegen sie auf voraussichtlich 1,909 Milliarden Stunden an, den höchsten Stand seit 1995. Das *Institut für Arbeitsmarkt- und Berufsforschung (IAB)* ermittelte auch, dass jeder Arbeitnehmer damit im Schnitt 63,2 Überstunden pro Jahr leistet. In: *Fazjob.net*, 07.09.2008, siehe unter: http://berufundchance.fazjob.net.

[Herv. i. Org. M.S.] versehen. Die Flexibilität, die in der Möglichkeit der Unternehmen besteht, ihren Produktionsapparat und vor allem ihr Beschäftigungsniveau ohne Zeitverlust an die Nachfrageentwicklung anzupassen, wird ebenfalls mit der Entwicklung hin zu einer größeren Arbeitsplatzautonomie in Verbindung gebracht, die gleichbedeutend ist mit einer schnelleren Anpassung vor Ort an die jeweiligen Umstände, ohne erst die Anweisungen einer ineffizienten Bürokratie abzuwarten.«[64]

In diesem Fall könnte treffender von *Flexibilisierung* gesprochen werden. Dieser Begriff betont mehr den passiven Charakter der Objekte, die Anpassungsleistung der Menschen, die die Flexibilisierungen erdulden müssen. Der Begriff hat schon eine negative Schlagseite, während Flexibilität ein Wert an sich ist, den das Individuum in der modernen Zeit haben sollte. Dieser Begriff erkennt den Wandel an, nicht nur den technologischen und wirtschaftlichen, sondern den Wandel an sich in jedem Bereich menschlicher Aktivität und darüber hinaus. Und er erkennt den Wandel nicht nur an, sondern bewertet ihn erst einmal positiv. Sich flexibel zu verhalten gilt als gut und richtig, klug und verantwortungsvoll. Die Anerkennung der Flexibilität zieht sich durch alle politischen Lager:

»Der Begriff wird sowohl vom Management und den Arbeitgebern übernommen als auch von manchen Sozioökonomen aus der Arbeitsforschung (wie z.B. B. Coriat), die ursprünglich dem linken Lager entstammen, ihre bisherige kritische Haltung aufgegeben haben und nun so tun, als sei die Notwendigkeit einer ›als dynamisch qualifizierten Flexibilität‹ als ›neuer Totalisierungsform‹ eine Selbstverständlichkeit [...]. So ist die Flexibilität – für gut zehn Jahre, d.h. bis sich Ende 1995 von neuem eine größere kritische Bewegung herausschält – Teil eines Metadiskurses, der sich mit der Zeit verhärten wird.«[65]

Boltanski/Chiapello spielen am Ende auf die neuen sozialen Bewegungen in Frankreich an, die in Folge der großen Streiks Ende 1995 (v.a. gegen die Rentenreform, den so genannten *Juppé-Plan*) entstanden. Zu diesen Bewegungen gehörten meist kleinere lokale, aber gut vernetzte Gruppen, die sich meist bestimmten sozialen und politischen Themen, etwa der Armut, den Obdachlosen, den Asylbewerbern, den Wohnungslosen u.ä. widmen. Diese Bewegungen erneuerten nach Boltanski/Chiapello die Sozialkritik der 1970er Jahre. Ob diese neuen sozialen Bewegungen es bisher vermochten, den Metadiskurs um die Flexibilität in Frankreich zu verändern, mag ich nicht beurteilen. In Deutschland ist

---

64 In: Boltanski/Chiapello, a.a.O., S. 248.
65 Ebenda, S. 248f.

trotz neuer Bewegungen, wie etwa der globalisierungskritischen *Attac*[66], nicht davon zu sprechen, dass dieser Diskurs etwas von seiner Geltungsmacht verloren hat. Er hat nur die Grenzen der Arbeitswelt längst verlassen und dient heute vor allem zur sozialen Mobilisierung. Dieser ideologisch wirksame Metadiskurs ist ein herausragendes Beispiel dafür, wie ökonomische Anrufungen, genauer gesagt Anrufungen, die aus der Wirtschaftswelt heraus formuliert wurden, zu allgemeinen Anrufungen wurden. Aus der *Flexibilisierung* der Arbeit wurde in den 1990er und 2000er Jahren die *Flexibilität* im Leben. Ob es um eine Verabredung zum Essen, ins Kino, ein Treffen mit Freunden oder den Nachtisch geht, überall ist Flexibilität gefragt, die in allererster Linie bedeutet, dass nichts mehr sicher ist. Während aber Unsicherheit erst einmal etwas Negatives ist, und die Sehnsucht nach Sicherheit nicht zu korrumpieren ist, so signalisiert die Bereitschaft zur Flexibilität, die weitaus mehr gefragt ist als die tatsächliche flexible Handlung, dass ich den Wandel und die Veränderung, sei es die grundsätzliche allgemeine oder konkrete, für gut heiße und Einverständnis signalisiere.

Das große Dilemma der Flexibilität ist, dass dieses Prinzip, so wie jedes ökonomische Prinzip, nicht einfach auf das soziale Leben zu übertragen ist. Einerseits, weil dieses weitaus komplexer und weniger skalierbar ist, und andererseits, weil es Grenzen und eigene Logiken kennt, die der der Flexibilität unversöhnlich gegenüberstehen. Richard Sennett beschreibt, wie die Idee der Flexibilität mit dem privaten Leben nicht immer zu verbinden ist. Wer Kinder hat, eine Partnerschaft oder Freundschaften führt, der weiß, dass diese sozialen Bindungen zu einem großen Teil auf langfristigen Werten und Einstellungen fußen, auf Vertrauen, auf Verantwortung und Empathie. Sennett sieht nicht nur unser soziales Leben in Gefahr, sondern ebenso die Psyche jedes Einzelnen:

»Wie lassen sich langfristige Ziele in einer auf Kurzfristigkeit angelegten Gesellschaft anstreben? Wie sind dauerhafte soziale Beziehungen aufrechtzuerhalten? Wie kann ein Mensch in einer Gesellschaft, die aus Episoden und Fragmenten besteht, seine Identität und Lebensgeschichte zu einer Erzählung bündeln?«[67]

Im Berufsleben machen Formen von Flexibilität scheinbar noch Sinn, auch wenn hier Vertrauen und Verantwortung gefragt sind, aber eine Verabredung zum Meeting ist etwas anderes als eine Verabredung ins

---

66 1998 in Frankreich gegründete *Association pour une taxation des transactions financieres pour l'aide aux citoyens* (dt. »*Vereinigung zur Besteuerung von Finanztransaktionen im Interesse der Bürger*«).
67 In: Sennett, Richard (2000), S. 31.

Kino. Eine Freundschaft kann nur sehr eingeschränkt »flexibilisiert« werden, häufige Verspätungen und Absagen wird kein Freund akzeptieren und im Bereich der Kindererziehung findet diese Idee endgültig ihre Grenzen. Der Aufbau einer Beziehung zu einem Kind, die langfristige und konstante Vermittlung von Werten und Wissen erfordern es, dass sich das Kind auf das Elternteil unbedingt verlassen kann.

Sowohl der erziehende als auch der arbeitende Erwachsene stehen vor dem Dilemma, vor dem Paradoxon, so etwas wie *flexible Bindungen* etablieren zu müssen. Bei einem Großteil der Öffentlichkeit hat sich die Einsicht durchgesetzt, dass sich viele soziale und ökonomische Parameter in Veränderung befinden, so dass ein Mindestmaß an Flexibilität als sinnvoll erscheint. Dieses Maß zu bestimmen, die Grenzen der Flexibilität zu bestimmen, fällt schwer, aber diese Bestimmung hat einen direkten Einfluss auf die Fähigkeit, mit sich verändernden Umweltbedingungen glücklich (oder nicht) zu leben. Der Flexibilitätskonsens kann durchbrochen und thematisiert werden, nicht aber die Notwendigkeit, immer wieder neu zu definieren, wo dieser anfängt und wo er endet.

Fazit

Die New Economy spielte für die Ideologie der Flexibilität eine zentrale und strategische Rolle. Bei den Start-ups Flexibilität einzufordern, hätte 1999 und 2000 geheißen, Eulen nach Athen zu tragen. Der Flexibilitätskonsens war bei den Gründern wie Mitarbeitern schon soweit verinnerlicht, dass er nicht mehr bedeutet werden musste. Ein auf Verantwortung und Sicherheit fußender Arbeitsethos im traditionellen Sinne fehlte und über die Neuzusammensetzung eines Projektteams oder gar den Wechsel des Arbeitsplatzes innerhalb des Start-ups wurde sich nicht beschwert. Ähnliches galt für die Arbeitszeit, die Arbeitsumstände und die Freizeitgestaltung. Sollte es einmal Unmut gegeben haben, so bezog sich dieser auf ein Ausbleiben der Gehälter, der einzige Bereich, in dem kaum einer Flexibilität zeigte, von Ausnahmen einmal abgesehen.[68]

---

[68] *Wenn Chefs sich einen Muster-Angestellten erträumen, dann denken sie wahrscheinlich an Menschen wie Thomas Scharhag. Der 32-jährige Grafiker, den alle ›Sharky‹ rufen, arbeitet viel, in der Regel zwölf Stunden pro Tag, und das oft sieben Tage die Woche.[...] Verlangt hat er für die Büroausstattung keinen Pfennig. Im Gegenteil: Sharky verzichtet sogar auf Gehalt. Ein Jahr lang hat ihm Jobs-Deutschland gar nichts überwiesen. ›Dafür sind die Ersparnisse draufgegangen‹, erzählt er. [...] ›Aber ich denke, der ganze Aufwand wird sich irgendwann rechnen.‹ Dann nämlich wenn Jobs-Deutschland an die Börse gehen wird.* In: Freitag, Michael, »Jobs-Deutschland.de AG – die Extremisten«, in: *Das Handelsblatt*, 09.07.2000.

Ähnlich wie bei der Ideologie des Wachstums *bedeutete* die New Economy den Anspruch der Flexibilität eleganter und smarter. Die Anrufung erfolgte fröhlich und gut gelaunt, die Mitarbeiter hatten innerhalb des Start-ups auch keine Flexibilisierung zu befürchten, denn die kleinen Hinterhoffirmen waren Neugründungen, zumal mit viel Kapital ausgestattete. Arbeitsverdichtungen oder Arbeitszeitverlängerungen standen zu Beginn nicht an, in der Krise 2001 und 2002 wurde die Arbeitsorganisation dann effizienter, dafür die Stimmung schlechter. Die Ideologie der Flexibilität, eine zentrale Quelle der Bedeutungsmacht New Economy, überlebte den ökonomischen Niedergang der hyperflexiblen Internet-Wirtschaft weitaus besser als viele der mythischen Erzählungen. Während etwa die Narration vom unkonventionellen jungen Gründer 2010 keine positive Wirkung (mehr) für den Mythos entfalten kann und auch die Produktionsfamilie unter einem Ideologieverdacht steht, so werden die Flexibilisierungsdiskurse sogar in der Weltfinanzkrise weitergeführt, in der zumindest der *Neoliberalismus* als Gesellschafts- und Wirtschaftsmodell in Frage gestellt wird.[69] Eine, neben anderen, besondere Leistung des Mythos New Economy besteht darin, die junge quirlige IT-Nische nie als Vertreter dieser politischen Kernideologie des modernen Kapitalismus bedeutet zu haben. Das Etikett »neoliberal«, Ende 2008 fast ein Schimpfwort und auch 2000 kein Kompliment, wurde der New Economy nie angeheftet, von wenigen Kritikern aus Kultur und Wissenschaft einmal abgesehen, denen es aber nie gelang, größere Diskurse zu prägen.[70] Ein entscheidender Grund für diese Differenzierung, hier die kühlen IT-Konzerne wie *Microsoft*, *HP* und *IBM*, die »Old Economy« der US-IT-Industrie, und dort die »frische« New Economy, liegt interessanterweise gerade in ihrer ökonomischen Übertreibung und Erfolgslosigkeit begründet. Eine Wirtschaftsnische, die die Verschwendung so offen zelebrierte wie es stellvertretend die Start-ups taten, konnte mit dem Neoliberalismus, einer scheinbar auf Effizienz, Rationalität und Aggressivität beruhenden Marktphilosophie, nicht in

---

69 Eine so fundamentale Kritik am modernen Kapitalismus hat es in der Nachkriegszeit wohl noch nicht gegeben. Selbst die eher wirtschaftsliberale Tageszeitung *Die Welt* diskutierte Ende September 2008, als die Finanzkrise erst begann, »Ist der Kapitalismus noch zu retten?« In: *Welt online*, 24.09.2008, siehe unter: http://www.welt.de/wirtschaft/article 2488779/Ist-der-Kapitalismus-noch-zu-retten.htmlvote_2488783.
70 Für Jean Gadrey ist die New Economy ein neoliberaler Diskurs und *[...] a sort of Trojan horse in spreading market deregulation across the globe.* In: Gadrey, Jean a.a.O., S.x. Für Deutschland siehe etwa die Diskussion auf der Internet-Plattform »Single-Generation«, siehe unter: http://www.single-generation.de/kritik/rez_yettie.htm.

Einklang gebracht werden, eine, wie wir schon gesehen haben und noch sehen werden, sicher nicht gerechtfertigte Einschätzung.

6. Netzwerk

Der Metadiskurs um das Netzwerk beschreibt ein Paradigma, *das* organisatorische Paradigma der Informationsgesellschaft. Die Verbindung des Begriffes mit der modernen ITK-Welt erscheint im Sinne Barthes schon als natürlich. Zum sperrigen *Netzwerk-Administratoren* der New Economy-Zeit gesellte sich in den 2000er Jahren das *Networking*, das im Web 2.0 zum Schlüssel moderner Sozialität erhoben wurde. Der Begriff des Netzes, der häufig synonym mit dem des Internets gebraucht wird, ist aber nicht parallel mit der IT-Revolution der 1970er bis 1990er Jahre entstanden, sondern hat sich erst ab den 1980er Jahren zur technologischen und biologischen Metapher entwickelt. Boltanski und Chiapello setzen sich intensiv mit der methodischen Genese des Begriffes auseinander und beschreiben, dass der Begriff des *Netzes* lange Zeit negativ besetzt war und oft im Zusammenhang mit Kriminalität, Verschwörung und Geheimdiensten gebraucht wurde. Ganz im Gegensatz zur heutigen Verwendung ging es vor allem um heimliche und/oder illegale Formen der Organisation. In einem Netz konnte man sich verstricken oder dieses wurde heimlich geknüpft, unter Ausschluss der Öffentlichkeit. Eine technische Bedeutung bestand schon länger, im Bereich der Energieversorgung (Strom- und Wassernetz) und Telekommunikation (Telefonnetz) wurde der Begriff neutral gebraucht. Boltanski und Chiapello belegen, dass der Netzbegriff auch schon in der Managementliteratur der 1960er Jahre, die sie der der 1990er Jahre gegenüber stellen, vorkam, aber weitaus seltener (21 Erwähnungen gegenüber 450 in den 1990er Jahren)[71] und dann hauptsächlich zur Beschreibung der vertikalen und horizontalen unternehmensinternen Relationen. Der Gebrauch des Netz-Begriffes veränderte sich seit den 1980er Jahren radikal und wurde von einem negativ besetzten, illegitimen, zu einem Kampfbegriff des Informationszeitalters, einem, der der alten (industriellen und gesellschaftlichen) Ordnung gegenüber gestellt wurde:

»Allerdings lässt sich der Grund, weshalb die Netzmetapher dazu auserkoren wurde, die neu entstehende Welt und ihren Legitimitätszugewinn zu veranschaulichen, nicht vollständig begreifen, wenn man sich mit dem Hinweis begnügt, dass sie mit der Entwicklung der neuen technischen Kontakt-, Trans-

---

71 Siehe: Boltanski/Chiapello, a.a.O., S. 191.

port- und Kommunikationsmittel kompatibel ist und parallel zu dem gehäuften Auftreten damit verbundener Konzepte in anderen Feldern entsteht.«[72]

Wie ist es zu erklären, dass sich die Netzmetapher einer solch großen wissenschaftlichen wie alltagsweltlichen Beliebtheit erfreut? Da eine Gesamtbetrachtung der Begriffsgeschichte den Rahmen dieses Punktes sprengen würde, beschränke ich mich, in Anlehnung an Boltanski/Chiapello, auf einige wenige Aspekte. Eine Gemeinsamkeit der völlig unterschiedlichen Traditionslinien und Kontexte, in denen der Netzbegriff heute verwendet wird, ist, dass er relationale Eigenschaften zum Ausdruck bringen soll. Die Netzmetapher drückt aus, dass unterschiedliche Punkte miteinander im Verhältnis, in Verbindung stehen. Der Schwerpunkt der Betrachtung liegt nicht auf dem Subjekt, den Subjekten, die miteinander verbunden sind, sondern auf der Verbindung selbst, d.h., es kam mit der zunehmenden Verwendung des Netz- bzw. Netzwerk-Bildes zu einer Aufwertung der relationalen, zu Ungunsten der substanziellen Eigenschaften. In Frankreich entdeckte in den 1970er Jahren vor allem die Philosophie den Netzbegriff. Gilles Deleuze[73] nutze den Begriff, das Philosophem des Netzes, in den Jahren nach der Studentenrevolte zur Kritik des Subjekts. Boltanski/Chiapello dazu:

»Das Subjekt wird einer allgemeinen Vorstellung zufolge durch ein Selbst-Bewusstsein und eine Wesenhaftigkeit definiert, die nicht allein durch die Verbindungen, in denen es durch seine Bewegungen eingebunden ist, determiniert ist. Darüber hinaus diente dieses Philosophem aber auch der Kritik an allem, was als feste ›Bezugsgröße‹ kritisierbar war. Das galt u.a. für den Staat, die Familie, die Kirchen und ganz allgemein alles Institutionelle. Es galt aber auch für (intellektuelle) Autoritäten, Bürokratien, Traditionen, die auf einen als Fixpunkt ausgegebenen Ursprung ausgerichtet sind, und politische oder religiöse Heilslehren, die die Menschen von einer zukunftsprojizierten Essenz abhängig machten.«[74]

Diese neue Form der Kritik erlaubte es, alle Trennungslinien zwischen Ordnungen, Sphären, Feldern, Klassen, Apparaten, Instanzen, Traditionen u.ä. in Frage zu stellen und aufzuheben, zumindest theoretisch.

Neben der avantgardistischen Verwendung in der französischen Philosophie der 1970er und 1980er Jahre, es sei an den Strukturalismus und vor allem Poststrukturalismus eines Roland Barthes, Jacques Der-

---

72 Ebenda, S. 194.
73 Siehe etwa: Deleuze, Gilles und Guattari, Felix, 1992 (OA 1980), *Tausend Plateaus. Kapitalismus und Schizophrenie II.*, Berlin oder Dies., 1974 (OA 1972), *Anti-Ödipus Kapitalismus und Schizophrenie I*, Frankfurt a.M.
74 In: Boltanski/Chiapello, a.a.O., S. 197.

rida oder Gilles Deleuze erinnert, so gab es parallel dazu noch eine angelsächsische Tradition der Begriffsverwendung. Dieser pragmatische und empirische Ansatz entstammte der Soziologie. Der Theorierahmen des Netzbegriffes, wenn auch nicht immer explizit benannt, war attraktiv, denn:

»Zum einen bietet er die Möglichkeit, Kausalbeziehungen zwischen verschiedenartigen Einheiten herzustellen, die in engem räumlichen Nebeneinander existieren und deren jeweilige Besonderheit gewahrt bleibt (Parks ›soziale Ökologie‹). Außerdem versucht dieser Theorierahmen, Vorgänge zu erfassen, die sich zwischen dem, was ein rein individualistischer und wegen seines Atomismus kritisierter Ansatz zu entdecken vermag, und andererseits einem Institutionenansatz bewegen, der sich schwerpunktmäßig auf die am stärksten durchformalisierten Organisationen und auf makrosoziale Sachverhalte konzentriert.«[75]

Der Begriff bietet die Möglichkeit, die Wichtigkeit der Interaktionen innerhalb von Kleingruppen zu betonen, denn erst durch diese können die Beteiligten ihr eigenes Ich und den damit verbundenen Sinn konstruieren.

Die beiden Schulen, die französische der Philosophie und die amerikanische der Soziologie, standen und stehen zwar relativ unverbunden nebeneinander, betonen aber unterschiedliche Aspekte einer Begriffsverwendung, wie sie seit den 1990er Jahren zu beobachten ist. Während die erstgenannte Schule, die *postmodern* genannt werden kann, die politische und soziale Komponente eines Begriffes betont, ihn in Stellung bringt gegen die Strukturen der Vergangenheit und alles *im Fluß* sieht oder die *Nomaden* (Deleuze) benennt, die sich mittels multipler Metamorphosen in offenen Netzen befinden, so bietet die zweitgenannte Schule, die soziologische, die Möglichkeit, mikro- und makrosoziologische Ansätze miteinander zu verbinden. Es können sowohl Beziehungen zwischen Institutionen und Organisationen als auch zwischen Personen innerhalb einer Gruppe, benannt werden.

Grundsätzlich schreiben Boltanski/Chiapello den Geistes- und Sozialwissenschaften auf beiden Seiten des Atlantiks eine entscheidende Rolle bei der Naturalisierung des Netzwerkbegriffes zu. Ihnen ist es ganz entscheidend zu verdanken, dass das Netzwerk ganz selbstverständlich als Metapher zur Erklärung moderner Kommunikation und Sozialität herangezogen wird. Die Begriffe des Netzes und des Netzwerkes werden meist in ähnlichen Kontexten verwendet, das Netzwerk beschreibt mehr die Konstruktion des Gebildes, dass wir Netz nennen. So

---

75 Ebenda, S. 199.

wird die Knüpfung von persönlichen Face-to-Face-Kontakten oder solchen im Internet oder über das Telefon, heute ganz selbstverständlich als *Netzwerken* oder *Networking* bezeichnet. Wird heute von einer *vernetzten* Welt gesprochen, so tritt die Naturalisierung des Netzbegriffes zum Vorschein, der ihm eine eindeutig konnektionistische wie technische Komponente verpasst hat; Gesellschaft, Technik und Naturwissenschaften werden miteinander in Verbindung gesetzt:

»Der Naturalisierungseffekt ist natürlich in denjenigen Disziplinen besonders stark, in denen Biologie und Gesellschaft zusammengehen und das soziale Band von der Verwurzelung in einer Lebensordnung abgeleitet wird. Dasselbe gilt für Ansätze, die ihre Konzeption der Gesellschaft auf der Basis einer physiologischen Metapher bilden, nicht so sehr – wie in der alten Organismustheorie – auf der Metapher der Zellteilung, sondern eher auf einer Neuronalmetapher mit ihren Nervensträngen und -strömen.«[76]

Boltanski/Chiapello erkennen innerhalb der Soziologie und ihrem Anspruch, sich mit Hilfe der Netzwerkanalyse selbst zu ver(natur-)wissenschaftlichen, zwei unterschiedliche Formen. Die erste bezeichnen sie als historisierend, sie betont die Möglichkeit des Begriffes, unsere moderne Gesellschaft adäquat beschreiben zu können, weil die zunehmende Vernetzungstätigkeit diese nun einmal charakterisiere. Der zweite – naturalistische – Begriff bietet die Möglichkeit, auch zurückliegende Epochen und deren Klassenkonflikte, Gruppen und politischen Kulturen mit Hilfe des Begriffes neu zu deuten. Eine Verbindung beider Formen erscheint möglich:

»Nichtsdestotrotz lässt sich das Spannungsverhältnis zwischen einer historisierenden (das Netz ist die Form, die unserer Zeit entspricht) und einer naturalistischen Position (das Netz ist die konstitutive Textur jedweder sozialen Welt, ja sogar der Natur als Ganzes) aufheben, wenn man sich auf den Standpunkt stellt, dass die netzförmige Organisation, soweit wir wissen, diejenige Form ist, die sich am besten zu einer zusammenschauenden Perspektive eignet, wie man sie von einer auf der Netzlogik beruhenden Organisationsform aus hat.«[77]

Diese Netzlogik hat sich längst auch in Bereichen außerhalb der Wissenschaft oder der Ökonomie und Technik verbreitet. Nicht nur die Begriffsverwendung in Technik und Naturwissenschaft hat zugenommen, sondern auch im Sozialen, auch wenn meist über den Umweg der mo-

---

76 Ebenda, S. 202.
77 Ebenda, S. 204.

dernen Kommunikation. Die Verwendung der Netzwerkmetapher als Synonym für Gemeinschaft hat in den vergangenen 10 bis 15 Jahren stetig zugenommen, besonders intensiv durch das Web 2.0. Das wird vor allem mit dem Aufstieg so genannter Kommunikations- und Community-Portale, wie *YouTube*, *MySpace*, *StudiVZ* oder *Xing* in Verbindung gebracht. Das letztgenannte Geschäftsnetzwerk-Portal *Xing* aus Deutschland ist ein gutes Beispiel für die Verbindung ökonomischer mit technischen und sozialen Aspekten. Im Gegensatz zur Anbahnung eines traditionellen sozialen Kontaktes (in der Schule, im Café) sind hier (fast) alle zufälligen Komponenten ausgeschaltet, das Medium Internet wird bewusst eingesetzt, bewusst, um sich mit anderen Menschen auszutauschen, zu kommunizieren. Nur dient diese Kommunikation nur in zweiter Linie dem privaten Austausch und dem Vergnügen, sondern es ist eine absichtsvolle Kommunikation. Jeder User kann sich auf *Xing* ein Profil zulegen (*Ihre Visitenkarte im Internet*), auf dem sie oder er über der Angabe von persönlichen Daten (Alter, Geschlecht, Name) hinaus, beschreibt, was sie oder er arbeitet oder gern arbeiten würde. Im Gegensatz zu Jobportalen kommt dieser Aspekt aber weitaus unkomplizierter, beiläufiger und lockerer daher, niemand bietet sich an oder schreit nach einem Job. Zumindest erscheint es so. Der Kommunikationston ist locker und gelöst, er soll und muss es auch sein. Ganz im Sinne der New Economy, *Xing* ist wie fast alle der Portale ein echtes Start-up, wurde die Kommunikation auch hier ihres Sinnes entleert, die Form ist entscheidend. Es scheint fast so zu sein, als ob der Bedeutungsgrad des Inhalts mit der Sinnlosigkeit der Kommunikation korreliert, aber negativ. Fragen der Arbeit haben trotz der New Economy nichts von ihrer Bedeutung und Brisanz verloren. Die Angst, seinen Arbeitsplatz, seinen Auftraggeber zu verlieren oder gar nicht erst eine Beschäftigung zu finden, ist seit 2000 nicht geringer geworden.

Es gibt aber auch Portale, auf denen die Arbeit keine oder nur eine untergeordnete Rolle spielt, wie etwa die zahlreiche Freundschafts- (Buddy-) oder Video-Portale. Hier tritt der entscheidende Aspekt des Netzwerkens zutage. Es geht beim Networking nicht in allererster Linie um das *Subjekt*, um den einsamen und/oder Arbeit suchenden Internetuser XY, sondern darum, überhaupt Teil eines Netzwerkes zu werden und Verbindungen aufzubauen. Denn eines kann auch die quasidemokratische und quasiegalitäre Netzmetapher nicht bedeuten: dass es kein Innen und Außen mehr gäbe. Jedes Netz findet seine Grenzen, auch in einer vernetzten Welt gibt es Menschen ohne Internetzugang, ohne Fernsehanschluss und ohne Freundschaften. Wozu die geknüpften Verbindungen dann später einmal genutzt werden, ein Nutzenkalkül scheint im *Netz* immer mitzuschwingen, steht auf einem anderen Blatt.

Über eine Neudefinition der Gemeinschaft hinaus, erfuhr das Netz auch auf der Ebene des Sozialen einen Bedeutungszuwachs. Neben den Energienetzen des Stroms, der Telefone (in Deutschland beide von der *Bundesnetzagentur* verwaltet) und des Wassers, die ganz der naturwissenschaftlichen Idee miteinander verbundener Ströme entsprechen, ist in den 1990er und 2000er Jahren in öffentlichen und privaten Diskussionen viel vom *sozialen Netz* die Rede gewesen. Diese Metapher bezieht sich auf die ursprüngliche Vorstellung eines gesponnenen Netzes, etwa eines Spinnen- oder Fischernetzes. Dieses Netz verbindet nicht, sondern fängt auf. Obwohl Politiker unterschiedlicher Parteien alle die grundsätzliche Bedeutung eines solchen Netzes betonen, so erscheint es einigen als zu eng geknüpft und zur Hängematte verkommen, während andere das Netz als zu grobmaschig empfinden.

Dieses Bild führt einem die Ambivalenz des Netzbegriffes vor Augen. Obwohl er immer eine Verbindung, ein Geflecht (von Menschen, Institutionen, Konventionen, Begriffen, Techniken) bedeutet, das verschiedenartige und gleiche Einheiten miteinander in Beziehung setzt, oder zumindest die Möglichkeit zum Kontakt (Deleuze nennt den Augenblick der Kontaktbildung *Begegnung*[78]) eröffnet, so verrät dieses Modell, diese Metapher, nichts über die Qualität der Verbindungen, geschweige denn über die Eigenschaften der miteinander verbundenen Subjekte. Und ich erfahre außerdem nichts darüber, ob diese Subjekte absichtsvoll oder gar gern Teil dieses Netzes sind, denn es gibt Netze, zum Beispiel das soziale, die sind aus der Not oder zumindest einer Notwendigkeit heraus geknüpft worden.

Richard Sennett stellt im Zusammenhang mit der Netzmetapher die Frage nach der Machtstruktur. Denn das Bild des Netzes hat einen weiteren Webfehler. Ihr Vorteil liegt sicher in der Betonung der Relationen und macht diese auch zwischen unterschiedlichen Knotenpunkten sichtbar, aber hinter dem Prinzip *connected and equal* steht die Idee, es zwar mit unterschiedlichen Subjekten zu tun zu haben, diesen aber eine gleiche oder ähnliche Wichtigkeit zuzuweisen, wie die mit dem Internet verbundenen Computer, die zwar von unterschiedlicher Leistungsstärke und Ausstattung sein mögen, aber über ihre IP-Adresse alle gleichermaßen Teil des Netzes sind. Dieses Bild trügt und verschleiert die wahren Machtverhältnisse, die sich auch beim Umstieg vom hierarchischen Linearmodell der Industriegesellschaft zum Netzwerk der Informationsgesellschaft nicht verändert haben:

---

78 Ebenda, S. 196.

»Konzentration ohne Zentralisierung: dies ist das dritte Charakteristikum einer flexiblen Ordnung. Die Veränderungen in Netzwerken, Märkten und Produktion erlauben etwas, das wie ein Widerspruch in sich selbst klingt, die Konzentration der Macht ohne deren Zentralisierung. [...] In ähnlicher Weise sind flachere Hierarchien und Verschlankung alles andere als dezentralisierende Verfahren. Es gibt ein Festland der Macht in der Inselgruppe flexibler Macht. Irgend jemand auf dem Festland muß entscheiden, dass ›Barbados‹ die Aufgaben übernehmen kann, die früher von ›Trinidad‹ oder ›Guadeloupe‹ erfüllt wurden; ›Barbados‹ wird sich wohl kaum selbst um zusätzliche Lasten reißen.«[79]

Fazit

Das Bild des Netzes, dass in der Arbeit und Produktion so inflationär wie sonst nirgendwo gebraucht wurde, stellt dort die Machtverhältnisse keinesfalls in Frage und bringt den Mitarbeitern trotz Teamarbeit, flexiblen Arbeitszeiten und firmeninternen Vernetzungen über die IT-Technik nicht weniger Aufgaben, sondern mehr Verantwortung. Das Bild vom egalitären Netz auf der Ebene der Informationsgesellschaft »betrügt« dort ebenfalls. Auch in der IT-Welt gibt es Festländer, seien es Ministerien der USA, die den Datenverkehr kontrollieren (die private Internetbehörde *ICAAN* (*Internet Corporation for Assigned Names and Numbers*) ist vom US-amerikanischen Handelsministerium gegründet worden, der Vorstand ist mit Regierungsvertretern besetzt) oder Regierungsinstitutionen in China, die regimekritischen Seiten abschalten. Das Internet als das *Supernetz* unserer Zeit ist weder demokratisch noch egalitär, es hat aber ein großes demokratisches Potenzial und ohne Fragen können viele Inseln, sollten sie sich zusammenschließen, einem bestimmten Festland (z.B. der Old Economy) das Leben schwer machen.

Die New Economy mit ihren Start-ups war eine Inselgruppe vor einem mächtigen Festland, beide waren sich wohlgesonnen und die Inseln hatten das Wetter von Barbados. Die Netz-, bzw. Netzwerkmetapher spielte in der internen Kommunikation zwar keine exponierte Rolle, aber man war sehr gut vernetzt und das auf allen Ebenen. Die Fähigkeit der Gründer, in so kurzer Zeit so viele Unternehmen zu gründen und so viel Kapital akquirieren zu können, hatte ihren Ursprung darin, mit den Kommilitonen früherer Tage gut vernetzt zu sein, und ferner mit den Investoren, die oft Freunde oder Bekannte von einem selbst oder des Vaters waren. Es war das *Young-Boys-Network* das den Unterschied machte und den jungen Gründer bei einem Misserfolg auch weich fallen ließ. Die Gründer und ihre Start-ups waren durch Veranstaltungen wie

---

79 In: Sennett, Richard (2000), S. 69f.

dem First Tuesday oder den Afterworkpartys vernetzt und die Mitarbeiter pflegten einen regen E-Mail-Verkehr und trafen sich auch außerhalb der Arbeitszeit. International, konkret in den westlichen Ländern Nordamerikas und Westeuropas, gab es ebenfalls einen regen Austausch, das Netz der New Economy war ein eng geknüpftes. Für den Metadiskurs des Netzes, wie des Netzwerkes, hatte sie aber nicht die zentrale Bedeutung wie etwa aktuell das Web 2.0, bei dem zumindest in seiner Anfangsphase das *Social-Networking das* Thema neben virtuellen Welten (*Second Life*) und Medienplattformen (*YouTube*, *MySpace*) war. Die Netzmetapher hat von ihrem egalitären und demokratischen Glanz etwas verloren und kann nicht mehr alle Aspekte der neuen technologischen und ökonomischen Veränderungen bedeuten. Als Quelle der Bedeutungsmacht New Economy spielt die Ideologie einer egalitären Organisationsform weiter eine große Rolle und wird, ähnlich wie die der Flexibilität, kaum von aktuellen politischen und sozialen Diskursen im Zusammenhang mit der Weltfinanzkrise berührt. Sicher hat die Erzählung von den flachen Hierarchien dank der New Economy an Attraktivität verloren, das Paradigma des Netzwerkes wird davon auch berührt, so weit es Fragen nach Gleichrangigkeit der Netzwerkpunkte betrifft. Die von Sennett gestellte Frage nach den Inseln vor dem *Festland der Macht* bleibt relevant, die naive Begeisterung für die Idee eines Verbundes gleichberechtigter Individuen, wie sie im Zusammenhang mit dem Internet lange vorherrschte, ist einer nüchternen Bestandsaufnahme gewichen.

F. Zusammenfassung:
Wie ist die New Economy heute zu lesen?

In den Jahren 2006 bis 2009 tauchte der Name New Economy meist im Zusammenhang mit dem so genannten *Web 2.0* auf. Es wurde die Frage gestellt, ob die Phase des Aufstiegs von Internet-Unternehmen wie *YouTube*, *Facebook*, *StudiVZ*, *Twitter* aber auch von *Google* nicht mit der New Economy der Jahre 1999 und 2000 zu vergleichen sei? Damals wie heute steigerte sich der Aktienwert bis dato kleinerer Start-up-Unternehmen gewaltig und es gab einen beachtlichen medialen Hype um die zukünftigen Möglichkeiten des Internets. Dabei war zu beobachten, dass der heutige Bezug auf die New Economy immer mit einer Angstlust spielt. Einerseits wird die Medienhysterie um Unternehmen, Portale und Produkte wie *Facebook*, *Second Life* oder dem *iPhone* durchaus kritisch thematisiert und der eigene Fortschrittsoptimismus gefeiert. Andererseits wird beim Rekurs auf die New Economy aber immer an die Übertreibungen erinnert, die uns nicht nur Jungmillionäre, Partys und lustige T-Shirts brachte, sondern auch enttäuschte Hoffnungen und Penny-Stocks. Alle noch heute aktiven Mythopoeten der damaligen Zeit aus der Politik, den Medien und der Wirtschaft wollen heute dazugelernt haben und warnen vor einer zu großen Euphorie. Dieses Muster des Enthusiasmus mit angezogener Handbremse wird uns mit der New Economy bleiben, zu diesem Mythos gehört die Erinnerung an eine durchzechte Nacht, die zwar Spaß gemacht hat, die aber der Gesundheit schadete und nicht wieder vorkommen soll. Ähnlich wie bei der Erinnerung an die Sünden der Jugend werden diese mit größerem zeitlichen Abstand zunehmend gewaltiger und extremer, aber auch gleichzeitig zunehmend positiver und nachvollziehbarer. Die negativen Seiten der damaligen Ereignisse werden immer mehr ausgeblendet und eingeebnet. Was bleibt ist eine schöne Erinnerung an eine tolle Zeit. Heute, da ich erwachsen und reifer bin, brauche ich eine solche Erfahrung nicht mehr, missen möchte ich sie aber auch nicht.

Der Mythos New Economy beschreibt eine schöne Erinnerung, vielleicht eine Jugendsünde, aber eine, die es wert war. Die New Economy der späten 1990er Jahre war eine prägende Erfahrung der Generation von Menschen, die heute zwischen 30 und 40 sind, mit großer Wahrscheinlichkeit einen relativ guten, d.h. sicheren und gut bezahlten, Arbeitsplatz haben oder als freie Unternehmer in kreativen Tätigkeitsfeldern aktiv sind. Bedenkt man, dass die Welt der Arbeit für viele die wichtigste ist, weit wichtiger als die der Politik oder Kultur, so fallen einem nicht viele gravierendere Umwälzungen der letzten zehn, 20 Jahre ein. Die Immobilienkrise (*Subprime-Krise*) der USA, die 2007 begann und sich im Herbst 2008 zu einer echten Weltfinanz- und Wirtschaftskrise auswuchs und in den USA schon Ende 2008 mehr Kapital vernichtete als die New Economy-Baisse, ist im Gegensatz zur New Economy keine Erfahrung, die Menschen in einem positiven Sinne verbinden könnte. Wer Ende 2008 nicht ein (nicht mehr bezahlbares) Einfamilienhaus in den USA (oder in Großbritannien, das ebenfalls in eine große Immobilienkrise geriet) sein Eigen nannte oder zufällig Aktien von Immobilienfinanzierern oder Investmentbanken (z.B. der *Lehman Brothers*) besaß, den erreichte diese Krise zunächst nicht direkt, sondern erst medial vermittelt. Zu Beginn des Jahres 2009 erreichte sie aber auch die Realwirtschaft. Im Produktions- und Dienstleistungsbereich, besonders der Autoindustrie, gingen die Umsätze und Gewinne teilweise dramatisch zurück und Arbeitsplätze verloren.[1]

Die New Economy war Ende der 1990er Jahre in deutschen Großstädten schnell sichtbar. Freunde und Bekannte arbeiteten auf einmal in einem Start-up, man ging auf After-Work-Partys oder surfte bei *Ebay*, *Amazon* oder *Web.de*. Obwohl die New Economy auch im Absturz und danach nicht zu Not und Elend führte, war sie eine extreme Erfahrung, nicht der gesamten Twens und Thirty-Somethings, aber derjenigen, die solche Ausdrücke benutzten. Die Generation, für die die New Economy eine außergewöhnliche und extreme Erfahrung war, umfasst die Eliten

---

1 2009 stieg die Arbeitslosigkeit, anders als erwartet, nur leicht von 3,1 Millionen (Ende 2008) auf 3,3 Millionen. Im Januar 2010 waren es aber schon 3,6 Millionen. Siehe unter: http://www.tagesschau.de, 29.01.2009. Der deutsche Software-Konzern *SAP* kündigte Ende Januar 2009 an, 3000 Stellen abbauen zu wollen. In: *Heise online*, 28.01.2009, siehe unter: http://www.heise.de/ix/IBM-baut-3000-Arbeitsplaetze-ab-/news/meldung/122476.

F) ZUSAMMENFASSUNG: WIE IST DIE NEW ECONOMY HEUTE ZU LESEN?

der Mythopoeten, die die Geschichte als Mythos weiter trägt. Doch warum überleben bestimmte Geschichten ihre Zeit, warum werden einige Narrationen über Jahrhunderte weitergegeben und andere nur über Monate? Auch um diese Frage zu beantworten greift Zimmering neben den philosophischen Ansätzen von Cassirer und Blumenberg auch auf den kulturwissenschaftlichen Ansatz der schon erwähnten Aleida und Jan Assmann zurück, die eigene Gedächtnistheorien entwickelt haben.[2]

»[...] unterscheiden Aleida und Jan Assmann zwischen kommunikativem, also Alltagsgedächtnis, und kulturellem, d.h. vermitteltem Gedächtnis. Der Unterschied besteht zum einem im Zeithorizont, zum anderen in den Vermittlungsagenturen und den Erinnerungsproduzenten. Während das Alltagsgedächtnis direkt von Mann zu Mann, unstrukturiert und ohne große Hierarchie stattfindet, ist das kulturelle Gedächtnis medial und institutionell vermittelt und interpretiert. Durch kulturelle Formung (Texte, Riten, Denkmäler) und institutionelle Kommunikation (Rezitation, Begehung und Betrachtung) werden Ereignisse der Vergangenheit zu Zeitinseln für Identität mit der gegenwärtigen Gesellschaft und tragen zu ihrer Integration bei. Das gute Funktionieren des kollektiven Gedächtnisses hängt in hohem Maße von der weitgehenden Übereinstimmung zwischen kommunikativem und kulturellem Gedächtnis ab. Die Theorien zum kollektiven Gedächtnis erlauben es, der inneren Struktur und den Funktionsweisen politischer Mythen auf die Spur zu kommen.«[3]

Das kulturelle Gedächtnis kann sehr wohl als Sonderfall des kommunikativen Gedächtnisses verstanden werden, denn es übermittelt auch Kommunikation, nur in der Form von Tradition:

»Tradition läßt sich als ein Sonderfall von Kommunikation auffassen, bei dem Nachrichten nicht wechselseitig und horizontal ausgetauscht, sondern vertikal entlang einer Generationslinie weitergegeben werden.«[4]

Das kulturelle Gedächtnis hat nach Aleida Assmann:

»[...] eine andere Zeitstruktur. Wenn wir den typischen Dreigenerationen-Zeitrahmen des kommunikativen Gedächtnisses als einen synchronen Erinnerungsrahmen auffassen, dann bildet das kulturelle Gedächtnis anhand weit in der Vergangenheit zurückreichender Überlieferungen eine diachrone Achse.«[5]

---

2 Siehe etwa: Assmann, Jan, »Kollektives Gedächtnis und kulturelle Identität«, in: Assmann, Jan u. Hölscher, Tonio (Hg.), 1988, *Kultur und Gedächtnis*, Frankfurt a.M., S. 9-19.
3 In: Zimmering, Raina, a.a.O., S. 25.
4 In: Assmann, Aleida, 1999, *Zeit und Tradition Kulturelle Strategien der Dauer*, Köln, o.S..
5 Ebenda.

Die Arbeit *am* Mythos ist weiter zu beobachten und längst nicht abgeschlossen. Der Mythos New Economy, wie er hier beschrieben wird, mag in zehn oder 20 Jahren schon anders aussehen, denn er kann dann eine andere Bedeutung für den kulturellen Kontext haben. In dieser Publikation wird unter Zuhilfenahme der Analysekategorie des Mythos herausgearbeitet, welche Bedeutungen die New Economy auch für die späten 2000er Jahre hat und welche Intentionen bei den Mythopoeten unserer Zeit vorhanden sind. Wenn ich danach frage, wie die New Economy heute zu lesen sei, so impliziert dieses, dass es einen Unterschied zwischen den Intentionen der Mythenproduzenten und der Analyse des Mythologen gibt. Wie der Mythos New Economy heute von der Mehrheit der Leser aufgenommen wird und welche Schlüsse diese aus ihrer Rezeption ziehen, mag ich nicht zu beantworten und Spekulationen darüber sind hier fehl am Platz. Meine Frage impliziert ein *wie kann* und vielleicht sogar ein *wie sollte* (die New Economy gelesen werden?). Diese Publikation sollte nicht nur den Verschleierungen der New Economy auf die Spur kommen, den Manipulationen und Anrufungen, sondern sie soll auch eine Aufforderung sein, sich aktiv mit den Mythen unserer Zeit, unseres Alltags auseinanderzusetzen – so verstehe ich die Theorie Barthes'. Die Naturalisierung des Mythos wird offen gelegt *und* dessen identitäts- und sinnstiftende Funktion herausgestellt.

Nachdem im Kapitel D anhand der Mythenanalyse nationaler Narrationen vor allem die Arbeit *am* Mythos beschrieben wurde, so wurde in Kapitel E verstärkt nach der Arbeit *des* Mythos gefragt, der seine Bedeutungsmacht aus Quellen speist, die als Ideologien oder Metadiskurse auffindbar sind. Vier zentrale Lesarten sollen nun die Frage beantworten, welche Hauptaussagen, welche zentralen Bedeutungen der Mythos New Economy in den öffentlichen Diskursen etablieren kann, ob mehr explizit wie bei den ersten beiden Punkten oder mehr implizit wie bei Punkt drei und vier. Bevor ich diese Frage diskutieren möchte, soll kurz die zentrale Funktion dieses Mythos beschrieben werden. Wie kann der Mythos New Economy seine geschichtliche Grundlage als Technik und Wirtschaft des Internets naturalisieren?

Die Frage, warum etwas, ein historisches Ereignis, eine Person, ein Tier, Gegenstand oder Fantasiewesen zum Mythos wird und ein anderes nicht, kann nicht beantwortet werden. Zwar kann alles zum Mythos werden, aber nicht alles wird zum Mythos. Wirklich genau wissen wir es immer erst im Nachhinein. Erfüllt ein Ereignis bestimmte Funktionen, stillt es bestimmte Sehnsüchte, kann es uns beispielsweise heute Identität geben und einer Gruppe, gar einem Volk, Sinn stiften, so können wir von einem Mythos sprechen. Eine Stufe darunter, auf der Ebene der mythischen Aussage, wird diese nach Roland Barthes schon proklamiert, wenn eine besondere Weise des Bedeutens zu erkennen ist, eine, die von der der Objektsprache abweicht:

»Der Mythos wird nicht durch das Objekt seiner Botschaft definiert, sondern durch die Art und Weise, wie er diese ausspricht. Es gibt formale Grenzen des Mythos, aber keine inhaltlichen.«[6]

Dass eine wirtschaftliche Epoche, zumindest eine kurze Ära, zum Mythos wird, ist nicht ungewöhnlich. Der *Schwarze Freitag*, der Zusammenbruch der New Yorker Börse am 24. Oktober 1929 (in den USA ein Donnerstag, der *Black Thursday*), ist ebenso ein Mythos wie das deutsche *Wirtschaftswunder* der 1950er und 1960er Jahre. Das *Wirtschaftswunder* ist nicht zufällig zum Gründungsmythos der jungen Bundesrepublik geworden, er diente nach dem 2. Weltkrieg dazu, den (West-)Deutschen einen positiven Bezug zum eigenen Staat entwickeln zu lassen, das war seine Hauptfunktion. Dieser Mythos stiftete Identität und Sinn und tut das immer noch, wenn auch in geringerem Maße. Das *Wirtschaftswunder*, das auch schon begrifflich ein äußerst ungenaues Phänomen beschreibt, bei dem nicht genau erkenntlich ist, wann dieses Wunder wirkte und was es genau erfasste, hatte in den 1950er Jahren und in den Jahrzehnten danach eine genau zu beschreibende Funktion. Heute, am Ende der 2000er Jahre hat sich diese Funktion überlebt, wir, die deutsche Gesellschaft, benötigen diesen Mythos nicht mehr, zumindest nicht mehr so stark. Er ist immer noch ein Bezugsrahmen für wirtschaftliches Handeln, vor allem für die Politik, aber die Mythopoeten in der Wirtschaft, Politik und den Medien werden weniger. Für die Epoche des Aufkommens der modernen Informations- und Kommunikationstechnologien, das Informationszeitalter, ist die New Economy auch eine Art Wirtschaftswunder, zwar eines das ökonomisch kurz- und mittelfristig nicht den gewünschten Erfolg zeigte, aber auch eine Zeit, in der die Ökonomie anfangs heiß lief und eine große Dynamik entfaltete.

Der Mythos *erwählte* die Geschichte der New Economy, weil diese sich 1999 und 2000 entgrenzte und über die Ufer der Ökonomie trat. Diese Entgrenzung, die eine Ausdehnung und Übertreibung war, wurde durch ökonomische Parameter wie dem raschen Anstieg der Aktienkurse von kleineren und größeren Unternehmen der Informationsverarbeitung und Telekommunikation angestoßen.

Die Rede von der heiß laufenden (Internet-)Wirtschaft verweist nicht nur auf den zeitweise absurden Anstieg der Aktienkurse, nicht nur auf die Investition von Milliarden von Wagnis-Kapital, sondern auf die un-

---

6 In: Barthes, Roland, a.a.O., S. 85.

realistischen Erwartungen, die von den Mythopoeten, besonders den Medien, geweckt wurden. Die Entgrenzung, die die Neue Ökonomie auch zu einer anderen Ökonomie machte, erfasste auch die Arbeit und die Mitarbeiter in den Unternehmen. Zeitweise erschien es so, als ob sich die ganze New Economy im *Flow*[7] befand, ein Ausdruck der Psychologie, der damals häufig benutzt wurde. Befindet sich ein Mitarbeiter oder Künstler, auf jeden Fall ein *immaterieller* (Mit-) Arbeiter, im *Flow,* so nimmt er seine Umwelt nicht mehr wahr. Er ist völlig in seine Aufgabe vertieft und verliert sein Zeitgefühl. Der *Flow* beschreibt ein Gefühl, ein Hochgefühl der Entgrenzung, eine Art Rausch des Schaffens, bei dem Ort, Zeit und Raum zu verschwinden, bzw. zu verschmelzen scheinen. Die New Economy war 1999 und 2000 eine Wirtschaft im Flow, im Rauschzustand – nicht umsonst wurde die Party-Metapher so häufig bemüht und oft betont, wie *auf Droge* zu arbeiten. Nach der Party kamen die Kopfschmerzen und die Beteuerungen, beim nächsten Mal aufzupassen. Heute wird von der New Economy vor allem in der Vergangenheitsform gesprochen. In den Jahren des Niedergangs, der Konsolidierung und des Aufstiegs des Web 2.0 konnte der Mythos aber seine Geschichten weiter tragen und viele Diskurse bearbeiten.

Während die Arbeit *am* Mythos sich verlangsamt, so geht die Arbeit *des* Mythos stetig weiter. Und für diese Arbeit ist es ohne Belang, ob diese auch begrifflich mit der New Economy in Verbindung gesetzt wird, es bleibt eine Art und Weise des Bedeutens. Die zentralen Bedeutungen des Mythos New Economy beschreiben vier zentrale Felder, auf denen die New Economy heute anruft und fordert, vorschlägt und verwirft, dynamisiert und beruhigt. Die New Economy ist fester Bestandteil unseres kommunikativen wie kulturellen Gedächtnisses. Während das kommunikative Gedächtnis in den Jahren 1999 bis 2001 mit der Arbeit am Mythos ausgebildet und aufgefüllt wurde und zahlreiche mythische Erzählungen unsere Vorstellungen der New Economy aufbauten und prägten, so wird seither mehr das kulturelle Gedächtnis »bearbeitet«. Diese Arbeit ist die des Mythos New Economy, der längst seiner technologischen und ökonomischen Grenzen entkommen ist und als Ideologie und Diskurskomplex Meinungen prägt, indem er Bedeutungen transportiert. Sicher bleibt die Vorstellung einer Neuen Ökonomie eine zentrale Lesart einer *ver-rückten* Internet- und Börsenwirtschaft, die für kurze Zeit alle bis dato gültigen Vorstellungen über das Funktionieren

---

[7] Der Ausdruck *Flow* wurde vom US-amerikanischen Psychologen Mihaly Csikszentmihalyi geprägt und beschreibt das völlige Aufgehen in einer Tätigkeit (*flow* Englisch für *fließen, strömen*) Siehe: Csikszentmihalyi, Mihaly, 1975, *Beyond Boredom and Anxiety – The Experience of Play in Work and Games*, Hoboken.

und die Grundsätze der Wirtschaft ins Wanken brachte. Die Weltfinanzkrise von 2008 und 2009 scheint die, zur Jahrhundertwende gemachten, Erfahrungen eindrucksvoll zu bestätigen. Die New Economy beschreibt aber auch eine Neue Kultur, nicht nur eine im Umgang mit dem Geld oder den Aktien, sondern auch im Selbstverständnis der Wirtschaft und ihrer medialen Darstellung. Die New Economy verkörpert heute ebenfalls einen Neuen Markt, einen der sich der Ökonomie entkleidet hat und mit dem Anspruch antritt, eine bessere Gesellschaft sein zu können. Und in dieser Gesellschaft werden Neue Subjekte leben und arbeiten, Subjekte, die keiner Außenkontrolle mehr bedürfen und gern Teil einer neuen Arbeitswelt werden, in der ein Weniger an Sicherheit und Bezahlung und ein Mehr an Flexibilität noch lange nicht für schlechte Laune sorgen muss. Der Mythos New Economy sollte nicht unterschätzt werden, es gehört zu seiner besonderen Eigenschaft, dramatische Veränderungen unserer Lebens- und Arbeitswelt scheinbar mühelos umdeuten zu können, ebenso smart und gut gelaunt, wie wir es von den Start-ups gewohnt waren.

1. Neue Ökonomie – als *ver-rückte* Internet- und Börsenwirtschaft

Eine Hierarchie der nun folgenden vier zentralen Lesarten der New Economy gibt es nicht. Es gibt keine wichtigere oder unwichtigere, sehr wohl aber abstraktere und offensichtlichere als andere. Die Lesart als eine Internet- und Börsenwirtschaft der späten 1990er und frühen 2000er Jahre ist nicht nur die, die der geschichtlichen Grundlage am nächsten liegt, sie ist das Fundament selbst. Die Erzählung vom wundersamen Aufstieg der Internet-Wirtschaft mit ihren quirligen Start-ups und exorbitanten Aktienkursen und die vom Absturz der Börsenlieblinge, den enttäuschten Hoffnungen der Anleger, der Investoren und der Medienöffentlichkeit bildet den narrativen Kern des Mythos New Economy. Auch wenn sich im Laufe der Jahrzehnte die Aussagekomplexe und Erzählungen rund um diesen Kern verändern, erweitern oder schrumpfen, der Nukleus Internet-Wirtschaft wird bleiben. Verschwände diese zentrale Bedeutung, dann gäbe es den Mythos New Economy nicht mehr. Wenn sich irgendwann einmal die Funktion des Mythos überlebt haben sollte, er keine Bedeutung mehr für den aktuellen ökonomischen und/oder kulturellen Kontext haben sollte und keine Bedürfnisse nach Wert- und Weltvermittlung mehr befriedigen kann, dann wird er wahrscheinlich Geschichte geworden sein, im Sinne einer in sich abgeschlossenen Historisierung.

Vergleichen wir die New Economy der (letzten) Jahrhundertwende mit den in Kapitel B beschriebenen historischen New Economies, so sehen wir, an welchem Punkt der Geschichtswerdung wir uns aktuell befinden. Fangen wir mit der ältesten New Economy an, mit der der 1860er und 1870er Jahre, die der Gründerzeit. Diese Epoche, die im engeren Sinne die rasche Verbreitung der Eisenbahn und der mit ihr verbundenen Unternehmen und, im weiteren Sinne, den wirtschaftlichen Aufstieg des jungen deutschen Reiches beschreibt, ist ein Gegenstand der Geschichte geworden, wie er in Geschichts- und Schulbüchern zu finden ist. Details dieser Zeit sind außerhalb von Expertenkreisen unbekannt, den Eisenbahnkönig Bethel Henry Strousberg kennen heute nur noch Wissenschaftler. Im Sinne von Assmann/Assmann und ihrer Gedächtnistheorie sind hier beide Formen des Gedächtnisses bedroht. Das kulturelle Gedächtnis, vermittelt über Medien, Gedenktraditionen und Erinnerungsorte, funktioniert noch eingeschränkt, die geschichtliche Grundlage, das geschichtliche Ereignis, ist noch bekannt, das kommunikative Gedächtnis dagegen fast erloschen. Zeitzeugen gibt es keine mehr, die Möglichkeiten der Dokumentation waren und sind beschränkt, die Fotografie wurde zum damaligen Zeitpunkt gerade entwickelt, die modernen Massenmedien, Film, Fernsehen und Radio existierten noch nicht, Zeugnis legen heute nur noch Publikationen, meist Zeitungen, ab.

Bei der zweiten New Economy, die der 1920er Jahre, die den Aufstieg der Automobilindustrie und der US-amerikanischen Wirtschaft (die *Grand Prosperity*) beschreibt, der dann mit dem *Schwarzen Donnerstag* am 24. Oktober 1929 dramatisch endete, sieht es schon anders aus. Sie ist Geschichte wie Mythos zugleich. Diese Epoche, die mit der Weltwirtschaftskrise endete, ist in jedem amerikanischen wie deutschen Schulbuch zu finden und mehrfach pro Jahr wird an dieses Datum erinnert. Für die Deutschen hat diese Zeit auch deswegen eine ganz besondere Bedeutung, da die Weltwirtschaftskrise, die Ende der 1920er Jahre nicht nur die USA, sondern auch die gesamte westliche Welt erfasste, als eine zentrale Ursache für das Aufkommen und den Siegeszug der Nationalsozialisten gilt. So werden die 1920er Jahre, die in Deutschland in der Zeit der Weimarer Republik, zumindest zu Beginn, auch die des wirtschaftlichen, technischen und wissenschaftlichen Aufstiegs und der gesellschaftlichen Liberalität waren, immer vor dem Hintergrund des nachfolgenden 2. Weltkriegs und des Holocausts gesehen. In den USA dagegen folgte auf die Weltwirtschaftskrise der so genannte *New Deal*, ein Bündel von Wirtschafts- und Sozialreformen, die Präsident Franklin D. Roosevelt von 1933 bis 1937 umsetzte, und die USA in den 1930er und 1940er Jahre zur führenden Wirtschaftsmacht machte. Die Bedeutung der Weltwirtschaftskrise mit ihren dramatischen ökonomischen, politischen und sozialen Verwerfungen, die die Welt in der Folge wirklich elementar veränderte, ist so immens, dass sie auch 80 Jahre später noch reflexhaft als negative Bezugsgröße herangezogen wird, wenn es um wirtschaftliche Krisen geht, wie etwa aktuell bei der, aus der Immobilienkrise in den USA erwachsenen, Wirtschaftskrise 2008/2009 oder nach den Anschlägen des 11. September 2001. Die Weltwirtschaftskrise von 1929 ist *die* negative Folie für jede Form volkswirtschaftlicher Krise geworden und kann dieses noch weiter *bedeuten*, obwohl die Zeitzeugen schon fast alle gestorben sind. Das kollektive Gedächtnis funktioniert auch deswegen so gut, weil einige der Massenmedien in den 1920er Jahren schon weit entwickelt waren, neben den großen Publikumszeitungen gab es schon das Radio und den Film, so dass es nicht nur Tausende von Fotos aus dieser Zeit gibt, sondern auch einige Film- und Tondokumente. Der Hauptgrund dafür, dass die Grand Prosperity und vor allem die Weltwirtschaftskrise weiter so bekannt sind und im kommunikativen wie kulturellen Gedächtnis wach gehalten werden, liegt weniger in der ökonomischen Bedeutung, sondern vor allem in den sozialen und politischen Folgen dieses Ereignisses begründet. Am kommunikativen Gedächtnis, an den Erzählungen des Großvaters und der Großmutter über diese Zeit, die so prägend war wie sonst nur der 2. Weltkrieg, lässt sich die große Bedeutung dieser Epoche erkennen und warum sich der (negative) Mythos *Weltwirtschaftskrise* hält. Zu einem rein geschichtlichen Ereignis ist sie noch nicht geworden, sie hat weiter eine (ermahnende) Funktion für die Gegenwart, während diese bei der Gründerzeit verloren gegangen ist. Diese bestand darin, den wirtschaftlichen Aufstieg des jungen deutschen Reiches zu beschreiben, sie war ein Gründungsmythos des Deutschen Reiches, welches als verspätete Nation nach Nationalepen und Gründungsnarrationen Ausschau hielt. Das Deutsche Reich löste sich aber 1918 auf und stellt heute keinen bedeutenden geschichtlichen Bezugspunkt mehr dar, anders als etwa die Weimarer Republik als erste deutsche Demokratie für das junge wiedervereinigte Deutschland Anfang der 1990er Jahre.

Der Mythos der New Economy ist noch im Entstehen, weder ist die Arbeit *am* Mythos ganz abgeschlossen, noch die Arbeit *des* Mythos – diese hat erst angefangen. Der Prozess der Historisierung hat noch nicht richtig eingesetzt, zu kurz liegt diese Zeit hinter uns und zu unklar ist noch, welche geschichtliche Gestalt der New Economy einmal zugeschrieben wird. Wird die New Economy dereinst in Schulbücher aufgenommen, dann wird die Lesart als Internet- und Börsenwirtschaft sicher den Hauptteil bilden und dabei auf die Irrationalitäten verwiesen, auf die *ver-rückte* Ökonomie.

Die ökonomische Verrücktheit, für die der Mythos New Economy steht wird, war, dass plötzlich nicht mehr der Gewinn das Wichtigste sein sollte, sondern allein das Wachstum. Zur Jahrhundertwende wurde ernsthaft darüber diskutiert, ob nun Jahrhunderte alte ökonomische Grundsätze ausgedient hätten, war doch immer davon ausgegangen worden, dass die Aussicht auf Gewinn der Hauptgrund, die tiefere Ursache für letztendlich jede ökonomische Tätigkeit war. Mit der Ablehnung oder zumindest der Geringschätzung des Gewinnes – Umsätze und Marktanteile sollten es sein – machten die Start-ups ihre Schwäche zur Ideologie. Die so genannte *Cash-Burn-Rate* war eine Provokation, zumindest solange bis die normative Kraft des Ökonomischen die jungen Gründer zur Raison brachte.

Auch wenn es mir nicht gelingen wird, genau zu bestimmen, warum es gerade in der Zeit um die Jahrtausendwende (vielleicht ist ja diese der Auslöser gewesen?) zu dem beschriebenen ökonomischen und medialen Ausnahmezustand kam, so kann festgehalten werden, dass in dieser kurzen Periode aus der New Economy eine *ver-rückte* Ökonomie wurde. Sie war aber mehr als eine kurze Phase der Irrationalität und Übertreibung. Die Wirtschaft ver-rückte sich, zumindest 1999 und 2000, von ihrem angestammten Ort, und das innerhalb und außerhalb der Wirtschaft. Sie wurde immer weniger als Nische der ITK-Welt gesehen, was sie technologisch sicher war, sondern erklärte sich von Beginn an zu einem eigenen, neuen, Bereich der Wirtschaft, und wie wir gesehen haben, sogar des Wirtschaftens an sich. Branchen, die technisch nichts oder nur sehr wenig mit den modernen Informationstechnologien zu tun hatten, wie etwa die Biotechnologie, wurden plötzlich zur New Economy gezählt. Das Verbindende war eine bestimmte neue Unternehmenskultur, die der Start-ups, und eine neue Form der Finanzierung, eine durch Risikokapital und Börsengänge. So wurde die New Economy auch Teil einer neuen Finanzwelt, der Welt, die im Herbst 2008 in eine schwere Krise geriet. Aber selbst diese neue Welt war ihr zu klein, ihr Anspruch ging noch weiter als nur ein neues ökonomisches Paradigma begründen zu können, sie wollte sogar den Rahmen der Ökonomie sprengen. Sie wurde zu einer Kulturökonomie, die ökonomischen Paradigmen (an die sie sich zeitweilig scheinbar nicht hielt) und kulturellen Gesetzmäßigkeiten gleichermaßen unterworfen war.

In der Wirtschaftsgeschichte hat es schon vergleichbare Phänomene der ökonomischen Abstürze und Zusammenbrüche gegeben, auf das vernichtete Aktien- und Bankkapital bezogen ist die aktuelle Weltfinanzkrise weitaus gravierender. Aber das verbrannte Kapital machte die New Economy auch nicht zu diesem einzigartigen Ereignis, es war die Irrationalität, die so viele Unternehmer, Investoren, Mitarbeiter und

F) ZUSAMMENFASSUNG: WIE IST DIE NEW ECONOMY HEUTE ZU LESEN?

Journalisten ergriff. Liefern die beiden historischen New Economies der 1860/70er und 1920er Jahre auf der Ebene der Rationalität wenig Ähnlichkeiten, so gibt es ein weiteres sehr interessantes und altes Beispiel für eine Hysterie, die unter dem Begriff *Tulpenmanie* Einzug in die Geschichtsbücher fand und zu Überlegungen Anlass gibt, ob die New Economy dereinst als *Internet-Manie* historisiert werden wird.

Die große *Tulpenmanie*[8], bekannt auch als Tulpenwahn, Tulpenfieber oder Tulpenhysterie, brach in den 1630er Jahren in den Niederlanden aus, als die Preise für Tulpen, bzw. Tulpenzwiebeln explodierten. Ende des 16. Jahrhunderts hatte ein Botaniker aus Wien, Carolus Clusius, die damals noch exotische Pflanze mit in die Niederlande, genauer nach Leiden, gebracht. Die fremdartige Blume, die ursprünglich aus Asien stammte, faszinierte die Holländer und wurde bald zum Statussymbol. Die weibliche Oberschicht trug die Blumen im Haar oder Dekolletee und schnell überstieg die Nachfrage das Angebot bei Weitem. Die Preise zogen an und schon bald wurden Tulpenzwiebeln auf Auktionen versteigert. Der Handel fand weniger an der Börse als in Kneipen und Wirtshäusern statt, die Atmosphäre war entsprechend oft alkoholisiert. Der Käufer, Florist genannt, kam für Speis, Trank und Tabak des Verkäufers auf. Da die Nachfrage immer weiter stieg, wurden bald auch Zwiebeln gehandelt, die noch in der Erde steckten, so dass sie zu einem echten Spekulationsobjekt wurden, da ja niemand wusste, wie sie aussahen. In den 1630er Jahren explodierten die Preise, es konnten nun auch Optionsscheine auf Tulpenzwiebelanteile gekauft werden. Von 1634 bis 1637 stiegen die Preise um das über 50-fache, Anfang 1637 erzielte eine einzige Zwiebel der damals wertvollsten Sorte, Semper Augustus, 10.000 Gulden, ein Zimmermann verdiente zu der Zeit etwa 250 Gulden im Jahr. Am 5. Februar 1637 erreichte die Tulpenspekulation in Alkmaar ihren Höhepunkt als 99 Zwiebeln für 90.000 Gulden versteigert wurden. Zwei Tage vorher hatte der Crash in Haarlem seinen Anfang genommen, als bei einer der regelmäßigen Wirtshausversteigerungen sich keiner der Händler mehr getraut hatte zu kaufen. In den nächsten Tagen brach der Handel in den Niederlanden zusammen und am 7. Februar wurde er ganz gestoppt, die Preise fielen um über 95 Prozent. Zu diesem Zeitpunkt gab es unzählige Kaufverträge, da in der Hochphase der Spekulation die Zwiebeln oft mehrmals am Tag den Besitzer gewechselt hatten. Während die Verkäufer, vor allem die Züchter, eine Lösung favorisierten nach der die Kaufverträge Gültigkeit behalten sollten, wollten die Käufer nicht einmal die von den Züchtern geforderten zehn

---

8 Alle Daten aus: Dash, Mike, 1999, *Tulpenwahn – die verrückteste Spekulation der Geschichte*, München.

Prozent des Kaufpreises zahlen. Nach langem Hin und Her verfügte die holländische Regierung am 27. April 1637, dass die Städte selbst für eine Lösung zu sorgen hätten. Viele Städte untersagten daraufhin, Tulpengeschäfte rechtlich klären zu lassen. So wurden selten die zehn Prozent gezahlt und viele ungeklärte Streitfälle belasteten geschäftliche und private Beziehungen. Im Mai 1638 erließen die Regenten von Haarlem eine Richtlinie, nach der der Käufer, der vom Kaufvertrag zurückgetreten war, drei bis fünf Prozent des Kaufpreises zu zahlen habe. Diese Regelung setzte sich durch und verhinderte, dass allzu viele Händler Pleite gingen.

Der niederländische Tulpenwahn gilt bis heute als die verrückteste Spekulation der Wirtschaftsgeschichte und erste große Finanzblase.[9] Damals konnten sich die Holländer weder erklären, warum die Tulpenzwiebeln solch astronomische Preise erzielt hatten, noch warum der Markt so rasch und heftig zusammenbrach. Ein Vergleich mit der *Internet-Manie* New Economy mit ihren raschen Überhitzungen und Abkühlungen bietet sich an, damals wie heute können wir aber nur eine postume Analyse liefern, ein Frühwarnsystem wird es für solche Explosionen nicht geben. Dass die Erinnerung an die Tulpenhysterie noch wach ist und dass diese in Verbindung mit der New Economy gebracht werden kann, bewies der CDU-Innenminister Wolfgang Schäuble in einem Interview mit dem *Spiegel*, in dem es im Oktober 2008 um die Finanzkrise ging:

»Wir haben geglaubt, wir seien nicht so blöd wie die Spekulanten, die im 17. Jahrhundert mit den holländischen Tulpenzwiebeln gehandelt und alles zerstört haben. Jetzt sind wir in kurzer Zeit zum zweiten Mal dabei erwischt worden, dass wir doch genauso blöd waren: erst bei der New Economy und jetzt mit den Finanzprodukten.«[10]

Dieses Buch kann die Entgrenzungen beschreiben und die Ursachen für die Übertreibungen erforschen, aber es wird nicht die Erklärung liefern können, warum es in kurzer Zeit zu einer so dramatischen Entwicklung kam. Das *Internet-Fieber* 1999/2000 wird ebenso wie der *Goldrausch* am Klondike-River 1897/98, die *Tulpen-Hysterie* der 1630er Jahre, die *Eisenbahnkrise* der 1870er Jahre und das *Wirtschaftswunder* der 1950er und 1960er Jahre als ein wahn- und wunderhaftes Ereignis mit pathologischen Zügen in die Wirtschaftsgeschichte eingehen. Diese kurze und

---

9 Siehe: Kindleberger, Charles P. u. Aliber, Robert Z., 2005, *Manias, Panics and Crashes. A History of Financial Crises*, Hampshire/New York.
10 In: *Der Spiegel*, Nr. 41/2008.

heftige Krankheit an der Schwelle zum dritten Jahrtausend hieß New Economy.

2. Neue Kultur – als Popkultur

Folgen wir dem Diktum des Filmwissenschaftlers Georg Seeßlen, der sagte: *Es kann nicht nur alles Pop werden, Pop will auch alles werden*[11], dann ist die New Economy ein herausragendes Stück Popkultur. Während andere Objekte sich eher sperren, sich verweigern und dazu gezwungen werden müssen, *wollte* die New Economy von Beginn an. So ist sie nicht nur zu einer Kultur, einer populären Kultur geworden, sondern auch zu einer Popkultur, der vielleicht ersten der Wirtschaftswelt. Die Entstehung einer Pop-Ökonomie und die Entwicklung der New Economy zu einem Mythos beschreiben ein und denselben Erkenntnisprozess, nur aus unterschiedlicher Blickrichtung. Zu einem Stück Popkultur der 1990er und 2000er Jahre wurde die New Economy aufgrund der medialen Berichterstattung und dem Auftreten der Jungunternehmer, die ganz bewusst eine andere Wirtschaftskultur prägen wollten. Eine, die mit den Konventionen der Old Economy brach und es auch dem »normalen« Bürger, nicht dem Wirtschaftsexperten, ermöglichen sollte, sich mit E-Commerce und Aktienhandel zu beschäftigen. So wurde die New Economy zu etwas Schillerndem und Glamourösem, gleichzeitig aber auch zu etwas Alltäglichem und Egalitärem. Der Mythos bemächtigte sich der New Economy, weil sie zur Projektionsfläche wurde, die die Hoffnungen und Erwartungen an das Internet und das ganze Informationszeitalter widerspiegeln konnte. Der Mythos gibt Halt und spendet Trost, stiftet Identität und lässt Sinn erkennen, die Popkultur feiert die Oberfläche und spiegelt unsere Erwartungen zurück. So gibt es große Übereinstimmungen zwischen beiden Betrachtungsweisen. Wenn Seeßlen den Charakter der Popkultur beschreibt, dann beschreibt er auch etwas vom Wesen des Mythos:

»Pop ›spricht‹ zu den Menschen nicht, wie die Kunst, als autonomes Gegenüber, sondern gibt vor allem deren Ängste und Sehnsüchte in vernetzten Bildern zurück. Pop macht immer aus den Konsumenten Mitproduzenten. Dies heißt dann, den Bedingungen des Konsums mindestens so viel Aufmerksamkeit zu schenken wie denen der Produktion.«[12]

---

11 In: Seeßlen, Georg, 1999, »Blut und Glamour«, in: *Leni Riefenstahl Ausstellungskatalog*, Potsdam, S. 192.
12 Ebenda, S. 195.

Auch wenn der Mythos mehr ein autonomes Gegenüber ist, das nicht primär auf die Erwartungen der Leser eingeht, sondern an die geschichtliche Grundlage und die Intentionen der Mythopoeten gebunden bleibt, so ist es wichtig, nicht nur die Produktion, sondern auch die Mythenrezeption zu begutachten. Das Problem der Analysekategorie Mythos besteht genau darin, sich diesem Aspekt nur sehr schwer nähern zu können, oder nur sehr undifferenziert. Wenn der Mythos als ein solcher wahrgenommen wird, wenn der Betrachter ein Leser im Sinne Barthes ist, dann *funktioniert* er auch. Der Mythos ist auch in seiner Rezeption etwas absolutes, er kann nicht halb oder zu einem Drittel wirken. Wenn er *wirkt*, dann hat eine Deformierung bereits stattgefunden, der Mythos als Narration oder Ikone ist selbst eine Deformierung und Veränderung, er bewirkt keine. Bei der Popkultur ist es anders. Ich arbeite mit ihr und sie ist immer das, was ich will und was ich mir von ihr erwarte, und nicht das, was jemand anders, vielleicht Jahrhunderte vorher, wollte. Wann und wie wurde die Neue nun zur Pop-Ökonomie?

Die Berichterstattung der Jahre 1999 und 2000 in den Massenmedien, besonders in den großen Boulevard-, aber auch in den seriösen Tageszeitungen und dem Internet, sorgte dafür, aus der New Economy ein populäres, d.h. bei der Masse der Bevölkerung bekanntes, Wirtschaftsphänomen zu machen. Die *Pop-Ökonomie* New Economy entstand erst durch das Auftreten der jungen Unternehmer und der Begleitung ihres Aufstieges durch die Fachpresse der Business- und E-Commerce-Magazine und, ganz entscheidend, durch die anfangs euphorisierte Berichterstattung in fachferner Presse, denn der Einfluss von *brand eins* oder dem *Manager-Magazin* findet doch gewisse Grenzen. Nicht nur Wochen- und Nachrichtenmagazine wie *Spiegel, Stern* und *Focus* berichteten ausführlich, auch alle großen überregionalen Zeitungen, die Hochglanzmagazine wie *FHM, GQ* und *Max* und auch eine Wochenzeitung wie die *Zeit*, die ansonsten eher die Kultur im Fokus hat, begleiteten dieses verrückte Phänomen interessiert. Während sich die etablierte Wirtschaft, die erst von der New Economy so titulierte Old Economy der ITK-Konzerne, traditionell dem Scheinwerferlicht eher entzog, die Finanzwirtschaft fast völlig, so gingen die Start-ups von Beginn an einen anderen Weg. Die New Economy dokumentierte auch durch ihre hohe Affinität zu den Medien, dass sie eine andere Ökonomie sein wollte. So charakterisiert sich das Prinzip Pop der New Economy durch eine Transzendierung der Grenzen zwischen Ökonomie und Kultur, wie der Grenzen zwischen unterschiedlichen Ökonomien. Was George Melly, ein prominenter Vertreter der Cultural Studies schon 1970 allgemein auf die Pop-Kultur bezog, kann auch über diese Pop-Ökonomie gesagt werden:

F) ZUSAMMENFASSUNG: WIE IST DIE NEW ECONOMY HEUTE ZU LESEN?

»Whereas the old popular culture altered very slowly and appealed throughout its long history to basically the same class, pop has rapidly permeated all strata of society, and at the same time succeeded in blurring boundaries between itself and traditional or high culture.«[13]

Die New Economy riss für eine kurze Zeit die Grenzen zwischen den Unternehmen der Finanzwirtschaft, wie Banken, Versicherungen und Kapitalgebern und traditionellen Wirtschaftsunternehmen und Start-ups ein. In den Jahren 1999 und 2000 finanzierten plötzlich auch die ansonsten sehr zurückhaltenden deutschen Großbanken über eigens gegründete Risikokapitalfirmen kleine Unternehmen mit 20 Mitarbeitern und versuchten, diese an die Börse zu bringen. Durch besonders entwickelte Formen von Risikokapitalfinanzierung und den Wunsch (und Zwang), möglichst schnell an die Börse zu gehen, entstanden Allianzen zwischen Unternehmen, großen Investoren und Banken, die es so noch nicht gegeben hatte und die dafür sorgten, dass unterschiedliche »Unternehmenskulturen« aufeinanderprallten und die New Economy auch auf dieser Ebene schwer einzuordnen war. Und diese Unberechenbarkeit war erwünscht, die Pop-Ökonomie New Economy war wie jede Pop-Kultur ein Protest, eine kleine Revolution und wenn nur im Anspruch. Melly: *[...] whereas the older popular culture stood for the spirit of acceptance, pop culture represented a form of protest.*[14]

Die New Economy war immer eine Projektionsfläche, erst für die ökonomischen und technischen Erwartungen an das Internet, für die Transformation der Wirtschaft, für neue Formen von Arbeit, für den schnellen Reichtum durch Aktien, und später für die Irrationalität und Gier der Ökonomie.

Durch die Spezifizierung der New Economy als Pop-Ökonomie wird deutlich, dass die hier angestrebte theoretische Trennung zwischen der (*wirklichen*) Geschichte und dem (*falschen*, weil ideologischem) Mythos der New Economy nur eine analytische ist. Die New Economy wurde schnell zur Popkultur, und alle Diskursträger, ob Gründer, Mitarbeiter, Medien oder Investoren, wurden schnell zu Mitproduzenten, die ihre eigenen Sehnsüchte, Wünsche und Absichten in diese neue Wirtschaft und die Kulturtechnik Internet projizieren konnten. Die Gestalt einer Pop-Ökonomie, zu der die New Economy zur Jahrtausendwende wurde, hat einen wesentlichen Anteil an der erfolgreichen Arbeit des Mythos, und verweist auf eine bestimmte Außergewöhnlichkeit. Wie wir bereits erkennen konnten, ist die New Economy aber keineswegs ein ökonomi-

---

13 In: Lindner, Rolf (2000), S. 45.
14 Ebenda.

scher, medialer oder technischer Einzelfall, sicher ein beeindruckender und extremer, aber kein einzigartiger. Selbst ihre Kulturhaftigkeit macht sie zu nichts Außergewöhnlichem, diese ist bis zu einem gewissen Grad Begleiter jedes ökonomischen Ausnahmezustandes, bei dem nicht nur ökonomisches, sondern auch soziales und kulturelles Kapital betroffen ist. Das besondere an der New Economy ist, dass ihre Kulturwerdung kein zufälliger oder ungewollter Prozess ist, sondern Teil eines ideologischen Business-Modells, wie wir nachfolgend sehen werden.

3. Neuer Markt – als Marktideologie

Die dritte Lesart der New Economy ist die *politischste* und vermeintlich die am wenigsten offensichtliche. Das verwundert nicht, soll hier doch die New Economy als eine Form von Ideologie sichtbar gemacht werden. Im Sinne Barthes erfüllt die hippe und fröhliche Internet-Wirtschaft genau die von ihm beschriebene Funktion als Naturalisierungsmaschine zur Transformation von (politischer) Geschichte in (entpolitisierte) Natur:

»Die Semiologie hat uns gelehrt, dass der Mythos beauftragt ist, historische Intention als Natur zu gründen, Zufall als Ewigkeit. Dieses Vorgehen ist genau das der bürgerlichen Ideologie. Wenn unsere Gesellschaft objektiv der privilegierte Bereich für mythische Bedeutung ist, so deshalb, weil der Mythos formal das am besten geeignete Instrument der ideologischen Umkehrung ist, durch die sie definiert wird. Auf allen Ebenen der menschlichen Kommunikation bewirkt der Mythos die Verkehrung der *Antinatur* [Herv. i. Org. M.S.] in *Pseudonatur*.«[15]

Die New Economy ist ein Stück Pseudonatur und sie ist als Mythos ein starkes und klug erwähltes Instrument der ideologischen Umkehr. Diese Umkehr findet vor allem im Bereich der Ökonomie statt. Die New Economy, der Mythos New Economy, dient dazu, eine bestimmte Form der flexiblen Marktwirtschaft zu einer neuen Form zu deformieren. Diese neue Form können wir im Sinne des bereits zitierten Publizisten Thomas Frank, Marktgesellschaft nennen. Frank benennt die Funktion der New Economy, die er weitaus weiter, mehr wie im anfangs beschriebenen ersten Sinne, fasst:

»Das war so, als könnten die guten Menschen von Merrill Lynch, IBM und all ihre Glaubensbrüder am Ende des Millenniums auf das gesamte menschliche

---

15 Barthes, Roland, a.a.O., S. 130.

Streben zurückblicken und sich selbst als den Höhepunkt betrachten. Sie waren die Supermänner und herrschten über eine Ära so rasanten historischen Fortschritts und solch grundlegender Veränderungen, dass sie nichts weniger als eine New Economy schufen, eine magische Zeit, in der die alten Gesetze von Warenaustausch und Angebot und Nachfrage endlich außer Kraft gesetzt wurden. Von den anregenden Kommentaren in Wired und Forbes, von CEO-Konferenzen, von den überschwänglichen Ankündigungen bei CNBC und von der ekstatischen babylonischen Verwirrung bei Motivationsseminaren ging die Kunde von einem wunderbaren Fortschritt aus: Allein durch die Kraft des positiven Denkens hatte der Homo oeconomicus die Prinzipien der Rechnungslegung umgestoßen, die Grenzen des Kurs-Gewinn-Verhältnisses gesprengt, einen neuen Atlas des Wettbewerbs erstellt und die Naturgesetze über Bord geworfen!«[16]

Diese *magische Zeit* wirkt weiter. Der Triumph des positiven Denkens, den die New Economy auch darstellt, war in Deutschland im Vergleich zu den USA sicher kleiner und bescheidener ausgefallen, aber auch bei uns gerieten die so genannten Miesmacher, Schlechtredner und Pessimisten für ein, zwei Jahre in die Defensive, ihre Mahnung an die Achtung ökonomischer Grundsätze wollte 1999 und 2000 niemand hören, denn sie verkörperten plötzlich kleinliches und negatives Denken und das störte nur. Wer uns das positive Denken brachte, war auf beiden Seiten des Atlantiks klar, auch wenn die Verehrung der Unternehmer und des Unternehmertums hier nie die quasireligiösen Dimensionen der USA erreichte. Geliebt wurden die Gründer bei uns auch 1999 und 2000 nicht, aber bewundert. Sie verkörperten all die Eigenschaften, die beim Eintritt in das neue (Informations-)Zeitalter anscheinend gefragt waren: Entschlussfreudigkeit, Risikobereitschaft, Dynamik und Flexibilität. *Die tageszeitung*, immer bekannt für eine vergleichsweise wirtschaftskritische Berichterstattung, brachte es Ende 2000 (ironisch) auf den Punkt: *Wir sind alle Unternehmer.*[17] Die ideologische Umkehr der späten 1990er Jahre, befeuert durch zahllose Artikel in der europäischen (z.B. in der *Financial Times*), wie amerikanischen Wirtschaftspresse (z.B. in *Wired, Business Week, Wall Street Journal*) und die Managementliteratur, sorgte u.a. dafür, das Bild der US-Amerikaner von ihrer reichen Klasse der Unternehmer zu verändern. Die, die früher als satt und faul galten, als Establishment, wurden nun zu hart arbeitenden Menschen verklärt, die den Fortschritt des Landes im Auge hätten, während die (undankbare) Masse, zumindest der Teil der Masse, der diese Sicht nicht teilen wollte, zur neuen Klasse der Nichtstuer erklärt wurde. Frank be-

---

16 In: Frank, Thomas (2001), S. 20.
17 In: *die tageszeitung*, 27.10.2000.

schreibt in seinem Buch, dass im englischen Original *One Market under god*[18] heißt, die extreme Verehrung der Amerikaner für den Lebensstil der Reichen. Von der Bewunderung des Unternehmertums war es nur noch ein kleiner Schritt zur Anerkennung der Wirtschaft als fortschrittlichstem Gesellschaftsbereich und der Anerkennung eines neuen Konsenses. Für Frank stellt die New Economy einen neuen gesellschaftlichen Konsens dar, einen, der die massive ökonomische Ungleichheit der USA, die durch die New Economy noch weiter zugenommen hat, anerkennt und der mit dem bis dato vorherrschenden Konsens sozialer Gleichheit brach.

»Abgesehen vom technologischen Fortschritt der letzten Jahre (der sich als die historische Entwicklung erweisen mag, als die wir ihn ständig bezeichnen – oder auch nicht) ist an der New Economy nur sehr wenig wirklich neu. Der Begriff beschreibt keinen ›neuen‹ Zustand des menschlichen Seins, sondern die Umsetzung des letzten Punktes auf der langen Tagesordnung der reichsten Klasse der Nation. [...] Heute hingegen scheinen die amerikanischen Meinungsführer allgemein der Ansicht zu sein, dass Demokratie und freier Markt identisch sind. Diese Idee ist allerdings nicht ganz neu: Fast ein Jahrhundert lang war die Gleichsetzung von Demokratie mit Markt die übliche Verteidigung eines jeden Unternehmens, das Schwierigkeiten mit den Gewerkschaften oder der Regierung hatte; es war das übliche Geplapper von Konzern-Lobbyisten wie der National Association of Manufacturers. ›Neu‹ an der Idee sind nur ihr Triumph über alle anderen Ideen, die Entschlossenheit, mit der amerikanische Führer sie auf der ganzen Welt verbreiten wollen und der Glaube unter den Meinungsführern, dass Märkte etwas Natürliches, etwas Gottgegebenes, etwas zutiefst Demokratisches an sich haben. Eine bessere Bezeichnung für New Economy wäre vielleicht einfach ›Konsens‹.«[19]

Dieser Konsens, der in den USA trotz des Niederganges der New Economy weiter besteht, hat in Deutschland nicht diese Kraft entfalten können, er ist aber in Umrissen zu erkennen. Erinnert sei daran, dass zu Zeiten der New Economy, zu Zeiten des SPD-Bundeskanzlers Gerhard Schröder, eine äußerst harte und polemische Diskussion um die Erneuerung des Sozialstaats, die unter dem Schlagwort *Agenda 2010* geführt wurde, tobte. Am Ende der politischen Diskussion stand die Einführung der so genannten *Hartz-Gesetze*, dessen am heißesten diskutierter Teil – Hartz IV -, die Zusammenlegung der bisherigen Sozial- und Arbeitslosenhilfe zum Arbeitslosengeld II (ALG II), Ende 2004 für monate-

---

18 Siehe: Frank, Thomas, 2000, *One Market under god*, New York, in Deutsch: 2001, *Das falsche Versprechen der New Economy*, Frankfurt a.M.
19 Ebenda, S. 31f.

lange Massendemonstrationen sorgte, den größten seit dem Mauerfall und Golfkrieg. Die Agenda 2010 markierte nicht nur einen Kurswechsel in der Sozialstaatspolitik, man bedenke, dass es sich um eine Regierungskoalition aus *Sozialdemokraten* und *Grünen* handelte, sondern auch einen Wechsel in der Regierungs- und Staatsrhetorik. Die Ansprache *fördern und fordern*, die sich ursprünglich auf die Hartz-Gesetze bezog, wurde zum Motto der gesamten Agenda, zu dem des *neuen* Sozialstaats. Dieser Staat *kümmert* sich nur, wenn seine *Forderungen* erfüllt werden. Diese laufen darauf hinaus, das Individuum in Bewegung zu halten, es soll Bereitschaft und Wille signalisieren, nicht nur arbeiten zu können, sondern auch arbeiten zu wollen. Die rot-grüne Regierungspolitik unter Bundeskanzler Schröder zeigte große Parallelen zu der der demokratischen US-Regierung unter Präsident Bill Clinton, die ebenfalls Sozialleistungen kürzte und eine Rhetorik pflegte, die auch diese Einschnitte mit einer optimistischen Anrufung verband. Dort wie hier waren es eher linke Regierungen, die den Boom der New Economy förderten, die Unternehmenssteuern senkten und gleichzeitig die Sozialleistungen einschränkten. Noch elementarer als die konkrete politische und arbeitsmarkttechnische Einführung der Agenda 2010 war die Bedeutung der Agenda-Politik. Sie markierte nicht das Ende des Sozialstaates, sehr wohl aber das Ende des Solidarstaates. Der jahrzehntelange Konsens der Nachkriegsbundesrepublik, nach dem der Staat für die soziale Absicherung aller zu sorgen habe und sich auch alle an dieser Aufgabe zu beteiligen haben, wurde verändert. Nun lag die Verantwortung zuerst bei jedem Selbst, das Signal, das etwa die Riester-Rente von 2001 (die den Aufbau einer privaten Zusatzrente staatlich fördert) aussandte, war eindeutig, der Staat hilft Euch nur (noch) wenn ihr Euch vorher selbst helft. Die New Economy war sicher nicht der Auslöser für die Politik des staatlichen Rückzugs aus den Sozialversicherungssystemen, sie gehörte aber zum wirtschaftlichen Hintergrund der Jahrhundertwende, vor dem die sozialen Kürzungen und die Zunahme des Druckes begründet werden konnten. Die Unternehmer und Mitarbeiter der New Economy konnten von der Politik leicht instrumentalisiert werden, als Bürger, die nicht nach staatlicher Unterstützung fragten. Bundeskanzler Gerhard Schröder im September 2000:

»Unser Land erlebt eine nie da gewesene Welle von Unternehmensgründungen, gerade auch im Bereich der Informationstechnologien. [...] Und, was mir am meisten imponiert: Junge Unternehmer wollen in erster Linie selbst gestalten. Sie zählen auf ihre eigene Kraft und Kreativität; sie rufen weniger nach dem Staat. New Economy ist für mich in erster Linie neues Denken!.«[20]

Die Gründer inszenierten sich selbst als jung und aktiv, sie arbeiteten gern und lang und hatten Spaß dabei. Sollte dass der neue flexible Kapitalismus sein, die Politik, Medien und die Wirtschaft würden ihn herzlich willkommen heißen.

4. Neues Subjekt – als Subjektivierungsregime

Während die bisher behandelten Lesarten die Arbeit des Mythos New Economy an abstrakten, auf die Gesellschaft bezogenen Kategorien im Blickpunkt hatte, so geht es jetzt um die Arbeit des Mythos am Individuum, an der Psyche des Einzelnen. Die New Economy verkörpert ein bestimmtes *Subjektivierungsregime*, welches bis heute einen bestimmten Mitarbeiter möglich machen möchte. Der Mitarbeiter eines Start-ups oder größeren Kommunikationsunternehmens ist kein besonderer Mensch, es gibt keinen typischen New Economy-Mitarbeiter. Was es aber gibt, ist ein vorherrschendes – unter anderen – Subjektivierungsregime im flexiblen Kapitalismus, welches in der New Economy besonders offen zu Tage trat und in ihr eine bestimmte Zuspitzung erfuhr. Ich werde dieses Regime in Anlehnung an den Soziologen Ulrich Bröckling kurz skizzieren, welcher mit dem *Unternehmerischen Selbst*[21] eine eigene Subjektivierungsform beschreibt. Die New Economy war und ist im Sinne Bröcklings, der sich dabei auf Michel Foucault[22] bezieht, ein eigenes *Subjektivierungsregime:*

»Subjektivierungsregime bilden Kraftfelder, deren Linien – unter anderem – in institutionellen Arrangements und administrativen Verordnungen, in Arbeits- und Versicherungsverträgen, in Trainingsprogrammen und Therapiekonzepten, in technischen Apparaturen und architektonischen Anordnungen, in medialen Inszenierungen und Alltagsroutinen wirksam sind.«[23]

---

20 In: »Internet für alle – Schritte auf dem Weg in die Informationsgesellschaft«, Pressemitteilung Nr. 437/00, 18.09.2000.
21 Siehe: Bröckling, Ulrich, 2007, *Das Unternehmerische Selbst*, Frankfurt a.M.
22 Siehe: Foucault, Michel, »Technologien des Selbst«, in: Martin, Luther, Gutmann, Huck u. Hutton, Patrick (Hg.), 1993, *Technologien des Selbst*, Frankfurt a.M., S. 24-62.
23 In: Bröckling, Ulrich, a.a.O., S. 39.

F) ZUSAMMENFASSUNG: WIE IST DIE NEW ECONOMY HEUTE ZU LESEN?

Dieses Kraftfeld mag schwächer geworden sein und der Name für dieses Kraftfeld ist nicht immer New Economy, sondern ggf. *IT-Unternehmen* oder *Web 2.0*, es wirkt aber weiter und seine Linien sind inzwischen nicht nur im Bereich der Ökonomie und der Arbeit zu finden. Es kann etwas über die Wirkungsabsichten, die Intentionen des Mythopoeten gesagt werden, der auch am Subjektivierungsregime beteiligt ist, aber nicht darüber, wie die Anrufungen, Aufforderungen und Gebote tatsächlich verarbeitet werden. Bröckling:

»Dass gleichwohl zwischen dem, was die Programme des Regierens und Sichselbst-Regierens zu leisten versprechen, und dem, was sie faktisch bewirken, stets eine Lücke klafft, ist ein konstitutives Element ihres Funktionierens. Sie installieren keine Reiz-Reaktions-Automatismen, sondern erzeugen einen Sog, der bestimmte Verhaltensweisen wahrscheinlicher machen soll als andere. Was hier als Subjektivierungsregime angesprochen ist, lässt sich deshalb auch nicht auf einen moralischen Code reduzieren. Es bündelt nicht nur einen Kanon von ›Du sollst dieses‹-/›Du darfst nicht jenes‹-Regeln, sondern definiert auch die Wissensformen, in denen Individuen die Wahrheit über sich erkennen, die Kontroll- und Regulationsmechanismen, mit denen sie konfrontiert sind, die Spezialisten, deren Ratschläge und Anweisungen sie Autorität zusprechen, sowie die Sozial- und Selbsttechnologien, *›die es dem Einzelnen ermöglichen, aus eigener Kraft oder mithilfe anderer eine Reihe von Operationen an seinem Körper oder seiner Seele, seinem Denken, seinem Verhalten und seiner Existenzweise vorzunehmen, mit dem Ziel, sich so zu verändern, dass er einen gewissen Zustand des Glücks, der Reinheit, der Weisheit, der Vollkommenheit oder der Unsterblichkeit erlangt‹* [Herv. i. Org. M.S.].«[24]

Den hier beschriebenen *Sog*, der bestimmte Verhaltensweisen wahrscheinlicher machen soll, konnte die New Economy 1999 und 2000 erzeugen. Die Analysekategorie des Mythos beschreibt die Struktur und den Ursprung des Strudels, der Gestalt, die diesen Sog auslöste, der für kurze Zeit auch völlig unbeteiligte Personen erreichte und mit hineinriss in die Programme, Werbungen, Inszenierungen, die aus der Jahrhundert-Erfindung Internet eine ganze Wirtschaft entstehen ließ, eine *neue* Wirtschaft. Aus diesem Sog ist nach dem Niedergang, der Konsolidierung und dem Entstehen einer *neuen* New Economy so etwas wie eine Hintergrundstrahlung geworden, wenn ich mich bemühe weiter naturalistische Analogien zu verwenden. Eine Strahlung, die nicht (mehr) sichtbar ist, und nicht mehr direkt an ihre Strahlenquelle, die Explosion einer Strahlenbombe, erinnert, aber unaufhörlich weiterstrahlt. Die Hintergrundstrahlung der Bedeutungsmacht New Economy

---

24 Ebenda, S. 38f. (Bröckling zitiert am Ende Foucault).

deformiert öffentliche Diskurse zu den Themen Arbeit, Konsum und Freizeit. Es geht heute aber weitaus weniger um direkte Anrufungen und Befehle, wie sie die New Economy zur Jahrhundertwende noch hervorbringen konnte, etwa als Bürger aufgefordert wurden, noch unbedingt Aktien der Firma XY kaufen, als Unternehmer voll auf das E-Commerce setzen oder als Mitarbeiter fröhlich mit T-Shirts der eigenen Firma herumlaufen zu müssen. Ende der 2000er Jahre werden die Vorschläge, Ideen und Alternativen subtiler unterbreitet. Dieses Subjektivierungsregime ist eine sehr gemäßigte Form der Regierung, eine, die es gut meint und sich Sorgen macht. Die Hintergrundstrahlung ist eine grundsätzlich harmlose Strahlung, eine die nicht krank macht, keine Übertreibung, aber überall vorhanden ist. Das Subjektivierungsregime der New Economy erreicht vielleicht nicht alle, aber viele. Die Hintergrundstrahlung strahlt weitaus schwächer als der Atompilz der New Economy zu ihrer Hochzeit, dafür aber weiter. Weiter bis in die kleinste Nische des Privatlebens, der Kultur und des Gesellschaftlichen. Wenn heute ein Individuum arbeitet, zu arbeiten anfängt, in der Ausbildung ist, in der Schule oder im Studium, ist es Subjektivierungsformen ausgesetzt, ob gesellschaftlichen Zurichtungen oder Selbstmodellierungen. Das Subjektivierungsregime der New Economy beschreibt zuerst einmal eine Fremdzurichtung, vermittelt beispielsweise durch abertausende Film- und Textbeiträge, Reden der Gründer und Investoren und Gespräche der Mitarbeiter in der Vergangenheit. Die Arbeit am eigenen Subjekt geht heute anders von statten, weitaus ruhiger und langsamer. Erfolgreich war und ist sie, empirische Untersuchungen etwa die der Arbeitssoziologen Huchler, Voß und Weihrich[25] belegen eindrucksvoll, wie der Mitarbeiter unserer Zeit real und messbar ein *Arbeitskraftunternehmer* geworden ist, ein *flexibler Mensch* und *Unternehmer seiner Selbst* ebenso. Der Kontrolle des Arbeitgebers, ob Gründer oder patriarchalischer Chef, bedarf es nicht mehr, die Selbstkontrolle greift. Diese beschreibt nicht nur eine Selbstdisziplinierung, sondern auch ein Programm von Anrufungen an sich selbst. Diese Anrufungen sind nicht nur Aufforderungen zum Arbeiten, zur Leistung, sondern beinhalten auch Legitimationsstrategien, die völlig verinnerlicht wurden. Dass ich viel, hart und lange arbeite, mehr, härter und länger als vorher und ich nicht besser dafür bezahlt werde, ist nicht meiner Umwelt, dem Arbeitgeber, der Konkurrenz, dem Staat oder den Kollegen anzulasten, sondern letztendlich mir selbst. Die Hintergrundstrahlung der New Economy strahlt für alle gleich stark und

---

25 Siehe: Huchler, N., Voß, G.G. u. Weihrich, M., 2007, *Soziale Mechanismen im Betrieb. Empirische und theoretische Analysen zur Entgrenzung und Subjektivierung von Arbeit*, Mering.

F) ZUSAMMENFASSUNG: WIE IST DIE NEW ECONOMY HEUTE ZU LESEN?

ist nicht an eine, wie immer geartete Gruppe oder Gemeinschaft gerichtet, sondern nur an eine Menge von Individuen, an die, die diesen Mythos lesen können. Der einzelne Mensch wird von dieser Hintergrundstrahlung erfasst, der als Mythos New Economy nur eine Möglichkeit beschreibt. Eine Möglichkeit zu arbeiten, einzukaufen und seine Freizeit zu gestalten, eine Möglichkeit unter anderen, aber eine, die schon in der Realität zu bewundern war. Die besondere Zurichtung, das Besondere an dem Subjektivierungsregime der New Economy war der Aspekt der Unterhaltung und des Spaßes. Explizit und implizit wurde nicht nur eine Arbeitsleistung, eine Übernahme von Verantwortung und Kreativität eingefordert, sondern auch der Spaß an der Arbeit. Unternehmer seiner Selbst zu sein, heißt auch, eine gut geölte und gut gelaunte Marketingmaschine in Gang zu halten, und welches Produkt verkauft sich nicht besser, wenn der Verkäufer dabei lächelt?

SCHLUSSBEMERKUNG

Die Arbeit des Mythos New Economy war und ist eine erfolgreiche. Nicht nur die am Beginn der New Economy stehende (nationale) Arbeit *am* Mythos – wie in Kapitel D beschrieben – war erfolgreich, sondern auch die Arbeit *des* Mythos, die weiter geht. In Kapitel F wurde vorangehend beschrieben, auf welchen Feldern, öffentlichen Diskursfeldern wie Praxisfeldern, der Mythos New Economy heute *arbeitet* und in Kapitel E, aus welchen ideologischen Quellen sich seine Bedeutungsmacht speist.

Die Arbeit des Mythos New Economy ist erfolgreich, weil die zentralen Ziele erreicht wurden und in Zukunft aller Voraussicht weiter erreicht werden. In der Einleitung wurde die zentrale Aufgabe des Mythos New Economy, seine Hauptfunktion, beschrieben. Er soll als Ganzes die Attraktivität des modernen und flexiblen kapitalistischen Systems erhöhen, das sich zurzeit in einer Transformationsphase befindet und dass wir aufgrund des Aufstiegs, der strategischen und ökonomischen Relevanz und Modernität der Informations- und Kommunikationstechnologien, *Informationsgesellschaft* nennen. Die Zunahme der Attraktivität führt zu einer der Akzeptanz, der Mythos New Economy erzeugt einen gesellschaftlichen Konsens, eine Zustimmung zu den teilweise dramatischen Veränderungen unserer Arbeitsgesellschaft. Die New Economy war sogar noch mehr, sie war ein Versprechen in Zukunft nicht nur anders arbeiten und leben zu können, sondern besser, wobei dieses besser auch durch die Arbeit des Mythos New Economy erst definiert werden musste. Gemessen an den Verhältnissen der späten Industriegesellschaft, etwa in Bezug auf Arbeitsdauer, Arbeitsorganisation und die Entlohnung, wären aus der Sicht eines Angestellten wenige Verbesserungen zu vermelden, sehr wohl aber einige Verschlechterungen. Dieser Blickwinkel wurde im Transformationsprozess der Arbeitsgesellschaft aber zunehmend obsolet oder zumindest für obsolet erklärt. Die *neuen* Antworten des *Informationszeitalters* konnten nur auf Fragen dieser neuen Epoche gegeben werden und nicht auf solche des Industrialismus, der zum Auslaufmodell erklärt wurde. Diese neuen Antworten verlangten nach neuen Fragen, etwa der, wie flexibel Arbeit gestaltet werden könne. Diese *neue* Frage wurde von der New Economy eindrucksvoll beantwortet, oder zumindest eindrucksvoll *bedeutet*. Im Sinne der Mythopoeten, etwa der Gründer, bestimmter Medien oder Investoren, war die New Economy sehr wohl die Antwort auf alte Fragen, die im Rahmen der Industriegesellschaft nicht befriedigend beantwortet und nun (endlich) aufgegriffen wurden.

Im Verständnis der französischen Soziologen Luc Boltanski und Eve Chiapello war die New Economy mit ihrem besonderen Unternehmensgeist, ihrer Betonung der Gemeinschaft und der flachen Hierarchien, eine Antwort auf – unter anderem – gesellschaftliche Entwicklungen und politische Forderungen der 1960er und 1970er Jahre. Boltanski/Chiapello beschreiben, wie die politischen und kulturellen Forderungen der Jugend- und Protestbewegungen langsam zu Forderungen der Bevölkerungsmehrheit wurden:

»In Europa waren die ersten drei Nachkriegsjahrzehnte durch die Suche nach einem politischen Projekt geprägt, das die kapitalistische Umstrukturierung der sozialen Beziehungen eindämmen sollte. Die Protestbewegung des Mai 1968 stellt in gewisser Hinsicht den Höhepunkt der damit verbundenen Kritik am Kapitalismus dar. Die an die Tradition der Arbeiterbewegung anschließende Sozialkritik war aber keineswegs die einzige Form der Kritik, die die Protestbewegung anfachte. Mit ihr betrat auch eine ganz andere Form der Kritik die gesellschaftliche Bühne, die ich als Künstlerkritik bezeichnen möchte, um ihre Verankerung im Milieu der Bohème zum Ausdruck zu bringen. Während die Sozialkritik primär auf die Lösung sozioökonomischer Probleme durch Verstaatlichung und Umverteilung zielte, kreiste die Künstlerkritik um ein Ideal der individuellen Autonomie, der Selbstverwirklichung und der Kreativität, das im Widerspruch zu allen Formen hierarchischer Machtverhältnisse und sozialer Kontrolle steht. Aus Sicht der Verteidiger des Kapitalismus bot diese zweite Form der Kritik allerdings den Vorteil, durch gewisse Umdeutungen und Glättungen mit einem liberal gemäßigten Kapitalismus durchaus vereinbar zu sein.«[1]

Das Entstehen der besonderen Arbeits- und Unternehmenskultur der New Economy ist eine direkte Folge der hier beschriebenen Künstler-

---

1 In: Boltanski/Chiapello, o.S.

kritik. Auf dieser Ebene wurden viele der emanzipatorischen Vorstellungen umgesetzt und es ist auffällig wie ähnlich sich die Forderungen der 1960er und vor allem 1970er Jahre nach autonomer, selbstbestimmter Arbeit und die heutigen nach Freiheit und Eigenverantwortlichkeit sind. Während die erste Form der Kritik, die Sozialkritik, aber in den 1960er und 1970er Jahren untrennbar mit der Künstlerkritik verbunden war und die eine als Voraussetzung für die andere gedacht wurde, so hatten alle direkten politischen Forderungen, etwa nach mehr Lohn, mehr Mitbestimmung oder höheren Sozialstandards in den Start-ups keinen Platz. Nicht in erster Linie weil die Gründer diese Forderungen abblockten oder klein redeten, sondern weil sie nicht (mehr) erhoben wurden. Das Selbstverständnis des Mitarbeiters, seine Subjektivität, hatte sich im Vergleich zu den reformistischen Zeiten verändert. Der Chef, der sich schon nicht mehr so nannte, wurde nicht als Arbeitgeber erfahren, sondern, zumindest in der euphorischen Anfangsphase, fast als erster Mitarbeiter. Als Teil der Produktionsfamilie konnten politische wie soziale Forderungen auch nicht entwickelt werden. Die Kontrolle der Gruppe versicherte einem ständig, dass es eine tolle Sache war, dabei zu sein, eine Chance, eine Gelegenheit und ein Spaß.

Die Eingrenzung der persönlichen Freiheit und der eigenen Kreativität, die noch mit dem klassischen Arbeitsplatz in der Industrie, aber auch mit der Angestelltenkultur der Nachkriegsjahrzehnte in Verbindung gebracht wurde, gab es in der New Economy nicht mehr, bzw. diese wurde nicht mehr bedeutet. Jede und jeder wurde aufgefordert, kreativ zu sein und die fehlenden festen Arbeitszeiten wurden von den Mitarbeitern als Zeichen größerer Autonomie *gelesen* bzw. sollten so gelesen werden, auch wenn viele langsam registrierten, dass sie tatsächlich mehr und länger arbeiteten. Ähnliches galt für die Arbeit selbst. Da die Zuschreibungen und Verantwortlichkeiten oft nicht klar waren, übernahm fast jeder mehr Arbeit und Aufgaben und empfand dieses als eine Wertschätzung und Anerkennung der eigenen Leistung und nicht als ein Abwälzen von Verantwortung oder als Überforderung.

Aus der Sicht des heutigen flexiblen Kapitalismus, Boltanski/ Chiapello sprechen vom neuen oder dritten Geist des Kapitalismus, definiert sich dieser gerade dadurch, den Forderungen der Künstlerkritik der 1960er und 1970er Jahre Rechnung getragen zu haben. Das kapitalistische System hat sich seither verändert, es ist flexibler geworden und konnte sich durch die Kritik erneuern. Während die sozialen Probleme keinesfalls gelöst wurden und mit der Anti-Globalisierungsbewegung Ende der 1990er Jahre parallel zur New Economy eine neue Form von Sozialkritik entstand, so schien die Künstlerkritik vereinnahmt worden zu sein, weil ihrer Forderung nach Autonomie, Selbstverwirklichung und Kreativität (zumindest an der Oberfläche) entsprochen wurde.

Aber ist dem wirklich so, oder entwickelt sich hier nicht ein neuer Mythos? Einer, der den *neuen* flexiblen Kapitalismus als lern- und kritikfähig beschreibt und der sich zumindest im Bereich der persönlichen Freiheiten, bei der Sehnsucht nach Emanzipation, Authentizität und Autonomie *wirklich* verändert hat. Es bleibt festzuhalten, dass der Mitarbeiter eines Start-ups des Jahres 2000, aber auch des Jahres 2009, von der Vereinnahmung der Künstlerkritik in seinem Sinne *profitierte*. Werte wie Kreativität und Autonomie genießen nicht erst seit der New Economy einen hohen gesellschaftlichen Stellenwert, während ein neues Selbstverständnis es einem ermöglicht, die Transformation der Arbeitswelt zu übersehen, oder als Chance und Herausforderung zu begreifen.

Ohne Frage konnten die Start-ups ihren kleinen Beitrag zur Verarbeitung der Künstlerkritik auch deswegen so eindrucksvoll leisten, weil sie personell und finanziell gut ausgestattet waren, zumindest zu Beginn. Man konnte sich die Freiheit, den Umgangston und die Partykultur einfach leisten, wenn auch nur mit fremdem Geld. Für einen solch sorglosen wie verschwenderischen Umgang mit finanziellen Mitteln war Ende 2009 weder genügend Geld noch Verständnis vorhanden. Die US-amerikanische Immobilienkrise, die 2007 ausbrach, entwickelte sich 2008 von einer Finanz- zu einer Weltfinanzkrise und wurde 2009 sogar zu einer Weltwirtschaftskrise, der ersten seit 1929. In eine solche Zeit, in der alle Zeichen auf Rezession, Sparen und staatliche Investitionsprogramme stehen, würde die New Economy der Jahre 1999 und 2000 sicher nicht passen. Im Laufe der immer noch anhaltenden Diskussionen um die politischen und gesellschaftlichen Konsequenzen aus dem Beinahe-Zusammenbruch des Weltfinanzsystems im Oktober 2008, wurde sogar die bisher hegemoniale Ideologie des heutigen Kapitalismus, der so genannte Neoliberalismus mit der Betonung auf Privatisierungen und Deregulierungen, in Frage gestellt. Eine ganze Finanzkultur saß plötzlich auf der Anklagebank und Exzesse bei Finanzprodukten und Managerentlohnungen wurden beklagt. Schnell wurde ein gesellschaftlicher Konsens erkennbar, der Privatisierungsorgien in Zukunft verhindern soll, und oft wurde nach der Moral in der Wirtschaft gefragt. Obwohl die öffentliche Meinung in den Jahren 2008 und 2009 gegenüber dem kapitalistischen Wirtschaftssystem so kritisch wie schon seit Jahrzehnten nicht mehr eingestellt war, wurde keine der ideologischen Quellen der Bedeutungsmacht New Economy ernsthaft in Frage gestellt. Sicher haben einige der in Kapitel E thematisierten Metadiskurse und Ideologien an Dynamik verloren und wird eine rein affirmative Position zum Dogma des Wachstums oder zum technologischen Fortschritt problematisiert, das gesamte kapitalistische System, das auf eben diesen Ideologien fußt, steht aber nicht einmal rhetorisch zur Disposition. Sollte es tatsächlich zu einer umfassenden Reform des Banken- und Finanzsektors kommen, wie sie seit 2008 von öffentlicher und politischer Seite gefordert wird, und sich etwa der Plan von US-Präsident Obama zur Trennung des Bankengeschäfts in Kunden- und Investmentbanken durchsetzen[2], so wäre das weitaus mehr, als in den letzten sechs Jahrzehnten möglich erschien.

Bisher belegte die Finanz – und Wirtschaftskrise der Jahre 2008 und 2009 eindrucksvoll die Veränderungs- und Lernfähigkeit des kapitalistischen Systems, dem es mit der New Economy schon gelungen war auf die *Künstlerkritik* der 1960er und 1970er einzugehen, ohne der *Sozialkritik* nachgeben zu müssen. Diese hatte 2008 und 2009 zugenommen und wird es weiter tun, wenn Massenentlassungen, Firmenschließungen und Steuerausfälle folgen. Sollte es 2010 und später tatsächlich zu einem Politikwechsel in der Wirtschaftspolitik kommen und sich wieder ein mehr staatsorientierter Keynesianismus durchsetzen, so bliebe die New Economy selbst bei einer politischen und gesellschaftlichen Entsorgung des Neoliberalismus unberührt. In der öffentlichen Wahrnehmung, auch und gerade als Mythos, wird er mit ihm nicht direkt in Zusammenhang gestellt, zu Unrecht, wie wir gesehen haben.

Denn die Verbindung der aktuellen Wirtschaftskrise zur der der New Economy fällt auf ökonomischer Ebene leicht. Als Reaktion auf die Wirtschaftskrise infolge des Platzens der New Economy-Aktienblase und der Terroranschläge des 11. September 2001 hatte die US-Notenbank unter Alan Greenspan eine langjährige Niedrigzins-Politik betrieben. Diese sorgte nicht nur für eine ungebrochene Konsumfreude der Amerikaner in den 2000er Jahren und einen Exportüberschuss Chinas, sondern auch für das Entstehen einer neuen Blase, der des US-amerikanischen Immobiliensektors; immer mehr Amerikaner kauften sich Häuser und Wohnungen mit sehr wenigen Sicherheiten oder keinen. Aus dieser Immobilienkrise, der so genannten *Subprime-Krise*, erwuchs 2007 und 2008 die immer noch anhaltende weltweite Finanz- und Wirtschaftskrise, mit ihrem Höhepunkt 2009, als auch in Deutschland das Bruttoinlandsprodukt um bisher unbekannte fünf Prozent schrumpfte.

Dieser Zusammenhang zwischen der damaligen und heutigen Wirtschaftskrise ist evident, auch der Verlust des Vertrauens deutscher (Privat-)Anleger in die Aktienkultur offenbart Verbindungen, obwohl damals hauptsächlich der IT-Sektor betroffen war und 2009 der Finanzbereich, dank risikofreudiger Staats-, Privat- wie Investmentbanken. Auf der Ebe-

---

2 N.N.,»Ende der Gelassenheit«, in: *Der Spiegel*, 25.01.2010.

ne einer affirmativ bleibenden Kritik des »Kasino-Kapitalismus« können Parallelen problemlos gezogen werden, damals wie heute konnten vermeintlich gewissenlose Investoren nicht genug kriegen und riskierten das Geld Dritter. Während nach dem New Economy-Hype die abenteuerliche Überbewertung kleinerer und mittlerer IT-Unternehmen als Ursache ausgemacht wurde, so war die Krise 2009 mehr eine Folge riskanter Geschäfte mit Finanzprodukten, die in ihrer Komplexität und in ihrem Risiko viele Händler nicht mehr verstehen konnten (oder wollten).

Der ökonomische Zusammenhang der New Economy als Beginn eines neuen verantwortungslosen und risikobehafteten Finanzkapitalismus ist vorhanden, aber in der öffentlichen Berichterstattung ist dieser Aspekt nicht so stark ausgeprägt, dass er ein gewichtiger Teil des Mythos New Economy werden konnte. Dieser Mythos hat gerade im Sinne des Strukturalismus eines Roland Barthes, aber auch Lévi-Strauss, die Funktion, eine Verformung diesen Teils der geschichtlichen Wahrheit vorzunehmen und einen bestimmten Begriff von New Economy, eine bestimmte Bedeutung *durchzubringen*. Sollte es dem Mythos New Economy gelingen, die Deformierung als gemeinschaftsorientierte alternative Form der Zukunft der Arbeit in der Informationsgesellschaft zu naturalisieren, dann wäre er auch an dieser Stelle erfolgreich. Dem Mythos könnte es im Idealfall sogar gelingen, einen nicht zu belegenden Gegensatz zwischen *Informationsgesellschaft* und *Finanzkapitalismus* zu stärken, als wäre ihre Konnektivität und Rekursivität nicht unübersehbar, als wäre die New Economy nicht auf dem Ticket des US-amerikanischen Finanzsektors gefahren. Ob dieses gelingen wird, oder ob diese Zusammenhänge doch stärker betont werden, kann zum jetzigen Zeitpunkt nicht gesagt werden, da die politischen und ökonomischen Folgen der Finanz- und Wirtschaftskrise noch nicht abzusehen sind. Der Mythos setzt auch hier auf den Bonus der Nische und versucht, den eigenen Beitrag zur globalisierten (Finanz-) Wirtschaft so gering wie möglich zu halten und weiter auf dem Gebiet der Arbeit zu punkten.

Die Erzielung, das Abringen eines breiten gesellschaftlichen Konsens zur Transformation der Arbeitsgesellschaft und zu zentralen Ideologien der Informationsgesellschaft ist so erfolgreich wie nachhaltig. Dieser Konsens wurde auch durch die Abgabe eines neuen Versprechens erzielt. Das Versprechen, hier in den mythischen Erzählungen der New Economy sichtbar, ging so intensiv, so manisch, aber auch so magisch, auf die Sehnsüchte vieler Menschen ein, dass es keine Rolle mehr spielt, ob es auch eingehalten wurde. Der Mythos New Economy, die Erzählung von den Start-ups und den Gründern, von Autonomie, Unternehmergeist und Gemeinschaft, beschreibt nur eine Möglichkeit des Arbeitens und Lebens – aber was für eine!

LITERATUR- UND QUELLENANGABEN

Alisch, Monika, 1993, *Frauen und Gentrification: der Einfluß der Frauen auf die Konkurrenz um den innerstädtischen Wohnraum*, Wiesbaden.

Altvater, Elmar und Mahnkopf, Birgit, 1996, *Grenzen der Globalisierung. Ökonomie, Ökologie und Politik in der Weltgesellschaft*, Münster.

Anders, Günter 1995, *Die Antiquiertheit des Menschen*, Band 2, München.

Arendt, Hannah, 1992 (OA 1958), *Vita Activa oder vom tätigen Leben*, München.

Arlie, Russell Hochschild, 1990, *Das gekaufte Herz*, Frankfurt a.M.

Assmann, Jan, »Kollektives Gedächtnis und kulturelle Identität«, in: Assmann, Jan u. Hölscher, Tonio (Hg.), 1988, *Kultur und Gedächtnis*, Frankfurt a.M., S. 9-19.

Assmann, Aleida u. Assmann, Jan, 1998, »Mythos«, in: *Handwörterbuch religionswissenschaftlicher Grundbegriffe IV*, Hg. Hubert Cancik et al., Stuttgart, S. 179-200.

Assmann, Aleida, 1999, *Zeit und Tradition Kulturelle Strategien der Dauer*, Köln.

Baethge, Martin u. Wilkens, Ingrid (Hg.), 2001, *Die große Hoffnung für das 21. Jahrhundert? Perspektiven und Strategien für die Entwicklung der Dienstleistungsbeschäftigung*, Opladen.

Barker, J.B., »Tightening the iron cage: concertive control in self-managing teams«, in: *Administrative Science Quartely* 38, 1993, S. 408-437.

Barner, Wilfried, Detken, Anke u. Wesche, Jörg, 2003, *Texte zur modernen Mythentheorie*, Stuttgart.

Barthes, Roland, 1964 (OA 1957), *Mythen des Alltags*, Frankfurt a.M.
Bataille, Georges, 1985, *Die Aufhebung der Ökonomie*, München.
Baudrillard, Jean, 1991 (OA 1976), *Der symbolische Tausch und der Tod*, München.
Bauman, Zygmunt, 1992, *Moderne und Ambivalenz*, Hamburg.
Bauman, Zygmunt, 1995, *Postmoderne Ethik*, Hamburg.
Baumgarth, Christa, 1966, *Geschichte des Futurismus*, Reinbek.
Beck, Ulrich, 1986, *Risikogesellschaft. Auf dem Weg in eine andere Moderne*, Frankfurt a.M.
Beck, Ulrich, 1999, *Schöne neue Arbeitswelt – Vision: Weltbürgergesellschaft*, Frankfurt a.M.
Bell, Daniel, 1975, *Die nachindustrielle Gesellschaft*, Frankfurt a.M./ New York.
Bender, Christiane u. Graßl, Hans, 2004, *Arbeiten und Leben in der Dienstleistungsgesellschaft*, Konstanz.
Berardi, Franco Bifo, »Panische Lösung – Kriegsökonomie im Semiokapitalismus«, in: *Jungle World*, Nov. 2001.
Bischoff, Joachim, 2001, *Mythen der New Economy – Zur politischen Ökonomie der Wissensgesellschaft*, Hamburg.
Bittlingmayer, Uwe H., 2005, *Wissensgesellschaft als Wille und Vorstellung*, Konstanz.
Blanke, Torsten, »Die Start-up-Mentalität«, siehe unter: http://www.symposion.de.
Blechmidt, Peter, »Vom Heilsbringer zum Geldvernichter«, in: *Süddeutsche Zeitung*, 26.02.2001.
Blitzer, Jürgen u. Schröder, Philipp J.H., 2006, *The Economics of Open Source Software Development*, Amsterdam/Oxford.
Blumenberg, Hans, 1979, *Arbeit am Mythos*, Frankfurt a.M.,
Boltanski, Luc u. Chiapello, Eve, 2006, *Der neue Geist des Kapitalismus*, Konstanz.
Borches, Detlef, »Mythos Garage«, in: *Die Zeit*, 07/2000.
Borsook, Paulina, 2001, *Schöne neue Cyberwelt – Wie die digitale Elite unsere Kultur bedroht*, München.
Bourdieu, Pierre, 1996 (OA 1979), *Die feinen Unterschiede – Kritik der gesellschaftlichen Urteilskraft*, Frankfurt a.M.
Bourdieu, Pierre, 1998, *Über das Fernsehen*, Frankfurt a.M.
Bröckers, Mathias, »30 Jahre Tunix-Kongress Gegenmodell Deutschland«, in: *taz.de*, 25.01.2008, siehe unter: http://www.taz.de/1/leben/alltag/artikel/1/gegenmodell-deutschland/.
Bröckling, Ulrich, Krasmann, Susanne u. Lemke, Thomas (Hg.), 2000, *Gouvernementalität der Gegenwart – Studien zur Ökonomisierung des Sozialen*, Frankfurt a.M.

Bröckling, Ulrich, »Jeder könnte, aber nicht alle können«, in: *Mittelweg 36*, Nr.4, 2002, Hamburg, S. 6-26.

Bröckling, Ulrich, 2007, *Das unternehmerische Selbst – Soziologie einer Subjektivierungsform*, Frankfurt a.M.

Browning, John u. Reiss, Spencer, »Encyclopedia of the New Economy«, in: *Wired*, Juni 1998.

Bußmann, Hadumod (Hg.), 2002, *Lexikon der Sprachwissenschaft*, Stuttgart.

Brooks, David, 2001, *Die Bobos – Der Lebensstil der neuen Elite*, München.

Bruckner, Pascal, 1999, *Ich leide, also bin ich. Die Krankheit der Moderne*, Berlin.

Brunner, Otto u.a.. (Hg.), 1972, *Geschichtliche Grundbegriffe. Historisches Lexikon zur politisch-sozialen Sprache in Deutschland*. Stuttgart.

Brynjolfsson, Erik u. Hitt, Lorin, »Beyond Computation: Information Technology, Organizational Transformation and Business Performance«, in: *Journal of Economic Perspectives*, Nr. 4, 2000, S. 234-238.

Cante, Ali, »Die Internet-Szene«, in: *Jungle World*, 12.07.2000.

Casati, Rebecca u.a., *Alles im Wunderland*, in: Der Spiegel 8/2007, S. 150ff.

Cassier, Ernst, 1996 (OA1923), *Die Philosophie der symbolischen Formen*, 3 Bd. Darmstadt.

Castells, Manuel u.a., 1993, *The New Global Economy in the Information Age*, Pennsylvania.

Castells, Manuel, 2001, *Das Informationszeitalter. Der Aufstieg der Netzwerkgesellschaft*, Bd.1, Opladen.

Castells, Manuel, 2001, *The Rise of the Network Society*, Malden.

Castells, Manuel, »The Information City, the New Economy, and the Network Society, in: Webster, Frank, 2004, *The information society reader*, New York, S. 150-163.

Chlada, Marvin, »Gilles Deleuze im Wunderland«, in: Ders. (Hg.), 2000, *Das Universum des Gilles Deleuze*, Aschaffenburg.

Cobb, Jonathan u. Sennett, Richard, 1993 (OA 1973), *The Hidden Injuries of Class*, New York.

Csikszentmihalyi, Mihaly, 1975, *Beyond Boredom and Anxiety – The Experience of Play in Work and Games*, Hoboken.

Czycholl, Reinhard/Zedler, Reinhard (Hg.), 2004, »Stand und Perspektiven der Berufsbildungsforschung«, in: *Beiträge zur Arbeitsmarktund Berufsforschung*, BeitrAB 280, zugleich: Beiträge zur Berufsbildungsforschung der AG BFN, Nr. 5, S. 123-144.

Dash, Mike, 1999, *Tulpenwahn – die verrückteste Spekulation der Geschichte*, München.
Deleuze, Gilles und Guattari, Felix, 1974 (OA 1972), *Anti-Ödipus Kapitalismus und Schizophrenie I*, Frankfurt a.m.
Deleuze, Gilles und Guattari, Felix, 1992, *Tausend Plateaus. Kapitalismus und Schizophrenie II*, Berlin.
De Saussure, Ferdinand, 1967 (OA 1916), *Grundfragen der allgemeinen Sprachwissenschaft*, Berlin.
Diederichsen, Diedrich, 1993, *Freiheit macht arm*, Köln.
Dostal, W.; Jansen, R.; Parmentier, K. (Hg.), »Wandel der Erwerbsarbeit: Arbeitssituation, Informatisierung, berufliche Mobilität und Weiterbildung«, in: *Beiträge zur Arbeitsmarktund Berufsforschung* 231, 2000, Nürnberg.
Duden (Bibliografisches Institut), *Wörterbuch der New Economy*, 2001, Mannheim.
Elias, Norbert, 1991 (OA 1969), *Über den Prozess der Zivilisation*, Band I u. II, Frankfurt a.M.
Engell, Lorenz u.a. (Hg.), 1999, *Kursbuch Medienkultur*, Stuttgart.
Fischermann, Thomas, *Festung Amerika*, in: Die Zeit vom 12.04.2006.
Florida, Richard, 2002, *The rise of the creative class*, New York.
Folkers, Manfred, 2005, *Gib deiner Zeit mehr Leben: Entschleunigung als Weg zum Glück*, Freiburg.
Forrester, Viviane, 1997, *Der Terror der Ökonomie*, Wien.
Foucault, Michel, 1977, *Überwachen und Strafen. Die Geburt des Gefängnisses*, Frankfurt a.M.
Foucault, Michel, 1978, »Die Gouvernementalität«, in: Bröckling, Ulrich, Krasmann, Susanne u. Lemke, Thomas (Hg.), 2000, *Gouvernementalität der Gegenwart. Studien zur Ökonomisierung des Sozialen*, Frankfurt a.M.
Foucault, Michel, 1978, *Dispositive der Macht. Über Sexualität, Wissen und Wahrheit*, Berlin.
Foucault, Michel, »Technologien des Selbst«, in: Martin, Luther, Gutmann, Huck u. Hutton, Patrick (Hg.), 1993, *Technologien des Selbst*, Frankfurt a.M., S. 24-62.
Fourastié, Jean, 1954 (OA 1949), *Die große Hoffnung des zwanzigsten Jahrhunderts*, Köln.
Frank, Thomas, 1997, *The conquest of cool: business culture, counterculture and the rise of hip consumerism*, Chicago.
Frank, Thomas, 2001, *Das falsche Versprechen der New Economy*, Frankfurt a.M.
Frank, Thomas, »Die Vermarktung der Freiheit«, in: *Le Monde diplomatique*, Mai 2001.

Freiberger, Paul und Swaine, Michael, 1999 (Org.1984*)*, *Fire in the Valley – the making of the personal computer*, New York.

Freitag, Michael, »Jobs-Deutschland.de AG – die Extremisten«, in: *Das Handelsblatt*, 09.07.2000.

Frentz, Clemens, »Neuer Markt – Die Chronik einer Kapitalvernichtung«, in: *Manager-Magazin.de*, 01.06.2003, siehe unter: http://www.manager-magazin.de/geld/artikel/0,2828,186368,00.html.

Friebe, Holm u. Lobo, Sascha, 2006, *Wir nennen es Arbeit – Die digitale Bohème oder Intelligentes Leben jenseits der Festanstellung*, München.

Friebe, Holm, Landgraf, Anton u. Vogel, Wolf-Dieter, »Beta-Blocker, Version 3.0«, in*: Jungle World*, 30.08.2000.

Friedrichs, Jürgen und. Kecskes, R, 1996, *Gentrification: Theorie und Forschungsprobleme*, Opladen.

Frindte, Wolfgang u. Pätzolt, Harald (Hg.), 1994, *Mythen der Deutschen. Deutsche Befindlichkeiten zwischen Geschichten und Geschichte*, Opladen, S. 21-27.

Fritz, Hannelore, 2003, *Besser leben mit Work-Life-Balance. Wie Sie Karriere, Freizeit und Familie in Einklang bringen*, Frankfurt a.M.

Funder, Maria, Dörhöfer, Steffen u. Rauch, Christian (Hg.), 2006, *Geschlechteregalität – mehr Schein als Sein – Geschlecht, Arbeit und Interessenvertetung in der Informations- und Kommunikationsindustrie*, Forschungsreihe der Hans Böckler-Stiftung, Berlin.

Gadrey, Jean, 2003, *New Economy, New Myth*, New York.

Geertz, Clifford, 1973, *The Interpretation of Cultures*, New York.

Giarini, Orio und Liedtke, Patrick, 1998, *Wie wir arbeiten werden. Der neue Bericht an den Club of Rome*, München.

Gilmor, Dan, 2004, *We the Media: Grassroots Journalism by the people, For the people*, Sebastopol (USA).

Glotz, Peter, 1999, *Die beschleunigte Gesellschaft. Kulturkampf im digitalen Kapitalismus*, München.

Gnutzmann, Claus u. Turner, John, 1980, *Fachsprachen und ihre Anwendung*, Tübingen.

Goebel, Johannes u. Clermont, Christoph, 1997, *Die Tugend der Orientierungslosigkeit*, Berlin.

Gorz, Andre, 1989, *Kritik der ökonomischen Vernunft*, Berlin.

Gorz, Andre, 2000, *Arbeit zwischen Misere und Utopie*, Frankfurt a.M.

Gorz, Andre, 2000, *Abschied vom Proletariat*, Frankfurt a.M.

Grazzini, Seena, 1999, *Der strukturalistische Zirkel: Theorien über Mythos und Märchen bei Propp, Lévi-Strauss, Meletinskij*, Wiesbaden.

Gronwald, Silke, »Unternehmer in eigener Sache – Wie man in der New Economy arbeitet«, in: Lotter, Wolf und Sommer, Christiane (Hg.), 2000(1), *Neue Wirtschaft, Das Kursbuch der New Economy*, Stuttgart/München, S. 188-195.

Gronwald, Silke, »Die Jagd nach den besten Köpfen – wie man Mitarbeiter kriegt«, in: Lotter, Wolf und Sommer, Christiane (Hg.), 2000(2), *Neue Wirtschaft, Das Kursbuch der New Economy*, Stuttgart/München, S. 180-185.

Hacke, Jens, »Politische Mythen – Gegenwärtige Vergangenheiten«,in: *Die Gazette*, Nummer 8, Dezember 2005, siehe unter: *http://*www.gazette.de/Archiv2/Gazette8/hacke.html.

Hahn, Hans-Werner, 2005, *Die industrielle Revolution in Deutschland, Enzyklopädie Deutscher Geschichte*, Band 49, München.

Hank, Rainer, 2000, *Das Ende der Gleichheit oder warum der Kapitalismus mehr Wettbewerb braucht*, Frankfurt a.M.

Hardt, Michael und Negri, Antonio, 1997, *Die Arbeit des Dionysos*, Berlin, Amsterdam.

Hardt, Michael und Negri, Antonio, 2002, *Empire – Die neue Weltordnung*, Frankfurt a.M.

Harrison, Bennett, 1994, *Lean and Mean: The Changing Landscape of Corporate Power in the Age of Flexibility*, New York.

Hauff, Michael, »New Economy. Wirtschaftlich Chance oder Mythos«, in: *Volkswirtschaftliche Schriften der Universität Kaiserslautern*, Regensburg 2003; Bd. 27; S. 1-27.

Heide, Holger (Hg.), 2002, *Massenphänomen Arbeitssucht*, Bremen.

Helbrecht, Ilse, 1994, *Stadtmarketing – Konturen einer kommunikativen Stadtentwicklungspolitik*, Basel/Boston/Berlin.

Henning, Friedrich-Wilhelm, 1973, *Die Industrialisierung in Deutschland 1800-1914*, Paderborn.

Hensel, Matthias, 1990, *Die Informationsgesellschaft: Neuere Ansätze zur Analyse eines Schlagwortes*, München.

Hepp, Andrea, 1997, *Kultur – Medien – Macht: Cultural Studies und Medienanalyse*, Opladen.

Hepp, Andrea 1999, *Cultural Studies und Medienanalyse. Eine Einführung*, Opladen.

Heuser, Uwe Jean, 2000, *Das Unbehagen im Kapitalismus. Die neue Wirtschaft und ihre Folgen*, Berlin.

Hochschild, Arlie Russell, 2002, *Keine Zeit: Wenn die Firma zum Zuhause wird und zu Hause nur Arbeit wartet*, Opladen.

Höller, Christian (Hg.), 2001, *Pop Unlimited? Imagetransfers in der aktuellen Popkultur*, Wien

Hoffmann, Edeltraut, Ulrich Walwei, 1998, »Beschäftigung: Formenvielfalt als Perspektive? – Teil 1, Längerfristige Entwicklung von Erwerbsformen in Westdeutschland«, in: *IAB Kurzbericht* 2/1998, 27.01.1998, Nürnberg.

Holert, Tom u. Terkessides, Mark (Hg.), 1996, *Mainstream der Minderheiten*, Berlin.

Holert, Tom, »Genius loci – New Economy, Flüchtlingspolitik und die neue Geografie der ›Intelligenz‹«, o.O., 11.05.2000.

Holert, Tom, »Katharsis am Neuen Markt«, in: *Jungle World*, 10.01.2001.

Holm, Andrej, 2006, *Die Restrukturierung des Raumes. Stadterneuerung der 90er Jahre in Ostberlin. Interessen und Machtverhältnisse*, Bielefeld.

Horkheimer, Max u. Adorno, Theodor W., 1988 (OA 1944), *Dialektik der Aufklärung*, Frankfurt a.M.

Huchler, Norbert, Voß, Günter G. u. Weihrich, Margit, 2007, *Soziale Mechanismen im Betrieb*, München/Mering.

Huffschmid, Jörg, »New Economy in den USA – Technologieschub oder Boom der Finanzmärkte?«, in: *Blätter für deutsche und internationale Politik*, Nr. 10/2000.

Hutton, Thomas A., 2008, *The New Economy of the Inner City*, Oxon.

Iacocca, Lee, 1988, *Mein amerikanischer Traum*, Düsseldorf.

Imhof, Kurt, 2004, *Mediengesellschaft: Strukturen, Merkmale, Entwicklungsdynamiken*, Wiesbaden.

Jeanneney, Jean-Noel, 2006, *Googles Herausforderung – Für eine europäische Bibliothek*, Berlin.

Kaesler, Dirk u. Vogt, Ludgera (Hg.), 2007, *Hauptwerke der Soziologie*, Stuttgart.

Keller, Reiner, 2005, *Wissenssoziologische Diskursanalyse*, Wiesbaden.

Kindleberger, Charles P. u. Aliber, Robert Z., 2005, *Manias, Panics and Crashes. A History of Financial Crises*, Hampshire/New York.

Klein, Naomi, 2001, *No Logo*, München, S. 69.

Klein, Martina u. Schubert, Klaus, 2006, *Das Politiklexikon*, Bonn.

Klemperer, Victor, 1996, *LTI*, Leipzig.

Klinenberg, Eric, »Der Wolf als Ente – Was sich an den Falschmeldungen im Internet ablesen lässt«, in: *Le Monde Diplomatique*, Januar 2007, S. 12f.

Kolakowski, Leszek, 1984 (OA 1972), *Die Gegenwärtigkeit des Mythos*, München.

Kracauer, Siegfried, 1971 (OA 1929), *Die Angestellten*, Frankfurt a.M..

Kratzer, Nick, 2003, *Arbeitskraft in Entgrenzung. Grenzenlose Anforderungen, erweiterte Spielräume, begrenzte Ressourcen*, Berlin.

Kurz, Robert, 1999, *Die Welt als Wille und Design*, Berlin.
Kurz, Robert (Hg.), 1999, *Feierabend! - Elf Attacken gegen die Arbeit*, Hamburg.
Landefeld, Steven J. u. Fraumeni, Barbara M. »Measuring the New Economy«, März 2001, in: o.O.
Landraf, Anton, »Die Welt als Supermarkt«, in: *Jungle World*, 05.04.2000.
Landry, Charles, 2000, *The Creative City. A Toolkit for Urban Innovators*, London.
Lazzarato, Maurizio, »Immaterielle Arbeit. Gesellschaftliche Tätigkeit unter den Bedingungen des Fordismus«, in: Negri, Antonio, Lazzarato, Maurizio u. Virno, Paolo, 1998, *Umherschweifende Produzenten. Immaterielle Arbeit und Subversion*, Berlin, S.39-52.
Lehmann Kai u. Schetsche, Michael (Hg.), 2005, *Die Google-Gesellschaft. Vom digitalen Wandel des Wissens*, Bielefeld.
Lepp, Nicola/Roth, Martin/Vogel, Klaus (Hg.), 1999, *Der Neue Mensch. Obsessionen des 20. Jahrhunderts*, Katalog zur Ausstellung im Deutschen Hygiene-Museum Dresden, 22.4.-8.8.1999, Dresden.
Lévi-Strauss, Claude, 1968 (OA 1962), *Das wilde Denken*, Frankfurt a.M.
Lévi-Strauss, Claude, 1971 (OA 1964), *Mythologica I. Das Rohe und das Gekochte*, Frankfurt a.M.
Lévi-Strauss, Claude, 1972 (OA 1966), *Mythologica II. Vom Honig zur Asche*, Frankfurt a.M.
Lévi-Strauss, Claude, 1973 (OA 1968), *Mythologica III. Vom Ursprung der Tischsitten*, Frankfurt a.M.
Lévi-Strauss, Claude, 1975 (OA 1971), *Mythologica IV. Der nackte Mensch*, Frankfurt a.M.
Lévi-Strauss, Claude, 1996 (OA 1991), *Die Luchsgeschichte. Zwillingsmythologie in der Neuen Welt*, München.
Leyden, Peter u. Schwartz, Peter, »the long boom - A History of the Future, 1980 - 2020«, in: *Wired*, Juli 1997.
Lindner, Rolf, 2000, *Die Stunde der cultural studies*, Wien
Lindner, Rolf, 2007, *Die Entdeckung der Stadtkultur - Soziologie aus der Erfahrung der Reportage*, Frankfurt a.M.
Livingston, Jessica, 2007, *Founders at work - Stories of the startups' early days*, New York
Locke, Christopher u.a., 1999, *The Cluetrain Manifesto. The End of Business as usual*, Cambridge.
Lotter, Wolf und Sommer, Christiane (Hg.), 2000, *Neue Wirtschaft, Das Kursbuch der New Economy*, Stuttgart/München.
Luhmann, Niklas, 1996, *Die Realität der Massenmedien*, Opladen.

Machlup, Fritz, 1962, *The Production and Distribution of Knowledge in the US*, Princeton.

Marx, Karl, 1984 (OA 1867), *Das Kapital. Kritik der politischen Ökonomie. Erster Band*, Ost-Berlin.

Mattauch, Christine, »Pixelpark: Internet made in Germany«, in: *Die Zeit*, 11/2000.

Meadows, Donella et al.,1972, *Die Grenzen des Wachstums – Berichte des Club of Rome zur Lage der Menschheit*, München.

Meier, Bernd, 2000, *Unternehmer: Leistungselite der Sozialen Marktwirtschaft*, Köln.

Meschnig, Alexander, 2002, *Markenmacht*, Hamburg.

Meschnig, Alexander u. Stuhr, Mathias, 2001, *www.revolution.de – Die Kultur der New Economy*, Hamburg.

Meschnig, Alexander u. Stuhr, Mathias, »Quo vadis New Economy? Was blieb vom Hype um die Neue Wirtschaft?«, in: *NDR Kulturforum*, Radiofeature vom 12.11.2002.

Meschnig, Alexander u. Stuhr, Mathias (Hg.), 2003, *Arbeit als Lebensstil*, Frankfurt a.M.

Meschnig, Alexander u. Stuhr, Mathias, 2005, *Wunschlos unglücklich – Alles über Konsum*, Hamburg.

Mikl-Horke, Gertraude, 1999, *Historische Soziologie der Wirtschaft*, München.

Minssen, Heiner, 2006, *Arbeits und Industriesoziologie*, Frankfurt a.M.

Mohr, Reinhard, »Zimt-Ravioli in der Turboküche«, in: *Der Spiegel* Nr.13, 2001.

Mrozek, Bodo, 2005, *Lexikon der bedrohten Wörter*, Reinbek.

Münkler, Herfried u. Zimmering, Raina, »Politische Mythen der DDR«, in: *Humboldt Spektrum*, Heft 3/96, S. 36-42.

Münkler Herfried, »Politische Mythen und nationale Identität. Vorüberlegungen zu einer Theorie politischer Mythen«, in: Frindte, Wolfgang u. Pätzolt, Harald (Hg.), 1994, *Mythen der Deutschen. Deutsche Befindlichkeiten zwischen Geschichten und Geschichte*, Opladen, S. 21-27.

Negri, Antonio, Lazzarato, Maurizio u. Virno, Paolo, 1998, *Umherschweifende Produzenten. Immaterielle Arbeit und Subversion*, Berlin.

Negroponte, Nicholas, 1997, *Total Digital – Die Welt zwischen 0 und 1 oder Die Zukunft der Kommunikation*, München.

Negt, Oskar, 2001, *Arbeit und menschliche Würde*, Göttingen.

N.N., Herbstkatalog 2008, *Verlag die Werkstatt*, Göttingen.

N.N., »Bestandsaufnahme und Perspektiven der Internet-Gründerlandschaft in Deutschland«, in: *Diskussionspapier des Stiftungslehrstuhls für Gründungsmanagement und Entrepreneurship der European Business School*, Oestrich-Winkel, November 2000.

Offe, Claus, 1984, *Arbeitsgesellschaft: Strukturprobleme und Zukunftsperspektiven*, Frankfurt am Main.

Opaschowski, Horst W., 1999, *Generation @ Die Medienrevolution entläßt ihre KinderLeben im Informationszeitalter*, Hamburg.

Pauschert, Dirk, 2005, *New Economy? Die New Economy als neue Form der Industriewirtschaft*, Hamburg.

Peters, Tom, 1992, *Liberation Management: Necessary Disorganization for the Nanosecond Nineties*, New York. (Deutsche Ausgabe, 1993, *Jenseits der Hierarchien*, Düsseldorf.)

Piore, Michael J. u. Sabel, Charles F.,1984, *The Second Industrial Devide: Possibilities for Prosperity*, New York.

Pörksen, Uwe, 1992, *Plastikwörter. Die Sprache einer internationalen Diktatur*, Stuttgart.

Pohlmann, Friedrich, 1997, *Die europäische Industriegesellschaft*, Opladen.

Pongratz, H. J. u. Voß, G.G., 1998, *Der Arbeitskraftunternehmer – Eine neue Grundform der Ware Arbeitskraft*, in: Kölner Zeitschrift für Soziologie und Sozialpsychologie 50 (1).

Pongratz, H. J. u. Voß, G.G., 2003, *Arbeitskraftunternehmer – Erwerbsorientierungen in entgrenzten Arbeitsformen*, Berlin.

Porat, Marc, 1976, *The Information Society*, Stanford.

Preisendörfer, Peter, 2008, *Organisationssoziologie*, Wiesbaden.

Prünte, Thomas, 2003, *Der Anti-Stress-Vertrag: Ihr Weg zu mehr Gelassenheit und Lebensfreude*, Wien.

Rammert, Werner, 2007, *Technik – Handeln – Wissen. Zu einer pragmatistischen Technikund Sozialtheorie*, Wiesbaden.

Reheis, Fritz, 1998, *Die Kreativität der Langsamkeit. Neuer Wohlstand durch Entschleunigung*, Darmstadt.

Reich, Robert, 1993, *Die neue Weltwirtschaft. Das Ende der nationalen Ökonomien*, Frankfurt a.M.

Rese, Alexandra, 2004, *Organisationsverständnis von Unternehmensgründern: Eine organisationssoziologische Untersuchung zur Herausbildung der Organisationsstruktur im Multimediabereich*, Wiesbaden.

Rifkin, Jeremy, 1996, *Das Ende der Arbeit und ihre Zukunft*, Frankfurt a.M.

Rifkin, Jeremy, 2001, *Access – Das Verschwinden des Eigentums*, Frankfurt a.M.

Roesler, Jörg, »Die New Economy – ein Wiederholungsfall?«, in: *UTOPIE kreativ*, Heft 161, März 2004, S. 215-226.

Rohloff, Joachim, »Sei kein Slacker, geh zu snacker«, in: *Jungle World*, 31.05.2000.
Rorty, Richard, 1992, *Kontingenz, Ironie und Solidarität*, Frankfurt a.M.
Rushdie, Salman, 1991, *Imaginary Homelands: Essays and Criticism 1981-1991*, London.
Schelske, Andreas, 2006, *Soziologie vernetzter Medien: Grundlagen computervermittelter Vergesellschaftung*, München.
Schiessl, Michaela, *Die Anzeigen-Maschine*, in: Der Spiegel 5/2007, S. 58ff.
Schiller, Dan, *Die Spinne hockt im Netz*, in: Le Monde diplomatique, Feb. 2000.
Schindowski, Waldemar, 1992, *Alternative Ökonomie. Eine Bibliographie*, Berlin.
Schmidt, Ralph u. Spree, Ulrike (Hg.), 2005, *Gender und Lebenslauf in der New Economy, Analysen zu Karrieremustern, Leitbildern und Lebenskonzepten*, Studie der Hochschule für angewandte Wissenschaften, Hamburg.
Schmit, Katja, 2005, *Ein Kiez im Wandel. Gentrification und Nutzungskonflikte am Helmholtzplatz*, Schkeuditz (zugl. Diplomarbeit; FU Berlin).
Schrage, Dominik, »Integration durch Attraktion – Konsumismus als massenkulturelles Weltverhältnis«, in: *Mittelweg 36*, Ausgabe 6, Dezember 2003/Januar 2004, S. 57-86.
Schröder, Burkhard, 2000, *Nazis sind Pop*, Berlin.
Schulz, Günther (Hg.), 2004, *Sozialund Wirtschaftsgeschichte: ArbeitsgebieteProblemePerspektiven: 100 Jahre Vierteljahrschrift für Sozialund Wirtschaftsgeschichte*, Stuttgart.
Schumpeter, Joseph A., 1946 (Engl. OA 1942), *Kapitalismus, Sozialismus und Demokratie*, Tübingen.
Schumpeter, Joseph A., 1970 (OA1908), *Das Wesen und der Hauptinhalt der theoretischen Nationalökonomie*, Berlin.
Schwengel, Hermann, »Die Werte der Neuen Ökonomie«, in: *Gewerkschaftliche Monatshefte, New Economy oder Frühkapitalismus?*, Nr. 08/09, 2000.
Seeßlen, Georg, »Blut und Glamour«, in: *Leni Riefenstahl Ausstellungskatalog*, 1999, Potsdam.
Segal, Robert, A., 2007, *Mythos – Eine kleine Einführung*, Stuttgart.
Seiwert, Lothar J., 2008, *30 Minuten für deine Work-Life-Balance*, Offenbach.
Sennett, Richard, 1986 (OA 1974), *Verfall und Ende des öffentlichen Lebens. Die Tyrannei der Intimität*, Frankfurt a.M.

Sennett, Richard, 2000, *Der flexible Mensch. Die Kultur des neuen Kapitalismus*, Berlin.
Sennett, Richard, »Der flexible Mensch und die Uniformität der Städte. Stadt ohne Gesellschaft«, in: *Le Monde diplomatique*, Februar 2001.
Sennett, Richard, 2002, *Respekt im Zeitalter der Ungleichheit*, Berlin.
Solow, Robert M., »The Productivity Paradox«, in: *New York Times Book Review*, Nr. 12, Juli 1987.
Sombart, Werner, 2002 (OA 1913), *Der Bourgeois. Zur Geistesgeschichte des modernen Wirtschaftsmenschen*, Berlin.
Sorel, Georges, 1981 (OA 1928), *Über die Gewalt*, Frankfurt a.M.
Späth, Lothar (Hg.), 2001, *Die New Economy Revolution. Neue Werte, neue Unternehmen, neue Politik*, München.
Speth, Rudolf, »Revolutionsmythen im 19. Jahrhundert«, in: Speth, Rudolf u. Wolfrum, Edgar (Hg.), 1995, *Politische Mythen und Geschichtspolitik. Konstruktion – Inszenierung – Mobilisierung*, Berlin, S. 17-38.
Spielkamp, Matthias, »Das Netzwerk des Proletariats«, Interview mit Antonio Negri, in: *brand eins*, Febr. 2001.
Stark, Michael u. Sandmeyer, Peter, 2001, *Wenn die Seele S.O.S funkt: Fitneßkur gegen Streß und Überlastung*, Reinbek.
Stehr, Nico, 2000, *Zerbrechlichkeit moderner Gesellschaften*, Frankfurt a.M.
Stern, Klaus, 2004, *Weltmarktführer – Die Geschichte des Tan Siekmann*, Dokumentarfilm über die Biodata AG.
Stuhr, Mathias, »Popökonomie – Eine Reformation zwischen Lifestyle und Gegenkultur«, in: Meschnig, Alexander u. Stuhr, Mathias (Hg.), 2003, *Arbeit als Lebensstil*, Frankfurt a.M., S. 162-184.
Ullman, Ellen, 1999, *Close to the Machine – Mein Leben mit dem Computer*, Frankfurt a.M.
Virilio, Paul, 1995, *Der negative Horizont. Bewegung, Geschwindigkeit, Beschleunigung*, Frankfurt a.M.
Virilio, Paul u. Lotringer, Sylvere, 1984, *Der reine Krieg*, Berlin.
Virilio, Paul, 1980, *Geschwindigkeit und Politik*, Berlin.
Virilio, Paul, 1975, »Fahrzeug«, in: Kursbuch Medienkultur, herausg. v. Lorenz Engell, Stuttgart, 1999.
Walter, Rolf, 2003, *Wirtschaftsgeschichte – Vom Merkantilismus bis zur Gegenwart*, Köln.
Weber, Max, 1980 (EA 1922), *Wirtschaft und Gesellschaft: Grundriß der verstehenden Soziologie*, Studienausgabe, besorgt von Johannes Winkelmann, Tübingen.
Weber, Max, 1996 (EA 1905), *Die protestantische Ethik und der »Geist« des Kapitalismus*, Weinheim.

Weizenbaum, Joseph, 1977, *Die Macht der Computer und die Ohnmacht der Vernunft*, Frankfurt a.M.
Womack, J., Jones, D. u. Roos, D., 1992, *Die zweite Revolution in der Autoindustrie,* Frankfurt a.M.
Wright, Steve, 2005, *Den Himmel stürmen. Eine Theoriegeschichte des Operaismus,* Berlin.
Zander Axel, 2000, *Medien, Journalismus und Public Relations – Eine kritische Betrachtung der systemtheoretischen Forschung mit Überlegungen zu theoretischen Veränderungen*, Dissertation an der Universität Göttingen.
Zimmering, Raina, 2000, *Mythen in der Politik der DDR*, Opladen.

Sozialtheorie

ULRICH BRÖCKLING,
ROBERT FEUSTEL (HG.)
Das Politische denken
Zeitgenössische Positionen

Januar 2010, 340 Seiten, kart., 25,80 €,
ISBN 978-3-8376-1160-1

MARKUS GAMPER,
LINDA RESCHKE (HG.)
Knoten und Kanten
Soziale Netzwerkanalyse in Wirtschafts-
und Migrationsforschung

September 2010, ca. 280 Seiten, kart., ca. 29,80 €,
ISBN 978-3-8376-1311-7

KARIN KAUDELKA,
GERHARD KILGER (HG.)
Die Arbeitswelt von morgen
Wie wollen wir leben und arbeiten?

September 2010, ca. 234 Seiten,
kart., zahlr. Abb., 19,80 €,
ISBN 978-3-8376-1423-7

**Leseproben, weitere Informationen und Bestellmöglichkeiten
finden Sie unter www.transcript-verlag.de**

Sozialtheorie

STEPHAN LORENZ (HG.)
TafelGesellschaft
Zum neuen Umgang mit Überfluss
und Ausgrenzung

August 2010, ca. 206 Seiten, kart., ca. 20,80 €,
ISBN 978-3-8376-1504-3

MAX MILLER
Sozialtheorie
Eine Kritik aktueller
Theorieparadigmen.
Gesammelte Aufsätze

Dezember 2010, ca. 300 Seiten, kart., ca. 27,80 €,
ISBN 978-3-89942-703-5

ELISABETH MIXA
Body & Soul
Wellness: von heilsamer Lustbarkeit
und Postsexualität

Dezember 2010, ca. 250 Seiten, kart.,
zahlr. Abb., ca. 24,80 €,
ISBN 978-3-8376-1154-0

**Leseproben, weitere Informationen und Bestellmöglichkeiten
finden Sie unter www.transcript-verlag.de**

Sozialtheorie

Roswitha Breckner
Sozialtheorie des Bildes
Zur interpretativen Analyse von
Bildern und Fotografien
Oktober 2010, ca. 386 Seiten, kart.,
zahlr. z.T. farb. Abb., ca. 33,80 €,
ISBN 978-3-8376-1282-0

Hannelore Bublitz
Im Beichtstuhl der Medien
Die Produktion des Selbst
im öffentlichen Bekenntnis
März 2010, 240 Seiten, kart., 25,80 €,
ISBN 978-3-8376-1371-1

Michael Busch, Jan Jeskow,
Rüdiger Stutz (Hg.)
Zwischen Prekarisierung
und Protest
Die Lebenslagen und
Generationsbilder von
Jugendlichen in Ost und West
Januar 2010, 496 Seiten, kart., 29,80 €,
ISBN 978-3-8376-1203-5

Pradeep Chakkarath,
Doris Weidemann (Hg.)
Kulturpsychologische
Gegenwartsdiagnosen
Bestandsaufnahmen zu
Wissenschaft und Gesellschaft
Oktober 2010, ca. 226 Seiten,
kart., ca. 25,80 €,
ISBN 978-3-8376-1500-5

Jürgen Howaldt,
Michael Schwarz
»Soziale Innovation« im Fokus
Skizze eines gesellschafts-
theoretisch inspirierten
Forschungskonzepts
August 2010, 152 Seiten,
kart., ca. 19,80 €,
ISBN 978-3-8376-1535-7

Matthias Klemm
Das Handeln der Systeme
Soziologie jenseits des Schismas
von Handlungs- und
Systemtheorie
Oktober 2010, ca. 250 Seiten,
kart., ca. 29,80 €,
ISBN 978-3-8376-1569-2

Carolin Kollewe,
Elmar Schenkel (Hg.)
Alter: unbekannt
Über die Vielfalt
des Älterwerdens.
Internationale Perspektiven
Januar 2011, ca. 280 Seiten,
kart., zahlr. Abb., 29,80 €,
ISBN 978-3-8376-1506-7

Sophie-Thérèse Krempl
Paradoxien der Arbeit
oder: Sinn und Zweck
des Subjekts im Kapitalismus
September 2010, ca. 330 Seiten, kart.,
zahlr. z.T. farb. Abb., ca. 32,80 €,
ISBN 978-3-8376-1492-3

Herfried Münkler,
Matthias Bohlender,
Sabine Meurer (Hg.)
Sicherheit und Risiko
Über den Umgang mit Gefahr
im 21. Jahrhundert
März 2010, 266 Seiten,
kart., zahlr. Abb., 26,80 €,
ISBN 978-3-8376-1229-5

Herfried Münkler,
Matthias Bohlender,
Sabine Meurer (Hg.)
Handeln unter Risiko
Gestaltungsansätze zwischen
Wagnis und Vorsorge
Juli 2010, 288 Seiten, kart., 29,80 €,
ISBN 978-3-8376-1228-8

Leseproben, weitere Informationen und Bestellmöglichkeiten
finden Sie unter www.transcript-verlag.de